PROBLEME DER POLITISCHEN ÖKONOMIE

Deutsche Akademie der Wissenschaften zu Berlin

Jahrbuch des Instituts für Wirtschaftswissenschaften

Band 9

Probleme der politischen Ökonomie

AKADEMIE-VERLAG · BERLIN

1966

Manuskriptabschluß: 20. September 1965

Verantwortlicher Redakteur: Dr. Hartmut Schilling

Erschienen im Akademie-Verlag GmbH, 108 Berlin, Leipziger Straße 3–4

Lizenznummer: 202 · 100/15/66
Gesamtherstellung: IV/2/14 VEB Werkdruck, 445 Gräfenhainichen · 2574
Bestellnummer: 2113/9 · ES 5 B 2

INHALTSVERZEICHNIS

Johannes Behr / Kurt Brünecke

ZUR AGGREGATION ÖKONOMISCHER BEZIEHUNGEN

I. Einleitung

Aggregationen sind im Bereich der Wirtschaftswissenschaften zu vollziehen, wenn ökonomisch relevante Zusammenhänge auf höheren Ebenen reproduziert und untersucht werden sollen. Daß die Gesetzmäßigkeiten, die einem Produktionsbetrieb zugrunde liegen, nicht mit jenen einer Volkswirtschaft identisch sind, ist unbestritten. Die bestehenden Unterschiede und Besonderheiten bilden Notwendigkeit und Berechtigung zu getrennten Fachdisziplinen wie Betriebswirtschaftslehre und Volkswirtschaftslehre. Jedoch sind die Übergänge fließend.

Deshalb erschöpft sich die Aufgabe der Aggregation nicht in der Transformation betrieblicher Zusammenhänge in die der Volkswirtschaft (und umgekehrt). Allgemein vermittelt die Aggregation zwischen mikro- und makroökonomischen Zusammenhängen und Theorien. Hierbei bilden Betrieb und Volkswirtschaft, Theorien über den Einzelbetrieb und Volkswirtschaftslehren zwar wichtige Paare von Begriffsgegensätzen, sie erschöpfen jedoch den Untersuchungsgegenstand der Aggregationstheorie keineswegs.

Es seien beispielsweise die Produktivitätskennziffern einzelner Werksabteilungen gesondert zu ermitteln und anschließend durch geeignete Indexbildung zu einem Produktivitätsmaß des gesamten Betriebes zu verdichten. Dann verkörpert die so ermittelte betriebliche Produktivität eine makro-ökonomische Größe.

Die Beziehungen zwischen der Produktivitätsentwicklung in den einzelnen Wirtschaftsbereichen oder gar Volkswirtschaften können in diesem Zusammenhang oft vernachlässigt werden. Genannt seien Strukturverschiebungen durch unterschiedliches Wachstum der einzelnen Wirtschaftszweige.

Führt man Niveauvergleiche der Produktivität zwischen einzelnen Industriezweigen des Inlandes durch, so sind die Betriebe die mikroökonomischen Zellen des Vergleiches, deren Produktivitätshöhe zu der des Zweiges als makroökonomischer Größe verdichtet werden müssen. Hierzu mögen andere Gewichtssysteme (z. B. Preis-Umsatzanteil-Gewichte) geeigneter sein als jene, mit denen man die Produktivitäten einzelner Werksabteilungen zur betrieblichen Produktivität vereinigt (z. B. Arbeitszeitanteil-Gewichte usw.)

Hier kann es wiederum notwendig oder möglich werden, die innerhalb der einzelnen Betriebe vorherrschenden Besonderheiten in der Produktivitätshöhe weitgehend zu vernachlässigen.

Diese Problematik läßt sich auf beliebige andere ökonomische Zusammenhänge ausdehnen. Die Analyse der Gewinnplanerfüllung einer VVB erfordert geeignete Verfahren, um die Gewinnsituation der mikroökonomischen Einheiten, hier der Betriebe (aber nicht einzelner Brigaden) für den Bereich der VVB als makroökonomische Einheit (aber nicht der gesamten Volkswirtschaft)auszuweisen usw. usf.[1]

Der Geltungsbereich von ökonomischer Mikro- und Makrotheorie ist also nicht ein für allemal festgelegt, sondern hängt weitgehend von der jeweiligen Aufgabe ab, die zu lösen ist.

In der Ökonomie, so bemerken J. B. Balderston und T. M. Whitin, die das Aggregationsproblem im Rahmen der Verflechtungsbilanzierung untersuchen[2], sind sowohl in der Mikro- als auch in der Makrotheorie die meisten Basiseinheiten Aggregate. So ist beispielsweise der Betrieb eine hochaggregierte Einheit, die Familie ist ein Aggregat und das Management ist ein Aggregat. Vom Standpunkt der numerischen Aggregation ist der Unterschied zwischen Mikro- und Makrotheorie eher gradueller als prinzipieller Art.

Das Aggregationsproblem ist nicht auf den Bereich der Ökonomie beschränkt, sondern durchdringt viele Wissenschaften. In der Chemie beispielsweise dachte man erst, daß die am stärksten desaggregierte Einheit das „Element“ sei, noch bis vor kurzem hielt man das „Atom“ für die kleinste Einheit. Diese kleinsten Einheiten haben sich inzwischen ebenfalls als Aggregate erwiesen. Und ein erheblicher wissenschaftlicher Fortschritt resultierte gerade aus diesem wachsenden Desaggregationsprozeß.

Es ist ein Ziel der Aggregationstheorie, hier insbesondere der Indextheorie, solche Methoden zu entwickeln, die z. B. eine möglichst wirklichkeitsnahe Verdichtung der einzelnen Kennziffern für die mehr oder weniger verschiedenartigen Abteilungen zu einem einheitlichen betrieblichen Produktivitätsmaß ermöglichen. Die Wahl statistisch geeigneter und der ökonomischen Zielstellung gemäßer Gewichtssysteme steht hier im Vordergrund.

Die Ergebnisse der Indextheorie zeigen jedoch, daß sich weder ideale Gewichte noch einwandfreie Vereinigungen erreichen lassen. Neben der notwendigen Ermittlung solcher Aggregate (speziell Indizes) sind deshalb zugleich die oft unvermeidlichen Fehler und Verzerrungen zu erörtern und abzuschätzen.

Deshalb richtet die Aggregationstheorie ihre Anstrengungen darauf, den Geltungsbereich solcher Aggregationen abzustecken und die durch sie verursachten Widersprüche zwischen mikro- und makroökonomischen Beziehungen aufzudecken.

[1] „Der irdischen Mechanik gilt bereits die Erdmasse als unendlich groß, wie in der Astronomie die irdischen Massen und die ihnen entsprechenden Meteore als unendlich klein, ebenso verschwinden ihr die Entfernungen und Massen der Planeten des Sonnensystems, sobald sie über die nächsten Fixsterne hinaus die Konstitution unseres Sternensystems untersucht.“ *Karl Marx/Friedrich Engels*, Werke, Bd. 20, Dietz Verlag, Berlin 1962, S. 533.

[2] Vgl. Aggregation in the Input-Output Model. In: Ecomonic Activity Analysis, John Wiley & Sons, Inc. New York 1954, S. 79ff.; *M. Holzmann*, Problems of Classification and Aggregation. In „Studies in the Structure of the American Economy“, Oxford University Press, 1953, S. 326 ff.

Die schrittweise Lösung der aus der Aggregation ökonomischer Größen, Verhaltensschemas und Gleichungen resultierenden Fragen ist für die Volkswirtschaftsplanung wichtig. Trotzdem wurde die Thematik bislang seitens der sozialistischen Ökonomen nur unzureichend beachtet.

Im folgenden sollen einige grundsätzliche Aspekte erörtert werden, soweit sie über den engen Forschungsgegenstand der einzelnen Disziplinen hinausgehen.

Häufig werden spezielle ökonomische Probleme mathematisch zunächst durch Mikrotheorien beschrieben. Sie sind auf möglichst einfache Annahmen über das rationale zweckgerichtete Verhalten der untersten Wirtschaftssubjekte, Produzenten, Tauschpartner usw. abgestellt.

Der Grund liegt darin, daß sich das Verhalten, die Reaktion der einzelnen Betriebe, Käufer usw. leichter durchschauen und eher logisch widerspruchsfrei axiomatisieren läßt als das von entsprechenden Gesamtheiten. Deren Gesamtverhalten ist nicht nur eine Resultante einander durchkreuzender Absichten und Handlungen der jeweiligen Individuen; es treten vielmehr qualitative Gesetzmäßigkeiten hinzu, die sich nicht einfach additiv aus den Verhaltensschemas der mikroökonomischen Einheiten ableiten lassen. Gerade am Beispiel der Aggregationstheorie läßt sich zeigen, „daß die Melodie mehr ist als die Summe der einzelnen Töne.“[3]

Aus der gleichzeitigen Geltung mikroökonomischer und makroökonomischer Gesetzmäßigkeiten folgt der Zwang, zwischen jeweiliger Mikrotheorie und Makrotheorie Relationen zu begründen. Dies gilt insbesondere, wenn mikroökonomische Verhaltensgleichungen durch Analogieschluß zu makroökonomischen Systemen von Verhaltensgleichungen zu vereinigen sind. Die Untersuchung der damit verbundenen ökonomischen sowie mathematisch-statistischen Probleme ist ein Gegenstand der ökonomischen Aggregationstheorie.

Besonders deutlich zeigt sich der Zwang zur Aggregation zahlreicher elementarer ökonomischer Größen und Beziehungen zu verkleinerten makroökonomischen Systemen im Bereich der Volkswirtschaftsplanung.

Die aus den Bedürfnissen der volkswirtschaftlichen Gesamtrechnung und Planung entspringenden mathematisch-statistischen Aggregationsverfahren könnten zu dem Trugschluß verleiten, daß die damit verbundenen Schwierigkeiten rein rechnerischer Natur sind.

Die vor allem in den vergangenen beiden Jahrzehnten durchgeführten Untersuchungen zeigten jedoch bald, daß die größten Schwierigkeiten nicht so sehr formaler Art als grundsätzlicher, sachlogischer Art sind. Sie sind zuvörderst von der Wirtschaftstheorie, darunter der Politischen Ökonomie, zu lösen. Dies betrifft u. a. den Nachweis, inwieweit per analogam von mikroökonomischen Verhaltensannahmen auf solche der Makroökonomie und umgekehrt geschlossen werden darf.

Ferner ist vom Standpunkt des Ökonomen zu beurteilen, ob die durch Aggregationen gewonnenen Größen, wie Gesamtbevölkerung, Industriezweig, Abteilung I, industrielles Grundmittelvermögen, produktive Investitionen der Volkswirtschaft, Nationaleinkommen, Endprodukt usw., und die zwischen diesen formulierten makro-

[3] Vgl. *Karl Marx/Friedrich Engels*, Werke, Bd. 20, a. a. O.

ökonomischen Relationen (Gleichungen, Korrelationen usw.) noch sinnvoll bleiben und für gesamtwirtschaftliche Urteile und Entscheidungen von Wert sind. Im folgenden sollen zunächst einige willkürlich ausgewählte Beispiele für ökonomische Aggregationsprobleme angeführt werden, wie sie uns aus dem „Kapital" von K. Marx bekannt sind.

Mikro- und makroökonomische Aspekte spielen in der Werttheorie eine Rolle. Wird beispielsweise ein zu großer Teil der gesellschaftlichen Gesamtarbeitszeit in der Form der Leineweberei verausgabt. Dies kann der Fall sein, weil zusätzliche Leineweber die Arbeit aufgenommen haben. Es kann aber auch eine Geschmacksänderung beim Käufer eingetreten sein, so daß die Leinewand „vielleicht ganz oder teilweise von einer ähnlichen Produktenart aus ihrem Platze verdrängt wurde... Die Wirkung ist die gleiche als hätte jeder einzelne Leineweber mehr als die gesellschaftlich notwendige Arbeitszeit auf sein individuelles Produkt verwendet", obwohl er tatsächlich die selbe Zeit auf einen Quadratmeter Leinwand verwenden mag als zuvor.[4]

Ferner „findet ein Unterschied zwischen dem Produkt des einzelnen Kapitalisten und der Gesellschaft insofern statt: vom Standpunkt des einzelnen Kapitalisten betrachtet, unterscheidet sich das Reineinkommen vom Roheinkommen, denn dieses schließt den Arbeitslohn ein, jenes schließt ihn aus. Das Einkommen der ganzen Gesellschaft betrachtet, besteht das Nationaleinkommen aus Arbeitslohn plus Profit plus Rente, also aus dem Roheinkommen."[5] Auf mikroökonomischer Ebene der Ware oder des Betriebes unterscheidet sich der Kostpreis vom Warenwert oder gesamten Warenumsatz des Betriebes (Erlös) um den Gewinn. Auf der makroökonomischen Ebene der Volkswirtschaft „mißt sich die wirkliche Kost an der Ausgabe in Arbeit". Hieraus leitet sich die Schwierigkeit ab, eine volkswirtschaftliche Rentabilität zu definieren und zu messen; denn der bei der Produktion des volkswirtschaftlichen Nettoproduktes entstehende Neuwert fällt zum überwiegenden Teil zeitlich und räumlich mit der primären Verteilung des Nationaleinkommens zusammen.

Besonders in der Darstellung des gesellschaftlichen Reproduktionsprozesses liefert K. Marx eine vom Standpunkt der Aggregationstheorie außerordentlich moderne Interpretation für die Zusammenhänge zwischen Mikro- und Makroökonomie. Hier findet man keine formale Übertragung der im Bereich einer Ware oder eines Betriebes beobachtbaren Verhaltensnormen und Gesetzmäßigkeiten auf die gesamte Volkswirtschaft: „Betrachten wir die jährliche Funktion des gesellschaftlichen Kapitals – also des Gesamtkapitals – wovon die individuellen Kapitale nur Bruchstücke bilden, deren Bewegung sowohl ihre individuelle Bewegung ist, wie gleichzeitig integrierendes Glied der Bewegung des Gesamtkapitals – in ihrem Resultat, d. h. betrachten wir das Warenprodukt, welches die Gesellschaft während des Jahres liefert, so muß sich zeigen, wie der Reproduktionsprozeß des gesellschaftlichen Kapitals vonstatten geht, welche Charaktere diesen Reproduktionsprozeß vom Reproduktionsprozeß

[4] Vgl. *Karl Marx/Friedrich Engels*, Werke, Bd. 23, Dietz Verlag, Berlin 1962, S. 121 bis 122; Bd. 25, S. 213.

[5] *Karl Marx/Friedrich Engels*, Werke, Bd. 25, Dietz Verlag, Berlin 1964, S. 848.

eines individuellen Kapitals *unterscheiden*, und welche Charaktere beiden *gemeinsam* sind."[6]

Die Unterschiede zwischen mikro- und makroökonomischen Reproduktionsprozessen liegen u. a. in folgendem: Für den einzelnen Betrieb ist mit dem Absatz seiner Produkte der Kreislauf beendet. Es ist für die Bewegung der betrieblichen Fonds gleichgültig, was weiter aus diesem Produkt wird. „Dagegen sind bei der Bewegung von W'. . .W' die Bedingungen der gesellschaftlichen Reproduktion gerade daraus erkennbar, daß nachgewiesen werden muß, was aus jedem Wertteil dieses Gesamtprodukts W' wird. Der gesamte Reproduktionsprozeß schließt hier den durch die Zirkulation vermittelten Konsumtionsprozeß ebensosehr ein, wie den Reproduktionsprozeß des Kapitals selbst."[7]

Aus diesem Grunde wird deshalb in geschlossenen Verflechtungsbilanzen der Bevölkerungsverbrauch als Input des Zweiges „Arbeitskraft" ausgewiesen.

Bei der gesellschaftlichen Reproduktion kann man sich „jetzt nicht mehr begnügen, wie bei der Analyse des Produktenwerts des einzelnen Kapitals, mit der *Voraussetzung*, daß der einzelne Kapitalist die Bestandteile seines Kapitals durch Verkauf seines Warenproduktes erst in Geld umsetzen und dann durch Wiederkauf der Produktionselemente auf den Warenmarkt in produktives Kapital rückwandeln kann. . . Die Frage, wie sie unmittelbar vorliegt, ist die: Wie wird das in der Produktion verzehrte *Kapital* seinem Wert nach aus dem jährlichen Produkt ersetzt. . . und diese Bewegung ist nicht nur Wertersatz, sondern Stoffersatz, und ist ebensosehr bedingt durch das gegenseitige Verhältnis der Wertbestandteile des gesellschaftlichen Produkts, wie durch ihren Gebrauchswert, ihre stoffliche Gestalt."[8]

Hingegen war „die Naturalform des Warenprodukts für die Analyse ganz gleichgültig, solange wir die Wertproduktion und den Produktenwert des Kapitals individuell betrachteten."[9]

Hieraus leiten sich auch unterschiedliche Gleichgewichtsbedingungen ab. Für die einzelnen Betriebe „wird das Gleichgewicht dadurch hergestellt, daß der Käufer nachher und für den gleichen Wertbetrag als Verkäufer auftritt und umgekehrt, findet Rückfluß des Geldes statt an die Seite, die es beim Kauf vorgeschossen, die zuerst verkauft hat, ehe sie wieder kaufte. Das wirkliche (d. h. das makroökonomische, d. Verf.) Gleichgewicht, mit Bezug auf den Warenumsatz selbst, den Umsatz der verschiednen Teile des jährlichen Produkts, ist aber bedingt durch gleichen Wertbetrag der gegeneinander umgesetzten Waren."

Muß für volkswirtschaftliche Analysen die Voraussetzung von Übereinstimmung zwischen Käufen und Verkaufsabsichten fallen gelassen werden, so „ist – bei naturwüchsiger Gestaltung dieser Produktion – das Gleichgewicht selbst ein Zufall."[10]

Die Untersuchung der gemeinsamen wie unterschiedlichen Gesetzmäßigkeiten der Reproduktion im Bereich der Mikroökonomie und der Makroökonomie zieht sich

[6] *Karl Marx/Friedrich Engels*, Werke, Bd. 24, Dietz Verlag, Berlin 1963, S. 391 Hervorhebungen durch d. Verf.

[7] Ebenda. [8] Ebenda, S. 392/393.

[9] Ebenda, S. 393. [10] Ebenda, S. 491.

durch die Darstellung im Marxschen Kapital wie ein roter Faden. „In der Bewegung des gesellschaftlichen Kapitals – d. h. der Gesamtheit der individuellen Kapitale – stellt sich die Sache anders dar, als sie sich für jedes individuelle Kapital, besonders betrachtet, also vom Standpunkt jedes einzelnen Kapitalisten darstellt."[11]

Daß die Aufgabe der Aggregation, zwischen mikro- und makroökonomischen Beziehungen zu vermitteln, nicht auf betriebswirtschaftliche und volkswirtschaftliche Aspekte beschränkt ist, soll am Beispiel der Warenaggregation demonstriert werden.

II. Ein hinreichendes Kriterium für gute Warenaggregate

Die Elementarform der Marxschen Analyse der Ökonomie ist die einzelne Ware.[12] Der Gebrauchswert eines Gutes ist notwendige Bedingung, damit ein Gut zur Ware werden kann. Die Bestimmung der Gebrauchswerteigenschaften (im Extremfall einer einzigen Eigenschaft) einer Ware und damit der Unterschiede zwischen den Waren, liegt jenseits des Untersuchungsbereichs der politischen Ökonomie. Sie liefert das Material einer eigenen Disziplin, der „Warenkunde".

Die Entwicklung von Wissenschaft und Technik vermehrt den Reichtum der Gesellschaft, „die ungeheure Warensammlung" wächst an und differenziert sich.

In der Warenstatistik äußert sich dieser Differenzierungsprozeß in der Notwendigkeit, zu achtstelligen Warenverzeichnissen überzugehen.

Eine unvermeidliche Begleiterscheinung dieses Prozesses ist die zunehmende Komplexität der Beziehungen zwischen den Waren, ihrer Produktionsprozesse, ihrer proportionalen Fertigung usw. Das zeigt sich bereits in einem Betrieb, der ein reichhaltiges Warensortiment mit unterschiedlichen Fertigungstechniken besitzt.

Dies gilt erst recht für die gesamtwirtschaftliche Planung und Abrechnung. Mit der bloßen Addition einzelner ökonomischer Größen ist nichts getan. Um den zugrunde liegenden Gesetzmäßigkeiten der gesellschaftlichen Reproduktion und des volkswirtschaftlichen Wachstums auf die Spur zu kommen, sind die aggregierten Größen im Zusammenhang darzustellen. Sie sind in ihren wechselseitigen Verflechtungen auszuweisen. Ihre quantitativen Abhängigkeiten, insbesondere im Prozeß ihres gleichzeitigen Wachstums, lassen sich aber nur ermitteln, wenn sie in komplexen makroökonomischen Gleichungssystemen miteinander verkettet werden.

Selbst unter Zuhilfenahme der modernsten Rechentechnik ließe sich eine solche Aufgabe nicht erfüllen, wenn für jede einzelne der Millionen Waren und Prozesse explizite Gleichungen entwickelt und fortlaufend errechnet werden sollten. Es überstiege jegliches menschliche Vermögen der Synthese, hieraus die wesentlichen Entwicklungsprozesse der Volkswirtschaft erkennen und rechtzeitig wirksame Entscheidungen ableiten zu können.

Die Notwendigkeit der Aggregation ökonomischer Beziehungen soll an einem einfachen Beispiel erläutert werden. Es wird die Menge N_i ($i = 1, 2, \ldots, n$) eines Gutes

[11] Ebenda, S. 384.

[12] *Karl Marx/Friedrich Engels*, Werke, Bd. 23, a. a. O., S. 49.

betrachtet, die eine bestimmte Familie etwa im Laufe eines Jahres gekauft hat. Die Menge N_i hängt vom Jahreseinkommen E der Familie und von den Preisen p_j ($j = 1, 2, \ldots, n$) sämtlicher Waren ab, die die Familie überhaupt gekauft hat. Es gibt somit n Beziehungen

$$N_i = f_i\,(E, p_1, \ldots, p_n); \qquad i = 1, 2, \ldots, n$$

Da es jedoch schwierig ist, von vornherein nähere Angaben über die Funktionen f_i zu machen, setzt man sie oft als lineare Funktionen an:

$$N_i = a_i + b_i\,E + \sum_{j=1}^{n} c_{ij} p_j; \qquad i = 1, 2, \ldots, n$$

Dabei sind die a_i, b_i und c_{ij} (zunächst unbekannte) Konstanten. Der lineare Ansatz kann nur als grobe Annäherung an die „wahren" Nachfragefunktionen gelten. In kleinen Bereichen, wenn die unabhängigen Größen $E, p_1, \ldots, p_n$ also nur in kleinen Intervallen variieren, kann die Annäherung jedoch hinreichend gut sein.

Auf die nachgefragte Menge N_i wirken aber noch andere Einflüsse, die in den obigen Gleichungen nicht berücksichtigt worden sind, z. B. deshalb, weil sie nicht quantitativ faßbar sind. Diese Einflüsse bringt man in n Zufallsgrößen u_i zum Ausdruck:

$$N_i = F_i\,(E, p_j) + u_i.$$

Dies ist bei der statistischen Bestimmung der Konstanten a_i, b_i, c_{ij} von Bedeutung.

Da bereits eine Familie im allgemeinen sehr viele Waren kauft, ist das System der Nachfragebeziehungen sehr umfangreich. Aus praktischen Gründen erweist es sich als notwendig, dieses System zu verkleinern. Das bedeutet, daß man die Zahl der unabhängigen Variablen reduziert. Das Einkommen E muß natürlich als Variable erhalten bleiben. Die vielen Einzelwaren kann man zu gewissen Gruppen zusammenfassen. Aus den zugehörigen Preisen bildet man Preisindizes. Schließlich bleiben etwa zwei Warengruppen sowie zwei Gleichungen übrig:

$$N_1 = a_1 + b_1\,E + c_{11}\,p_1 + c_{12}\,p_2$$
$$N_2 = a_2 + b_2\,E + c_{21}\,p_2 + c_{22}\,p_2.$$

Dieses System ist allerdings kein vollwertiger Ersatz des umfassenden Systems, wie ja auch Preisindizes die einzelnen Preise nicht voll vertreten können. Das bedeutet, daß durch die Aggregation Fehler entstehen. Die Preisindizes stimmen also nicht überein mit den „wahren" Aggregatpreisen:

$$\tilde{p}_1 = p_1 + \pi_1, \qquad \tilde{p}_2 = p_2 + \pi_2.$$

Dabei bedeuten p_i die „wahren" Aggregatpreise, $\tilde{p}_i$ die nach den Preisindizes berechneten Preise und π_i die Aggregationsfehler ($i = 1, 2$).

Das Einkommen kann jedoch ebenfalls mit Fehlern behaftet sein, die nicht von der Aggregation herrühren:

$$\tilde{E} = E + \varepsilon,$$

$\tilde{E}$ sei das gemessene (mit einem Fehler ε behaftete) Einkommen. E sei der wahre Wert.

Somit wäre das obige Gleichungssystem zu ersetzen durch die Beziehungen

$$N_1 = a_1 + b_1 E + c_{11} p_1 + c_{12} p_2 + u_1$$
$$N_2 = a_2 + b_2 E + c_{21} p_1 + c_{22} p_2 + u_2,$$

wo die u_i (i = 1,2) die Fehler in den Gleichungen darstellen. Darin kommen die nicht berücksichtigten Einflußfaktoren in ihrer Gesamtheit zum Ausdruck. Die Variablen E, p_1, p_2 stellen die „wahren" Werte dar. Da die gemessenen Werte mit Fehlern behaftet sind, muß man noch die Gleichungen

$$\tilde{E} = E + \varepsilon, \quad \tilde{p}_i = p_i + \pi_i \qquad (i = 1,2)$$

hinzufügen.

Mit Hilfe dieser Beziehungen sind die Konstanten a_i, b_i, c_{ij} $(i = 1,2)$ zu bestimmen. Das ist die Aufgabe der mathematischen Statistik, worauf hier nicht eingegangen werden soll.

Festzuhalten ist, daß neben die Fehler statistischer Art (zufälliger und systematischer Art) noch Informationsverluste treten, die aus der Aggregation mikroökonomischer Größen und Relationen resultieren. Die Untersuchung dieser Fehlerquellen, insbesondere ihre Verminderung, ist eine Aufgabe der Aggregationstheorie.

Die Beherrschung, insbesondere die Planung des volkswirtschaftlichen Reproduktionsprozesses ist nur möglich, wenn dieser gebrauchswertseitige Differenzierungsprozeß durch einen entsprechenden Aggregationsprozeß begleitet wird. Die Erforschung der ihm zugrunde liegenden Probleme ist überdies eine Voraussetzung, um im Rahmen des Neuen ökonomischen Systems der Planung und Leitung der Volkswirtschaft die operative Selbständigkeit der Betriebe in Einzelfragen mit einer straffen zentralen Entscheidung auf volkswirtschaftlicher Ebene in den Grundsatzfragen harmonisch verbinden zu können.

In der Warenstatistik äußern sich derartige Aggregationen beispielsweise in den Kategorien der Warengruppe, Planposition, Erzeugnisgruppe usw.

Der Zwang zur Aggregation (bzw. als deren Umkehrung zur Desaggregation) ist innerhalb der einzelnen Disziplinen der Wirtschaftswissenschaften selbstverständlich unterschiedlich stark. In der politischen Ökonomie wird die Existenz der Ware als Atom der Warenwelt vorausgesetzt. Sollte in der Wirtschaftspraxis ein Differenzierungsprozeß insofern eingetreten sein, als die ursprünglich als homogene Einheit betrachtete Ware in zwei oder mehr selbständige Waren zerfällt, so bezieht die politische Ökonomie ihre Analyse der Elementarform nunmehr auf jene neuen Waren als niedrigste Einheiten der Warenwelt.

Sind diese Bedingungen gegeben – und das wird unterstellt – so sind die gebrauchswertseitigen Voraussetzungen erfüllt, um ein Gut vom Standpunkt der politischen Ökonomie zur Ware zu erheben.

Liegt es aber außerhalb der politischen Ökonomie zu entscheiden, ob im konkreten Fall diese Bedingungen tatsächlich erfüllt sind, so auch, ob die Gebrauchseigenschaften der Ware in ihrem Preis zu berücksichtigen sind. Berücksichtigung setzt Unterscheidung voraus. Zwei Güter, die in n Eigenschaften übereinstimmen, nicht aber in den $(n + 1)$-ten, $(n + 2)$-ten usw. Eigenschaften, sind vom Standpunkt der logischen Analyse der politischen Ökonomie verschiedenartige Waren.

Ohne eine zumindest begriffliche Aggregation von Waren, die bezüglich ihrer Gebrauchseigenschaften als homogen angenommen werden, kommt jedoch selbst die reine ökonomische Theorie nicht aus; denn bei volkswirtschaftlichen Analysen „wird die Sache am leichtesten dargestellt, wenn wir die ganze Warenmasse, zunächst also *eines* Produktionszweiges, als *eine* Ware, und die Summe der Preise der vielen identischen Waren als in *einem* Preis zusammenaddiert auffassen. Was dann für die einzelnen Waren gesagt worden, gilt nun wörtlich für die auf dem Markt befindliche Warenmassen eines bestimmten Produktionszweiges."[13]

Außerhalb der reinen ökonomischen Theorie müssen die genannten Idealisierungen jedoch aufgegeben werden. Güter mit unterschiedlichen Gebrauchseigenschaften sind als homogene Waren zu behandeln. Kein Produktionszweig stellt identische Waren her. In der Abteilung I der Volkswirtschaft werden auch Konsumgüter gefertigt: Dasselbe Produkt kann als Produktionsmittel oder als Konsumtionsmittel verwendet werden usw.

Es entsteht die praktisch wichtige Frage, zu welchen Konsequenzen die Aggregation von Waren führt, die vom Gebrauchswert her nicht identisch sind.

Ist dann wenigstens der Übereinstimmungs*grad* in den vorhandenen Gebrauchseigenschaften zweier (und mehrerer) Waren Kriterium für die Güte einer Aggregation oder sind ökonomische Bestimmungsgründe hierfür wesentlich?

Gut 1 sei Träger der Gebrauchseigenschaften $x_1, x_2, \ldots, x_l$ sowie x_m, x_n, x_o. „Die Summe seiner möglichen Nutzanwendung jedoch ist zusammengefaßt in seinem Dasein als Ding mit bestimmten Eigenschaften."[14]

Allgemeiner als durch eine Summe läßt sich dieser Zusammenhang zwischen den einzelnen Nutzenseigenschaften (als Partikel) und dem Gut als Einheit (Atom) durch eine ordinale (wenn auch nicht kardinale, quantitativ bemeßbare) Nutzensfunktion U_1 beschreiben:

$$U_1 = \varphi_1 (x_1, x_2, \ldots, x_l; x_m, x_n, x_o).$$

Gut 2 habe die Eigenschaft x_1 bis x_l mit Gut 1 gemeinsam. Hingegen besitze es statt der Eigenschaften x_m bis x_o die Eigenschaften x_p, x_q, x_v.

$$U_2 = \varphi_2 (x_1, x_2, \ldots, x_l; x_p, x_q, x_v).$$

[13] *Karl Marx/Friedrich Engels*, Werke, Bd. 25, a. a. O., S. 191 bis 192.

[14] Vgl. *Karl Marx/Friedrich Engels*, Werke, Bd. 13, Dietz Verlag, Berlin 1961, S. 15. „In allen diesen Fällen, wo einer solchen natürlichen Operation ein Name gegeben wird, der an mathematische Operationen erinnert – wie z. B. die ‚Addition' im oben stehenden Sinn –, muß man sorgfältig Mißverständnisse vermeiden. Diese Nomenklatur beansprucht nicht, daß die beiden Operationen mit gleichem Namen identisch sind. Dies ist offenbar nicht der Fall. Sie soll lediglich ausdrücken, daß sie ähnliche Charakterzüge besitzen und daß die Hoffnung besteht, daß schließlich ein Zusammenhang zwischen ihnen hergestellt werden kann. Das erreicht man natürlich, wenn überhaupt, durch Aufstellung eines mathematischen Modells für das in Frage stehende physikalische Gebiet, in dem jene physikalischen Fakten durch Zahlen definiert werden, so daß die mathematischen Operationen in dem Modell die entsprechenden Vorgänge in der Natur beschreiben." Vgl. *John v. Neumann, Oskar Morgenstern*, Spieltheorie und wirtschaftliches Verhalten, Physika-Verlag, Würzburg 1961, S. 21. Das Sinngemäße gilt für die Konstruktion ökonomischer Nutzensfunktionen.

Ist das Gut U_2 mit dem Gut $U_3 = \varphi_3 (x_2, x_3, \ldots, x_l; x_p, x_q, x_v)$ enger verwandt, weil es nur in einer Gebrauchseigenschaft, nämlich x_1 divergiert?

Ob zwei Güter (die zur Ware werden können) in dieser oder jener, in einer oder in mehreren Eigenschaften voneinander abweichen, ist gleichgültig; sie sind als Gebrauchswerte nicht identisch und als verschiedene Dinge nicht miteinander vergleichbar.[15]

Solange sich kein Verfahren zur objektiven Bestimmung eines numerischen Maßes für den Nutzen der Güter nicht nur für das Individium, sondern auch keine quantitative oder qualitative Vergleichsbasis für die Nutzen verschiedener Individuen angeben läßt, können auch keine eindeutig meßbaren Nutzendifferenzen zwischen zwei und mehr Gütern errechnet werden.[16] Daraus folgt, daß sich außerhalb rein theoretischer Erwägungen (die sehr nützlich sein können) für den konkreten Fall die oben gestellte Frage nicht frei von subjektivem Ermessen beantworten läßt. Hieraus folgt aber die Unmöglichkeit, vom Gebrauchswertaspekt zu entscheiden, ob Gut (Ware) U_2 mit U_3 enger verwandt ist als mit U_1. so daß es berechtigter wäre, die Waren 2 und 3 zu einem Aggregat zu vereinigen, Ware 1 hiervon aber auszuschließen.[17]

Tatsächlich konnte gezeigt werden, daß für die „Güte" eines Warenaggregates ein ökonomisches Kriterium hinreichend ist: die proportionale Preisbewegung der im Aggregat vereinigten Waren im Zeitverlauf. Dies soll im folgenden gezeigt werden.

Die erste Schwierigkeit in der Aggregierung, z. B. des Verbrauches, liegt in der Messung. Nehmen wir an, daß sich das Aggregat aus einer Gruppe von m unterschiedlichen Waren zusammensetzt. Jede der Komponenten besitze eine wohlbestimmte Maßeinheit. Dann sollen die folgenden 3 Maße für das Aggregat genannt werden:

a. Für das Aggregat wird die Menge q_t als die einfache Summe seiner Komponenten definiert:

$$q_t = q_{t1} + q_{t2} + \cdots + q_{tm}. \tag{1}$$

Dieses Maß kann verwendet werden, wenn die gebrauchswertmäßigen Unterschiede vom praktischen Aspekt als nicht zu groß aufgefaßt werden, z. B. bei verschiedenen Butter- und Margarinesorten.

[15] Vgl. *Karl Marx/Friedrich Engels*, Werke, Bd. 23, a. a. O., S. 64.

[16] Vgl. *John v. Neumann, Oskar Morgenstern*, Spieltheorie . . ., a. a. O., insb. S. 33 ff. und Fußnote 3, S. 19.

Obgleich eine solche Meßmethode noch nicht vorliegt, „zeigt die historische Entwicklung der Wärmelehre, wie äußerst vorsichtig man sein muß, negative Behauptungen über die endgültige Gestalt eines Begriffs zu machen. Auch wenn der Nutzen heute sehr unnumerisch aussehen mag, so könnte sich die Erfahrung mit der Wärmelehre wiederholen, und niemand kann vorhersagen, mit welchen Modifikationen und Änderungen. Und man sollte sich nicht von theoretischen Erwägungen über die formalen Möglichkeiten eines numerischen Nutzens abschrecken lassen." Vgl. ebenda, S. 17.

[17] Der von den Verfassern der Spieltheorie vorgeschlagene Weg, Nutzensdifferenzen durch die Kombination zweier Nutzen mit zwei gegebenen alternativen Wahrscheinlichkeiten α, $1 - \alpha$ $(0 < \alpha < 1)$ zu ermitteln, gilt ebenfalls jeweils nur für das einzelne Individuum. Vgl. Spieltheorie . . ., a. a. O., S. 24 ff.; S. 642 ff.

b. Eine Aggregationsmenge q_i^+ wird als eine gewogene Summe der Komponenten definiert:

$$q_i^+ = w_1 q_{i1} + w_2 q_{i2} + \cdots + w_n q_{im}, \tag{2}$$

deren Gewichte der Bedingung $w_i > 0$ genügen. Gebräuchliche Gewichte sind die Äquivalenzziffern, in denen z. B. der Ertrag an einzelnen Getreidesorten in Getreideeinheiten einer Ernte ausgewiesen wird.

c. Ein Kostenaggregat x_i wird als Summe der Kostenkomponenten definiert:

$$\begin{aligned} x_i &= x_{1i} + x_{2i} + \cdots + x_{im} \\ &= p_{i1} q_{i1} + p_{i2} q_{i2} + \cdots + p_{im} q_{im}. \end{aligned} \tag{3}$$

Dieses Maß wird erforderlich, wenn die Komponenten stark voneinander abweichen. Das ist z. B. bei Haushaltsrechnungen der Fall.

Es sei nun ein Präferenzfeld definiert. Danach besitzt jeder Verbraucher eine bestimmte Ordnung von Präferenzen in folgendem Sinne:

Es seien $q^{(1)}$ und $q^{(2)}$ zwei Budgetalternativen des individuellen Verbrauchers. Er zieht entweder $q^{(1)}$ $q^{(2)}$ vor oder $q^{(2)}$ $q^{(1)}$ oder die Budgetalternative $q^{(2)}$ wird gleichwertig (indifferent) zu $q^{(1)}$ aufgefaßt.

Die Ware 1 sei Sammelbegriff (Aggregat) für m verschiedenartige Warenkomponenten. Es wird nun unterstellt, daß alle m Preise der Aggregatkomponenten proportional variieren, etwa

$$p_{11} = \lambda_1 p_1 ; \ldots, p_{1m} = \lambda_m p_1 \tag{4}$$

mit $\lambda_1 > 0; \ldots, \lambda_m > 0$, wobei $\lambda_1, \ldots, \lambda_m$ die festen Verhältnisse der Komponenten anzeigen.

Unter den genannten Voraussetzungen kann in der Theorie der Verbrauchernachfrage eine solche Warengruppe als eine einzelne Ware behandelt werden.[18] Dies soll jetzt mathematisch formuliert werden.[19]

Die Untergruppe, in der sich die Preise proportional ändern, bestehe aus m Waren, die in den Mengen $q_{11}, q_{12}, \ldots, q_{1m}$ nachgefragt werden. Die zugehörigen Preise seien $p_{11}, p_{12}, \ldots, p_{1m}$. Da sich diese Preise proportional ändern sollen, gilt

$$p_{11} = a_1 p_1 ; \; p_{12} = a_2 p_1 ; \; \ldots ; \; p_{1m} = a_m p_1.$$

Hier bezeichnet p_1 den Aggregatpreis der betrachteten Untergruppe, die als eine Ware angesehen wird. Außerdem existiert noch eine Untergruppe von n-1 Waren, die in den Mengen $q_2, q_3, \ldots, q_n$ nachgefragt werden. Diese Gruppe wird nicht aggregiert. Die entsprechenden Preise sind $p_2, p_3, \ldots, p_n$.

[18] Vgl. *S. H. Wold*, Demand Analysis, John Wiley & Sons, Inc. New York 1953; On the Aggregation of Production Functions, „International Economic Papers", H. 8, 1958, S. 77.

[19] Wir beziehen uns hierbei auf die mathematische Darstellung des von *H. Wold* verallgemeinerten Theorems.

Die nachgefragten Mengen hängen ab von sämtlichen Preisen und vom Einkommen E:

$$\begin{aligned} q_{11} &= N_{11}\,(p_{11}, \ldots, p_{1m}, p_2, \ldots, p_n, E) \\ q_{1m} &= N_{1m}\,(\ldots) \\ q_2 &= N_2\,(p_{11}, \ldots, p_{1m}, p_2, \ldots, p_n, E) \\ q_n &= N_n\,(\ldots). \end{aligned}$$

Aggregiert man nun die Waren der ersten Untergruppe gemäß der Vorschrift

$$q_1 = a_1\,q_{11} + a_2\,q_{12} + \cdots + a_n\,q_{1m},$$

so ergeben sich neue Nachfragefunktionen:

$$\begin{aligned} q_1 &= \overline{N}_1\,(p_1, \ldots, p_n, E) \\ q_2 &= \overline{N}_2\,(p_1, \ldots, p_n, E) \\ q_n &= \overline{N}_n\,(p_1, \ldots, p_n, E). \end{aligned}$$

Die Nachfragefunktionen erhält man folgendermaßen. Zunächst wird das nichtaggregierte Modell betrachtet. Voraussetzung ist die Existenz einer Nutzenfunktion[20]

$$U\,(q_{11}, \ldots, q_{1m}, q_2, \ldots, q_n),$$

die den Nutzen (z. B. Gewinn) angibt, den man durch den Kauf der Mengen $q_{11}, \ldots, q_n$ der entsprechenden Waren erzielt. Diese einzelnen Mengen können jedoch nicht beliebig hoch sein, sie sind durch die Beziehung

$$p_{11}\,q_{11} + \cdots + p_{1m}\,q_{1m} + p_2\,q_2 + \cdots + p_n\,q_n \leqq E$$

beschränkt. Bei der Gewinnung der Nachfragefunktionen schließt man in der obigen Beziehung das Zeichen „<" aus. Das bedeutet, daß das ganze Einkommen ausgegeben wird. Die Mengen $q_{11}, \ldots, q_n$ sind nun so zu kombinieren, daß ein maximaler Nutzen erreicht wird:

$$U\,(q_{11}, \ldots, q_{1m}, q_2, \ldots, q_n) = \text{Max}$$

unter der Nebenbedingung

$$p_{11}\,q_{11} + \cdots + p_{1m}\,q_{1m} + p_2\,q_2 + \cdots + p_n\,q_n = E.$$

Diese Aufgabe löst man, indem man die Funktion

$$U - \lambda\,(p_{11}\,q_{11} + \cdots + p_n\,q_n - E)$$

partiell nach den Mengen $q_{11}, \ldots, q_n$ differenziert. Dadurch erhält man die Beziehungen:

$$\begin{aligned} \frac{\partial U}{\partial q_{11}} &= \lambda\,p_{11} \\ \frac{\partial U}{\partial q_{1m}} &= \lambda\,p_{1m} \\ \frac{\partial U}{\partial q_2} &= \lambda\,p_2 \\ \frac{\partial U}{\partial q_n} &= \lambda\,p_n, \end{aligned}$$

[20] Vgl. *R. G. D. Allen*, Mathematik für Volks- und Betriebswirte, Duncker & Humblot, (West-)Berlin 1956, S. 83, 133, 300 bis 302, 313, 325 bis 326, 457 bis 461, 490, 560 bis 563.

wo λ den Lagrangeschen Multiplikator darstellt. Aus diesen $m + n - 1$ Bedingungen und der Nebenbedingung sind die Mengen $q_{11}, \ldots, q_n$ und der Multiplikator λ zu bestimmen. Alle diese Größen erhält man als Funktionen der Preise und des Einkommens:

$$q_{11} = N_{11}(p_{11}, \ldots, p_n, E)$$
$$q_n = N_n(p_{11}, \ldots, p_n, E).$$

Dies sind die Nachfragefunktionen des nichtaggregierten Modells.
Im aggregierten Modell ist das Maximum der Nutzenfunktion

$$V(q_1, q_2, \ldots, q_n)$$

unter der Nebenbedingung

$$p_1 q_1 + \cdots + p_n q_n = E$$

aufzusuchen. Es ist somit die Funktion

$$V - \mu (p_1 q_1 + \cdots + p_n q_n - E)$$

zu differenzieren. Dies führt zu den Beziehungen:

$$\frac{\partial V}{\partial q_1} = \mu\, p_1$$
$$\frac{\partial V}{\partial q_n} = \mu\, p_n.$$

Aus diesen n Gleichungen und der Nebenbedingung bestimmt man $q_1, \ldots, q_n$ und u als Funktionen der Preise $p_1, \ldots, p_n$ und des Einkommens E:

$$q_1 = \bar{N}_1(p_1, \ldots, p_n, E)$$
$$q_n = \bar{N}_n(p_1, \ldots, p_m, E).$$

Jetzt ist noch anzugeben, wie man aus der ursprünglichen Nutzenfunktion $U(q_{11}, \ldots, q_n)$ die aggregierte Nutzenfunktion $V(q_1, \ldots, q_n)$ gewinnt. Dazu benutzt man die Voraussetzungen

$$p_{1j} = a_j\, p_1, \qquad j = 1, 2, \ldots, m$$
$$q_1 = a_1 q_{11} + a_2 q_{12} + \cdots + a_m q_{1m}.$$

Aus den m Ableitungen

$$\frac{\partial U}{\partial q_{1j}} = \lambda\, p_{1j} = \lambda\, p_1\, a_j, \qquad j = 1, 2, \ldots, m$$

gewinnt man zunächst m-1 Beziehungen

$$\frac{1}{a_1}\frac{\partial U}{\partial q_{11}} = \frac{1}{a_2}\frac{\partial U}{\partial q_{12}}$$
$$\frac{1}{a_2}\frac{\partial U}{\partial q_{12}} = \frac{1}{a_3}\frac{\partial U}{\partial q_{13}}$$
$$\frac{1}{a_{m-1}}\frac{\partial U}{\partial q_{1m-1}} = \frac{1}{a_m}\frac{\partial U}{\partial q_{1m}}.$$

Dazu kommt noch die Gleichung

$$q_1 = a_1 q_{11} + \cdots + a_m q_{1m}.$$

Dies sind m Beziehungen

$$\varphi_1 (q_{11}, \ldots, q_{1m}, q_2, \ldots, q_n) = 0$$
$$\varphi_m (q_{11}, \ldots, q_{1m}, q_1, \ldots, q_n) = 0,$$

die nur von den Mengen $q_{11}, \ldots, q_n$ abhängen, die Preise treten hier nicht mehr auf. Nur die letzte Gleichung hängt von q_1 ab. Dieses Gleichungssystem kann man, falls gewisse recht allgemeine (mathematische) Bedingungen erfüllt sind, nach den $q_{11}, \ldots, q_{1m}$ auflösen und erhält m Gleichungen

$$q_{11} = H_{11} (q_1, \ldots, q_n)$$
$$q_{1m} = H_{1m} (q_1, \ldots, q_n).$$

Mit diesen Ausdrücken für $q_{11}, \ldots, q_{1m}$ geht man in die Nutzenfunktion ein und erhält so eine neue Funktion V, die von der aggregierten Variablen q_1 sowie von den alten Variablen $q_2, \ldots, q_n$ abhängt:

$$U (q_{11}, \ldots, q_{1m}, q_2, \ldots, q_m) = U (H_{11}, \ldots, H_{1m}, q_2, \ldots, q_n) = V (q_1, q_2, \ldots, q_n).$$

Das ist die aggregierte Nutzenfunktion.

Die Auflösung des obigen Gleichungssystems nach $q_{11}, \ldots, q_{1m}$ ergibt eindeutige Funktionen $H_{11}, \ldots, H_{1m}$, falls nur die Isoquantenflächen

$$U (q_{11}, \ldots, q_n) = c \quad (c \text{ konstant})$$

konvex zum Ursprung des Koordinatensystems sind.[21]

Nun kann das verallgemeinerte Theorem von Leontief und Hicks mathematisch formuliert werden. Man kann es folgendermaßen ausdrücken. Die Nachfragefunktion nach der aggregierten Warengruppe ergibt sich als gewichtete Summe der einzelnen Nachfragefunktionen:

$$\sum_{h=1}^{m} a_h N_{1h} (p_{11}, \ldots, p_{1m}, p_2, \ldots, p_n, E) = \bar{N} (p_1, \ldots, p_n, E).$$

Für die Nachfragefunktionen nach den anderen Waren gilt

$$N_i (p_{11}, \ldots, p_{1m}, p_2, \ldots, p_n, E) = \bar{N}_i (p_1, p_2, \ldots, p_n, E)$$
$$(i = 2, 3, \ldots, n).$$

Dabei werden die Voraussetzungen

$$p_{1j} = a_j p_1 \quad (j = 1, 2, \ldots, m)$$
$$q_1 = a_1 q_{11} + \cdots + a_n q_{1m}$$

gemacht.[22]

[21] *S. H. Wold*, Demand Analysis, a. a. O., S. 87.

[22] Der Beweis dieses Theorems verläuft analog zu dem Beweis eines Satzes über die Aggregation von Einsatzgrößen bei Produktionsfunktionen und wird deshalb hier übergangen. Der Beweisgang wird später durchgeführt.

Jetzt soll das verallgemeinerte Leontief-Hicks-Theorem an einem Beispiel demonstriert werden. Zu diesem Zwecke setzen wir $m = n = 2$ und $a_1 = a_2 = 1$:

$$p_{11} = p_1, \quad p_{12} = p_1$$
$$q_1 = q_{11} + q_{12}.$$

Außerdem wählen wir die Nutzenfunktion

$$U(q_{11}, q_{12}, q_2) = q_{11}(q_{12} + 1)\, q_2 .$$

Zunächst wird mit Hilfe zweier Funktionen

$$H_{11}(q_1, q_2)$$
$$H_{12}(q_1, q_2)$$

die aggregierte Nutzenfunktion

$$V(q_1, q_2) = U(H_{11}, H_{12}, q_2)$$

konstruiert. Die Funktionen H_{11}, H_{12} erhält man aus dem Gleichungssystem

$$\frac{\partial U}{\partial q_{11}} = \frac{\partial U}{\partial q_{12}}$$
$$q_1 = q_{11} + q_{12}$$

d. h.

$$(q_{12} + 1)\, q_2 = q_{11}\, q_2$$

oder

$$q_{11} - q_{12} = 1$$

und

$$q_{11} + q_{12} = q_1 .$$

Dies ist ein lineares Gleichungssystem für q_{11}, q_{12}, dessen Determinante

$$\begin{vmatrix} 1 & -1 \\ 1 & 1 \end{vmatrix} = 2$$

verschieden von Null ist. Daraus erhält man

$$q_{11} = \frac{1}{2} \begin{vmatrix} 1 & -1 \\ q_1 & 1 \end{vmatrix} = \frac{1}{2}(1 + q_1) = H_{11}(q_1, q_2)$$

$$q_{12} = \frac{1}{2} \begin{vmatrix} 1 & 1 \\ 1 & q_1 \end{vmatrix} = \frac{1}{2}(q_1 - 1) = H_{12}(q_1, q_2).$$

Die Funktionen H_{11}, H_{12} hängen nur von q_1 ab. Setzt man dies in

$$U = q_{11}(q_{12} + 1)\, q_2$$

ein, so ergibt sich

$$V(q_1, q_2) = \frac{1}{4}(q_1 + 1)^2\, q_2$$

als aggregierte Nutzenfunktion.

Nun werden die Nachfragefunktionen des nichtaggregierten Modells bestimmt. Dazu müssen aus dem Gleichungssystem

$$\frac{\partial U}{\partial q_{11}} = (q_{12} + 1)\, q_2 = \lambda\, p_{11}$$

$$\frac{\partial U}{\partial q_{12}} = q_{11}\, q_2 = \lambda\, p_{12} = \lambda\, p_{11}$$

$$\frac{\partial U}{\partial q_2} = q_{11}\, (q_{12} + 1) = \lambda\, p_2$$

$$p_{11}\, (q_{11} + q_{12}) + p_2\, q_2 = E$$

die Größen $q_{11}, q_{12}, q_2, \lambda$ als Funktion von p_{11}, p_2 und E bestimmt werden.

Aus den beiden ersten Gleichungen ergibt sich zunächst wieder

$$q_{12} + 1 = q_{11}.$$

Setzt man dies in die dritte Gleichung ein, so folgt

$$q_{11}^2 = \lambda\, p_2$$

oder

$$q_{11} = \sqrt{\lambda\, p_2}.$$

Mit Hilfe von $q_{12} + 1 = q_{11}$ folgt daraus

$$q_{12} = \sqrt{\lambda\, p_2} - 1.$$

Die Ausdrücke für q_{11}, q_{12} werden in die letzte der obigen Gleichungen eingesetzt:

$$p_{11}\, (2\sqrt{\lambda\, p_2} - 1) + p_2\, q_2 = E,$$

d. h.

$$q_2 = \frac{1}{p_2}\, (E + p_{11} - 2\sqrt{\lambda\, p_2}\, p_{11}).$$

Zur Bestimmung von λ setzt man die gefundenen Ausdrücke etwa in die zweite Gleichung des obigen Systems ein:

$$\sqrt{\lambda\, p_2}\, \frac{1}{p_2}\, (E + p_{11} - 2\sqrt{\lambda\, p_2}\, p_{11}) = \lambda\, p_{11}.$$

Indem man die Gleichung mit p_2 multipliziert und die Klammer ausmultipliziert, ergibt sich

$$\sqrt{\lambda\, p_2}\, (E + p_{11}) - 2\lambda\, p_2\, p_{11} = \lambda\, p_2\, p_{11}$$

oder

$$\sqrt{\lambda\, p_2}\, (E + p_{11}) = 3\, (\lambda\, p_2)\, p_{11}.$$

Division durch $\sqrt{\lambda\, p_2}$ ergibt

$$\sqrt{\lambda\, p_2} = \frac{E + p_{11}}{3\, p_{11}}.$$

Dies ist in die Ausdrücke für q_{11}, q_{12}, q_2 einzusetzen:

$$q_{11} = \frac{E + p_{11}}{3\,p_{11}} = N_{11}(p_{11}, p_{12}, p_2, E)$$

$$q_{12} = \frac{E + p_{11}}{3\,p_{11}} - 1 = \frac{1}{3\,p_{11}}(E + p_{11} - 3\,p_{11}) = \frac{E - 2\,p_{11}}{3\,p_{11}} = N_{12}$$

$$q_2 = \frac{1}{p_2}\left(E + p_{11} - 2\,p_{11}\frac{E + p_{11}}{3\,p_{11}}\right) = \frac{E + p_{11}}{3\,p_2} = N_2.$$

Dies sind die Nachfragefunktionen des Mikromodells. Der Preis p_{12} tritt deshalb nicht explizit auf, weil von vornherein $p_{12} = p_{11}$ gesetzt wurde, was nach der Voraussetzung erlaubt ist.

Um die aggregierte Nachfragefunktion für q_1 zu gewinnen, braucht man nur

$$N_{11} + N_{12}$$

zu bilden unter Beachtung von $p_{11} = p_1$:

$$q_1 = \bar{N}_1(p_1, p_2, E) = \frac{1}{3\,p_1}(E + p_1 + E - 2\,p_1) = \frac{2\,E - p_1}{3\,p_1}.$$

Die Funktion $\bar{N}_2$ ergibt sich zu

$$q_2 = N_2(p_1, p_2, E) = \frac{E + p_1}{3\,p_2}.$$

Dieselben Funktionen $\bar{N}_1$, $\bar{N}_2$ erhält man aus der aggregierten Nutzenfunktion

$$V(q_1, q_2) = \frac{1}{4}(q_1 + 1)^2\,q_2.$$

Aus dem Gleichungssystem

$$\frac{\partial V}{\partial q_1} = \frac{1}{2}(q_1 + 1)\,q_2 = \mu\,p_1$$

$$\frac{\partial V}{\partial q_2} = \frac{1}{4}(q_1 + 1)^2 = \mu\,p_2$$

$$p_1\,q_1 + p_2\,q_2 = E$$

sind q_1, q_2 und μ zu bestimmen.

Aus der zweiten Gleichung folgt zunächst

$$\frac{1}{2}(q_1 + 1) = \sqrt{\mu\,p_2},$$

also

$$q_1 = 2\,\sqrt{\mu\,p_2} - 1.$$

Damit erhält man aus der ersten Gleichung

$$\sqrt{\mu\,p_2}\,q_2 = \mu\,p_1,$$

$$q_2 = \frac{\mu\,p_1}{\sqrt{\mu\,p_2}}.$$

Diese Ausdrücke für q_1, q_2 werden in die dritte Gleichung eingesetzt, um μ zu bestimmen:

$$p_1 (2 \sqrt{\mu p_2} - 1) + p_2 \frac{\mu p_1}{\sqrt{\mu p_2}} = E,$$

$$2 p_1 \sqrt{\mu p_2} - p_1 + \frac{(\mu p_2) p_1}{\sqrt{\mu p_2}} = E,$$

$$2 p_1 \sqrt{\mu p_2} - p_1 + p_1 \sqrt{\mu p_2} = E,$$

$$3 p_1 \sqrt{\mu p_2} - p_1 = E,$$

$$\sqrt{\mu p_2} = \frac{E + p_1}{3 p_1}.$$

Das Ergebnis ist in die Ausdrücke für q_1, q_2 einzusetzen:

$$q_1 = 2 \frac{E + p_1}{3 p_1} - 1 = \frac{1}{3 p_1} (2 E + 2 p_1 - 3 p_1) = \frac{2 E - p_1}{3 p_1}$$

$$q_2 = \frac{\mu p_1}{\sqrt{\mu p_2}} = \frac{p_1}{p_2} \frac{\mu p_2}{\sqrt{\mu p_2}} = \frac{p_1}{p_2} \sqrt{\mu p_2} = \frac{p_1}{p_2} \frac{E + p_1}{3 p_1}$$

$$q_2 = \frac{E + p_1}{3 p_2}.$$

Somit hat man dieselben Nachfragefunktionen erhalten, wie es nach dem oben geschilderten Theorem sein muß.

Das von H. Wold in allgemeiner Form[23] bewiesene sog. Leontief-Hicks-Theorem ist somit eine Verallgemeinerung des von K. Marx benutzten Verfahrens, *homogene* Waren in ihrer Gesamtheit als eine einzige Ware zu behandeln.[24]

Allerdings schränkt die Forderung nach preisproportionaler Entwicklung im Zeitablauf die praktischen Möglichkeiten einer solchen idealen Aggregation heterogener Waren stark ein. Sie wird am ehesten bei Waren erfüllt sein, die in gewissen Gebrauchseigenschaften übereinstimmen. Aber der Schein würde trügen, daraus zu schließen, daß die „Übereinstimmung" oder „Verwandtschaft" der Gebrauchswerte wesentliches Kriterium für gute Aggregate ist.

Hierin erweist sich nun ein Zusammenhang zwischen der ökonomischen Kategorie der Waren und den ökonomischen Bestimmungsgründen für „gute" Warenaggregate, nämlich der preisproportionalen Entwicklung ihrer heterogenen Komponenten, und den gebrauchswertseitigen Aspekten. Ist die Ware von der ökonomischen Analyse aus die Elementarform (das Element, das Atom) der Warenwelt, insofern also die unteilbare Einheit (und sei sie dies nur von der Konvention, Abrechnung und sonstigen Gründen her), so ist sie dies noch lange nicht vom gebrauchswertseitigen Aspekt aus. An sich benötigt die Volkswirtschaft nicht die Waren Gas oder Erdöl oder Uran, sondern Energie, z. B. für Heizzwecke, Arzneimittel usw. Und insofern Waren u. a. Eigen-

[23] Im folgenden soll gezeigt werden, daß sich dieser Satz auch in anderen Gebieten anwenden läßt.

[24] Dies diente vor allem zur Bestimmung der Wertgröße. „Die einzelne Ware gilt hier überhaupt als Durchschnittsexemplar ihrer Art." Vgl. *Karl Marx/Friedrich Engels*, Werke, Bd. 23, a. a. O., S. 54.

schaften Energieträger sind, konkurrieren sie miteinander und sind substituierbar. Sie unterliegen insoweit den Preisbildungsgesetzen des Energiemarktes. Diese setzten zwar die Existenz dieser spezifischen Gebrauchseigenschaft voraus, sind aber selbst rein ökonomischer Natur, ihr Tauschwert, gesellschaftlicher Arbeitsaufwand (Aufkommen und Verwendung, Angebot und Nachfrage usw.) bestimmen ihren Preis.

Aus diesem rein ökonomischen Kriterium folgte, daß die Vereinigung völlig unterschiedlicher Erzeugnisse, etwa Schuhe und Fahrzeuge, unter Umständen bessere Aggregate ergibt als die aus enger „verwandten" Waren, wie Schuhe und Textilien. Es zeigt sich an diesem hinreichenden, aber nicht notwendigen Kriterium, daß gute, d. h. unverzerrte Aggregate nicht unbedingt auch zweckmäßig sein müssen.

In der Verflechtungsbilanzierung, Optimierungsrechnung und anderen statistischen Analysen müssen nach sachlogischen Gesichtspunkten Strukturen erfaßt und Aggregate gebildet werden. Einzelne Prozesse sind nach ihrer technologischen Verwandtschaft zu umfassenderen Prozessen zu verdichten, Erzeugnisse sind nach Stufenprozessen und gemeinsamen Verwendungszwecken (Investitionen, Export, Konsumtion) zusammenzufassen usw.

Aus den hier erörterten Gründen wird jedoch die Notwendigkeit zur Aggregation nach den der ökonomischen Zielstellung einer Analyse zugrunde liegenden Gesichtspunkten unvermeidlich mit mehr oder weniger erheblichen Verzerrungen der Gesamtergebnisse erkauft. Und „die praktische Wahl richtet sich nicht auf Aggregation und Nichtaggregation, sondern eher auf einen höheren und einen niedrigeren Grad der Aggregation."[25]

Der unvermeidliche Prozeß der Aggregation kann sogar wichtige Zusammenhänge zwischen den Komponenten der Aggregate verschleiern. „Es ist sogar möglich, daß die dadurch verlorengehende spezielle Information von größerer Wichtigkeit sein mag als die allgemeinere Information, die durch die Aggregation möglicherweise gewonnen werden kann."[26] Und es ist deshalb von Fall zu Fall sorgfältig zu prüfen, ob die durch Aggregation erzielte Verkleinerung in der Anzahl der Variablen und Gleichungssysteme noch Informationen liefert, die für die formulierte Fragestellung signifikant bleiben.

III. Gibt es exakte Kriterien für die Zurechnung von Gewinnen aus Kooperationen? – Das „Nicht-Additivitätstheorem" der Theorie der Spiele

Die seit zwei Jahrzehnten von seiten der Ökonometrie durchgeführten Untersuchungen und entwickelten Methoden konzentrieren sich überwiegend auf die Konstruktion formal-mathematischer Aggregate (Indizes) und reduzierter Gleichungs-

[25] *W. W. Leontief*, Recent Developments in the Study of Interindustrial Relationships. In: „Papers and Proceedings of the American Economic Association", Mai 1949, S. 216.

[26] *J. B. Balderston* und *T. M. Within*, Aggregation in the Input-Output Model. In: Economic Activity . . ., a. a. O., S. 79ff.

systeme, die die hierdurch bedingten Verzerrungen auf ein vertretbares Maß reduzieren sollen.[27]

Gegen diese Bemühungen wird der u. E. berechtigte Einwand erhoben, daß sie zu sehr die formal-mathematische Seite des Problems hervorheben, die der Aggregation zugrunde liegenden ökonomischen Zusammenhänge aber vernachlässigen. Dies gilt insbesondere in bezug auf die ökonomischen Voraussetzungen und Annahmen, unter denen Aggregate gebildet werden.

Wir wollen uns deshalb im folgenden weiterhin diesen Grundproblemen der Aggregationstheorie zuwenden.

Die Bildung von Aggregaten und reduzierten Gleichungssystemen in den verschiedenen ökonomischen Teilgebieten fußt häufig auf dem Analogieschluß, daß das unter den gegebenen ökonomischen Bedingungen rationale Verhalten der einzelnen Wirtschaftssubjekte (Verbraucher, Betriebe, Familie) dann auch in gleicher Weise für entsprechende Gesamtheiten gelten müsse. Wir zeigten bereits an einigen Beispielen, insbesondere aus der Reproduktionstheorie, daß dieses Verfahren nicht generell zulässig ist und zu prinzipiellen Fehlschlüssen bei der Aggregation führen kann.

Um den immanenten Gesetzen des Wertes auf die Spur zu kommen, mußte K. Marx zunächst den Austausch von Äquivalenten als Ausgangspunkt der Analyse wählen. Und „weichen die Preise von den Werten wirklich ab, so muß man sie erst auf die letzteren reduzieren, d. h. von diesem Umstande als einem zufälligen absehen, um das Phänomen der Kapitalbildung auf der Grundlage des Warenaustausches *rein* vor sich zu haben und in seiner Beobachtung nicht durch störende und dem eigentlichen Verlauf fremde Nebenumstände verwirrt zu werden."[28]

„Jedoch gehen die Dinge" — wie K. Marx betont — „in der Wirklichkeit nicht rein zu"[29], und der Austausch von Nichtäquivalenten hat bei der Festsetzung in Preis-, Zahlungs-, Kredit-, Lieferbedingungen, bei der Teilung von Kooperationsgewinnen und -verlusten in der kapitalistischen, zum Teil auch in der sozialistischen Binnen- und Außenwirtschaft einen erheblichen Einfluß.

Die objektive Grundlage für den nichtäquivalenten Austausch von Waren und Diensten beruht in dem Tatbestand, daß „zwischen dem Wert der Ware und ihrem

[27] Aus der Fülle der Literatur nennen wir *H. Engelhardt*, *H. Feix*, Zur horizontalen Aggregation bei der Teilverflechtungsbilanzierung der Elektroindustrie; *K. Däumichen*, *F. Saro*, Praktische Erfahrungen bei der Anwendung der Prinzipien der horizontalen Aggregation, „Wissenschaftliche Zeitschrift der Humboldt-Universität zu Berlin", H. 6, 1964; *W. S. Nemtschinow*, Ökonomisch-mathematische Methoden und Modelle, Verlag Die Wirtschaft, Berlin 1965, 4. Abschnitt; *F. Yamada*, Theory and Application of Interindustry Analysis, Tokio 1959; *F. Ching-Han Fei*, A fundamental Theorem for the Aggregation Problem of Input-Output Analysis, „Econometrica", Oktober 1956, S. 400 bis 512; eine Übersicht findet sich bei *W. D. Fisher*, Optimale Aggregation in Multi-equation Prediction Models, ebenda, H. 4, 1962; vgl. ferner *E. Theiss*, Statistische Bestimmung der Parameter von Makromodellen. Erfahrungen in Ungarn mit dem Modell M-I., im Protokoll „Mathematik und Kybernetik in der Ökonomie", Bd. II, Akademie-Verlag, Berlin 1965.

[28] *Karl Marx/Friedrich Engels*, Werke, Bd. 23, a. a. O., S. 180.

[29] Ebenda, S. 174, vgl. auch S. 174ff.

Kostpreis offenbar eine unbestimmte Reihe von Verkaufspreisen möglich ist. Je größer das aus Mehrwert bestehende Element des Warenwerts, desto größer der praktische Spielraum dieser Zwischenpreise."[30] Wenn eine Ware über oder unter ihrem Wert verkauft wird, so findet selbstverständlich nur eine andere Verteilung des Mehrwertes statt. Und diese verschiedene Verteilung, das veränderte Verhältnis, worin verschiedene Personen sich in den Mehrwert teilen, ändert weder an der Größe noch an der Natur des Mehrwerts irgend etwas.[31]

Aber diese Basis für den Spielraum der Gewinnverteilung innerhalb eines Wirtschaftszweiges oder zwischen diesen vorausgesetzt, gibt es dann Gesetzmäßigkeiten des Verhaltens, „Spielregeln" für Zusammenschlüsse und Absprachen, um den Gewinnanteil für die einzelnen Wirtschaftssubjekte oder Koalitionen von diesen zu maximieren, ihre Verluste zu minimieren, gewisse Mindestanteile zu garantieren usw.?

Die Teilanalyse dieses Distributionsaspektes in streng mathematischer Beweisführung erfolgte zuerst durch John v. Neumann und Oskar Morgenstern in der „Spieltheorie und wirtschaftliches Verhalten."[32]

Eine außerordentliche lebendige Darstellung für derartige Koalitionen, Verhaltensstandards und die Stabilität bzw. den Zerfall solcher Gruppen findet man bereits im 3. Band des „Kapitals", in dem K. Marx die Gesetze und Erscheinungsformen der kapitalistischen Konkurrenz analysiert: „Die Seite der Konkurrenz, die momentan die schwächere, ist zugleich die, worin der einzelne unabhängig von der Masse seiner Konkurrenten, und oft direkt gegen sie wirkt, und gerade dadurch die Abhängigkeit des einen von dem anderen fühlbar macht, während die stärkere Seite stets mehr oder minder als geschlossene Einheit dem Widerpart gegenübertritt. Ist für diese bestimmte Sorte Waren die Nachfrage größer als die Zufuhr, so überbietet – innerhalb gewisser Grenzen – ein Käufer den anderen und verteuert so die Ware für alle über den Marktwert, während auf der anderen Seite die Verkäufer gemeinsam zu einem hohen Marktpreis zu verkaufen suchen. Ist umgekehrt die Zufuhr größer als die Nachfrage, so fängt einer an, wohlfeiler loszuschlagen und die anderen müssen folgen, während die Käufer gemeinsam darauf hinarbeiten, den Marktpreis möglichst tief unter den Marktwert herabzudrücken. Die gemeinsame Seite interessiert jeden nur, solange er mehr mit ihr gewinnt als gegen sie. Und die Gemeinsamkeit hört auf, sobald die Seite als solche die schwächere wird, wo dann jeder einzelne auf eigene Hand sich möglichst gut herauszuwinden sucht. Produziert ferner einer wohlfeiler und kann er mehr losschlagen, sich größeren Raums vom Markt bemächtigen, indem er unter dem laufenden Marktpreis oder Marktwert verkauft, so tut er es, und so beginnt die Aktion, die nach und nach die anderen zwingt, die wohlfeilere Pro-

30 *Karl Marx/Friedrich Engels*, Werke, Bd. 25, a. a. O., S. 46 bis 47.

31 Ebenda, S. 53.

32 Es handelt sich hierbei um die mathematische Analyse eines speziellen Aspektes der ökonomischen Wirklichkeit unter erheblich vereinfachten Annahmen. Hierauf verweisen die Verfasser der Spieltheorie selbst an verschiedenen Stellen der Arbeit. Insbesondere werden die klassenpolitischen Besonderheiten der einzelnen Gesellschaftsordnungen nicht berücksichtigt. Die mathematische Spieltheorie ist somit insbesondere keine Alternative zur marxistischen Theorie der politischen Ökonomie.

duktionsart einzuführen, und die die gesellschaftlich notwendige Arbeit auf ein neues geringeres Maß reduziert. Hat eine Seite die Oberhand, so gewinnt jeder, der ihr angehört; es ist, als hätten sie ein gemeinschaftliches Monopol geltend zu machen. Ist eine Seite die schwächere, so kann jeder für seinen eigenen Teil suchen, der stärkere zu sein (z. B. wer mit weniger Produktionskosten arbeitet), oder wenigstens so gut wie möglich davonzukommen, und hier schert er sich den Teufel um seinen Nebenmann, obgleich sein Wirken nicht nur ihn, sondern auch alle seine Kumpane mit berührt."[33]

Das Streben nach Maximalprofit (größtmöglichem Gewinn, geringstem Verlust) bei objektiv gegebenem und (um-)verteilungsfähigem Reineinkommen einer Gesamtheit (z. B. von Anbietern, Käufern usw.) läßt es rational erscheinen, durch Koalitionen Preisvereinbarungen zu erzielen, die z. B. den Verkäufern einen Mindestgewinn sichern.

Natürlich wird ein derartiger Zusammenschluß für den einzelnen Verkäufer nur attraktiv, falls er dadurch mindestens ebensoviel Gewinn erzielt, als wenn er sich auf eigene Faust um den preisgünstigen Absatz seiner Waren bemühen muß. Andererseits bedarf es nicht der Bereitschaft sämtlicher Verkäufer, damit eine Preisregelung marktwirksam wird. Das hängt u. a. davon ab, inwieweit die in der Koalition verbundenen Verkäufer die anderen Verkäufer dominieren. Schwächere Partner möglicher Preiskoalitionen können von den stärkeren diskriminiert werden. Die Stellung dieses Partners in der Gemeinschaft, z. B. von 3 Teilnehmern, wird dann durch die beiden anderen vorgeschrieben, er ist von allen Verhandlungen ausgeschlossen, die zu Koalitionen führen können. Ihm wird von den beiden anderen Teilnehmern ein fester Gewinnbetrag zugewiesen, der für alle möglichen Absprachen (Lösungen) zwischen diesen konstant bleibt. Dabei braucht diese Diskriminierung für den betroffenen Spieler nicht unbedingt nachteilig zu sein, wenngleich der Gewinn auch nicht so groß sein wird wie der der anderen „Partner". Nur im Extremfall — als einem unter vielen — ist die Diskriminierung absolut nachteilig und geht in eine „Ausbeutung" in diesem mathematisch streng definierten Begriffe der Spieltheorie über.[34]

Daß diese spezifischen ökonomischen Verteilungsprobleme im mathematischen Modell der Spiele ihre Entsprechung haben, ist eine wesentliche Entdeckung dieser Theorie.[35]

[33] *Karl Marx/Friedrich Engels*, Werke, Bd. 25, a. a. O., S. 203 bis 204.

[34] Vgl. *John v. Neumann, Oskar Morgenstern*, Spieltheorie . . ., a. a. O., S. 296. Diese „Ausbeutung" hat nichts mit der des Arbeiters durch den Unternehmer zu tun, die Karl Marx untersucht hat.

[35] Darin eingeschlossen ist die „unproblematische" Verteilung und Maximierung des Gewinns im sogenannten endlichen Zwei-Personen-Nullsummenspiel, in dem es keine Koalitionen gibt. (Die Äquivalenz dieses Spiels mit der linearen Programmierung wurde von Gale-Kuhn-Tucker gezeigt.) Hier ist man im Besitz gewisser physischer Daten. Sie sind so anzuwenden und miteinander zu kombinieren, daß ein Maximum an Ertrag erzielt wird. Es handelt sich also um ein gewöhnliches Maximumproblem, dessen Schwierigkeiten lediglich technischer, aber nicht begrifflicher Natur sind. Vgl. ebenda, S. 10.

Die Komplexität des Verteilungsproblems, die keine eindeutige Lösung durch eine einzige Gewinnrechnung ermöglicht, kann bereits am einfachen Koalitionsspiel, dem Drei-Personen-Nullsummenspiel demonstriert werden, obgleich es keinem fundamentalen ökonomischen Problem entspricht. Verbinden sich hier zwei Spieler zu einer Koalition, so können sie sich gegenüber dem ausgeschlossenen Spieler einen Vorteil sichern. Das Problem besteht nun darin, ob der zusätzliche Gewinn nach objektiven Kriterien auf die Koalitionspartner verteilt werden kann.

„Selbstverständlich wird man keine theoretische Angabe darüber erwarten können, welche bestimmte Verbindung sich bilden wird, sondern nur Aussagen darüber erhalten, wie sich die Partner einer möglichen Kombination den Gewinn teilen müssen, um die Möglichkeit auszuschließen, daß irgendeiner von ihnen eine Kombination mit dem dritten Spieler eingeht. Ein vernünftiger Begriff einer Lösung besteht in diesem Fall aus einem System von drei Zurechnungen. Diese entsprechen den drei möglichen Kombinationen oder Verbindungen und drücken die Gewinnverteilung zwischen den entsprechenden Partnern aus."[36]

Die Spieltheorie definiert insbesondere zwei Eigenschaften von Koalitionsspielen, die für die Gesetzmäßigkeiten der Verteilung von Vermögenswerten, Gewinnen (des — wachsenden — Nationaleinkommens usw.) charakteristisch sind. Auf eine lückenlose Herleitung der Definitionen und Sätze muß hier verzichtet werden: Das Spiel Γ ist dann und nur dann *unwesentlich*, wenn seine charakteristische Funktion $v(\mathfrak{S}) + v(\mathfrak{T}) \leqq v(\mathfrak{S} \cup \mathfrak{T})$ stets das Gleichheitszeichen hat, d. h. wenn

$$v(\mathfrak{S} \cup \mathfrak{T}) = v(\mathfrak{S}) + v(\mathfrak{T}) \quad \text{für} \quad \mathfrak{S} \cap \mathfrak{T} = \theta$$

gilt.[37] Alle anderen Koalitionsspiele mit $v(\mathfrak{S} \cup \mathfrak{T}) > v(\mathfrak{S}) + v(\mathfrak{T})$ — und das sind die ökonomisch interessanteren — sind *wesentliche* Koalitionsspiele.

Das Kriterium für unwesentliche Spiele „besagt, daß die Werte aller Koalitionen additiv aus denen ihrer Bestandteile hervorgehen. Man wird sich daran erinnern, welche Rolle die Additivität der Werte, oder vielmehr deren häufiges Fehlen, in der ökonomischen Literatur gespielt hat. Die Fälle, bei denen die Werte im allgemeinen nicht additiv sind, sind weitaus die wichtigsten, doch sie setzen jeder theoretischen Behandlung beachtliche Schwierigkeiten entgegen; und man kann nicht behaupten, daß diese Schwierigkeiten je wirklich überwunden wurden. In diesem Zusammenhang sollte man sich die Untersuchung von Begriffen, wie Komplementarität, Gesamtwert, Zurechnung usw. ins Gedächtnis zurückrufen . . . Es ist bezeichnend, daß wir die Additivität nur bei dem uninteressanten (unwesentlichen) Fall vorfinden, während die wirklich bedeutenden (wesentlichen) Spiele eine nichtadditive charakteristische Funktion besitzen."[38]

Es ist ein Ziel der Theorie der Spiele, eine mathematisch exakte Lösung als Menge aller möglichen Zurechnungen zu bestimmen, die bei rationalem Verhalten der Spieler unter Beachtung der „Spiel"regeln (des sozialen Verhaltensstandards) entstehen können. Denn wenngleich eine Koalition oder Zusammenschlüsse von Koali-

[36] Vgl. ebenda, S. 35/36.
[37] Vgl. ebenda, S. 257.
[38] Ebenda.

tionen auch nur freiwillig zustande kommen, falls für jeden möglichen Koalitionspartner die ihm aus der Koalition zufließende Zuteilung

$$\beta_\nu > \alpha_\nu \geqq v(\{\nu\})$$

ist, so kann es doch zahlreiche solcher Verteilungsvektoren $\vec{\beta}$ geben, die diese Bedingung in einem wesentlichen Spiel erfüllen.

Die qualitativen und quantitativen Untersuchungen des Dreipersonen-Nullsummenspiels[39] zeigen bereits die ungeheure Komplexität der als Lösung möglichen Zuteilungsmengen. Es gibt im allgemeinen keinen Weg, eine ganz bestimmte Verteilung der Koalitions„beute“ festzulegen. Zwar ist nicht jede Verteilung oder Prozedur (z. B. Diskriminierung) möglich, aber selbst ein beliebiges System von Diskriminierungen kann mit einem stabilen Verhaltensstandard — d. h. Gesellschaftsordnung in diesem abstrakt mathematischen Sinne — verträglich sein, aber es wird gewissen quantitativen Bedingungen genügen müssen, damit es diese Stabilität nicht beeinträchtigt. Schon die Analyse des Dreipersonen-Nullsummenspiels zeigt, daß es praktisch Lösungen aus unendlich vielen Mengen gibt, deren jede selbst eine unendliche Menge von Zurechnungen ist.[40]

Die von der Spieltheorie exakt bewiesenen Konsequenzen für Verteilungsschemas aus dem sog. (Nicht-)Additivitätstheorem für die Wirtschaftstheorien wurden u. a. von dem schwedischen Ökonomen Göran Nyblén in seiner Untersuchung zum „Problem of Summation in Economic Science“[41] untersucht. Die Ungleichung $v(\mathfrak{S}) + v(\mathfrak{T}) < v(\mathfrak{S} \cup \mathfrak{T})$ für $\mathfrak{S} \cap \mathfrak{T} = \theta$ für beliebige $\mathfrak{S}, \mathfrak{T}$ aus $\mathfrak{N}$ bringt die Tatsache zum Ausdruck, daß „das Ganze mehr ist als die Summe seiner Teile, ein Satz, der in weniger präzisen Zusammenhängen oft benutzt wird. An der Stelle, wo er eingeführt wird, weicht die Spiel-Verteilungstheorie von der traditionellen Ökonomie in einer konstruktiven Richtung ab.“[42] Dieser Fortschritt ist der Aufklärung der Nicht-Additivitäts-Eigenschaften der Verteilung von Koalitionsgewinnen sowie der Schwierigkeiten geschuldet, die der mathematischen Konstruktion solcher Verteilungsschemas als Lösungen entgegenstehen. Hieraus folgt vor allem eine wissenschaftlich exakte Erklärung der praktischen Erfahrungen, daß der Verteilungsprozeß volkswirtschaftlicher Werte nicht automatisch erfolgt, sondern innerhalb einer Gesellschaft durch die Aktivitäten vieler Entscheidungseinheiten beeinflußt wird. Es sind Verhandlungen, Absprachen, Vereinbarungen erforderlich, um eine bestimmte Verteilung durchzusetzen, Interessenkonflikte sind wesentliche Charakterzüge der meisten Zusammenschlüsse, Koalitionen, Gesellschaften usw. Und verschiedene mögliche Verteilungsschemas, die zwar jedem Koalitionspartner stets einen Vorteil gegenüber seinem isolierten Vorgehen bringen, können den einzelnen Wirtschaftseinheiten Vorteile von unterschiedlichem Grade gewährleisten.

[39] Vgl. ebenda, S. 232 bis 238; S. 258; S. 266 bis 269; S. 289 bis 298.

[40] Vgl. ebenda, S. 296.

[41] Vgl. A Methodological Study with Applications to Interest, Money and Cycles, C. W. K. Gleerup, Lund 1951.

[42] Ebenda, S. 52ff.

Dieses (Nicht-)Additivitätstheorem gilt natürlich auch für den Extremfall der unechten Teilmenge $\mathfrak{S} = \mathfrak{N}$ ($\mathfrak{N} = \{1, 2, \ldots, n\}$), wo sich sämtliche n Spieler zu einer Gesamtheit zusammenschließen. Dann erwirtschaftet die Gesamtheit der Teilnehmer unter Umständen einen größeren Gesamtgewinn, als wenn die n Wirtschaftseinheiten isoliert oder in kleineren Koalitionen zusammen gegen den Rest der Wirtschaftseinheiten operieren. Aber auch für diesen Extremfall existiert ein „Unbestimmtheitsbereich" für die Verteilung des Koalitionsnutzens (als Folge z. B. des durch Spezialisierung, Kooperationen usw. erzielten Gewinns), der Raum für Verhandlungen, Absprachen, Entschädigungen, Benachteiligungen, administrative Zuteilungen, der „Selbstbescheidung"[43], des „wohlanständigen Verhaltens" usw. bietet.

Diese Erkenntnisse der Spieltheorie sind überdies für die praktische Gestaltung der Wirtschaftsordnung im Rahmen des Neuen ökonomischen Systems der Planung und Leitung der Volkswirtschaft von einigem Interesse.

Im Bereiche der Außenwirtschaft, insbesondere im Handel mit kapitalistischen Ländern, steht die Geltung von Konflikten und Interessengegensätzen außer Frage.

Aber auch innerhalb der sozialistischen Volkswirtschaft besteht eine reale Grundlage für solche Verhandlungen, Absprachen, Benachteiligungen usw., solange der Wert eines Erzeugnisses oder einer Dienstleistung nicht objektiv und eindeutig gemessen werden kann.

In der Volkswirtschaft herrschen überdies nicht Gesetzmäßigkeiten vor, die sich analog durch die Nullsummen- oder Konstantsummenspiele mathematisch beschreiben lassen: denn die ökonomisch bedeutungsvollen Spiele sind meist ihrem Wesen nach anders. „Dort wird die Summe aller Tauschmittel, das gesamte Sozialprodukt, im allgemeinen nicht Null und nicht einmal konstant sein. Das heißt, daß die Summe vom Verhalten der Spieler — der Mitglieder einer sozialen Wirtschaftsgemeinschaft — abhängen wird."[44] Solche Spiele sind Nicht-Nullsummenspiele, sie sind mathematisch von noch viel komplizierterer Struktur. Dies betrifft insbesondere die Angabe von Lösungen als Mengen möglicher Verteilungsschemas des Koalitionsnutzens bei rationalem Verhalten der Teilnehmer und Anerkennung eines geltenden, aber nur mehr oder weniger stabilen Verhaltensstandards.

Betrachten wir zur Verdeutlichung eines Verteilungsproblems mit variablem Wert drei Kraftfahrzeugwerke, die sämtlich Personen- und Lastkraftwagen verschiedenen Typs erzeugen sowie Ersatzteile, Reparaturleistungen (Kundendienste) erbringen. Durch Zusammenschluß in eine Vereinigung erfolge Typenbereinigung. Werk 1 fabriziere ausschließlich Lastkraftwagen eines Typs, Werk 2 Personenkraftwagen eines Typs, während das kleinere Werk 3 die Reparatur- und Ersatzteilleistungen für die Vereinigung übernimmt. Der Zusammenschluß soll in einem echten

[43] Vgl. *John v. Neumann, Oskar Morgenstern*, Spieltheorie . . ., a. a. O., S. 533; vgl. ferner die mathematisch definierten Begriffe der Fairneß, S. 261, des Feilschens, S. 578ff,. der Absprache, S. 227, des Bietens, S. 215, der Ausbeutung, S. 30, 339, 389, des Bluffens, S. 54, der Konvention, S. 228, der Verwendung von Prämien und Rabatten, S. 605, des Strohmanns, S. 307.

[44] Vgl. *John v. Neumann, Oskar Morgenstern*, Spieltheorie . . ., a. a. O., S. 47; ferne Kapitel XIff. über Allgemeine Nicht-Nullsummenspiele, S. 523ff.; ferner Fußnote 2, S. 34.

Produktivitätsfortschritt resultieren. (Die Typenreduzierung bringt für jene Käufer, die andere Typen bevorzugen, auch — nichtmeßbare — Nutzensnachteile, die nicht unbedingt durch niedrigere Preise kompensiert werden müssen.) Es sei ferner unterstellt, daß die neuen Absatzpreise der Vereinigung dem Produktivitätsfortschritt angemessen sind. Man könnte sich doch vorstellen, daß die Käufer von Kraftwagen auf den Bezug von dieser Vereinigung angewiesen sind. Die gebotenen Verbesserungen in den Gebrauchswerteigenschaften der Kraftwagen könnten hinter den Absatzpreisen zurückbleiben usw., kurzum, es soll ausgeschlossen sein, daß bei einer Preisfestsetzung „Monopol"einflüsse wirksam werden.

Ein solcher Zusammenschluß kann zwangsweise erfolgen. Dann trägt auch die Verteilung des Kooperationsgewinnes weitgehend administrativen Charakter. Er ist im Sinne der Spieltheorie willkürlich, selbst wenn den Verteilungsquoten rationale Motive zugrunde liegen. Ein derartiger Zusammenschluß kann schon durch den Grundsatz gerechtfertigt sein, daß volkswirtschaftlicher Nutzen vor individuellem betrieblichem Nutzen rangiert.

Ob der auf diese Weise herbeigeführte Zusammenschluß und die daraus resultierenden Verteilungen die durch die Spieltheorie gesetzten (rationalen) Schranken verletzen, läßt sich am ehesten daran ermessen, ob die genannten 3 Betriebe einen Zusammenschluß bei den festgesetzten oder vorgeschlagenen Verteilungen von sich aus anstreben. Dies wäre z. B. für den dritten Betrieb dann nicht der Fall, wenn die Verluste für die weniger gewinnbringenden Reparaturleistungen usw. durch Kompensationszahlungen und andere Vergünstigungen nicht mehr als ausgeglichen würden. Es habe der dritte Betrieb beispielsweise die Möglichkeit, sich mit anderen Betrieben zusammenzuschließen, unter denen er einen höheren Kooperationsgewinn erwarten kann. Dann wäre es für ihn rational, sich dieser Vereinigung anzuschließen, selbst wenn der gesamte Kooperationsgewinn dieser Vereinigung geringer wäre, als der der ersten, produktiveren Vereinigung. (Von anderen, hiermit konkurrierenden Bestimmungsgründen, wie ethischen Motiven, ist hier abgesehen.)

Kommt ein solcher Zusammenschluß auf Grundlage ökonomisch rationaler Erwägungen der Betriebe zustande (also insbesondere unter Wahrung der Relationen $\beta_\nu > \alpha_\nu \geqq v(\{\nu\})$), so besteht jedenfalls — wie die Theorie der Spiele beweist — noch immer ein weiter Spielraum für konkrete Verteilungen, die sich einer exakten Bewertung entziehen und Raum für Vereinbarungen und administrative Entscheidungen geben.

Ein möglicher Einwand ist noch zu berücksichtigen: Als Verteilungskriterium könnten sich die Leistungsbeiträge der einzelnen Betriebe am (nicht-additiven) Produktivitäts- und Gewinnzuwachs anbieten.

Aber zunächst ist nicht zu übersehen, daß bislang das Problem der exakten Zurechnung solcher Leistungsbeiträge am nicht-additiven Zusatznutzen mittels exakter Methoden (etwa der Faktorenanalyse) noch nicht gelöst werden konnte. Zum anderen wäre eine solche Zurechnung für den „benachteiligten" Betrieb vom Standpunkt der individuellen ökonomischen Rationalität noch kein Hinderungsgrund, einen Zusammenschluß in einer anderen Vereinigung zu erstreben, deren gesamter Kooperationsgewinn zwar geringer, der absolute Gewinnanteil für diesen Betrieb infolge seiner „stärkeren" Stellung aber größer sein könnte.

IV. Können betriebliche (optimale) Entscheidungskriterien mittels exakter Methoden aggregiert werden? – Ein weiteres „Nicht-Additivitätstheorem“

Wir wollen im folgenden ein zweites Additivitätstheorem der Aggregationstheorie erläutern, das ebenfalls für die Ausgestaltung der ökonomischen Beziehungen zwischen Wirtschaftseinheiten und Vereinigungen von gewissem praktischem Aufschluß ist.

Wir wollen zu diesem Zweck allereinfachste Annahmen über „rationales“ Verhalten der Betriebe voraussetzen. Es soll später gezeigt werden, daß wir für diesen speziellen Zweck zu solchen Idealisierungen der ökonomischen Wirklichkeit berechtigt sind. Allerdings muß stets auf derartige Vereinfachungen von vornherein verwiesen werden, damit aus dem beschränkten Geltungsbereich wissenschaftlicher Resultate nicht unstatthaft verallgemeinerte Schlüsse für die Wirtschaftspraxis gezogen werden.

Zunächst soll unterstellt werden, daß die Betriebe über vollständige Informationen[45] verfügen. Ungewißheiten und Risiken sollen nicht existieren. Projektiert ein Betrieb eine produktive Investition, so sollen die errechneten Leistungskennziffern tatsächlich erreicht werden, die Investitionsaufwendungen entsprechen den Vorkalkulationen, es sollen die der Nutzeffektberechnung zugrunde gelegten ökonomischen Daten – wie Marktlage (Absatz, Produktionsauflage, Bezugs- und Absatzpreise, Löhne usw.) – aber auch die subjektiven Faktoren (daß z. B. die verantwortlichen Wirtschaftsfunktionäre die mit der Investition verbundenen „Erwartungen“ – z. B. Prämien, erhöhte Gehälter usw. auch realisieren können) usw. stabil bleiben.

Rational handelt ein Betrieb im ökonomischen Sinne insbesondere dann, wenn er die ihm zu Gebote stehenden Gewinnmöglichkeiten voll nutzt. Diese Annahme ist selbst unter der Voraussetzung, daß der Betrieb umfassende Kenntnis seiner Möglichkeiten in Gegenwart und Zukunft besitzt, nur begrenzt real. Rationales Handeln erstreckt sich auf weitere Bereiche als auf eindeutig meßbare ökonomische Größen, wie Gewinn, Rentabilitätsrate, Prämien, Gehälter usw.[46]

[45] In mancher Hinsicht mag das Fehlen der „vollkommenen“ Information sogar überschätzt werden. „Wir wagen ... sogar die Bedeutung, die allgemein in der Ökonomie und Soziologie der unvollkommenen Information zugeschrieben wird, in Frage zu stellen. Es wird sich herausstellen, daß einige Erscheinungen, die *prima facie* diesem Faktor zugeschrieben werden, mit diesem gar nichts zu tun haben.“ Vgl. *John v. Neumann, Oskar Morgenstern*, Spieltheorie ..., a. a. O., S. 30.

[46] Im Bereiche des rationalen Verhaltens der Käufer wurde das durch zahlreiche Untersuchungen nachgewiesen. So ergaben Befragungen von Hausfrauen, daß die im Sinne von Modellvorstellungen „rationalen“ Motive für die Wahl von Einkaufsstätten, nämlich relativ billiger Einkauf bei guter Qualität, nur von 4% der Befragten genannt wurden. Vgl. u. a. *H. Wölker*, Die Bedeutung der empirischen Verhaltensforschung für die ökonomische Theorie, Schriften zur wirtschaftswissenschaftlichen Forschung, Bd. 10, Meisenheim am Glan 1961, S. 68.

Ferner soll unterstellt werden, daß das rationale Verhalten des Betriebes durch stetige Funktionen beschreibbar ist. Empirische Beobachtungen lassen jedoch vermuten, daß das wirkliche Verhalten der Betriebe bei der Ausnutzung von Gewinnvorteilen eher sprunghaft verläuft. Vergleichsweise geringe Vorteile lösen nicht Aktivitäten von gleicher Intensität aus, als „wenn es sich lohnt."[47]

Wirtschaftliche Entscheidungen zielen darauf ab, zwischen möglichen — aber nach unserer Voraussetzung in ihren Wirkungen vollständig bekannten — Alternativen zu wählen. Ein Betrieb soll also stets wissen, ob ihm beispielsweise eine Gewinnplanerfüllung von nur 80 Prozent im laufenden Quartal bei einer Steigerung des Gewinnvolumens im folgenden Jahr um 10% als Resultat aufwendiger Rationalisierungsinvestitionen „lieber" ist als eine Variante von 85prozentiger laufender Gewinnplanerfüllung bei nur 8prozentigem jährlichem Gewinnzuwachs mit Ende des Jahres. Unter der genannten einschneidenden Voraussetzung scheint diese Forderung plausibel.[48]

Diese Entscheidungsrelationen sind konsequent auf sämtliche möglichen Alternativen A_ν ($\nu = 1, 2, \ldots, s$) auszudehnen. Darüber hinaus soll das Axiom der Transitivität gelten: Danach ist die Ordnung der Präferenzen in folgendem Sinne konsistent: Falls Alternative A_1 zu Alternative A_2 äquivalent (bevorzugt, benachteiligt) ist, und Alternative A_2 zu A_3 äquivalent (bevorzugt, benachteiligt) ist, dann ist A_1 zu A_3 äquivalent (bevorzugt, benachteiligt):

$$A_1 > A_2 \;\&\; A_2 > A_3 \rightarrow A_1 > A_3 .$$

Ohne die Annahme der Transitivität der Präferenzen von Alternativen blieb die mathematische Behandlung derartiger Probleme bisher theoretisch unergiebig.[49]

47 Deshalb sehen Prämienverordnungen oft vor, daß Vergütungen besonderer Leistungen in einem bestimmten Mindestverhältnis zum laufenden Einkommen stehen müssen und rasch auszuzahlen sind. Abschreibungsverordnungen sehen vor, auch nicht oder nur teilweise genutzte Grundmittel restlos zu amortisieren. Dadurch sollen die Betriebe angeregt werden, die Grundfonds voll zu nutzen oder nicht genutzte Grundmittel ergebniswirksam umzusetzen. Analysen im Zusammenhang mit der Umbewertung der Grundmittel ergaben jedoch, daß in einigen VVB fehlende bzw. neu aufgefundene Grundmittel einen Anteil von 6 Prozent, gemessen am Grundmittelvolumen, ausmachten. Dieser „Unsicherheitsbereich" dürfte jedoch den Einflußbereich rationaler Entscheidungen auf der Grundlage der genannten Abschreibungsbestimmungen überschreiten. Vgl. *H.-J. Hurtig*, Was brachte die Neubewertung der Grundmittel? In: „Deutsche Finanzwirtschaft", H. 6, 1964, S. 4.

48 Vgl. hierzu das eingangs (S. 19) definierte Präferenzfeld, so daß zwischen den gezeigten Alternativen A_1 und A_2 folgende Beziehungen existieren müssen:

a) $A_1 < A_2$
b) $A_1 > A_2$
c) $A_1 = A_2$ (Indifferenz).

49 Vgl. hierzu u. a. *E. M. Fels*, Some Relations Between alternative Rational-Choice-Criteria for Consumer-Behavior Theories Based of Weak Orderings, Weltwirtschaftl. Archiv, 1962, S. 293ff.

Aber auch die praktische Geltung dieses Axioms konnte durch empirische Untersuchungen nicht durchgängig bestätigt werden.[50]

Ferner wollen wir annehmen, es gelte ein Wahl-Axiom folgenden Inhalts: Falls ein Betrieb eine Alternative gegenüber allen anderen vorzieht, so versucht er auch, diese zu realisieren. Diese Alternative soll als optimal gelten. Die Auszeichnung einer solchen Alternative vor allen anderen ist selbst bei vollständiger Information problematisch. Natürlich wäre eine „Alternative", die zugleich die höchste laufende Gewinnplanerfüllung bei größtem Gewinnzuwachs infolge durchgeführter Rationalisierungsinvestitionen usw. gewährleistet, allen anderen Varianten überlegen. In Wirklichkeit beinhaltet eine Alternative jedoch gleichzeitig eine Vielzahl ökonomischer Daten (Produktionszuwachs, Produktivitätsentwicklung, Kosten-Fondsentwicklung, Substitutionsprozesse zwischen toter und vergegenständlichter Arbeit, Gegenwartsnutzen kontra Zukunftsnutzen über Investitionen und technischen Fortschritt, Einkommenszuwachs oder Arbeitszeitverkürzung usw.). Eine für die sozialistische Planwirtschaft interessante Lösung des Optimierungsproblems bei einer Vielfalt von Zielen auf der Grundlage des sog. Pareto-Optimums schlägt O. Lange in seiner Arbeit „Optimale Entscheidungen", Kap. VI, Warschau 1964 (poln.) vor.

Die Wertung $A_s < A_t$ impliziert eigentlich, daß der Betrieb über ein vieldimensionales stetiges Transformationsmaß verfügt, das ihm gestattet zu entscheiden, wieviel Zuwachs der einen Größe einem bestimmten (positiven oder negativen) Zuwachs der anderen Größen gleichzusetzen ist.

Wir wollen hier jedoch nicht ausdrücklich fordern, daß der Betrieb Nutzens*differenzen* etwa $| A_1 - A_s | > | A_s - A_t |$ angeben kann. Insofern wir hier also als „natürliche" Re ation nur ein „größer" und sonst nichts fordern, ist der „Nutzen" einer solchen Alternative A_v eine Zahl, die nur bis auf eine beliebige monotone Transformation darstellbar (aber nicht absolut meßbar) ist.

Dies etwa sind die Voraussetzungen, um die einzelnen Alternativen durch Nutzensfunktionen beschreiben und um ihre Präferenzen in Form sogenannter Indifferenzkurven darstellen zu können.[51]

Wir wollen unsere Darlegung auf den einfachsten Fall von (Zeit-) Präferenzen zwischen Gegenwartsnutzen (-gewinn) und Zukunftsnutzen (-gewinn) beschränken.[52]

[50] So ergaben beispielsweise im Bereiche der Nachfrageerforschung der Käufer, daß diese Kaffeesorte K_2 Kaffeesorte K_1 usw. vorzogen: $K_1 < K_2 < K_3 < \ldots < K_n$, aber dann plötzlich Kaffeesorte K_n gegenüber Kaffeesorte K_1 benachteiligten. Im übrigen stimmten die Präferenzskalen verschiedener Käufer nicht miteinander überein.

[51] Wir verweisen den Leser in diesem Zusammenhang auf *R. G. D. Allen*, Mathematik für Volks- und Betriebswirte, Berlin 1956, S. 83, 133, 300, 313, 325 bis 326, 457 bis 461, 490, 560 bis 563.

[52] Wir folgen insofern einer Darstellungsweise der klassischen politischen Ökonomie. Danach dient als ein Beispiel der Kornertrag des Bauern sowohl zur materiellen Deckung seiner Revenue als auch als Ersatzfonds (Rohmaterial) seiner eigenen Produktion in Gestalt von Samen. Vgl. beispielsweise *Karl Marx/Friedrich Engels*, Werke, Bd. 23, a. a. O., S. 197; *Karl Marx/Friedrich Engels*, Werke, Bd. 26.1, Dietz Verlag, Berlin 1965, 3. Kap.; ferner *D. Ricardo*, Works and Correspondence I, XXXI; *P. Sraffa*, Production of Commodities by Means of Commodities, University Press, Cambridge, 1963, S. 93.

Wir betrachten deshalb eine einzelne Ware, z. B. Korn, deren Ertrag neben Konsumzwecken zum Zeitpunkt t als Produktionsmittel (Produktionseinsatz) verwendet werden kann, um wiederum Korn als Produktionsertrag (Produktionsausstoß) zum Zeitpunkt $t + 1$ zu erzeugen.[53] Der Produktionsausstoß zu irgend einem solchen Zeitpunkt $t + 1$ kann dann in zwei nicht negative Teile zerlegt werden: in die Konsumtion $C(t + 1)$ und in den Produktionseinsatz für den Ausstoß der nächsten Periode $x(t + 1)$.[54] Wir unterstellen die allereinfachste lineare Annahme, daß 1 Einheit an Produktionseinsatz in der nächsten Periode a Ertragseinheiten ergibt. Hierbei ist a eine gegebene technologische Konstante. Ferner nehmen wir an, daß es keine Vorteile durch Massenproduktion (Kooperation, Ausdehnung des Produktionsfeldes usw.) gibt. Dann beläuft sich der Gesamtertrag für die Periode $t + 2$ auf $a\,x(t + 1)$. Diese Produktionsfunktion kann daher für eine beliebige Reproduktionsperiode wie folgt geschrieben werden:

$$C(t + 1) + x(t + 1) \leqq a\,x(t)$$
$$x(t), x(t + 1), C(t + 1) \quad \text{sämtlich} \geqq 0.$$

Die linke Seite repräsentiert den Gesamtertrag zum Zeitpunkt $t + 1$. Unterstellen wir, daß alle durch die Konstante a ausgewiesenen Möglichkeiten genutzt werden, also „optimal" produziert wird, dann geht der Ausdruck in eine Gleichung über.

Die Produktion beginne zum Zeitpunkt $t = 0$. Als „Anfangsvermögen" stehe die Kornmenge K zur Verfügung. Zu diesem Zeitpunkt ist die Wahl zwischen Gegenwartsverbrauch und Vorsorge für die Zukunft durch folgende Gleichung gegeben

$$C(0) + x(0) = K.$$

Die entsprechende Wahl für den Zeitraum t ergibt sich mit

$$C(1) + x(1) = a\,x(0) = a(K - C(0)).$$

Ähnlich lautet die Entscheidung für die zweite Produktionsperiode

$$C(2) + x(2) = a\,x(1) = a(a(K - C(0)) - C(1)),$$

und generell ergibt sich für die Periode n:

$$C(n) + x(n) = a^n K - a^n C(0) - a^{n-1} C(1) - \cdots - a\,C(n - 1).$$

Diese Formel gibt uns den maximalen Ausstoß einer beliebigen Reproduktionsperiode n an, wenn der ursprüngliche und die folgenden Produktionserträge sowie die entsprechenden Konsumtionsbeträge spezifiziert sind. Die Formel zeigt uns zugleich die Kombinationsmöglichkeiten der Aufteilung des Konsums auf die einzelnen Perioden, zwischen denen man „wählen" kann.

Dies sei zuerst für Periode $t = 1$ gezeigt:

$$C(1) + a\,C(0) = a\,K - x(1).$$

[53] Vgl. *R. G. D. Allen*, Mathematik . . ., a. a. O.

[54] Wir reproduzieren hier als Demonstrationsbeispiel für einen einfachen linearen dynamischen Produktionsprozeß das sogenannte Ramsey-Modell, vgl. *Dorfman*, *Samuelson*, *Solow*, Linear Programming and Economic Analysis, McGraw-Hill Book Company, New York 1958, S. 267 ff.

Die Werte für a und K sind gegeben. Setzt man den Umfang der Produktionsmittel für die künftige Produktion 2 (und damit zum Teil auch für später) mit x (1) fest, so erhält man eine Menge möglicher Lösungen für die Verbrauchskombinationen C (1) und C (0). Je weniger im Anfangsjahr konsumiert wurde, desto mehr kann in der Reproduktionsperiode 1 verbraucht werden und umgekehrt. Nutzt man alle Produktionsmöglichkeiten aus, so gibt es eine optimale obere Begrenzung des Produktions- und damit Konsumtionsfonds.

Der Zuwachs des Verbrauchs (der Mehrverbrauch) in der Reproduktionsperiode 1 als Folge des Konsumverzichts in der Anfangsperiode 0 ergibt sich aus der Grenzrate der Konsumsubstitution $GRS_{10} = -\frac{\partial C(1)}{\partial C(0)}$:

$$\frac{\partial C(1)}{\partial C(0)} = \frac{\partial (a K - a C(0) - x(1))}{\partial C(0)} = -a.$$

Der Variationsbereich des Anfangsverbrauchs liegt zwischen

$$0 \leqq C(0) \leqq K.$$

Verzichtet man anfänglich auf jeglichen Verbrauch, so steht für den Verbrauch der 1. Reproduktionsperiode nach Abzug des Ersatzfonds der Betrag

$$a K - x(1) = C(1)$$

zur Verfügung.

Wurde hingegen das gesamte Anfangsvermögen K konsumiert $C(0) = K$, so hörte jegliche Produktion und damit auch Konsumtion auf.

Dieser Zusammenhang läßt sich graphisch so veranschaulichen:

Wir wollen den Sachverhalt noch für die Reproduktionsperioden 0, 1, ..., n im zweidimensionalen Fall verallgemeinern.

Wir legen den Produktionsfonds der Reproduktionsperiode n für die künftige

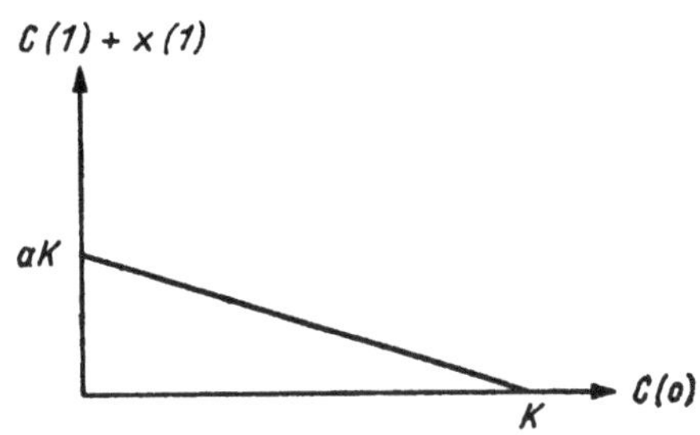

Abb. 1

Produktion mit x (n) fest, ferner bestimmen wir die hinreichend niedrig gewählten Verbrauchsmengen bis auf die Beträge C (i) und C (j) ($j > i$).

Es ergeben sich dann folgende Relationen:

$$\begin{aligned} C(n) + x(n) &= a^n K - a^n C(0) - a^{n-1} C(1) - a^{n-2} C(2) - \cdots \\ &\quad - a^{n-i} C(i) \ldots - a^{n-j} C(j) - \cdots - a\, C(n-1) \\ a^{n-j} C(j) + a^{n-i} C(i) &= a^n K - a^n \bar{C}(0) - a^{n-1} \bar{C}(1) - \cdots \\ &\quad - a^{n-i+1} \bar{C}(i-1) - a^{n-i-1} \bar{C}(i+1) - \cdots \\ &\quad - a^{n-j-1} \bar{C}(j+1) - \cdots - \bar{C}(n) - \bar{x}(n), \end{aligned}$$

wobei die überstrichenen Variablen als willkürliche Konstante behandelt werden, die C (n) und x (n) enthalten.

Setzen wir für die rechte Seite die Konstante A, so erhalten wir nach Umformung:

$$C(j) = -a^{(n-i)-(n-j)}\,C(i) + a^{-(n-j)}\,A;$$
$$C(j) = -a^{j-i}\,C(i) + a^{j-n}\,A$$

Die Grenzrate der Substitution zwischen dem Verbrauch in der Reproduktionsperiode i und j ist dann

$$GRS_{ji} = -\frac{\partial C(j)}{\partial C(i)} = a^{j-i}.$$

Dieser Zusammenhang läßt sich an folgender Graphik veranschaulichen:

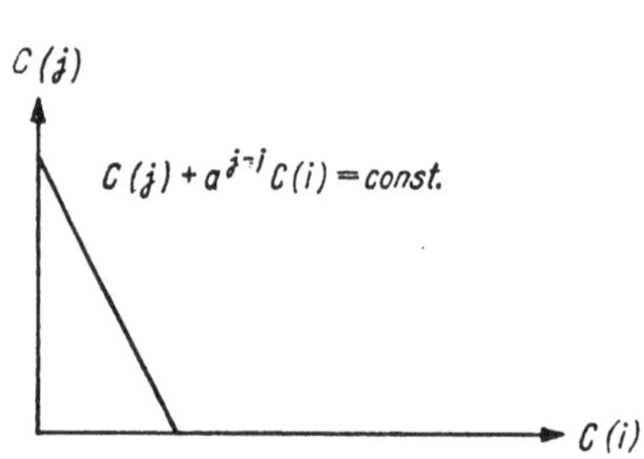

Abb. 2

Ist das von uns gewählte System „produktiv", also die technologische Konstante $a > 1$, so kann jede in der vergangenen Reproduktionsperiode (i) nicht verbrauchte, sondern produktiv reinvestierte Einheit in immer mehr Konsumgüter transformiert werden, je länger man ihren Konsum hinausschiebt.

Geometrisch zeigt sich das (bei optimaler Produktion) daran, daß der Anstieg der Geraden mit wachsender Differenz $j - i$ immer steiler wird.

Es sei einmal unterstellt, es wäre möglich, ständig den gesamten Produktionsertrag zu reinvestieren:

$$0 = C(0) = C(1) = \ldots = C(t) = \cdots$$

Dann würden die jeweiligen produktiven Fondsvorschüsse in geometrischer Progression wachsen

$$x(t) = K\,a^t$$

der Wachstumsfaktor wäre mit

$$\frac{x(t+1)}{x(t)} = a,$$

dem konstanten technologischen Koeffizienten, gegeben.

Würden die Preise proportional zum Produktivitätsfortschritt a sinken, was akzeptabel ist, weil nur ein Einsatzfaktor (Korn) vorhanden sein soll, so verhielten sich die Preise in den verschiedenen Reproduktionsperioden wie

$$-\frac{\partial C(0)}{\partial C(t)} = \frac{p(t)}{p(0)} = a^{-t},$$
$$\frac{p(t+1)}{p(t)} = a^{-1}.$$

Gebe es keine Dringlichkeit des Verbrauches, also keine Zeitpräferenzen, so lohnte es sich für den Verbraucher, den Kauf zumindest von „Luxus"gütern, wie Personenkraftwagen, Fernsehgeräten usw., hinauszuschieben; denn die in Zukunft produzierten Waren wären mit einem geringeren Einkommensanteil erhältlich. Die sinngemäßen Überlegungen gelten im volkswirtschaftlichen Bereich für die Festsetzung von Planzielen für solche Erzeugnisse.

Aber sobald in ökonomische Überlegungen die Zeit einbezogen wird, d. h. unter dynamischer Betrachtungsweise, erweist es sich, daß 100 MDN in der Hand „mehr" sein können als (100 + x) MDN in Aussicht gestelltes Einkommen, und ein Fernsehgerät im Heim wird evtl. höher geschätzt als das im Schaufenster, selbst wenn es in einigen Jahren billiger zu haben ist.

Bewertet man die Dringlichkeit des Gebrauches höher als sie durch die Produktivitätsrate $a > 1$ „objektiv" gegeben ist: $\lambda > a$, dann ist der auf den Gegenwartswert „diskontierte" Preis einer zum Zeitpunkt t verfügbaren Ware

$$\frac{p(t)}{\lambda^t} = \bar{p}(0)$$

geringer als der durch den Produktivitätsfortschritt bestimmte Gegenwartswert dieser Ware:

$$\frac{p(t)}{a^t} = p(0).$$

Unter diesen Umständen ist der individuelle Verbraucher bereit, für den Gegenwartsverbrauch einen „überhöhten" Preis oder zusätzlich Kreditzinsen (bei Teilzahlung) aufzuwenden.

In der Volkswirtschaftsplanung wird die Produktion des als relativ dringlich (vordringlich) bestimmten Erzeugnisses forciert, obwohl über eine längere Umwegproduktion die Ergebnisse des wissenschaftlich-technischen Fortschritts zu einer Senkung des Herstellungsaufwandes führen würden.[55]

Wir nehmen nun an, ein Produktionsbetrieb habe eine gewisse Entscheidungsfreiheit, zwischen der Höhe des laufenden (monatlichen, vierteljährlichen) Betriebsgewinns (und den hieran geknüpften materiellen Vergünstigungen, wie Speisung gesellschaftlicher Fonds, leistungsabhängige Gehälter, Prämien, Ehrungen usw.) und des zukünftigen Betriebsgewinns (z. B. durch Steigerung der Produktion, Senkung der Selbstkosten über die Realisierung des Planes Neue Technik durch Rationalisierungsinvestitionen, Umstellungen usw.) zu wählen.[56]

Für derartige Entscheidungen ist nicht einmal vollständige Information erforderlich, es genügen Erwartungen. Stehen bei rationalen Erwägungen rein materielle Erwägungen im Vordergrund (materielles Interesse, Gewinnstreben), so wird man

[55] Ein für die Theorie der langfristigen Volkswirtschaftsplanung interessantes dynamisches Modell mit Berücksichtigung solcher Zeitpräferenzen findet man bei *L. Johansen*, Saving and Growth in Long-Term Programming Models, Memorandum from Institute of Economics, University of Oslo, 20. 1. 1964 sowie in einem numerischen Beispiel hierzu mit nicht-linearen Zielfunktionen vom 11. 8. 1964.

[56] Das ist selbst dann noch möglich, wenn ihm Planzahlen verbindlich vorgeschrieben werden. Der Betrieb kann ja zugunsten von Produktionsvorbereitungen auf eine Übererfüllung des Warenplanes verzichten, eine Untererfüllung des Gewinnplanes in Kauf nehmen usw.

um so eher bereit sein, auf sicheren Gegenwartsnutzen zu verzichten, je vergleichsweise höher der Zukunftsnutzen veranschlagt wird.[57] Die Intensität solcher Zeitpräferenzen wird möglicherweise für Betriebsleitungen mit geringerem Einkommen, absolut niedrigeren Gewinnanteilen und finanziellen Reserven höher sein als bei Großbetrieben. Hierfür kann der Gesamtbetrag des Einkommens (leistungsabhängige Gehälter, Prämien usw.) aus Gegenwarts- und Zukunftsnutzen als Indikator der Dringlichkeitsintensität dienen (falls man überhaupt die Existenz derartiger quantitativer Gesetzmäßigkeiten des rationalen Verhaltens der Betriebe akzeptiert).

Man ordne dem Gesamtnutzen etwa im Bereich bis 20 TMDN den ordinalen, nichtmeßbaren Wert $a_2 = 2$ für die Präferenz der Einkommensaufteilung auf Gegenwart und Zukunft, für den Bereich bis 40 TMDN den Wert $a_3 = 3$ und für den Bereich bis 60 TMDN den Wert $a_5 = 5$ zu. Der Gegenwartsnutzen einer ökonomischen Alternative A_1 (z. B. z – prozentige Gewinnplanübererfüllung im Quartal) werde mit x, der Zukunftsnutzen der Alternative A_2 (z. B. höhere Gewinne und Prämierung durch Einführung mehrerer konstruktionsreifer neuer Traktorentypen am Ende des Planjahres über aufwendige und kostenwirksame Umstellungen usw.) werde mit y bezeichnet. Dann soll der Zusammenhang durch folgenden Funktionstyp beschreibbar sein:

$$a_i = \frac{x+h}{h-\sqrt{y+k}} \qquad (i = 1, 3, 5).$$

Hier charakterisieren die Konstanten h und k die Dringlichkeitsstruktur, die für die Sachlage typisch ist. Wir unterstellen, daß die drei Varianten von drei zu einer Vereinigung zusammengeschlossenen Betrieben gewählt werden (vgl. Zeichnung 3).

Im Bereiche des gewinnschwächeren Betriebes (a_2) müßte in unserem Beispiel ein etwa 3,7 mal so großer Maximalgewinn zu erwarten sein, damit auf den sicheren (aber relativ geringen) Gegenwartsgewinn verzichtet wird. Für den gewinnstärkeren Betrieb (a_5) wird ein Zukunftsgewinn von 10 TMDN fast einem Gegenwartsgewinn vom selben Umfang gleichgesetzt.

Vernünftigerweise dürfte damit die untere Grenze der Intensität von Dringlichkeiten erreicht sein. Normalerweise wird man einen Ertrag von einer Einheit, der erst in Zukunft realisiert werden kann, nicht höher einschätzen als den sofort verfügbaren Ertrag vom selben Umfang.

Es entsteht nun im Zusammenhang mit der Aggregationstheorie die folgende Frage: Angenommen, die zu einer Vereinigung zusammengefaßten n Betriebe wären infolge der eingangs formulierten idealen Voraussetzungen imstande, genau anzugeben, welche der in ihrem Entscheidungsbereich realisierbaren Alternativen oder Kombinationen von diesen bei rationalen Erwägungen den anderen vorzuziehen oder äquivalent sind.

[57] So standen für Betriebsleiter Walgan in „Schlacht unterwegs" für die Erfüllung des Planes bis zum 1. Mai neben immateriellen Vorteilen Prämien, Investmittel für die kurzfristige Umstellung auf einen neuen Traktorentyp sowie ein Stalinpreis für das Werk mit Sicherheit in Aussicht. Walgan bewertete den sicheren Gegenwartsnutzen weit höher als einen mit Risiken behafteten, auf die Dauer höheren Zukunftsnutzen, der durch die von Bachirew vorgeschlagene, aber aufwendige Reorganisation wichtiger Betriebsteile zu erwarten war. Vgl. hierzu O. Lange, Optimale Entscheidungen, ebenda, Kap. VII, § 4 ff.

Vgl. *G. Nikolajewa*, Schlacht unterwegs, Verlag Kultur und Fortschritt, Berlin 1962.

Gibt es dann objektive Bewertungsmaßstäbe und Aggregationsverfahren, um diese einzelnen betrieblichen Varianten zu einer Gesamtvariante der Vereinigung zu verdichten? Läßt sich insbesondere eine „durchschnittliche“ Indifferenzkurve (etwa a_4) für die Vereinigung der Betrieb eerrechnen, so daß man für die Vereinigung *objektiv* bestimmen kann, ob einer nur x-prozentigen Gewinnplanerfüllung im Quartal eine termingerechte Realisierung der im Plan Neue Technik festgelegten Produktivitäts- (und damit Gewinn-) steigerung ab Ende des Planjahres gleichzusetzen ist?[58]

Die tiefere Analyse dieser fundamentalen ökonomischen Aggregationsprobleme dürfte für die Vervollkommnung des Neuen ökonomischen Systems der Planung und Leitung von Aufschluß sein. Dies gilt insbesondere für die

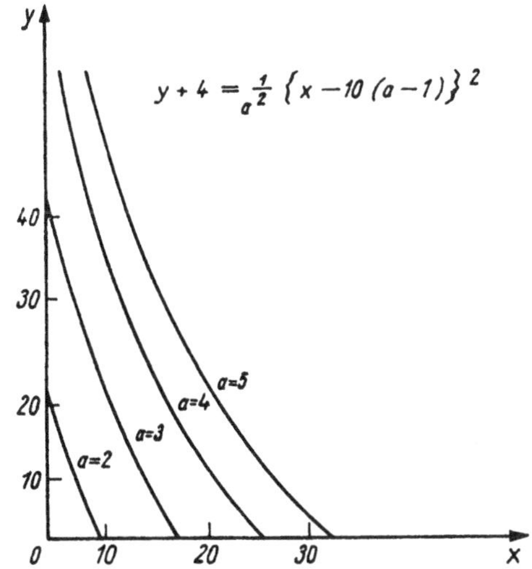

Abb. 3

Durchsetzung des Prinzips, daß nur jene Entscheidungen und Maßnahmen den einzelnen Betrieben Vorteile bringen sollen, die auch der Volkswirtschaft nutzen.

Die Behandlung solcher fundamentaler Aggregationsprobleme mit formal-logischen und mathematischen Methoden stößt z. Z. noch auf erhebliche Schwierigkeiten. Dies ist auf die Komplexität, vor allem aber auf die Unmöglichkeit zurückzuführen, den Nutzen exakt zu messen sowie die Zeitpräferenzen objektiv zu bestimmen.[59]

Soweit überhaupt theoretische Ergebnisse vorliegen, fallen sie in bezug auf die oben formulierten Fragen im allgemeinen negativ aus. Ein zum Nicht-Additivitätstheorem der Spieltheorie verwandtes Theorem wurde von Kenneth J. Arrow u. a. in seiner Studie zur „Social Choice and Individual Value“[60] formuliert. Danach ist es *im allgemeinen* nicht möglich, die Wertungsmaßstäbe verschiedener Betriebe zu einem gemeinsamen Schema logisch konsistent zu aggregieren, falls unter einem solchen Wertungsmaßstab eine vollständige Ordnung von Alternativen zu verstehen ist, unter denen ein Betrieb wählen kann. Ist aber ein Problem bereits unter idealen Annahmen (die wir hier vorausgesetzt haben) nicht exakt lösbar, so erst recht nicht

[58] Vgl. hierzu auch die Darstellung der Gefahren und Trugschlüsse der Aggregation an Indifferenzkurven für das Grundmittelvermögen bei *Kenneth Boulding*, A Reconstruction of Economics, Science Editions Inc. New York 1962, insb. S. 177ff.

[59] Vgl. hierzu u. a. *R. G. D. Allen*, Mathematical Economics, Mac Millan & Co., London 1957, S. 720.

[60] Vgl. Cowles Commission Monograph 12, John Wiley & Sons, New York 1963. Interessanterweise ist die Forderung nach logischer Konsistenz für administrative Entscheidungen (sog. auferlegte Funktionen) erfüllt. Vgl. hierzu S. 59/60 dieser Arbeit.

unter den verwickelten Verhältnissen der Wirklichkeit. Umgekehrt folgt aus der prinzipiellen Möglichkeit einer Lösung unter idealen Bedingungen nicht zwangsläufig ihre praktische Bewährung.

Die sehr schwachen Bedingungen des allgemeinen Falls, unter denen dieser Zusammenhang untersucht wird, gehen von der Möglichkeit aus, daß sich die beispielsweise von einer VVB gewählte Variante zwischen laufender Ertragssteigerung und Rekonstruktionspolitik auf längere Sicht von den „Nutzensvorstellungen" der einzelnen Betriebe hierüber unterscheiden und daß insbesondere die Präferenzordnung der Alternativen zwischen den einzelnen Betrieben divergieren. Dann ist die Konstruktion eines solches Aggregats von Präferenzen unmöglich, falls man hierunter Mehrheitsentscheidungen und nicht administrative oder Ein-Personen-Entscheidungen versteht, die zwischen 3 und mehr Alternativen zu begründen sind.

Einem Hinweis G. Nybléns zufolge eröffnet sich ein Feld weiterer Untersuchung dann zumindest für die sehr einschränkende Annahme. daß die einzelnen Entscheidungseinheiten in ihren Vorstellungen, was nützlich und dringlich ist (also in ihren individuellen Wertungsschemas), wenn auch nicht vollständig, so doch weitgehend übereinstimmen. Es ist dies eine Annahme. die am ehesten unter sozialistischen Produktionsverhältnissen erfüllt sein wird.[61]

In diesem Fall könnte man versuchen, in den Zielfunktionen der mathematischen Optimierung die abweichenden Bewertungen bestimmter Ziele durch die einzelnen Betriebe über Bewertungsvektoren auf einen Nenner zu bringen, z. B. zu gewogenen Durchschnitten zu vereinigen.[62]

Es ist unschwer einzusehen, daß die hinreichende Klärung dieser fundamentalen Probleme überdies die Voraussetzung ist, daß die Methoden der mathematischen Optimierung für ökonomische Entscheidungen zu tatsächlich brauchbaren Ergebnissen führen. Um so mehr sollten wir die dringende Notwendigkeit erkennen, auf diesem „ureigensten" Gebiet der sozialistischen Planungstheorie die Forschung in Gemeinschaftsarbeit zwischen Politökonomen und Wirtschaftsmathematikern verstärkt fortzuführen.

Schließlich ist die hinreichende Klärung dieser grundsätzlichen Aggregationsprobleme von erstrangiger Bedeutung für die gesamte makroökonomische Analyse, denn von wenigen Ausnahmen abgesehen, baut diese auf Analogien zu mikroökonomischen Theorien auf. „Streng genommen kann die Bildung von Analogien, die nichts anderes ist als eine spezielle Technik zur Konstruktion makroökonomischer Theorien, nicht gerechtfertigt werden, solange diese Aggregationsprobleme ungelöst sind."[63]

[61] Allerdings genügen schon sehr geringe Abweichungen in der Beurteilung von Alternativen durch die einzelnen Betriebe, daß eine Aggregation unmöglich wird. Vgl. *K. J. Arrow*, ebenda, S. 74. Hierauf soll in einer besonderen Arbeit eingegangen werden.

[62] Vgl. hierzu *G. Nyblén*, Fußnote 41 dieser Arbeit, Kapitel III „Ist eine Synthese zwischen Produktionsaspekt und Verteilungsaspekt möglich?", S. 82ff.; vgl. ferner *P. Bod*, Budapest, Über lineare Optimierung nach simultan vorgegebenen Zielfunktionen, Vortrag anläßlich einer Tagung zur Anwendung der Mathematik in der Ökonomie, im Juni 1963 in Budapest.

[63] *R. Bentzel*, On the Aggregation . . ., a. a. O., S. 76.

V. Unter welchen Voraussetzungen können mittels Aggregation mikroökonomische Beziehungen zu makroökonomischen verdichtet werden?

Wir wenden uns nun der folgenden, für statistische Analysen und Planberechnungen bedeutsamen Frage zu: Es werden im mikroökonomischen Bereich einer Ware, eines Betriebes, eines Familienhaushalts bestimmte quantitative Gesetzmäßigkeiten des Verhaltens (Verbraucherverhaltens, wirtschaftlicher Entscheidungen usw.) empirisch nachgewiesen und von der jeweiligen Theorie logisch widerspruchsfrei begründet. Unter welchen Voraussetzungen ist es dann theoretisch wie praktisch gerechtfertigt, auf makroökonomischer Ebene (z. B. einer Vereinigung, der Industrie, der gesamten Volkswirtschaft) Zusammenhänge zwischen den Aggregaten der Individuen (Bevölkerung, Abteilung I und II, Bevölkerungseinkommen, Preisindex für Produktions- und Konsumtionsmittel, Produktions- und Bevölkerungsverbrauch) durch Analogieschlüsse konsistent zu reproduzieren?

Die praktische Bedeutung dieser Problematik blieb der ökonomischen Forschung lange Zeit verborgen, sie kristallisierte sich aber in dem Maße heraus, wie man versuchte, wichtige Zusammenhänge zwischen volkswirtschaftlichen Größen (Aggregaten) in makroökonomischen mathematisch-statistischen Modellen zu rekonstruieren und quantitativ zu messen. Der Einsatz der elektronischen Rechentechnik ermöglicht es seit zwei Jahrzehnten, bei der Analyse der ökonomischen Form nicht nur die Abstraktionskraft[64] zu benutzen, sondern die Verträglichkeit ökonomischer Theorie durch die der Wirtschaftswissenschaft eigenen Experimente der statistischen Berechnungen großen Umfangs zu prüfen, bzw. umgekehrt der theoretischen Forschung Anregungen zur Interpretation interessanter Tatbestände zu vermitteln.

Es bedarf keiner Erläuterung, daß die Berücksichtigung der Erkenntnisse der Aggregationstheorie auf diesem Gebiet besonders für die schrittweise Verfeinerung der sozialistischen Planung und Abrechnung der erweiterten Reproduktion von Nutzen ist.

Die möglichst fehlerfreie Ermittlung relevanter Daten durch den statistischen Apparat ist für solche Analysen eine zwar notwendige, aber keineswegs hinreichende Voraussetzung.

Die Kenntnis, daß Betrieb i im Jahre t einen Verbrauch von $y_i\ (t)$ Tonnen an Kupfer hatte, liefert für die — insbesondere längerfristige — Planung des künftigen Kupferaufkommens keine ausreichende Information. Man muß wissen, inwieweit dem Jahresverbrauch an Kupfer gesetzmäßige und damit reproduzierbare Zusammenhänge zu grunde liegen und inwieweit im Sinne der mathematischen Statistik zufällige Einflüsse eingewirkt haben. Zu diesem Zwecke wird man den Kupferverbrauch mit jenen Größen in einen quantitativen Zusammenhang bringen, von denen man auf Grund der Erfahrung oder theoretischer Erwägungen vermutet, daß sie einen relevanten Einfluß auf die Höhe und Veränderung des Produktionsverbrauchs hatten. Hierzu bedarf es nicht nur der Angabe dieser Einflußgrößen. Es sind vor allem

[64] Vgl. *Karl Marx/Friedrich Engels*, Werke, Band 23, a. a. O., S. 12.

Angaben darüber vonnöten, wie der Verbrauch als endogene Größe auf Veränderungen der ihn bestimmenden exogenen Größen wie Bruttoproduktion und Struktur, Preis des Produktionsmittels i sowie anderer Produktionsmittel, insbesondere von Substitutionsgütern, reagiert. Zu diesem Zweck sind die genannten Größen in die Form passender Mikrorelationen zu kleiden und in Gleichungen zu formulieren, in unserem Beispiel etwa

$$y_i(t) = \alpha_i + \sum_{j=1}^{I} \beta_{1j,i}\, x_{1i}(t) + \sum_{j=1}^{H} \beta_{2k,i}\, x_{2k}(t) + u_i(t). \tag{1}$$

Der Verbrauch an Produktionsmittel i erweist sich im wesentlichen als abhängig vom Umfang und der Struktur der Bruttoproduktion, von der H Erzeugnisse mit den Mengen $x_{21}, x_{22}, \ldots, x_{2H}$ hergestellt werden. Dies ist vornehmlich eine technische Relation. Und von den Faktorpreisen $x_{11}, x_{12}, \ldots, x_{1I}$. Dies ist vornehmlich eine ökonomische Relation. Sie wird relevant, sofern die technologische Produktionsfunktion und die Wirtschaftsbeziehungen Substitutionen in den Produktionsprozessen zulassen. Die Industriepreisreform unterstellt, daß die Betriebe in ihren Entscheidungen auf Bezugspreise stärker reagieren als zuvor. Von entscheidender Bedeutung sind die Mikroparameter $\beta_{1j,i}$ $\beta_{2k,i}$. Sie geben als Grenzhänge des Verbrauchs, als Elastizitätskoeffizienten, an, wie stark sich der Bedarf an Produktionsmittel i verändert, wenn ceteris paribus sich die exogenen Mikrovariablen x_{1j}, x_{2k} um eine Einheit verändern. Von einer Konstanten α_i abgesehen, werden alle anderen Einflußgrößen als wenig relevant betrachtet und in Form einer Zufallsvariablen $u_i(t)$ ausgedrückt. Von diesen wird nur vorausgesetzt, daß sie den Mittelwert 0 über den Zeitraum T haben und mit den exogenen Mikrovariablen x_{1j}, x_{2k} nicht korreliert sind. Diese Voraussetzungen sind freilich nicht ohne weiteres erfüllt. An Hand statistischen Materials für x_{1i}, x_{2k} und geeigneter Schätzverfahren, hier der Regressionsgleichungen mittels kleinster Quadrate, werden die Mikroparameter $\beta_{1j,i}$; $\beta_{2k,i}$ sowie $u_i(t)$ ermittelt.[65]

Nun kann sich die Volkswirtschaftsplanung nicht mit der Ermittlung des Verbrauchs und des künftigen Verbrauchszuwachses jedes einzelnen Produktionsmittels und mit jedem einzelnen Betrieb befassen. Von dem riesigen Zeit- und Rechenaufwand abgesehen, ginge womöglich die Einsicht in die wichtigsten und allgemeingültigen Zusammenhänge und Entwicklungstendenzen der gesellschaftlichen Reproduktion verloren.

Im allgemeinen wird es deshalb unumgänglich sein, die Veränderung des Gesamtverbrauchs bestimmter Gruppen von heterogenen Produktionsmitteln aller Betriebe in Abhängigkeit von den exogenen Makrovariablen wie Preisindizes für Produktionsmittel und Enderzeugnisse, Mengen- und Wertindizes der Produktion usw. zu ermitteln. Dies gilt z. B. für die Verflechtungsbilanzierung wie für die Finanzplanung.

Es muß also versucht werden, die ökonomischen Mikrovariablen durch geeignete Aggregate, Summen, gewogene Summen, Indizes usw. zu Makrovariablen zu-

[65] Vgl. hierzu *Autorenkollektiv*, Mathematik und Rechentechnik bei der Planung, Verlag Die Wirtschaft, Berlin 1964, S. 105ff; *G. Reuscher*, Zum Stand der Modellierung der Konsumtion, „Wirtschaftswissenschaft", H. 7, 1965, S. 1112, sowie die dort angegebenen Literaturhinweise.

sammenzufassen und zwischen diesen Makrovariablen (Gesamtverbrauch an Produktionsmitteln, Bevölkerungseinkommen usw.) entsprechende Makrorelationen (-Gleichungen) zu formulieren und statistisch zu bestimmen.

Setzt man etwa den Produktionsmittelverbrauch zunächst eines Betriebes mit $y(t) = \sum_i s_i y_i(t)$ an, wobei s_i der Produktionsmittelpreis ist, $x_1(t) = \sum_j v_{1j} x_{1j}(t)$ als Produktionsmittelpreisindex und $x_2(t) = \sum_k r_{2k} x_{2k}(t)$ als Bruttoproduktionsindex des Betriebes an, so liegt es nahe, folgende zunächst betriebliche (aggregierte) Regressionsgleichung für den gesamten Produktionsmittelverbrauch zu bilden:

$$y(t) = \alpha + \beta_1 x_1(t) + \beta_2 x_2(t) + u(t).$$

Im mikroökonomischen Bereich eines bestimmten konkreten Produktionsmittels (Kupfer) ist die Abhängigkeit seines Verbrauchs von den einzelnen Produktionsmengen ganz bestimmter Erzeugnisse und deren Preisen unmittelbar evident. Hingegen gibt die Abhängigkeit des Produktionsmittelverbrauches (als Index völlig verschiedener Gegenstände) von dem Preis dieses „Produktionsmittels" (als Preisindex) sowie von der „Produktion" des Betriebes (als Gemisch verschiedenartigster konkreter Güter) einen ziemlich abstrakten Zusammenhang wieder.

Ein solcher Zusammenhang wird noch undurchsichtiger, wenn etwa im Bereich der gesamten Industrie der gesamte Produktionsmittelverbrauch in Abhängigkeit von der Preisentwicklung der Produktionsmittel sowie der industriellen Bruttoproduktion ermittelt werden soll.

Und wenn die Abhängigkeit des Bevölkerungsverbrauchs vom Nettoprodukt, der Preisentwicklung, der Produktivität und der Investitionen gemessen werden soll, so verliert die Problematik jegliche Anschaulichkeit.[66]

Wird also zunächst für den Verbrauch *eines* Produktionsmittels in einem Betrieb eine statistische Produktionsfunktion formuliert, in der die Produktionsmittelpreise als exogene Größen auftreten, so wird unterstellt, daß der Betrieb bei rationalem Verhalten nach maximalem Gewinn strebt.

Wird der Begriff einer Produktionsfunktion auf makroökonomische Analysen übertragen, so schließt die Methode meist stillschweigend ein, daß man die Annahmen über rationales Verhalten einzelner Betriebe sowie andere Gesetze der jeweiligen Mikrotheorien (Betriebswirtschaft, Materialwirtschaft usw.) ohne weiteres auf die Ebene der Makrotheorie (sei es des Betriebes, einer Vereinigung, der gesamten Industrie usw.) übertragen kann.

Das hieße in diesem Fall, daß die gesamte Industrie den gesamten Produktionsmittelverbrauch nach eben denselben ökonomischen Kriterien (hier nach Preisindizes statt etwa nach Knappheits- und Dringlichkeitsgesichtspunkten) auf die einzelnen Produktionsmittel — im Bereiche des technisch Möglichen — verteilt.

[66] Vgl. u. a. *L. Halabuk*, Das ungarische experimentelle Makromodell M-I; *E. Theiß*, Statistische Bestimmung der Parameter von Makromodellen, Erfahrungen in Ungarn mit dem Modell M-I, Konferenzprotokoll „Mathematik und Kybernetik in der Ökonomie", Band II, Akademie-Verlag, Berlin 1965.

Diese stillschweigenden Analogieschlüsse beschränken sich nicht auf den Bereich der Produktionstheorie. Diese Verfahrensweise wird in nahezu allen Bereichen der Ökonomie, insbesondere der Nachfragetheorien, praktiziert, ohne daß im einzelnen Fall die Berechtigung für ein derartiges Vorgehen nachgewiesen wird. „Aber ist dieses Verfahren wirklich legitimiert? Merkwürdigerweise ist diese Frage nie völlig beantwortet worden. Die Methode (über Analogien zu makroökonomischen Relationen zu gelangen) beruht tatsächlich in der Hauptsache auf einer *intuitiven* Basis und es mangelt ihr so ziemlich an einer logischen Stütze. Obgleich gezeigt werden konnte, daß die Methode in einigen speziellen Fällen angewandt werden kann, wurde ebenso gezeigt, daß dieses Verfahren in anderen Fällen nicht angemessen ist. Die Gesamtheit dieser Menge an Problemen, die gewöhnlich unter den Begriff des Aggregationsproblems fällt, wird in makroökonomischen Analysen gewöhnlich mit Stillschweigen übergangen. Jedermann ist sich dieses Problems bewußt und gewahr, daß es ungelöst ist, aber meistens befaßt man sich mit ihm, indem man es ignoriert."[67]

Aggregation schließt somit alle Probleme in sich ein, die im Zusammenhang mit der Konstruktion und dem Gebrauch von Preis- und Mengenindizes auftreten. Das Problem bezieht sich — wie wir bereits zeigten — auch nicht nur auf die Übergänge von betrieblicher zu volkswirtschaftlicher Ebene. So entsteht — wie wir zeigten — die Notwendigkeit zur Aggregation bereits im Betrieb bei der Zusammenfassung verschiedener Produkte, Produktionsmittel, Preise usw., obgleich die wichtigsten Aggregationen zwischen Mikro- und Makrotheorien vollzogen werden. Und hier eben taucht die Frage auf, ob bzw. inwieweit die Vornahme von Analogieschlüssen gerechtfertigt ist.

Man kann die Problematik der Aggregation im engeren Sinne nach den folgenden drei Hauptpfeilern der Aggregationstheorie gliedern[68]: nach einer Mikrotheorie, die in Ausdrücken bestimmter Mikrovariablen aufgebaut ist (z. B. Verhaltens- und Nachfragetheorie der Käufer, Haushalte, Betriebe usw.), nach einer Menge von Aggregaten (Makrovariablen, die als Funktionen von Mikrovariablen definiert sind) sowie nach einer Makrotheorie, die in Ausdrücken bestimmter Makrovariablen (z. B. Volkseinkommen, Akkumulation, Investitionen, Preisindizes von Produktions- und Konsumtionsgütern, industrielles Grundmittelvermögen, Arbeitskräfte usw.) aufgebaut ist.

Theoretische Untersuchungen beweisen nun — und das soll im folgenden gezeigt werden —, daß diese drei Pfeiler der Aggregationstheorie nur unter ganz speziellen Bedingungen miteinander konsistent sind.

Unterstellt beispielsweise die Mikrotheorie, daß der Verbrauch einer jeden Familie eine steigende Funktion ihres Einkommens sei, und nimmt man an, daß alle Familieneinkommen gleichzeitig zu- oder abnehmen, dann muß der Gesamtverbrauch ansteigen, wenn das Gesamteinkommen der Bevölkerung steigt. Eine Makrotheorie, die in solchen Makrovariablen ausgedrückt wird, wäre mit der Mikrotheorie unverträglich, wenn dann bei steigendem Gesamteinkommen eine abnehmende Funktion für den Bevölkerungsverbrauch ausgewiesen würde.

[67] Vgl. R. Bentzel, On the Aggregation of Production Functions, a. a. O., S. 75/76.

[68] Vgl. *H. Theil*, Linear Aggregation of Economic Relations, North-Holland Publishing Company, Amsterdam 1954, S. 5ff.

Es ist deshalb von besonderem Interesse zu prüfen, in welchen konkreten Fällen Konsistenz angenommen werden kann. Dies führt im Aggregationsproblem auf das sog. Verfahren zur Prüfung von Konsistenz, das — nach H. Theil — nach drei Untertypen unterteilt werden kann:

(*i*) Es liege die Mikrotheorie vor sowie gewisse Eigenschaften, die die Makrotheorie erfüllen muß. Dann kann man versuchen, aus den Mikrovariablen Aggregate zu konstruieren, die mit der Mikrotheorie und diesen Eigenschaften der Makrotheorie verträglich sind. So verfährt R. Klein in seiner Studie zu „Macroeconomics and the Theory of Rational Behavior"[69]. Er geht von der Feststellung aus, daß in ökonomisch-mathematischen Modellen die Nachfragegleichungen für Produktionsfaktoren innerhalb der Volkswirtschaft unkritisch von der Annahme abgeleitet werden, daß der — um mit K. Marx zu sprechen — „Gesamtkapitalist" bestrebt ist, eine Art „Gesamtprofit" zu maximieren. Dabei werden — z. B. in den Arbeiten von Hicks, Evans und Keynes — die Grenzproduktivitäts- (und damit die Profitmaximierungs-)gleichungen für die Gesamtheit genauso formuliert, als handle es sich um eine Grenzproduktivitätsgleichung für einen einzelnen (Gesamt-)Betrieb. L. Klein geht bei der Prüfung der Berechtigung dieses Vorgehens so vor: Anstatt eine Theorie der Mikroökonomie und gewisse Indexzahlen als volkswirtschaftliche Aggregate der Mikrovariablen zu unterstellen, soll angenommen werden, es existiere neben der Mikrotheorie eine ökonomisch begründete Makrotheorie. Dann sind solche Aggregate (gewöhnlich in Form von Indexzahlen) zu konstruieren, die mit beiden Theorien verträglich sind. Dies soll im folgenden am Beispiel erläutert werden.

(*ii*) Gegeben sind die Mikrotheorie und bestimmte Aggregate. Man kann daraufhin untersuchen, welche Art von Makrotheorie zwischen den Aggregaten gilt. Dieses Verfahren wurde insbesondere von K. May empfohlen.[70] Dieser Fragestellung entsprechend, konstruiert R. Bentzel — wie gezeigt werden soll — bestimmte Aggregate für Erzeugnisse, Produktionsfaktoren und Betriebe und prüft, ob die zwischen den Makrovariablen bestehenden Relationen denen der Mikrotheorie analog sind.

(*iii*) Schließlich kann die in Ausdrücken bestimmter Aggregate formulierte Makrotheorie gegeben sein. Dann kann man versuchen, solche Beschränkungen für die Mikrotheorie zu finden, daß sie mit der gegebenen Makrotheorie verträglich ist. Hierauf wollen wir nicht eingehen.

Wir wenden uns zunächst der von R. Bentzel untersuchten Fragestellung zu.

1. Aggregation von Einsatzgrößen der Produktion

Wir behandeln zuerst das Problem der Aggregation von Einsatzfaktoren der Produktion.[71] Dabei beschränken wir uns auf die statische Analyse des Verhaltens eines einzelnen Betriebes. Es mögen drei Einsatzfaktoren existieren, die in den Mengen

[69] Vgl. „Econometrica", Vol. 14 (1946), S. 93 bis 108; Remarks on the Theory of Aggregation, ebenda, S. 303 bis 312.

[70] Vgl. Technological Change and Aggregation, „Econometrica", Vol. 14, 1947, S. 51—63.

[71] Nach *R. Bentzel*, On the Aggregation . . ., a. a. O.

x_1, x_2, x_3, eingesetzt werden. Die zugehörigen Preise sind w_1, w_2, w_3. Werden die Einsatzfaktoren in den Mengen x_1, x_2, x_3 eingesetzt, so wird die Menge

$$P = f(x_1, x_2, x_3)$$

produziert. Dabei bezeichnet f die Produktionsfunktion, die den Zusammenhang zwischen Einsatzgrößen und Produktionsergebnis angibt. Der Preis des Produktes sei p.

Unterstellt man, daß der Betrieb seinen Gewinn

$$R = p\,P - \sum_{i=1}^{3} w_i x_i$$

zu maximieren sucht, so ergeben sich die drei Bedingungen

$$\frac{\partial R}{\partial x_i} = 0, \quad \text{d. h.} \quad p\,\frac{\partial f}{\partial x_i} = w_i.$$

Die Werte von x_i, die das Maximum realisieren, werden mit e_1, e_2, e_3 bezeichnet, die partiellen Abteilungen von f werden mit f'_i abgekürzt:

$$\frac{\partial f}{\partial x_i} \equiv f'_i.$$

Aus dem System der drei Gleichungen

$$f'_i(e_1, e_2, e_3) = \frac{w_i}{p} \quad (i = 1, 2, 3)$$

sind die Mengen e_i als Funktionen der Preisverhältnisse $\frac{w_i}{p}$ zu bestimmen. Man erhält

$$e_i = g_i\left(\frac{w_1}{p}, \frac{w_2}{p}, \frac{w_3}{p}\right) \quad (i = 1, 2, 3).$$

Die Funktionen g_i mögen eindeutig sein, so daß es zu einem festen Tripel von Preisverhältnissen $\frac{w_i}{p}$ stets nur ein Tripel e_i gibt.

Die Werte e_i realisieren tatsächlich das Maximum, falls die quadratische Form

$$\sum_{i=1}^{3} \sum_{j=1}^{3} v_i\, v_j \frac{\partial^2 f(e_1, e_2, e_3)}{\partial x_i\, \partial x_j}$$

für beliebige v_i, v_j nur negative Werte annimmt (falls sie negativ definit ist).

Wir wollen jetzt voraussetzen, daß das Ziel des Betriebes tatsächlich darin besteht, den oben definierten Gewinn zu maximieren. Dann setzt der Betrieb immer genau die Mengen e_i der drei Faktoren ein und erzielt damit das Resultat $P = f(e_1, e_2, e_3)$. Die Frage ist nun, ob man ein Aggregat e_0 der Einsatzmengen e_1 und e_2 sowie ein Aggregat w_0 der zugehörigen Preise w_1 und w_2 sowie eine aggregierte Produktionsfunktion $F(e_0, e_3)$ angeben kann, so daß in dem so gebildeten aggregierten (Makro-)

Modell dasselbe Verhalten des Betriebes (d. h. Gewinnmaximierung) vorliegt. Falls dies möglich ist, so müßten die folgenden Relationen erfüllbar sein:

$$F(e_0, e_3) = f(e_1, e_2, e_3) \qquad \text{(a)}$$

$$\frac{\partial F}{\partial e_i} = \frac{w_i}{p} \qquad i, j = 0{,}3 \qquad \text{(b)}$$

$$\Sigma \Sigma V_i V_j \frac{\partial^2 F(e_0, e_3)}{\partial e_i \partial e_j} < 0 \qquad (V_i, V_j \text{ beliebig}). \qquad \text{(c)}$$

Diese Gleichungen müßten bei „passenden“ Aggregaten

$$e_0 = E(e_1, e_2), \qquad w_0 = W(w_1, w_2)$$

gelten. Der Ausdruck „passend“ ist zunächst mathematisch gemeint, ob diese Aggregate auch ökonomisch sinnvoll sind, ist eine andere Sache.

Über die Funktion $f(x_1, x_2, x_3)$ werden keine Voraussetzungen gemacht. Wir fragen also, ob für beliebige Funktionen f die Aggregation im oben angegebenen Sinne durchführbar ist.

Es ist nicht schwierig zu zeigen, daß diese Frage verneint werden muß.[72] Nehmen wir etwa an, daß die Forderung (a)

$$F(e_0, e_3) = f(e_1, e_2, e_3)$$

mit einem Aggregat

$$e_0 = E(e_1, e_2)$$

erfüllbar wäre. Dann kann man das System dieser beiden Gleichungen (unter gewissen recht allgemeinen mathematischen Voraussetzungen) nach e_1 und e_2 auflösen:

$$e_1 = H_1(e_0, e_3)$$
$$e_2 = H_2(e_0, e_3).$$

Solche Funktionen H_i stehen aber nicht von vornherein zur Verfügung. Man kann sie nur durch zusätzliche Voraussetzungen gewinnen.

Wir führen als zusätzliche Voraussetzung ein, daß sich die Einstandspreise w_1, w_2 proportional zu dem Aggregatpreis ändern:

$$w_1 = a_1 w_0, \quad w_2 = a_2 w_0 \qquad (\text{also } a_2 w_1 = a_1 w_2).$$

Außerdem nehmen wir ein spezielles Aggregat der Einsatzfaktoren:

$$e_0 = a_1 e_1 + a_2 e_2.$$

Mit diesen Annahmen wird die Aggregation möglich sein.

Die Voraussetzung der Preisproportionalität bedeutet eine starke Einschränkung, sie kann bei eng verwandten Einsatzgrößen erfüllt sein.[73]

[72] Ob die Aggregation für spezielle Funktionen f doch durchführbar ist, wird an anderer Stelle untersucht.

[73] Vgl. S. 22 dieser Arbeit.

Jetzt soll die Aggregation unter den Voraussetzungen

$$w_1 = a_1 w_0, \qquad w_2 = a_2 w_0$$
$$e_0 = a_1 e_1 + a_2 e_2$$

durchgeführt werden. Aus den Bedingungen für das Gewinnmaximum

$$f_1' = \frac{w_1}{p} = a_1 \frac{w_0}{p}$$
$$f_2' = \frac{w_2}{p} = a_2 \frac{w_0}{p}$$

folgt zunächst die Gleichung

$$a_2 f_1' (e_1, e_2, e_3) = a_1 f_2' (e_1, e_2, e_3).$$

Fügt man noch die Gleichung

$$e_0 = a_1 e_1 + a_2 e_2$$

hinzu, so kann man aus diesen Beziehungen e_1 und e_2 als Funktionen von e_0 und e_3 berechnen:

$$e_1 = H_1 (e_0, e_3)$$
$$e_2 = H_2 (e_0, e_3).$$

Dank der zusätzlichen Annahme der Preisproportionalität ist also die Existenz der Funktionen H_i gesichert, was oben als notwendig erkannt worden war.

Die Funktionen H_i sind eindeutig, d. h. sie liefern für ein festes Paar e_0, e_3 nur ein einziges Wertepaar e_1, e_2, falls die Menge der Isoquanten

$$f (e_1, e_2, e_3) = c \qquad \text{(konstant)}$$

konvex zum Ursprung des Koordinatensystems ist. Dies ist für alle als Produktionsfunktionen brauchbaren Funktionen f erfüllt.

In die Funktion $f (e_1, e_2, e_3)$ trägt man nun für die Argumente e_1, e_2 die Ausdrücke H_1, H_2 ein. Damit erhält man eine neue Funktion $F (e_0, e_3)$:

$$F (e_0, e_3) = f (H_1 (e_0, e_3), H_2 (e_0, e_3), e_3).$$

Somit ist die Bedingung (a) bereits erfüllt.

Um zu zeigen, daß die Bedingung (b) erfüllt ist, benötigen wir zwei Hilfsrelationen. Diese ergeben sich aus

$$e_0 = a_1 e_1 + a_2 e_2 = a_1 H_1 (e_0, e_3) + a_2 H_2 (e_0, e_3).$$

Diese Identität wird partiell nach e_0 bzw. e_3 differenziert:

$$\frac{\partial e_0}{\partial e_0} = 1 = a_1 \frac{\partial H_1}{\partial e_0} + a_2 \frac{\partial H_2}{\partial e_0},$$
$$\frac{\partial e_0}{\partial e_3} = 0 = a_1 \frac{\partial H_1}{\partial e_3} + a_2 \frac{\partial H_2}{\partial e_3}.$$

Jetzt werden die Ableitungen von F gebildet!

$$\frac{\partial F}{\partial e_0} \equiv F_0' = f_1' \frac{\partial H_1}{\partial e_0} + f_2' \frac{\partial H_2}{\partial e_0} = \frac{w_1}{p} H_{1,0} + \frac{w_2}{p} H_{2,0}$$
$$F_0' = \frac{w_0}{p} (a_1 H_{1,0} + a_2 H_{2,0}) = \frac{w_0}{p}.$$

Das letzte Gleichheitszeichen gilt auf Grund der ersten Hilfsgleichung.

Für die Ableitung von F nach e_3 erhält man

$$\frac{\partial F}{\partial e_3} = F'_3 = f'_1 \frac{\partial H_1}{\partial e_3} + f'_2 \frac{\partial H_2}{\partial e_3} + f'_3 = \frac{w_1}{p} H_{1,3} + \frac{w_2}{p} H_{2,3} + f'_3 = \frac{w_0}{p} (a_1 H_{1,3} + a_2 H_{2,3}) + f'_3$$

$$F'_3 = f'_3 = \frac{w_3}{p}.$$

Der Klammerausdruck verschwindet nach der zweiten Hilfsgleichung.

Damit ist auch die Bedingung (b) erfüllt.

Ebenso läßt sich die Bedingung (c) erfüllen. Man benötigt dazu die zweiten Ableitungen von F (e_0, e_3). Sie ergeben sich zu

$$\begin{aligned} F''_{00} &= f''_{11} (H'_{1,0})^2 + 2 f''_{12} H'_{1,0} H'_{2,0} + f''_{22} (H'_{2,0})^2 \\ F''_{03} &= f''_{31} H'_{1,0} + f''_{32} H'_{2,0} \\ F''_{33} &= f''_{33}, \end{aligned}$$

wenn man noch beachtet, daß die partiellen Ableitungen der oben angegebenen Hilfsrelationen jeweils gleich Null sind.

Bildet man nun die quadratische Form

$$\bar{Q} \equiv \sum_i \sum_j F''_{ij} V_i V_j \qquad (i, j = 0,3)$$

und setzt die obigen Ausdrücke für die F''_{ij} ein, so erhält man

$$\bar{Q} = \sum_{i=1}^{3} \sum_{j=1}^{3} f''_{ij} v_i v_j \equiv Q,$$

wenn man noch

$$\begin{aligned} v_1 &= V_0 H'_{1,0} \\ v_2 &= V_0 H'_{2,0} \\ v_3 &= V_3 \end{aligned}$$

setzt. Da nun aber Q negativ definit ist (anderenfalls wäre f als Produktionsfunktion nicht brauchbar), gilt dies auch für $\bar{Q}$. Somit ist auch die Bedingung (c) erfüllt.

Zusammenfassend kann man feststellen, daß die Aggregation im „Gleichgewicht" (Gewinnmaximierung) bei beliebiger Produktionsfunktion i. A. nicht durchführbar ist. Es sind zusätzliche und ziemlich einschränkende Voraussetzungen nötig.

Wir haben uns zunächst auf den Spezialfall des Gleichgewichts beschränkt. Wenn die Aggregation jedoch bereits in dieser speziellen Situation nicht allgemein ausführbar ist, dann erst recht nicht in allgemeiner Situation.

2. Aggregation von Erzeugnissen[74]

Im Falle eines Betriebes, der mehrere Produkte erzeugt, kann man nicht mit einer Produktionsfunktion arbeiten, wie sie im vorigen Abschnitt benutzt wurde. Man müßte hier eine Funktion

$$f(q_1, \ldots, q_n, x_1, \ldots, x_m) = 0$$

[74] Nach *R. Bentzel*, On the Aggregation . . ., a. a. O.

verwenden, wo $q_1, \ldots, q_n$ die Mengen der verschiedenen produzierten Waren angeben, während $x_1, \ldots, x_m$ die Mengen der Einsatzfaktoren bezeichnen.

Um die Probleme der Erzeugnisaggregation zu beschreiben, wie sie bei einer solchen Produktionsfunktion auftreten, wollen wir uns auf den Fall $n = 3$. $m = 1$ beschränken. Es werden also drei Waren produziert mit Hilfe nur eines Einsatzfaktors. Die Produktionsfunktion wollen wir in der Form

$$x = f(q_1, q_2, q_3)$$

schreiben. Diese Beziehung gibt an, welche Menge x des Einsatzfaktors benötigt wird, wenn die drei Waren in den Mengen q_1, q_2, q_3 produziert werden sollen.

Wir setzen wieder die Gleichgewichtssituation voraus, d. h. der Betrieb maximiert seinen Gewinn

$$R = \sum_{i=1}^{3} p_i q_i - w x .$$

Die Größen p_i bzw. w bezeichnen die Preise der produzierten Waren bzw. des Einsatzfaktors. Die notwendigen und hinreichenden Bedingungen dafür sind

$$\frac{\partial R}{\partial q_i} = 0, \quad \text{d. h.} \quad p_i = w \frac{\partial f}{\partial q_i} \qquad (i = 1, 2, 3)$$

und

$$Q \equiv \sum_{i=1} \sum_{j=1}^{3} \frac{\partial^2 f(r_1, r_2, r_3)}{\partial r_i \, \partial r_j} v_i v_j > 0$$

für alle v_i, v_j.

Die partiellen Ableitungen des Gewinns müssen verschwinden für die $q_i = r_i$, die das Maximum realisieren. Außerdem muß die quadratische Form Q jetzt positiv definit sein.

Wir fragen nun wieder, ob es ein Aggregat r_0 der Mengen r_1, r_2 und ein Aggregat p_0 der zugehörigen Preise p_1, p_2 sowie eine aggregierte Funktion $F(r_0, r_3)$ gibt, so daß in diesem „Makromodell" wieder die Gleichgewichtssituation besteht. Es müßten demnach die folgenden Bedingungen gelten

$$F(r_0, r_3) = f(r_1, r_2, r_3) \tag{a'}$$

$$F'_i(r_0, r_3) = \frac{p_i}{w} \qquad (i, j = 0{,}3) \tag{b'}$$

$$\sum \sum V_i V_j F''_{ij}(r_0, r_3) > 0. \tag{c'}$$

Man sieht, daß das Problem vollständig analog ist zu dem im vorigen Abschnitt behandelten. Es gelten somit auch in diesem Falle dieselben Aussagen.

Bei einem Betrieb, der mehrere Waren produziert, ist eine Aggregation i. A. nicht zulässig. Wenn aber die Absatzpreise proportional variieren, können die Produkte aggregiert werden. Auch dies ist eine einschränkende Voraussetzung, die in der Wirtschaftspraxis wohl nur ausnahmsweise erfüllt ist.

3. Aggregation von Betrieben[75]

Das Problem der Aggregation von Betrieben, für die alle Gleichgewicht besteht, zu einem „Aggregatbetrieb", der sich ebenfalls im Gleichgewicht befindet, ist eine Aufgabe anderer Art.

Um das Problem so weit als möglich zu vereinfachen, nehmen wir an, daß es n Betriebe gibt, die alle ein und diese be Ware produzieren. Jeder Betrieb benutzt zwei Einsatzfaktoren. Dies hat den Vorteil, daß man nicht gleichzeitig noch die Aggregation von Waren und Einsatzfaktoren zu betrachten braucht.

Die insgesamt produzierte Menge der einzigen Ware ist

$$Q = \sum_{i=1}^{n} q_i,$$

wo q_i die vom Betrieb i produzierte Menge angibt. Ein anderes Aggregat ist wohl nicht sinnvoll. Der Betrieb i setzt die beiden Faktoren in den Mengen x_i bzw. y_i ein. Die von allen Betrieben insgesamt eingesetzten Mengen sind X bzw. Y:

$$X = \sum_{=1}^{n} x_i, \qquad Y = \sum_{i=1}^{n} y_i .$$

Die den Einsatzfaktoren entsprechenden Preise seien w_x bzw. w_y. Der Preis des Produktes sei p.

Die Produktionsfunktion des i-ten Betriebes sei $f_i(x_i, y_i)$:

$$q_i = f_i(x_i, y_i) \qquad (i = 1, 2, \ldots, n).$$

Da sich jeder Betrieb im Gleichgewicht befinden soll, gelten die Beziehungen

$$\frac{\partial f_i}{\partial x_i} = \frac{w_x}{p}, \qquad \frac{\partial f_i}{\partial y_i} = \frac{w_y}{p} \qquad (i = 1, 2, \ldots, n)$$

Wir wollen nun versuchen. die n Betriebe zu aggregieren zu einem „Makrobetrieb" mit einer Produktionsfunktion $F(X, Y) = Q$, der sich ebenfalls im Gleichgewicht befindet.

Wir suchen also nach einer Funktion $F(X, Y)$, die folgende Bedingungen erfüllt

$$F(X, Y) = \sum_{i=1}^{n} f_i(x_i, y_i) \tag{A}$$

$$F'_x(X, Y) = \frac{w_x}{p}, \qquad F'_y(X, Y) = \frac{w_y}{p} \tag{B}$$

$$\sum_{i=1}^{2} \sum_{j=1}^{2} F''_{ij} V_i V_j < 0 \qquad (i, j = X, Y). \tag{C}$$

Die Forderung (A) ergibt sich aus der Definition

$$Q = \sum q_i,$$

die Forderungen (B), (C) sind die Bedingungen für das Gleichgewicht im großen.

[75] Ebenda.

Jetzt wird gezeigt, daß diese Forderungen erfüllbar sind. Zunächst betrachten wir die 2 n Gleichgewichtsbedingungen

$$\frac{\partial f_i(x_1,\ldots,x_n,y_1,\ldots,y_n)}{\partial x_i}=\frac{w_x}{p}$$

$$\frac{\partial f_i(x_1,\ldots,x_n,y_1,\ldots,y_n)}{\partial y_i}=\frac{w_y}{p}\qquad(i=1,2,\ldots,n).$$

Dieses System von 2 n Gleichungen mit 2 n Unbekannten $x_1,\ldots,x_n,y_1,\ldots,y_n$ können wir nach den x_i, y_i auflösen und erhalten

$$x_i=g_i\left(\frac{w_x}{p},\ \frac{w_y}{p}\right)$$

$$y_i=h_i\left(\frac{w_x}{p},\ \frac{w_y}{p}\right)\qquad(i=1,2,\ldots,n).$$

Weiter können wir schreiben

$$\sum x_i=X=\sum_{i=1}^{n}g_i\left(\frac{w_x}{p},\ \frac{w_y}{p}\right)$$

$$\sum y_i=Y=\sum_{i=1}^{n}h_i\left(\frac{w_x}{p},\ \frac{w_y}{p}\right).$$

Diese Gleichungen lösen wir nach den Preisverhältnissen auf:

$$\frac{w_x}{p}=M(X,Y),\qquad\frac{w_y}{p}=N(X,Y).$$

Mit diesen Ausdrücken geht man in die Funktionen g_i, h_i ein und erhält:

$$x_i=R_i(X,Y)\equiv g_i(M(X,Y),N(X,Y))$$
$$y_i=S_i(X,Y)\equiv h_i(M(X,Y),N(X,Y))$$
$$(i=1,2,\ldots,n).$$

Die Ausdrücke R_i, S_i werden für x_i, y_i in

$$\sum_{i=1}^{n}f_i(x_i,y_i)$$

eingesetzt. Es ergibt sich eine Funktion $F(X,Y)$:

$$F(Y,X)=\sum f_i\left(R_i(X,Y),S_i(X,Y)\right).$$

Damit ist die Bedingung (A) erfüllt, falls wir F als Makro-Produktionsfunktion betrachten.

Die Bedingung (B) ist mit dieser Funktion F auch erfüllt. Um dies zu sehen, bilden wir die Ableitungen von F:

$$\frac{\partial F}{\partial X}=\sum_i\frac{\partial f_i}{\partial x_i}\cdot\frac{\partial R_i}{\partial X}+\sum_i\frac{\partial f_i}{\partial y_i}\cdot\frac{\partial S_i}{\partial X}=\frac{w_x}{p}\sum_i\frac{\partial R_i}{\partial X}+\frac{w_y}{p}\sum_i\frac{\partial S_i}{\partial X}.$$

Wegen

$$\sum R_i(X,Y)=\sum x_i=X$$
$$\sum S_i(X,Y)=\sum y_i=Y$$

gilt aber

$$\Sigma \frac{\partial R_i}{\partial X} = 1$$

$$\Sigma \frac{\partial S_i}{\partial X} = 0,$$

außerdem, was später benötigt wird,

$$\Sigma \frac{\partial R_i}{\partial Y} = 0$$

$$\Sigma \frac{\partial S_i}{\partial Y} = 1.$$

Unter Beachtung der beiden ersten Relationen erhält man

$$\frac{\partial F}{\partial X} = \frac{w_x}{p}.$$

Analog gewinnt man

$$\frac{\partial F}{\partial Y} = \sum_i \frac{\partial f_i}{\partial x_i} \cdot \frac{\partial R_i}{\partial Y} + \sum_i \frac{\partial f_i}{\partial y_i} \cdot \frac{\partial S_i}{\partial Y} = \frac{w_x}{p} \Sigma \frac{R_i}{Y} + \frac{w_y}{p} \Sigma \frac{S_i}{Y}.$$

Mit den beiden anderen Hilfsrelationen ergibt sich

$$\frac{\partial F}{\partial Y} = \frac{w_y}{p},$$

so daß tatsächlich die Bedingung (B) erfüllt ist.

Um nachzuweisen, daß (C) erfüllt ist, sind einige umständliche Rechnungen auszuführen, das soll hier nicht geschehen.

Zur Makro-Produktionsfunktion $F(X, Y)$ ist noch eine Bemerkung zu machen. Eine Produktionsfunktion $f(x, y)$ gibt die maximale Menge an, die man mit zwei Einsatzfaktoren erzielen kann, die in den Mengen x und y verwendet werden. Dabei hat man sich x und y als fest vorgegebene Werte vorzustellen. Alle Größen, die in x bzw. y eingehen (z. B. Arbeitskräfte und Grundmittel), sind so zu kombinieren, daß das Maximum erreicht wird. Bezüglich der Funktion F bedeutet dies, daß X und Y feste Werte haben, und die x_i bzw. y_i so festzulegen sind, daß

$$F(X, Y) = \text{Max!}$$

wird unter den Nebenbedingungen

$$\Sigma x_i = X = \text{const}$$

$$\Sigma y_i = Y = \text{const.}$$

Es läßt sich zeigen, daß die Funktion F auch diese Forderung erfüllt. Somit kann man feststellen, daß die Aggregation von Betrieben immer möglich ist; falls nicht gleichzeitig noch Waren oder Einsatzfaktoren aggregiert werden sollen. Bei proportionalen Preisänderungen sind alle drei Arten der Aggregation gleichzeitig durchführbar. Dies jedenfalls im Gleichgewicht.

4. Aggregation in dynamischen Situationen[76]

Bisher sind die verschiedenen Arten der Aggregation nur für den Fall des Gleichgewichts untersucht worden. Dieser Fall dürfte aber in der Wirklichkeit nur ausnahmsweise gegeben sein. Deshalb sind allgemeinere Situationen in bezug auf die Möglichkeit der Aggregation zu untersuchen, sie sind eigentlich erst praktisch bedeutsam.

Da wir jetzt die Aggregation für eine beliebige Situation untersuchen wollen, müssen wir von vornherein die zusätzlichen Voraussetzungen bei Gleichgewicht einführen. Denn das Gleichgewicht ist ein Spezialfall der Situationen, die die dynamische Theorie untersucht. Wenn die Aggregation aber im Spezialfall schon nicht ohne weiteres ausführbar ist, dann erst recht nicht im allgemeinen Fall.

Somit ist die Aggregation von Einsatzfaktoren allenfalls bei den zusätzlichen Voraussetzungen bezüglich der Preise möglich. Tatsächlich müssen noch andere Einschränkungen gemacht werden. Es soll hier nur angedeutet werden, welcher Art diese Einschränkungen sind.

Ein Betrieb möge eine Produktionsfunktion $f(x_1, x_2)$ besitzen. Für die Preise der Einsatzfaktoren gelte $w_1 = a_1 w$, $w_2 = a_2 w$. Ferner bezeichnen wir mit

$$\frac{dx_1}{dt} = g_1, \quad \frac{dx_2}{dt} = g_2$$

die „Bewegungsgleichungen" der Mengen der Einsatzfaktoren, die deren tatsächlichen Verlauf angeben. Gerade diese Funktionen g_i müssen nun sehr einschränkende Bedingungen erfüllen. Diese Bedingungen sollen hier nicht abgeleitet werden.

Die Aggregation von Betrieben ist ebenfalls nicht für beliebige Funktionen g_i mögich. Auch hier müssen Einschränkungen gemacht werden.

5. Aggregation bei speziellen Produktionsfunktionen[77]

Im folgenden wird nur der Fall des Gleichgewichts behandelt. Wir nehmen an, daß es n Betriebe gibt, die jeweils eine einzige Ware produzieren. Jeder Betrieb setzt (dieselben) r Arten von Arbeitskräften und s Arten von Grundmitteln ein. Die Produktionsfunktion des i-ten Betriebes sei

$$x_i = C_i f_i (y_{i1}, \ldots, y_{ir}) \, g_i (z_{i1}, \ldots, z_{is})$$
$$(i = 1, 2, \ldots, n).$$

Es bezeichnen x_i die produzierte Warenmenge des Betriebes i, $y_{i1}, \ldots, y_{ir}$ die Arbeitskräfte, $z_{i1}, \ldots, z_{is}$ die Grundmittel, die C_i sind Konstanten, f_i und g_i sind (bis auf Differenzierbarkeit) beliebige Funktionen.

[76] Ebenda.

[77] *L. R. Klein*, Macroeconomics and the Theory of Rational Behavior, „Econometrica", Vol. 14, 1964, S. 93.

Da die Produktionsfunktionen als Produkt zweier Funktionen dargestellt sind, besitzen sie nicht die allgemeinste Form. Dies ist der erste Unterschied gegenüber den Voraussetzungen der vorigen Abschnitte, was jedoch keine starke Einschränkung bedeutet.

Wir wollen nun gleichzeitig die Einsatzgrößen, die produzierten Waren und die Betriebe aggregieren. Zu diesem Zwecke definieren wir folgende Aggregate:

$$X = \left[\prod_{i=1}^{n} x_i\right]^{\frac{1}{n}}$$

$$Y^a = \left[\prod_{i=1}^{n} f_i(y_{i1}, \ldots, y_{ir})\right]^{\frac{1}{n}}$$

$$Z^b = \left[\prod_{i=1}^{n} g_i(Z_{i1}, \ldots, Z_{is})\right]^{\frac{1}{n}}.$$

Die Aggregate X (Produktion), Y (Arbeitskraft) und Z (Grundmittel) sind geometrische Mittel, in die zum Teil noch die Funktionen f_i, g_i eingehen. Ob solche Aggregate ökonomisch sinnvoll sind, muß in jedem einzelnen Falle entschieden werden. Wenn die Funktionen f_i, g_i die Gestalt

$$f_i = \prod_{=1}^{r} y_{ij}, \qquad g_i = \prod_{k=1}^{s} z_{ik}$$

haben, so dürften die oben definierten Aggregate wohl zweckmäßig sein.

Mit diesen Aggregaten ergibt sich als aggregierte Produktionsfunktion

$$X = D\, Y^a Z^b$$

mit

$$D = \prod_{i=1}^{n} C_i,$$

a und b sind Konstanten, auf die später noch einzugehen ist.

Jetzt müssen noch die Aggregate der Preise und Löhne definiert werden. Es mögen p_i bzw. q_l die Preise der Ware i bzw. der Grundmittel der Art l bedeuten, w_h die Löhne, die den Arbeitskräften der Art h gezahlt werden. Die entsprechenden Aggregate seien

$$P = \frac{1}{n\,X} \sum_{i=1}^{n} p_i x_i,$$

$$Q = \frac{1}{n\,Z} \sum_{i=1}^{n} \sum_{l=1}^{s} q_l z_{il},$$

$$W = \frac{1}{n\,Y} \sum_{i=1}^{n} \sum_{h=1}^{r} w_h y_{ih}.$$

Dies sind im Gegensatz zu den Aggregaten X, Y, Z gewogene arithmetische Mittel. Dabei ist es durchaus sinnvoll, daß im Nenner auf der rechten Seite die Anzahl der Betriebe n auftritt, denn X, Y, Z sind Durchschnittswerte. Es gilt allerdings nicht unbedingt

$$\sum \frac{x_i}{n\,X} = 1 \text{ usw.,}$$

denn geometrisches und arithmetisches Mittel sind i. A. nicht identisch.

Wir wollen jetzt bestätigen, daß auch für das Makromodell die Gleichgewichtsbedingungen

$$\frac{\partial X}{\partial Y} = \frac{W}{P}, \quad \frac{\partial X}{\partial Z} = \frac{Q}{P}$$

gelten.

Für die aggregierte Produktionsfunktion

$$X = D\, Y^a Z^b$$

gilt

$$\frac{\partial X}{\partial Y} = a \frac{X}{Y}, \quad \frac{\partial X}{\partial Z} = b \frac{X}{Z}. \tag{+}$$

Bildet man nun

$$\frac{W}{P} = \frac{X}{Y} \frac{\Sigma \Sigma w_h y_{th}}{\Sigma p_t x_t},$$

$$\frac{Q}{P} = \frac{X}{Z} \frac{\Sigma \Sigma q_e z_{tl}}{\Sigma p_t x_t},$$

löst nach $\frac{X}{Y}$ bzw. $\frac{X}{Z}$ auf und setzt die Ausdrücke in (+) ein, so ergibt sich

$$\frac{\partial X}{\partial Y} = \frac{W}{P} \left[a \frac{\Sigma p_t x_t}{\Sigma \Sigma w_h y_{th}} \right]$$

$$\frac{\partial X}{\partial Z} = \frac{Q}{P} \left[b \frac{\Sigma p_t x_t}{\Sigma \Sigma q_t z_{tl}} \right].$$

Wenn die Gleichgewichtsbedingungen gelten, so sind also die in den eckigen Klammern stehenden Ausdrücke beide gleich eins. Dies kann nur sein, wenn die Ausdrücke

$$\frac{\Sigma \Sigma w_h y_{th}}{\Sigma p_t x_t},$$

$$\frac{\Sigma \Sigma q_t z_{tl}}{\Sigma p_t x_t}$$

jeweils konstant sind in ihrem zeitlichen Verlauf. Dann würde man sie mit a bzw. b identifizieren, denn die Konstanten a, b waren bisher noch unbestimmt. Der erste Ausdruck ($= a$) z. B. stellt den Anteil der insgesamt gezahlten Löhne am Gesamtumsatz dar. Dieser Anteil müßte also konstant sein, wenn im Makrosystem die Gleichgewichtsbedingungen bestehen sollen, ebenso natürlich der zweite Quotient ($= b$). Unter dieser Voraussetzung ist die Aggregation möglich, die eine Makro-Produktionsfunktion vom verallgemeinerten Cobb-Douglas-Typ ergibt.

Die Aggregation ist jedoch auch dann noch möglich, wenn man a, b nicht als Konstante betrachtet. Das wird hier nicht behandelt.[78]

Somit kann man feststellen, daß die speziellen Voraussetzungen, die Klein verwendet, anderer Art sind als die bei Bentzel. Während Bentzel Einschränkungen

[78] Ebenda.

für die Preise einführt, betrachtet Klein speziellere Produktionsfunktionen und Aggregate. Die letzteren werden so eingerichtet, daß die Aggregation möglich ist. Ob das immer zweckmäßig ist, bleibt offen. Für den speziellen Typ von Produktionsfunktionen nach Cobb-Douglas ist diese Aggregation aber sinnvoll.

VI. Zur Konsistenz zwischen mikro- und makroökonomischen Beziehungen

Wir wenden uns abschließend einigen spezielleren Fragen der Aggregation zu, die sich mit der Deutung makroökonomischer Relationen zwischen Makrovariablen befassen, sofern sie aus zugrundeliegenden Mikrorelationen gewonnen wurden oder mit diesen verglichen werden können.

Insbesondere interessieren wir uns für die Frage, ob es gute oder gar „optimale" Aggregate gibt und inwieweit zwischen mikro- und makroökonomischen Beziehungen logische Widersprüche und Verzerrungen durch Aggregationsprozesse entstehen können.

Wir beziehen uns hierbei auf die Pionierarbeit von H. Theil „Linear Aggregation of Economic Relations"[79], in der diese Problematik zum ersten Mal in geschlossener Form abgehandelt und zu Teillösungen geführt wurde.

Man kann direkt und ohne Kenntnis der mikroökonomischen Zusammenhänge makroökonomische mathematische Modelle konstruieren und berechnen, indem man die von der Statistik ermittelten Makrovariablen (wie Nationaleinkommen, Investitionen, Bevölkerungszahl, Import und Bevölkerungsverbrauch) statistisch aufeinander bezieht.

Eine derartige vergröberte Betrachtungsweise reicht für tiefergehende Analysen jedoch nicht aus, weiß doch der Volkswirtschaftler, daß die Relationen zwischen den Aggregaten das Resultat vieler Entscheidungen durch die Betriebe und Verbraucher sind, die einzeln oder in Gruppen (Klassen) vereint, in ihren Interessen oft einander entgegenwirken. Man beabsichtigt deshalb, hinter die Makrorelationen sehen zu können, um etwa zu ermitteln, wie individuelle Entscheidungen zu volkswirtschaftlich stabilen Relationen führen können.[80]

Bei einer derartigen Betrachtungsweise ändert sich die Sachlage völlig. Wie wir zeigten, wird die ökonomische Theorie der meisten Modelle in den Begriffen der Mikroökonomie formuliert. Diese stützt sich auf mögliche oder vollzogene rationale Entscheidungen der Betriebe und individuellen Verbraucher. Die Makrorelationen sind aber in der Regel hiervon abgeleitete Konstruktionen. Es müssen dann explizite Transformationen angegeben werden, um in Form von Aggregaten von den den ökonomischen Annahmen zugrunde liegenden Mikrorelationen zu den Makrorela-

[79] Vgl. *H. Theil,* Linear Aggregation of Economic Relations, Amsterdam, North Holland, 1954.

[80] Vgl. Abschnitt III dieses Beitrages über die Spieltheorie.

tionen übergehen zu können. Diese Transformationen können ganz grober Art sein.[81] Ist beispielsweise die individuelle Nachfrage nach Tee eine Funktion des Verbrauchseinkommens, des Teepreises und der Preise vieler anderer damit verwandter Waren (Substitutions-, Komplementärgüter), dann kann analog formuliert werden, daß die Marktnachfrage nach Tee von derselben Funktionsform vom Nationaleinkommen, dem Teepreis und einem generellen Preisindex abhängt. Oft reicht jedoch eine solche grob vereinfachte Betrachtungsweise nicht aus. Es sind zuvor gewisse Untergruppen des Einkommens, der Warenpreise, von Teesorten usw. zu bilden. Das mathematische Modell ist dann auf die ökonomische Theorie in Form vieler Mikrorelationen zwischen Mikrovariablen zu gründen, wird aber letztlich in Begriffen einer einzigen ökonomisch-statistischen Konstruktion der Makrorelationen zwischen aggregierten (Makro-)Variablen ausgewiesen. Diesen komplizierten Zusammenhang wollen wir hier aber außer acht lassen.

Es entstehen in diesem Zusammenhang bereits eine Fülle von Fragen.[82]

Welche spezielle Form von Aggregaten wird benötigt? Im Beispiel der Marktnachfrage nach Tee kann die Aggregation über eine Gruppe von Verbrauchern, über eine Menge von Teesorten, über den Zeitverlauf sowie über alle Größen zugleich erstreckt werden.

Sind die aggregierten Variablen bestimmt worden, ist zu entscheiden, wie sie miteinander zu verbinden sind.

Dies kann von der Struktur her bestimmt sein, in der die zugrunde liegende ökonomische Theorie formuliert wird. Falls beispielsweise in den individuellen Nachfragefunktionen die Preiselastizität für Tee konstant angesetzt wird, dann kann man zweckmäßigerweise in der Marktnachfragefunktion ebenfalls mit konstanten Preiselastizitäten arbeiten.

Von Wichtigkeit ist ferner, wie der Zusammenhang der (statistisch ermittelten) Koeffizienten einer Makrorelation zu den korrespondierenden Koeffizienten in den zugrunde liegenden Mikrorelationen beschaffen ist. So kann die Markt-Preiselastizität der Nachfrage nach Tee beispielsweise als ein Durchschnitt aus sämtlichen individuellen Preiselastizitäten aufgefaßt werden. Falls eine derartige Interpretation der Sachlage entspricht, bleibt zu ermitteln, welche spezifische Form des Durchschnitts dann dieser aggregierte Koeffizient der Markt-Preiselastizität tatsächlich hat.

1. Die Verzerrung makroökonomischer Strukturparameter durch nicht-korrespondierende mikroökonomische Strukturparameter

Insbesondere aber ist zu klären, ob in die so ermittelten makroökonomischen Strukturparameter „Fremdinformationen" gelangen können. Dies ist — wie wir zeigen werden — dann der Fall, wenn beispielsweise der Koeffizient für die Markt-

[81] Vgl. hierzu *R. G. D. Allen*, Mathematical Economics, Kapitel 20, a. a. O., dort findet man eine allgemein verständliche Übersicht über dieses Aggregationsproblem.

[82] Wobei angenommen wird, daß die zuvor erörterten fundamentalen Probleme bereits hinreichend geklärt sind.

Preiselastizität auch von den individuellen Elastizitätskoeffizienten des Einkommens usw. beeinflußt wird.

Wir wollen uns im folgenden insbesondere diesem Zusammenhang zuwenden, weil er u. W. am wenigsten bekannt ist.

Dazu unterstellen wir stark vereinfachend. daß die ökonomischen Zusammenhänge linearer Natur sind oder doch wenigstens durch lineare Funktionen hinreichend genau abgebildet werden können. Das in den Mikrogleichungen ausgewiesene Verhalten von Individuen oder Waren soll im Zeitverlauf als konstant betrachtet werden. Desgleichen soll sich im Untersuchungszeitraum weder die Zahl der Individuen (Verbraucher, Betriebe) noch die das Verhalten charakterisierenden mikroökonomischen Strukturparameter verändern. Sodann soll unserer Zielstellung gemäß der Versuch unternommen werden, die makroökonomischen Strukturparameter in Ausdrücken der mikroökonomischen Strukturparameter auszuweisen. Auf diese Weise wollen wir die Auswirkungen analysieren, die durch den Gebrauch verschiedener Aggregationstypen entstehen.

Angenommen, es gebe I Individuen ($i = 1, 2, \ldots, I$) und eine „endogene“ oder „abhängige“ Variable y_i. Diese hängt linear ab von „exogenen“ oder „prädeterminierten“ Variablen $x_{1i}, x_{2i}, \ldots, x_{\lambda i}$.

So stelle beispielsweise y_i den Zuckerverbrauch der Familie i dar. Er wird bestimmt durch das Einkommen dieser Familie x_{1i}, den Zuckerpreis, den diese Familie zahlt, x_{2i} sowie von der Anzahl der Familienangehörigen x_{3i}.

Diese Abhängigkeit gilt nicht exakt, sondern nur stochastisch, so daß in die Verhaltensgleichung jeder Familie i eine zufällige Störung u_i einbezogen werden muß.

Der Untersuchungszeitraum erstreckt sich über die Perioden $t = 1, 2, \ldots, T$. Folglich gilt die Mikrogleichung

$$y_i(t) = \alpha_i + \sum_{\lambda=1}^{\Lambda} \beta_{\lambda i} x_{\lambda i}(t) + u_i(t)$$

$$(i = 1, 2, \ldots, I; \quad t = 1, 2, \ldots, T)$$
$$(\lambda = 1, 2, \ldots, \Lambda).$$

α_i und $\beta_{\lambda i}$ sind Mikroparameter. In unserem Zuckerbeispiel besagt ein $\beta_{11} = 0{,}02$, daß bei einer Zunahme des Familieneinkommens z. B. von 100 MDN der Zuckerverbrauch der Familie um 2 kg steigt. Dabei wird allerdings unterstellt, daß sich die übrigen exogenen Größen wie die Familiengröße, die Preise usw. nicht gleichzeitig ändern.[83]

[83] Auf die Voraussetzungen bezüglich der Eigenschaften der Zufallsvariablen $u_i(t)$ wollen wir hier nicht näher eingehen. Es sei hierzu nur folgendes mitgeteilt:

a) Es wird nicht vorausgesetzt, daß die Störungen $u_i(t)$ stochastisch voneinander unabhängig sind.

b) Jedoch dürfen die $u_i(t)$ nicht abhängig sein von den $x_{\lambda j}(t')$, welche Werte λ, i, j, t und t' immer annehmen.
Es gibt gewisse Fälle, wo diese Unabhängigkeit nicht erfüllt ist. Der Verbraucher i kaufe beispielsweise eine ausnahmsweise große Warenmenge im Januar beim Einzelhändler j.

Ergänzend sei bemerkt, daß einige der $x_{\lambda i}$ auch verzögerte exogene (also prädeterminierte) Variablen sein können. So könnte man beispielsweise eine Variable „Einkommen der voraufgegangenen Peridode“ $x_1\,(t-1)$ in die Zuckergleichung einführen.[84]

Der Einfachheit halber sollen alle Makrovariablen als ungewichtete Summen der entsprechenden Mikrovariablen behandelt werden.[85]

$$y\,(t) = \sum_{j=1}^{I} y_i\,(t),$$

$$x_\lambda\,(t) = \sum_{i=1}^{I} x_{\lambda i}\,(t) \qquad (\lambda = 1, 2, \ldots, \Lambda).$$

Die Bedeutung dieser Aggregate soll wieder am obigen Zuckerverbrauchs-Beispiel erläutert werden.

$y\,(t)$ ist der gesamte Zuckerverbrauch der I Familien im Zeitraum t; $x_1\,(t)$ ist das gesamte persönliche Einkommen dieser I Familien in diesem Zeitraum (das Bevölkerungseinkommen) und $x_2\,(t)$ ist I-mal der von den Familien im Durchschnitt gezahlte Zuckerpreis (je kg) und schließlich ist $x_3\,(t)$ die Gesamtzahl der Zuckerverbraucher (die Bevölkerungsgröße außer Personen in Gemeinschaftsverpflegung).

Die zwischen diesen Makrovariablen definierten (vermuteten) quantitativen Zusammenhänge sollen folgenden stochastischen linearen Relationen gehorchen:

$$y\,(t) = \alpha + \sum_{\lambda=1}^{\Lambda} \beta_\lambda x_\lambda\,(t) + u\,(t) \qquad (t = 1, 2, \ldots, T).$$

Die α und β_λ sind die Makroparameter und $u\,(t)$ die Zufallsvariable mit dem (angenommenen) Mittelwert 0. Für diese makroökonomische Zuckergleichung folgt daraus, daß der gesamte Zuckerverbrauch als linear abhängig vom gesamten persönlichen Einkommen (der Bevölkerung), von I-mal dem durchschnittlichen Zuckerpreis (also vom Durchschnittspreis des Zuckers) und von der Bevölkerungsgröße aufgefaßt wird.

Für die Planung des Zuckerverbrauchs der Bevölkerung wird man sich zunächst am „natürlichen Trend“ des Verbrauchs orientieren. Dazu ist es zweckmäßig, die quantitativen Gesetzmäßigkeiten des Verbrauchs über eine möglichst umfassende (vergleichbare) Periode der Vergangenheit in Gestalt der eben gezeigten makroöko-

Seine „Januarstörung“ u_i (Januar) ist also stark positiv. Das führt zu einer Aufwärtsbewegung des Einkommens x_j (Januar) des Einzelhändlers j. Das mag diesen veranlassen, eine größere Menge anderer Güter z. B. von jenem Betrieb zu beziehen, in dem der Käufer i beschäftigt ist, so daß dessen Aprileinkommen x_j (April) davon positiv beeinflußt wird usw. Diese Fälle werden von *H. Theil* im Kapitel V der genannten Arbeit behandelt.

[84] So werden im „Ungarischen experimentellen Makromodell M-I“ die landwirtschaftlichen und nicht-landwirtschaftlichen Investitionen als lag-Variable behandelt. Vgl. *L. Halabuk*, ebenda, S. 14ff.

[85] Die Ermittlung der Makrovariablen als gewogene Durchschnitte bringt keine zusätzlichen Schwierigkeiten mit sich.

nomischen Verhaltensgleichung statistisch zu testen. Ist man zu der Annahme berechtigt, daß sich in naher Zukunft die Verhältnisse nicht wesentlich ändern,[86] so lassen sich gewisse Vorhersagen für die künftige Nachfrage nach Zucker durch die Bevölkerung machen.

Auf Grund der statistischen Schätzungen ergebe sich für den makroökonomischen Strukturparameter des Bevölkerungseinkommens z. B. ein Wert 0,03. Ist für das kommende Planjahr dann ein Zuwachs des Bevölkerungseinkommens von 0,3 Mrd. MDN (Einh. = 10000 MDN) geplant, während die Bevölkerungszahl und die Zuckerpreise alles in allem konstant bleiben, so könnte mit einem Anstieg der Bevölkerungsnachfrage nach Zucker um tausend Tonnen gerechnet werden.

Soll die Nachfrage nach Zucker über die Zuckerpreise in eine gewünschte Richtung gelenkt (z. B. gedrosselt) werden, so zeigt der ermittelte makroökonomische Strukturparameter β_2 die ungefähre Sensibilität der Nachfrage auf Preisveränderungen an.

Nun ist aber beispielsweise das Bevölkerungseinkommen und dessen Zunahme eine ziemlich verdichtete ökonomische Kategorie. Es ist eine resultierende Größe aus vielen, u. U. entgegengesetzten Entwicklungsrichtungen der Einkommen der einzelnen Bevölkerungsgruppen (Beschäftigungsgruppen, Klassen usw.). Steigt das Bevölkerungseinkommen während eines Planjahres um 5 Prozent, so sind die einzelnen Familien daran in unterschiedlichem Maße beteiligt. Jede der Familien reagiert aber in ihrem Zuckerverbrauch auf Veränderungen des Einkommens unterschiedlich. Es muß also angenommen werden, daß in den mikroökonomischen Verhaltensgleichungen

$$\beta_{1i} \neq \beta_{1j} \quad (i, j = 1, 2, \ldots, I) \text{ gilt } (i \neq j).$$

Wir gelangen damit zu folgender wichtigen Frage: Wie sind die für Planungszwecke ermittelten makroökonomischen Strukturparameter β_λ zu deuten? Sind sie als eine Art gewogener Durchschnitt der entsprechenden mikroökonomischen Strukturparameter aufzufassen und insbesondere, werden sie *ausschließlich* von den mit ihnen korrespondierenden Mikroparametern beeinflußt?

Zur exakten Beantwortung dieser Frage sollen nunmehr diese makroökonomischen Strukturparameter in Abhängigkeit von den ihnen zugrunde liegenden mikroökonomischen Strukturparametern dargestellt werden. Wir setzen voraus, daß die Parameter der Mikrogleichungen

$$y_i(t) = \alpha_i + \sum_{\lambda=1}^{A} \beta_{\lambda i} x_{\lambda i}(t) + u_i(t)$$
$$(i = 1, 2, \ldots, I)$$
$$(t = 1, 2, \ldots, T)$$

[86] Die Situation würde sich z. B. dann sprunghaft verändern, wenn ein begehrtes Substitutionsgut für Zucker angeboten würde, das dieselben Geschmackseigenschaften bei niedrigem Kaloriengehalt aufwiese und weitaus billiger wäre. Die vorausgesetzte Konstanz sämtlicher Strukturparameter zumindest für den Untersuchungszeitraum soll auch für pen makroökonomischen Bereich gelten.

sowie die der Makrogleichung

$$y(t) = \alpha + \sum_{\lambda=1}^{\Lambda} \beta_\lambda x_\lambda(t) + u(t)$$

bereits bestimmt sind.

Um die Beziehungen zwischen den Mikro- und Makroparametern zu klären, führen wir $\Lambda\ I$ Hilfsgleichungen

$$x_{\lambda i}(t) = A_{\lambda i} + \sum_k B_{k,\lambda i}\, x_k(t) + V_{\lambda i}(t)$$

ein. Diese Gleichungen stellen die Mikrovariablen als lineare Funktionen der Makrovariablen dar, wobei $V_{\lambda i}(t)$ wieder zufällige Störungen bezeichnen. Den Hilfsgleichungen darf man keine ökonomische Bedeutung beimessen, sie sind rein formal. Wir führen sie lediglich deshalb ein, um zu zeigen, daß zwischen der Mikro- und Makro-Theorie nicht notwendig Übereinstimmung besteht und Widersprüche auftreten können.

Die Ausdrücke für die Mikrovariablen aus den Hilfsgleichungen werden nun in die Mikrogleichung eingesetzt. Dadurch entsteht

$$y_i(t) = \alpha_i + \sum_\lambda A_{\lambda i}\,\beta_{\lambda i} + \sum_\lambda \sum_k \beta_{\lambda i}\, B_{k,\lambda i}\, x_k(t) + \sum_\lambda \beta_{\lambda i}\, V_{\lambda i(t)} + u_i(t).$$

Wenn man diese I Gleichungen ($i = 1, 2, \ldots, I$) addiert, erhält man

$$\begin{aligned} \sum y_i(t) = y(t) = {} & \Big(\sum \alpha_i + \sum_i \sum_\lambda A_{\lambda i}\,\beta_{\lambda i}\Big) \\ & + \sum_k \Big(\sum_i \sum_\lambda \beta_{\lambda i}\, B_{k,\lambda i}\Big)\, x_k(t) \\ & + \Big(\sum_i \sum_\lambda \beta_{\lambda i}\, V_{\lambda i}(t) + \sum_i u_i(t)\Big). \end{aligned}$$

Diese Beziehung muß mit der Makrogleichung identisch sein. Die entsprechenden Parameter müssen also übereinstimmen:

$$\begin{aligned} \alpha &= \sum_i \alpha_i + \sum_i \sum_\lambda A_{\lambda i}\,\beta_{\lambda i}, \\ \beta_k &= \sum_i \sum_\lambda B_{k,\lambda i}\,\beta_{\lambda i}\ (k = 1, 2, \ldots, \Lambda). \end{aligned} \qquad (^*)$$

Aus den Hilfsgleichungen ergeben sich noch einige Relationen für die Parameter $A_{\lambda i}$, $B_{k,\lambda i}$, die später benötigt werden. Addiert man die Hilfsgleichungen, so ergibt sich

$$\sum_i x_{\lambda i}(t) = x_\lambda(t) = \sum A_{\lambda i} + \sum_h \Big(\sum_i B_{h,\lambda i}\Big)\, x_h(t) + \sum_i V_{\lambda i}(t).$$

Da die rechte und die linke Seite für beliebige Werte der $x_h(t)$ übereinstimmen müssen, folgt

$$\sum A_{\lambda i} = 0, \qquad \lambda = 1, 2, \ldots, \Lambda,$$

$$\sum_i B_{h,\lambda i} = \begin{cases} 1 \text{ für } h = \lambda \\ 0 \text{ für } h \neq \lambda. \end{cases}$$ [87]

[87] Diese Beziehungen müssen bei der statistischen Bestimmung der Parameter bereits berücksichtigt werden.

Die Beziehungen (*) werden nun umgeformt. Zunächst definieren wir die Mittelwerte

$$\bar{\beta}_\lambda = \frac{1}{I} \sum_i \beta_{\lambda i}$$

und schreiben

$$I\, C_{0\lambda} = \sum A_{\lambda i} (\beta_{\lambda i} - \bar{\beta}_\lambda) = \sum_i A_{\lambda i} \beta_{\lambda i} - \bar{\beta}_\lambda \sum_i A_{\lambda i} = \sum A_{\lambda i} \beta_{\lambda i}.$$

Damit ergibt sich für α:

$$\alpha = \sum \alpha_i + I \sum_\lambda C_{0\lambda}.$$

Die Ausdrücke

$$C_{0\lambda} = \frac{1}{I} \sum A_{\lambda i} (\beta_{\lambda i} - \bar{\beta}_\lambda) \qquad (\lambda = 1, 2, \ldots, \Lambda)$$

stellen jeweils die Kovarianz zwischen den Reihen

$$A_{\lambda 1}, \ldots, A_{\lambda I} \quad \text{bzw.}$$
$$\beta_{\lambda 1}, \ldots, \beta_{\lambda I} \quad \text{dar,}$$

wie sie in der Statistik definiert wird. Ist die Kovarianz gleich Null, so sind die beiden Reihen jeweils unkorreliert.

Mit Hilfe der Kovarianzen $C_{0\lambda}$ kann man die Formel für den Makroparameter α folgendermaßen interpretieren. Im allgemeinen Falle, wenn also die $C_{0\lambda}$ nicht verschwinden, hängt der Makroparameter α nicht nur von den zugehörigen Mikroparametern α_i ab. Die Mikroparameter $\beta_{\lambda i}$ üben dann ebenfalls einen gewissen Einfluß aus, der in der Summe der Kovarianzen

$$\sum C_{0\lambda}$$

zum Ausdruck kommt.

Mit Hilfe der Kovarianzen

$$C_{h\lambda} = \frac{1}{I} \sum_i \left(B_{h,\lambda i} - \frac{1}{I} \sum_j B_{h,\lambda j}\right) \beta_{\lambda i}$$

kann man den Makroparameter β_h folgendermaßen darstellen:

$$\beta_h = \bar{\beta}_h + I \sum_\lambda C_{h\lambda} \qquad (h = 1, 2, \ldots, \Lambda).$$

Dies kann man durch Einsetzen und Ausführen der Summationen unter Beachtung der Nebenbedingungen für die $B_{h,\lambda i}$ bestätigen, was hier nicht geschehen soll.

Die letzte Formel zeigt wieder, daß β_h auch von den nichtzugehörigen $\beta_{\lambda i}$ mit $\lambda \neq h$ beeinflußt wird. Dieser Einfluß kommt über die Kovarianzen $C_{h\lambda}$ zur Wirkung.

Noch ein anderer Mangel muß erwähnt werden. Angenommen, es seien nach Ablauf der Periode $t = T$ die Mikro-Gleichungen unverändert erhalten geblieben. Es sollen sich jedoch die Hilfsgleichungen verändert haben, was dadurch zustandekommen kann, daß sich die Anteile der Mikrogrößen an den Makrogrößen verschoben haben. Dann ändern sich auch die $A_{\lambda i}$, $B_{h,\lambda i}$ und damit die Makro-Parameter. Nur in Sonderfällen, wenn z. B. alle Kovarianzen verschwinden, wirkt sich dies nicht aus.

Fassen wir die ökonomischen Auswirkungen dieser mathematischen Untersuchung zusammen:

a) sowohl der additive makroökonomische Strukturparameter als auch makroökonomische Verhaltensparameter β_λ hängen von den exogenen Mikrovariablen $x_{\lambda i}$ (t) ab.

Hieraus folgt z. B.: selbst wenn die Verbrauchsgewohnheiten der individuellen Käufer von Zucker, die durch die mikroökonomischen Strukturparameter α_i, $\beta_{\lambda i}$ charakterisiert sind, auch über den Untersuchungszeitraum ($t = 1, 2, \ldots, T$) hinweg unverändert bleiben, können sich die makroökonomischen Strukturparameter α, β_λ verändern. Das ist dann der Fall, wenn sich die Relationen der exogenen Mikrovariablen $x_{\lambda i}$ (t') $(t' > T)$ an den entsprechenden Makrovariablen x_λ (t') stark verschieben.

Das kann z. B. dann der Fall sein, wenn mit Eintritt geburtenstarker Jahrgänge in das Berufsleben das spezifische Gewicht der niedrigen Einkommensgruppen am gesamten Bevölkerungseinkommen x_1 (t') zunimmt.

b) der Makroparameter α hängt nicht nur — wie man bisher vermutete — von den „korrespondierenden" Mikroparametern α_i ab, sondern auch von den nicht mit α korrespondierenden Mikroparametern $\beta_{\lambda i}$.

Auf unser Zuckerbeispiel angewandt: die makroökonomische Konstante α drückt jenen Teil des gesamten Zuckerverbrauchs aus, der auf jeden Fall entsteht, wie stark sich auch das Bevölkerungseinkommen, die Preise und die Bevölkerungszahl verändert haben mag. Im allgemeinen errechnet sich der Betrag α aber nicht ausschließlich als Summe der Zuckermengen, die von den einzelnen Familien ohne Rücksicht auf ihr Einkommen, die zu zahlenden Preise usw. verbraucht werden. Vielmehr wird α auch von der Reaktion der einzelnen Familien in bezug auf die Veränderungen ihres Einkommens, der Preise und der Anzahl der Familienmitglieder beeinflußt.

c) die Makroparameter β_λ hängen zwar nicht von den konstanten Verbrauchsbeträgen α_i der einzelnen Familien ab, wohl aber von den nichtkorrespondierenden mikroökonomischen Strukturparametern $\beta_{\lambda' i}$ $(\lambda' \neq \lambda)$. Die Auswirkungen des gesamten Zuckerverbrauchs auf Veränderungen des Bevölkerungsverbrauchs x_1 (t) wird also auch davon beeinflußt, wie die einzelnen Familien auf Veränderungen in den Preisen und ihrer Personenzahl reagieren. Vom Standpunkt des „gesunden Menschenverstandes" hätte man aber erwartet, daß sich β_1 als eine Art Durchschnitt ausschließlich aus den zugrunde liegenden mikroökonomischen Einkommensparametern bildet.

2. Zwei Beispiele

Die Konsequenzen dieses Sachverhalts für die Wirtschaftsplanung sollen zunächst an einem sehr einfachen Beispiel gezeigt werden.

Wie wir bereits zeigten, kann die Auswirkung z. B. von Veränderungen des Bevölkerungseinkommens Δx_1 (t) auf den Zuwachs des gesamten Zuckerverbrauchs Δy (t) auf zwei Wegen gemessen werden.

1. unmittelbar über die Konstruktion der makroökonomischen Verhaltensgleichung zwischen den Aggregaten. Hier wird also zunächst das Einkommen aller Familien,

die gezahlten Preise, die Zahl der Personen sämtlicher Familien sowie der Zuckerverbrauch aller Familien aggregiert (in unserem vereinfachten Beispiel addiert) und dann als unabhängige oder abhängige Variablen in die makroökonomische Verhaltensgleichung eingesetzt. Da diese Aggregate sowieso gebildet werden müssen und auch für andere Zwecke benötigt werden, ist dies der rechnerisch einfachste Weg. Man hat aus nur einer Verhaltensgleichung die (makro)ökonomischen Strukturparameter α, β_λ statistisch zu ermitteln.

Liefert dieses Verfahren aber die genauesten und zuverlässigsten Werte für diese Parameter?

Diese Frage können wir unter Ausnutzung der eben gezeigten Resultate beantworten, wenn wir zusätzlich die benötigten makroökonomischen Parameter auf indirektem Wege ermitteln. Hierzu müssen wir für jede einzelne Familie (oder wenigstens von Gruppen hiervon) die hierzu analogen mikroökonomischen Verhaltensgleichungen ermitteln, um hieraus die benötigten Mikroparameter α_i, $\beta_{\lambda i}$ errechnen zu können.

Unterstellen wir beispielsweise, daß für irgendein λ (z. B. $\lambda = 1$) alle Mikrovariablen $x_{\lambda i}$ um eine Einheit anwachsen. (Das Einkommen sämtlicher I Familien wachse zum Beispiel um 20 MDN)[88]. Dann nimmt das Bevölkerungseinkommen x_1 um I Einheiten zu.

Falls wir annehmen können, daß alle anderen exogenen Variablen und die Störungen konstant bleiben, dann entnehmen wir der auf dem direkten Wege ermittelten Makrogleichung, daß der gesamte Zuckerverbrauch um $\beta_1\ I$ Einheiten ansteigen muß, also um $\beta_1 I = (\bar{\beta}_1 + I \sum_{\lambda'} C_{1\lambda'})\ I$ Einheiten. Andererseits entnehmen wir den I Mikrogleichungen, daß der Zuckerverbrauch der Familie i um $\Delta y_i = \beta_{1i} \cdot 1$ Einheiten wächst. Nach Addition sämtlicher Zuwächse des Zuckerverbrauchs $\sum_i \Delta y_i = \sum_i \beta_{1i} = \bar{\beta}_1 \cdot I$ folgt, daß der auf indirektem Wege ermittelte Verbrauchszuwachs von dem auf makroökonomischer Ebene berechneten Wert um den Betrag $I^2 \sum_\lambda C_{1\lambda}$ divergiert.

Hieran ersieht man schon, daß zwischen den Schlußfolgerungen aus der makro- und mikroökonomischen Theorie Widersprüche entstehen können. Neben die Fehler bei statistischen Ermittlungen der Daten treten Verzerrungen, Informationsverluste durch Aggregation.

Diese Aggregationsverzerrungen können unter Umständen den Erkenntniswert makroökonomischer Analysen erheblich trüben. Wir wollen deshalb als ein abschließendes Beispiel die von H. Theil ermittelten Aggregationsverzerrungen bei makroökonomischen Analysen des Bevölkerungsverbrauchs unter den Bedingungen inflationärer Geldentwertung wiedergeben. Dieses Beispiel ist auch deshalb instruktiv, weil es zeigt, daß derartige Aggregationsverzerrungen zu Fehlschlüssen in der Be-

[88] Vgl. z. B. *A. Keck*, Die bessere Verteilung des Volkseinkommens im Zusammenhang mit der Abschaffung der Lebensmittelkarten in der DDR. In: „Geld und Kredit", H. 3/4, 1958.

urteilung der Folgen inflationärer Prozesse für die einzelnen Klassen führen können.[89]

Wir betrachten zu diesem Zwecke die Menge aller Verbrauchshaushalte in einer bestimmten Volkswirtschaft[90] und unterteilen sie in die Haushalte der Unternehmer und die der Lohn- und Gehaltsempfänger. Für jeden Haushalt unterstellen wir, daß der Umfang des Verbrauchs y_i eine lineare Funktion seines Realeinkommens x_{1i} und seines Nominal-(Geld-) Einkommens x_{2i} sei; hinzu treten gewisse zufällige Störungen

$$y_i(t) = \alpha_i + \beta_{1i} x_{1i}(t) + \beta_{2i} x_{2,i}(t) + u_i(t).$$

Die Berücksichtigung des Nominaleinkommens schließt ein, daß die Familie i in ihren Verbrauchsausgaben einer gewissen „Geldillusion" unterliegt, die sie dazu verleiten kann, „über ihre Verhältnisse zu leben".

Wir wollen annehmen, daß während des Untersuchungszeitraumes von $t = 1$ bis $t = T$ die Verbraucherpreise steigen. Dagegen bleibt das gesamte Realeinkommen x_1, von gewissen Oszillationen abgesehen, konstant. Es weist also keinen Trend auf. Diese Situation ist für Inflationsperioden charakteristisch. Die Erreichung der Vollbeschäftigung hindert das Realeinkommen daran, noch weiter zu steigen. (Vgl. hierzu O. Lange, Optimale Entscheidungen, ebenda, Kap. VI.)

Handelt es sich um eine „galoppierende" Inflation, so kann das generelle Preisniveau zum Zeitpunkt t angenähert durch folgende Funktion beschrieben werden:

$$p(t) = p_0 e^{ct^2} \qquad (c > 0).$$

Daraus folgt, daß die Preise um einen beständig steigenden Prozentsatz je Zeiteinheit ansteigen. Wir nehmen ferner an, daß die Lohnentwicklung um k Zeiteinheiten hinter dem Preisanstieg nachhinkt. Wenn also i ein Lohnempfänger ist, so verhält sich sein Nominaleinkommen zum Zeitpunkt t, $x_{2i}(t)$, proportional zum Preisniveau des Zeitpunktes $t - k$, also zu $p(t-k)$.

Folglich ist sein Realeinkommen $x_{1i}(t)$ proportional zu

$$\frac{p(t-k)}{p(t)} = \exp\left[c(t-k)^2 - c\,t^2\right] = \exp\left(-2\,k\,t + k^2\right).$$

Das Realeinkommen des Lohnempfängers i weist also einen abwärts gerichteten Trend auf.

Da andererseits das gesamte Realeinkommen keinen Trend besitzt, sondern nur um einen bestimmten Wert schwankt, muß das Realeinkommen der Unternehmerfamilien einen aufwärts geneigten Trend aufweisen. In diesem Fall können wir einige Feststellungen über den Koeffizienten $B_{2,1i}$ der oben erläuterten Hilfsgleichungen treffen:

$$x_{1i}(t) = A_{1i} + B_{1,1i} x_1(t) + B_{2,1i} x_2(t) + V_{1i}(t).$$

Das Realeinkommen der Familie i, $x_{1i}(t)$, hat — wie wir wissen — entweder einen

89 Vgl. *H. Theil*, Linear Aggregation of Economic Relations, a. a. O., Abschnitt 2. 4. 3.

90 Zum Beispiel der deutschen Volkswirtschaft in den Jahren 1923 bis 1924.

abwärts (wenn i ein Lohnempfänger ist) oder einen aufwärts gerichteten (wenn i ein Unternehmer ist) Trend. Hingegen besitzt das gesamte Realeinkommen, $x_1(t)$, keinen Trend, wohl aber das gesamte Nominaleinkommen $x_2(t)$.

Hieraus folgt, daß der Parameter $B_{2,1i}$ entweder größer oder kleiner als Null sein muß, und zwar

$$B_{2,1i} > 0, \quad \text{wenn } i \text{ ein Unternehmerhaushalt ist,}$$
$$B_{2,1i} < 0, \quad \text{wenn } i \text{ ein Lohnempfängerhaushalt ist.}$$

Wir betrachten nunmehr den Ausdruck $\sum_i B_{2,1i}\beta_{1i}$ näher. Er ist Teil des Makroparameters β_2; denn

$$\beta_2 = \sum_{\lambda'=1}^{\Lambda} \sum_{i=1}^{I} B_{2,\lambda' i} \cdot \beta_{\lambda' i} \qquad (\lambda' = 1, 2, \ldots, \Lambda).$$

Falls die I Mikroparameter β_{1i} genau übereinstimmten, so wird dieser Ausdruck verschwinden; denn wegen

$$\sum_i B_{2,1i} = 0 \quad \text{folgt} \quad \beta_{1i} \sum_i B_{2,1i} = 0.$$

Aber eine solche Annahme wäre nicht realistisch. Vielmehr zeigt die Erfahrung, daß die Unternehmer bei hohem Einkommen als Folge der Vollbeschäftigung die Investitionen forcieren. Der mikroökonomische Verhaltensparameter β_{1i} zeigt, um wieviel Mark der Konsum steigt, wenn das Realeinkommen eines Haushaltes um eine Mark steigt. Dieser Parameter wird unter den genannten Umständen für die Unternehmerhaushalte einen niedrigeren Wert aufweisen als für die Arbeiterfamilien. Zwischen den I Werten für die Gewichte $B_{2,1i}$ und β_{1i} wird eine negative Korrelation bestehen, da für die Unternehmerhaushalte die Gewichte $B_{2,1i}$ größere (positive), die Mikroparameter β_{2i} aber kleinere Werte annehmen als die der Arbeiterhaushalte. Damit wird $C_{21} < 0$. Folglich entspricht der Makroparameter β_2 nicht einem gewogenen Durchschnitt der mit ihm korrespondierenden Mikroparameter β_{2i}:

$$\beta_2^+ = \sum_i B_{2,2i}\,\beta_{2i}, \quad \text{sondern ist wegen}$$
$$\beta_2 = \bar{\beta}_2 + I\,(C_{21} + C_{22}) \quad \text{und} \quad C_{21} < 0$$

kleiner als dieser Durchschnitt β_2^+.

Versucht man also, die Auswirkungen dieser „Geldillusion" als Folge der Inflation auf das Verbrauchsverhalten der Bevölkerung abzuschätzen und berechnet man zu diesem Zwecke auf direktem Wege makroökonomische Verhaltensgleichungen, so wird in den Wert für β_2 der „tatsächliche" Grad der Geldillusion der Familien unterschätzt. Denn vom ökonomischen Standpunkt aus wird dieser Einfluß doch wohl sinnvoller vom Wert des Parameters β_2^+ ausgedrückt. Dieser resultiert nur aus den gewichteten mikroökonomischen Verhaltensparametern des Verbrauches in bezug auf das Nominaleinkommen ohne Berücksichtigung „sachfremder" Einflüsse, wie sie z. B. durch die Parameter β_{1i} charakterisiert werden.

An diesen wenigen stark vereinfachten Beispielen sollten die Auswirkungen solcher Aggregationsverzerrungen auf den ökonomischen Aussagegehalt makroökonomischer

Analysen verdeutlicht werden. Leider werden die Zusammenhänge zwischen mikro- und makroökonomischen Relationen noch weitaus verwickelter, wenn über Individuen (Verbraucher, Betriebe), Waren und Zeiträume gleichzeitig zu aggregieren ist. Dies gilt um so mehr, wenn aus Mikrorelationen nicht eine einzige Makrorelation abgeleitet werden soll, sondern Makrosysteme. Des weiteren erhöhen sich die Komplikationen, wenn die Annahme linearer Beziehungen und einfacher Aggregate sowie konstanter Strukturparameter in Analysen dynamischer Prozesse zugunsten realerer Konstruktionen aufgegeben werden.

Die Untersuchungsergebnisse der mathematisch-statistischen Aggregationstheorie[91] bestätigen dem Volkswirtschaftler also ebenfalls, daß man durch volkswirtschaftliche Analysen kein unverzerrtes Abbild der dem wirtschaftlichen Verhalten der einzelnen Individuen und Bereichen zugrunde liegenden Gesetzmäßigkeiten gewinnen kann. Diese Aggregationsverzerrungen treten — dies sei nochmals hervorgehoben — unabhängig davon auf, ob bei der statistischen Erfassung, Aufbereitung und Verdichtung von Primärdaten zu Aggregaten zufällige und systematische Fehler entstehen.

3. Diskussion der Folgen von Aggregationsverzerrungen

Derartige Aggregationsverzerrungen sind insbesondere nicht subjektiver, sondern objektiver Natur. Sie entspringen letztlich dem eingangs beschriebenen Tatbestand, daß die Reproduktionsgesetze der Volkswirtschaft mehr sind als die „Summe" der quantitativen Zusammenhänge zwischen einzelnen Waren, Betrieben, Zweigen zu einem bestimmten Zeitpunkt. Vielmehr bestehen zwischen Mikroökonomie und Makroökonomie auch erhebliche qualitative Unterschiede, die sich in den Berechnungsergebnissen quantitativer Analysen niederschlagen.

Es ist ein Verdienst der Aggregationstheorie, die zum Teil vorhandenen „naiven" Vorstellungen der Wirtschaftsstatistik über die vollständige Analogie zwischen der Volkswirtschaft als einem Mammutbetrieb mit vielen Werksabteilungen und den Betrieben, „des Verbrauchers" als Gesamtheit aller Verbraucher, „der Ware" als der Summe sämtlicher Waren usw. den Boden entzogen zu haben. Desgleichen liefern derartige Untersuchungen der Volkswirtschaftstheorie, insbesondere der Theorie der sozialistischen Planung, exakte Angaben, um die Erkenntnisse über die qualitativen und quantitativen Gesetzmäßigkeiten im Prozeß der erweiterten Reproduktion der Volkswirtschaft und ihrer Teile zu vertiefen.

Vor allem ist die Kenntnis möglicher Aggregationsverzerrungen und logischer Widersprüche sowie ihrer Ursachen die Voraussetzung, um ihre Auswirkungen auf ein vertretbares Maß zu reduzieren. Dies gilt insbesondere für die bei starken Aggre-

[91] Die — wie wir bereits betonten — voraussetzt, daß die fundamentalen ökonomischen Probleme hinreichend gelöst sind. So wird beispielsweise unterstellt, daß die Verbrauchsverhaltensgleichungen der I Familien für jedes einzelne Jahr (oder doch im Durchschnitt des Untersuchungszeitraumes) ein optimales Budget ausdrücken usw. Jede Familie oder jeder Betrieb muß dann aber wissen, welche Kombinationen für ihn optimal sind.

gationen auftretenden Informationsverluste in Wirtschaftsprognosen und Planentscheidungen.

Denn letztlich hängt doch z. B. die künftige Nachfrage nach bestimmten Industriewaren nicht von der *Vorstellung* ab, wie die „Bevölkerung" das wachsende „Bevölkerungseinkommen" verbraucht oder auf die Veränderung eines „Preisindexes für Konsumgüter" reagiert, sondern vom *konkreten Verhalten* des einzelnen Verbrauchers, falls sein bisheriges Einkommen von x MDN um y MDN steigt usw.

Man kann deshalb von keiner Makrotheorie sowie von den durch sie benutzten Methoden ebenso detaillierte Informationen erwarten wie von Mikrotheorien und ihren Methoden, die dem Verhalten der einzelnen Individuen (bestimmter Käuferschichten, bestimmter Betriebe, bestimmter sozial-ökonomischer Gruppen, Klassen, wie Handwerker, Landwirtschaftliche Produktionsgenossenschaften, bestimmter Warengruppen, der einzelnen Produktionsprozesse in der Verflechtungsbilanzierung usw.) besser angepaßt sind.

Andererseits kann man auf die Vereinigung ökonomischer Kategorien zu Gesamtheiten und die Konstruktion makroökonomischer Relationen zwischen ihnen nicht verzichten, wenn man aus dem Gewirr der millionenfachen Beziehungen zwischen Waren, Käufern, Betrieben, Zweigen usw. die grundlegenden Gesetze der erweiterten Reproduktion mit vertretbarem Zeit- und Rechenaufwand analysieren will.

Der Ausweg aus diesem Widerspruch besteht in der Suche nach Kompromißlösungen. Die Aggregation ist soweit wie möglich voranzutreiben, um die grundlegenden quantitativen Gesetzmäßigkeiten in den Beziehungen zwischen den volkswirtschaftlich wichtigsten Aggregatgrößen überschauen zu können. Der Aggregation sind jedoch Grenzen gesetzt. Geht dadurch zuviel Detailinformation über wesentliche Teilprozesse, Teilgebiete oder wichtige Einzelerzeugnisse verloren, so können die Resultate der globalen Analyse zu Fehlschlüssen führen. Steigt beispielsweise die Produktion der „Abteilung I" der Volkswirtschaft zeitweilig beträchtlich, während die in ihr enthaltene Energieerzeugung stagniert, so könnte die Annahme und Planung eines weiterhin hohen Zuwachstempos der „Abteilung I" der Volkswirtschaft falsch sein.

Deshalb ist andererseits der Desaggregationsprozeß in ökonomischen Analysen soweit wie möglich voranzutreiben, um möglichst detaillierte Kenntnisse über wichtige Einzelheiten gewinnen zu können. Die Grenzen der Desaggregation werden durch die eben genannten Ziele sowie von dem rechentechnischen und Zeitaufwand gesteckt, um die zahlreichen Gleichungen, Tabellen, Bilanzen usw. gleichzeitig ermitteln zu können. Ein instruktives Beispiel für solche Kompromißlösungen zwischen Aggregation und Desaggregation in ökonomischen Analysen gibt W. S. Nemtschinow bei der Erörterung der Übergänge von den Reproduktionsschemas der politischen Ökonomie zu den Volkswirtschaftsbilanzen der Planungstheorie:[92]

„In dem Marxschen Schema wird von vielen Seiten des wirtschaftlichen Lebens abstrahiert. Das ist durchaus zulässig, sofern es für die allgemein politökonomische Analyse der

[92] Vgl. Ökonomisch-mathematische Methoden und Modelle, Verlag Die Wirtschaft, Berlin 1965, S. 133, 135.

gesellschaftlichen Produktion verwendet wird. Für die Ziele der Wirtschaftsführung und Planung wird es jedoch unumgänglich, die ökonomischen Erscheinungen weit mehr aufzugliedern und zu konkretisieren. Damit entsteht das schwierige Problem, von den Ausgangsschemata der erweiterten Reproduktion und in wissenschaftlich begründeten Schritten zur umfassenden Bilanz der Volkswirtschaft überzugehen... Um eine Annäherung an die reale ökonomische Wirklichkeit zu erreichen, ist es offensichtlich erforderlich, vom Zwei-Zweig-Modell zum Drei-Zweig-Modell und weiterhin zum viele Zweige umfassenden Mehr-Zweig-Modell überzugehen. Das wissenschaftliche Herangehen an den Aufbau von Mehr-Zweig-Modellen setzt unbedingt voraus, daß die Umformung vom Mehr-Zweig- zum Zwei-Zweig-Modell möglich ist."

Das vertretbare Maß an Aggregation in ökonomisch-mathematischen Modellen muß von Fall zu Fall gefunden werden. Es hängt insbesondere von der Zielstellung der Analyse und von den Anforderungen ab, die von der jeweiligen Entscheidung her an den Genauigkeitsgrad der Resultate zu stellen ist. Die Aggregationstheorie ist aber im Stande, gewisse Kriterien für „gute" Aggregate zu liefern. Dies gilt ebenso für die Suche nach solchen Organisations- und Abrechnungssystemen, die ein „optimales" Verhältnis der Information über Detail- und Gesamtprozesse bei vertretbarem Rechen- und Zeitaufwand ermöglichen.

4. Zur „perfekten" Aggregation mit formal-mathematischen Methoden

Wir wollen aus der Fülle der hiermit verbundenen Probleme nur die Frage heraus greifen, ob es möglich ist, durch formal-mathematische Verfahren die erörterten Aggregationsverzerrungen zwischen den Resultaten mikroökonomischer und makroökonomischer Analysen zu beseitigen und Konsistenz herbeizuführen.

Ist unsere Behauptung zutreffend, daß solche logischen Widersprüche und Aggregationsverzerrungen zwischen Mikro- und Makroökonomie objektiver Natur sind, eben weil in beiden Bereichen zum Teil unterschiedliche Gesetzmäßigkeiten vorherrschen, so muß die Herbeiführung der Konsistenz mittels formal-mathematischer Verfahren durch irgendwelche anderen Nachteile „erkauft" werden.

Zunächst soll ein Spezialfall behandelt werden, bei dem ein Mikroparameter die nichtzugehörigen Makroparameter nicht beeinflußt. Es gelte etwa

$$\beta_{11} = \beta_{12} = \cdots = \beta_{1I}.$$

Dann ist

$$C_{01} = \frac{1}{I} \sum_i A_{1i} \beta_{1i} = \frac{1}{I} \beta_{1i} \sum_i A_{1i} = 0,$$

so daß in der Formel für α,

$$\alpha = \sum_i \alpha_i + I \sum_{\lambda=1}^{\Lambda} C_{0\lambda} = \sum_i \alpha_i + I \sum_{\lambda=2}^{\Lambda} C_{0\lambda},$$

die β_{1i} nicht vorkommen, da C_{01} verschwindet. Somit wird α von den β_{1i} nicht beeinflußt.

Weiterhin erhält man für die Kovarianzen C_{h1}:

$$C_{h1} = \frac{1}{I} \beta_{1i} \sum_i \left(B_{h,1i} - \frac{1}{I} \sum_j B_{h,1j} \right) = 0,$$

so daß die β_{1i} auch nicht in $\beta_2, \ldots, \beta_\lambda$ eingehen. Es gilt demnach

$$\beta_h = \bar{\beta}_h + I \sum_{\lambda=2}^{\Lambda} C_{h\lambda}.$$

Um diese formale Darstellung etwas anschaulicher zu machen, betrachten wir ein Beispiel. Es sei $y_i\ (t)$ der Zuckerverbrauch der Familie i im Zeitraum t, der vom Familieneinkommen $x_{1i}\ (t)$ und von der Familiengröße $x_{2i}\ (t)$ abhängt. Der Zuckerpreis möge keinen Einfluß haben. Dann gilt für die Familie i die Mikrogleichung

$$y_i\ (t) = \alpha_i + \beta_{1i}\, x_{1i}\ (t) + \beta_{2i}\, x_{2i}\ (t) + u_i\ (t).$$

Die Makrogleichung lautet

$$y\ (t) = \alpha + \beta_1\, x_1\ (t) + \beta_2\, x_2\ (t) + u\ (t),$$

wo $y\ (t)$ den Gesamtverbrauch an Zucker, $x_1\ (t)$ das Gesamteinkommen der Bevölkerung und $x_2\ (t)$ die Bevölkerungszahl bezeichnen.

Die Voraussetzung $\beta_{11} = \cdots = \beta_{1I}$ besagt dann, daß alle Familien in gleicher Weise auf Änderungen ihres Einkommens reagieren, was den Zuckerverbrauch anbetrifft.

Nach den obigen Resultaten hängt jetzt α nicht von β_{1i} ab, wohl aber von den β_{2i}:

$$\alpha = \sum \alpha_i + I\ C_{02}.$$

Ebenso hängt β_2 nicht mehr von β_{1i} ab:

$$\beta_2 = \bar{\beta}_2 + I\ C_{22}.$$

Die Voraussetzung

$$\beta_{\lambda i} = \beta_{\lambda j} \quad \text{für alle Paare } (i, j)$$

ist sehr einschränkend. Es ist aber interessant zu sehen, daß diese Voraussetzung sogar für alle λ immer erreicht werden kann, wenn man die Mikrogrößen $x_{\lambda i}$ mit geeigneten Gewichten aggregiert.

Wir schreiben die Mikrogleichungen in der Form

$$y_i\ (t) = \alpha_i + \sum_\lambda \frac{\beta_{\lambda i}}{r_{\lambda i}} (r_{\lambda i}\, x_{\lambda i}) + u_i\ (t) \qquad (i = 1, 2, \ldots, I).$$

Bestimmt man nun die $r_{\lambda i}$ so, daß die Quotienten

$$\frac{\beta_{\lambda i}}{r_{\lambda i}} = c_\lambda$$

unabhängig sind von i und definiert

$$x_\lambda = \sum_i r_{\lambda i}\, x_{\lambda i}$$

$$(y = \sum y_i \quad \text{wie früher}),$$

so kommt man durch Addition der Mikrogleichungen auf

$$\sum y_i = y = \sum_i \alpha_i + \sum_i \sum_\lambda c_\lambda (r_{\lambda i} x_{\lambda i}) + \sum_i u_i$$

$$y = \sum_i \alpha_i + \sum_\lambda c_\lambda x_\lambda + u$$

$$y = \alpha + \sum c_\lambda x_\lambda + u.$$

Die letzte der Gleichungen ist die Makrogleichung. Man sieht, daß kein Makroparameter von den nichtzugehörigen Mikroparametern abhängt, denn es ist

$$\alpha = \sum \alpha_i,$$

und die c_λ treten sowohl in der Mikro- als auch in der Makrogleichung auf.

Dieser Vorteil wird allerdings erkauft durch die Gewichte $r_{\lambda i}$, die in den Aggregaten $x_{\lambda i}$ auftreten.

Ob jedoch die mit den Gewichten $r_{\lambda i}$ gebildeten Aggregate

$$x_\lambda (t) = \sum r_{\lambda i} x_{\lambda i} (t)$$

auch ökonomisch sinnvoll sind, ist eine andere Frage. Dies muß der Ökonom in jedem einzelnen Falle entscheiden. Nur unter günstigen Umständen werden die nach rein mathematischen Gesichtspunkten gewählten Gewichte $r_{\lambda i}$ ökonomische Bedeutung haben.

Die Aggregation mit den festen Gewichten $r_{\lambda i}$ erfüllt die sog. Regel der perfekten Aggregation. Diese besagt, daß zwischen den Mikrogleichungen und der Makrogleichung kein Widerspruch besteht, welche Werte die Mikrovariablen auch annehmen bzw. um welche Beträge sie sich ändern. Dies gilt für jeden beliebigen Zeitraum. Die Voraussetzung

$$\beta_{\lambda i} = \beta_{\lambda j} \quad \text{für alle} \quad i, j = 1, 2, \ldots, I \quad \text{und für jedes } \lambda$$

ist eine notwendige und hinreichende Bedingung dafür, daß die Regel der perfekten Aggregation eingehalten worden ist.

Insbesondere treten bei der Aggregation mit festen Gewichten keine Vorhersagefehler auf, d. h., ändern sich etwa die Mikrovariablen x_{1i} um die Werte Δx_{1i}, so ergibt sich durch Addition der Mikroänderungen Δy_i derselbe Betrag Δy, der aus der Makrogleichung folgt. Daß dies nicht immer gilt, wurde bereits an früherer Stelle geschildert. Verantwortlich für solche Vorhersagewidersprüche sind gerade die oben definierten Kovarianzen. Die Voraussetzung

$$\beta_{\lambda i} = \beta_{\lambda j}$$

bewirkt, daß alle Kovarianzen verschwinden. Dies veranschaulicht die Tatsache, daß die Voraussetzung hinreichend ist, um perfekte Aggregation zu gewährleisten. Sie ist aber auch notwendig, worauf nicht näher eingegangen wird. Das bedeutet jedenfalls, daß die Voraussetzung nicht abgeschwächt werden kann.

Die durch das eben erörterte Verfahren erzielte Berechnungsgenauigkeit und formal-logische Konsistenz zwischen ökonomischen Mikro- und Makrotheorien mußte hier durch Einbuße an sachlogischer Plausibilität der konstruierten Aggregate erkauft werden. Es seien beispielsweise Aggregationen über Zeiträume, etwa über Quartale, durchzuführen. Dann wird der Volkswirtschaftler z. B. zur Ermittlung des Einkommens der Familie i, $x_{1i}(t)$, im ersten Quartal eines Jahres folgendes „natürliche" Aggregat bilden:

$$\sum_{t=1}^{3} x_{1i}(t),$$

d. h. es werden einfach die Monatseinkommen des Quartals addiert. Allenfalls würde man gewisse „Bewertungen" der einzelnen Monatseinkommen durchführen. Danach könnte das im März empfangene Einkommen für die Ausgabedispositionen des 2. Quartals „gewichtiger" sein als das Januar- und Februareinkommen. Ob aber solche „ökonomischen" Gewichte

$$q_{1i}(t) \quad \text{in} \quad \sum_{t=1}^{3} q_{1i}(t)\, x_{1i}(t)$$

sich mit den formal-mathematischen Gewichten vereinbaren lassen, die eine „perfekte" Aggregation im oben gezeigten Sinne gewährleisten, dürfte eher die Ausnahme als die Regel sein.

Zumindest nach dem bisherigen Erkenntnisstand der Aggregationstheorie ist zu vermuten, daß diese Komplikationen generell gelten und im Prinzip unvermeidlich sind. Die Suche nach „optimalen" Kompromißlösungen für die Bildung von Aggregaten als Vermittlungsglieder zwischen den mikro- und makroökonomischen Bereichen der Volkswirtschaft muß deshalb die Erweiterung des Anwendungsbereiches ökonomisch-mathematischer Modelle in der sozialistischen Volkswirtschaftsplanung ergänzen.

Karl Morgenstern

EINIGE AUFGABEN UND PROBLEME DER RATIONELLEN INTERNATIONALEN SPEZIALISIERUNG DES MASCHINENBAUS

Die sozialistische internationale Arbeitsteilung muß in beschleunigtem Tempo vertieft und erweitert werden. Das ist in den Entwicklungsbedingungen der Produktivkräfte im Zeitalter der wissenschaftlich-technischen Revolution sowie im Wettbewerb mit dem kapitalistischen System begründet. Erstens ergibt sich die Aufgabe, die Volkswirtschaften ausreichend mit industriellen und landwirtschaftlichen Rohstoffen, mit Lebensmitteln, Brennstoffen und Elektroenergie zu versorgen, vor allem mit solchen effektiven Rohstoffen wie Erdöl und Erdgas, wovon die Rationalisierung ganzer Zweige der Volkswirtschaft abhängt. Zweitens muß die internationale Arbeitsteilung deshalb ausgebaut werden, weil die modernen Produktivkräfte in der begrenzten Aufnahmefähigkeit der Binnenmärkte in zunehmendem Maße eine Schranke ihrer Expansion finden. Die wirtschaftliche Anwendung der neuen Technik erzwingt hohe Serien und Produktionsauflagen. Drittens können die wachsenden Aufwendungen für Forschung, Entwicklung, Produktion und Realisierung der Erzeugnisse in den einzelnen Ländern immer weniger in der ganzen Breite der sich ständig erweiternden Skala an Forschungs- und Entwicklungsaufgaben und des größer werdenden Erzeugnissortiments bewältigt werden. Dazu reichen die arbeitskräftemäßigen, materiellen und finanziellen Ressourcen und Mittel der einzelnen Länder nicht aus. Arbeitsteilung in Forschung, Entwicklung und Produktion sowie internationale Konzentration von Kräften und Mitteln werden aus diesem Grunde zu einer fortschreitenden objektiven Notwendigkeit. Man kann direkt von einer neuen Funktion der internationalen Arbeitsteilung sprechen, die in der Lösung des Widerspruchs zwischen den Erfordernissen und Möglichkeiten der wissenschaftlich-technischen Revolution und den begrenzten nationalen Kräften für die Erfüllung und Ausnutzung dieser Erfordernisse und Möglichkeiten besteht.

Gegenwärtig wird die sozialistische internationale Arbeitsteilung trotz vieler Fortschritte dieser Funktion noch nicht gerecht. Das hat verschiedenartige Ursachen. Vor allem wirkt sich aus, daß erst eine relativ kurze Zeit verstrichen ist, seitdem das sozialistische Weltsystem entstand und daß es an geschichtlichen Erfahrungen fehlte, wie der völlig neuartige Typus der internationalen Arbeitsteilung und Zusammenarbeit zu gestalten ist. Die meisten Länder übernahmen als historisches Erbe aus dem Kapitalismus einen niedrigen ökonomischen Entwicklungsstand.

Auch heute existieren in dieser Hinsicht noch beträchtliche Unterschiede zwischen den sozialistischen Ländern, wenn auch auf einem im ganzen höheren Niveau. Bekanntlich bestehen zwischen wirtschaftlich hochentwickelten Ländern mehr Erfordernisse und Möglichkeiten der Arbeitsteilung und des Handels als zwischen weniger entwickelten Ländern oder zwischen Ländern unterschiedlichen Niveaus. Andererseits ist aber gerade die sozialistische internationale Arbeitsteilung dazu berufen, das Wachstum aller Volkswirtschaften zu beschleunigen. Dazu ist es erforderlich, die ökonomischen Gesetzmäßigkeiten und objektiven Bedingungen richtig zu beachten und auszunutzen. Hier liegen ernste Mängel vor, die den ungenügenden Stand der Arbeitsteilung mit verursachen. Das trifft besonders auch auf die internationale Spezialisierung im Maschinenbau zu.

Um die internationale Spezialisierung im Maschinenbau weit effektiver zu machen, ist es notwendig, das System der Organisierung, Planung und Leitung der internationalen Spezialisierung zu verbessern. Die Spezialisierung muß wissenschaftlich begründet sein, um das Gesetz der Ökonomie der Zeit voll auszunutzen und das Wachstum der Volkswirtschaften zu beschleunigen. Die Spezialisierung darf nicht formal-administrativ erfolgen, sondern sie muß — auf der Grundlage der Planung und Koordinierung der arbeitsteiligen Hauptproportionen — mit ökonomischen Methoden und in vielfältigen, beweglichen Formen organisiert werden. Es ist erforderlich, das Wertgesetz und die Marktbedingungen (Weltmarktpreis, Kredit, Zins, Angebot und Nachfrage, Service usw.) mehr zu beachten und auszunutzen. Dazu gehört auch, daß die Betriebe, Betriebsvereinigungen und Handelsorgane an der Vertiefung der Spezialisierung in starkem Maße unmittelbar materiell interessiert werden, daß diese Organe die einzelnen Spezialisierungsmaßnahmen selbst vollverantwortlich vorbereiten und die gegenseitigen Verpflichtungen bezüglich Liefertermin, Liefermenge, Sortiment, Qualität, Preis, Kundendienst usw. vertraglich festlegen. Wir wollen uns in diesem Beitrag aber nicht vorrangig mit den Methoden, Formen und organisatorischen Voraussetzungen der internationalen Spezialisierung befassen, sondern auf einige Fragen eingehen, wie die internationale Spezialisierung im Maschinenbau inhaltlich gestaltet werden muß, damit sie effektiv wird und damit die Länder die objektiven Erfordernisse erfüllen können.

I. Materielle Interessiertheit der Länder und Nutzeffekte der internationalen Spezialisierung

In den sozialistischen Ländern bestehen gleichartige ökonomische, politische und ideologische Grundlagen. Sie verfolgen das gleiche Ziel: den Aufbau des Sozialismus und Kommunismus und den Sieg im ökonomischen Wettbewerb mit dem Kapitalismus. Das eint die Länder in dem Bestreben, die sozialistische internationale Arbeitsteilung und Zusammenarbeit für dieses Ziel ständig auszubauen und weiterzuentwickeln. Die Produktionsmittel sind aber noch nicht allumfassend vergesellschaftet. Es herrscht nationales gesellschaftliches Eigentum vor, und die Aneignung der Produktionsergebnisse erfolgt in diesem Rahmen. Daraus resultiert, daß die Länder nicht nur ein Lebensinteresse an der immer engeren Zusammenarbeit der sozialistischen Länder haben, um die ökonomische Vorwärtsbewegung des gesamten sozialistischen Systems zu beschleunigen, sondern vor allem auch, daß jedes Land an der Arbeitsteilung materiell interessiert sein muß, daß es daraus Nutzen ziehen will und muß. Wir gehen hier nur insoweit auf diese komplizierte Problematik ein, als das für unser Thema geboten erscheint.

Bezogen auf den Maschinenbau, zeigt sich das materielle Interesse der Länder sowohl beim einzelnen Austauschakt als auch hinsichtlich der Entwicklung des Maschinenbaus als Industriebereich im Rahmen der Volkswirtschaft. Beim einzelnen Austauschakt treten die Länder (bzw. Betriebe) als Käufer und Verkäufer miteinander in Beziehung, d. h. über den Markt. Hier herrschen Angebot und Nachfrage sowie Wettbewerb (bedingt durch die ökonomischen Grundlagen des Sozialismus und die Verflechtung von sozialistischem und kapitalistischem Weltmarkt). Es wirkt das Wertgesetz. Das sind objektive Bedingungen und Gesetzmäßigkeiten, die man nicht ausschalten kann, die wir wohl planmäßig im Interesse aller Länder ausnutzen können und müssen, aber nur in Richtung der aus ihnen hervorgehenden Erfordernisse.

Der Verkäufer will rentabel exportieren. Der Käufer will bedarfsgerechte Waren zu weltmarktfähigen Bedingungen importieren (betreffs Preis, technisch-ökonomischen Parametern, Qualität, Lieferbedingungen, Kundendienst, Ersatzteilversorgung). Bei Produktionsabgabe im Zuge der Spezialisierung darf das Erzeugnis wenigstens nicht mehr kosten als vorher und in den technischen Daten nicht unter dem bisherigen Niveau liegen. Es muß dann ständig weiterentwickelt werden. Von diesen Forderungen kann es wohl kurzfristig hier und da Abstriche geben. Aber nie darf das auf längere Zeit und in größerem Umfang der Fall sein, weil sonst das Entwicklungstempo verlangsamt und im ökonomischen Wettbewerb Zeitverzug eintreten würde. Insofern sind die Länder gegenseitig an der Erfüllung dieser Erfordernisse interessiert. Beim internationalen Austausch ist diese Notwendigkeit aber primär in den Gesetzen der Warenproduktion und des Marktes begründet. Wird dagegen verstoßen, kommt entweder überhaupt kein Austausch zustande oder er ist instabil und wird aufgehoben, sobald sich dem Partner bessere Möglichkeiten bieten.

Damit ist für die internationale Spezialisierung ein objektiver Maßstab gesetzt. Den Ländern bietet sich in den potentiellen Spezialisierungseffekten die Möglichkeit, die Erzeugnisse kostengünstig und mit weltmarktgerechten technisch-ökonomischen Parametern zu produzieren. Die Spezialisierungseffekte äußern sich

- im Zeitgewinn bei den Forschungs-, Entwicklungs-, Konstruktions- und Projektierungsarbeiten, bei der Überleitung neuer Erzeugnisse in die Produktion sowie in der Produktion selbst;
- in der Erhöhung des Niveaus der wissenschaftlich-technischen Produktionsvorbereitung, der Verbesserung der technisch ökonomischen Parameter und der Qualität der Erzeugnisse;
- in der Senkung des Aufwandes an vergegenständlichter und lebendiger Arbeit in der Produktionsvorbereitung, im Produktionsprozeß und in der Zirkulation;

- in der bedarfsgerechten Steigerung der Produktion und in der Verkürzung der Lieferzeiten;
- in der rationellen Entwicklung und Fertigung eines dem technischen Fortschritt entsprechenden vielfältigen Erzeugnissortiments im gesamten arbeitsteiligen System.

Die Spezialisierungseffekte entspringen zwei Quellen:

a) der internationalen Konzentration gleichartiger Produktionen und der auf bestimmten Gebieten notwendigen gemeinsamen Konzentration von Kräften und Mitteln der Länder in der Forschung, Entwicklung, Produktion und Zirkulation;

b) der ökonomisch begründeten Standortverteilung.

Es besteht also folgende funktionale Abhängigkeit:

$$S_E = f\,(K + St)$$

S_E = Spezialisierungseffekte
K = Konzentration
St = Standortverteilung

Nur bei vollkommener Ausschöpfung beider Quellen können die Spezialisierungsmaßnahmen einen hohen Nutzen zeitigen. Dabei kommt im Maschinenbau der Konzentration und damit der Richtung, in der die Arbeit spezialisiert wird, eine entscheidende Bedeutung zu, weil dadurch der Grundstein für den möglichen Nutzeffekt gelegt wird. Dieses Erfordernis wurde bisher völlig ungenügend durchgesetzt.

Die geringe Konzentration der Entwicklungsarbeiten und der Produktion sowie die Tatsache, daß vorwiegend keine technisch-ökonomisch begründeten Spezialisierungsrichtungen angewandt wurden, sind entscheidende Ursachen für den niedrigen Nutzeffekt der bisherigen Spezialisierungsarbeit. Im Blickfeld der Länder standen oft stärker der Verteilungsgesichtspunkt und das Bestreben, als spezialisiertes Land für die zur Diskussion stehende Produktion aufgeführt zu werden, ohne daß für deren Durchführung immer die Voraussetzungen bestanden. Viele Spezialisierungsempfehlungen waren somit keine echten Spezialisierungen, sondern lediglich eine Bestätigung bestehender und sich in den Ländern sowieso entwickelnder Produktionen. Obwohl sich also die Überbetonung des Verteilungsgesichtspunktes aus dem Bestreben der Länder erklärt, aus der Arbeitsteilung Nutzen zu ziehen, kann auf diese Weise weder für die arbeitsteilige Gemeinschaft in ihrer Gesamtheit noch für das einzelne Land ein hoher Nutzen entstehen. Die volle Erschließung der Produktivitätsquellen der sozialistischen internationalen Arbeitsteilung verlangt ein wissenschaftlich begründetes Vorgehen bei der Festlegung der Spezialisierungsrichtungen und bei der internationalen Standortverteilung.

Diese Arbeit ist mit der komplexen Behandlung der Probleme zu verbinden, die sich aus der Entwicklung des gesamten Maschinenbaus in den Ländern für die sozialistische internationale Arbeitsteilung ergeben. Hier kommen Interessen der Länder zum Tragen, die mit der Rolle des Maschinenbaus als volkswirtschaftlicher Wachstumsfaktor zusammenhängen. Um diese Interessen weitgehend aufeinander abzustimmen und die Hauptproportionen und -richtungen der internationalen Arbeitsteilung effektiv zu gestalten, sind Spezialisierungskonzeptionen für den Maschinenbau wie für andere Bereiche der Wirtschaft auszuarbeiten und der Koordinierung der Volkswirtschaftspläne zugrunde zu legen. Das ermöglicht, die Gesamtauswirkungen verschiedener Varianten der internationalen Arbeitsteilung auf das Wachstum der Volkswirtschaften zu analysieren. Das Fehlen solcher umfassenden Konzeptionen und die Praxis isolierter Spezialisierungsempfehlungen und -entscheidungen hatten die Länder im unklaren gelassen über diese Auswirkungen. Das rief Unsicherheit in den Spezialisierungsverhandlungen hervor und türmte viele Schwierigkeiten und Hemmnisse auf. Bei einer solchen Methode können auch weder die Erfordernisse der wissenschaftlich-technischen Revolution noch der proportionalen Entwicklung vollkommen erfüllt werden, da diese komplexer Natur sind.

Die internationale Spezialisierung auf dem Gebiet des Maschinenbaus beinhaltet also sowohl „innere“ Maßnahmen (die effektive Spezialisierung der einzelnen Produktionen und Zweige) als auch volkswirtschaftliche Grundprobleme. Man kann diese Aufgaben, die in den Ländern und z. T. koordiniert zu lösen sind, folgendermaßen zusammenfassen:

- die volkswirtschaftlich begründete Entwicklung des Maschinenbaus als Industriebereich in den Ländern;
- die Ermittlung rationeller Spezialisierungsrichtungen der Produktion;
- die ökonomische Standortverteilung der spezialisierten Produktionen und die Abstimmung der Strukturentwicklung des Maschinenbaus zwischen den Ländern;
- die gemeinsame, komplexe Lösung der wichtigsten Aufgaben der technischen Revolution im Bereich der wissenschaftlich-technischen Produktionsvorbereitung, der Investitionen, der Beschaffung, der Produktion, der Zirkulation und des Absatzes.

Einige dieser Aufgaben und Probleme sollen im weiteren näher untersucht werden.

II. Zur Rolle des Maschinenbaus als Wachstumsfaktor für die Volkswirtschaften

Mit Ausnahme der Mongolischen Volksrepublik hat sich in allen RGW-Ländern der Maschinenbau rasch entwickelt.[1] Das vorrangige Wachstum dieses Industriebereiches führte zu einer beträchtlichen Erhöhung des Anteils des Maschinenbaus an der Bruttoproduktion der Industrie auch in den Ländern, die den Maschinenbau im wesentlichen erst nach 1945 entwickeln konnten (Bulgarien, Rumänien, Polen).

[1] Die international uneinheitliche Gliederung der Industriestruktur führt zu einer unterschiedlichen Abgrenzung des Industriebereichs Maschinenbau. Deshalb setzen wir der Einfachheit halber Maschinenbau mit metallverarbeitender Industrie (MVI) gleich.

TABELLE 1

Anteil des Maschinenbaus an der industriellen Bruttoproduktion (in Prozent)[2]

	1950	1955	1960	1961	1962	1963
Bulgarien	9,1	11,5	12,4	12,5	13,5	14,8
Polen	8,1	14,8	19,7	21,1	22,6	24,1
Rumänien	12,9	18,9	24,3	25,3	26,5	26,9
Mongolische VR	2,6	2,3	2,9	2,6	2,5	2,4
Ungarn	24,5	21,8	25,1	25,9	26,6	26,8
DDR	24,0	27,8	32,7	33,0	34,1	35,1
UdSSR	15,4	18,4	22,1	23,3	24,5	25,6
ČSSR	20,2	28,3	33,4	30,8	31,5	31,0

Die Entwicklung des Maschinenbaus, wie überhaupt die Industrialisierung in den betreffenden Ländern, fiel zeitlich mit der Herausbildung des sozialistischen Weltsystems zusammen. Die sozialistische internationale Arbeitsteilung war erst im Entstehen begriffen. Es erhebt sich deshalb die Frage, ob die Entwicklung des Maschinenbaus auch bei entfalteter sozialistischer internationaler Arbeitsteilung in mehr oder weniger allen Ländern notwendig ist.

Die Aktualität dieser Frage ergibt sich aus dem Übergang weiterer ökonomisch zurückgebliebener Länder zum Sozialismus. Im Prinzip steht diese Frage auch vor den Entwicklungsländern, die zunächst noch unter nichtsozialistischen Verhältnissen die Industrialisierung beginnen und dabei von den sozialistischen Staaten unterstützt werden.

Vertiefung der sozialistischen internationalen Arbeitsteilung wie der weltweiten Arbeitsteilung im ganzen bedeutet, daß in zunehmendem Maße nicht jede Produktion und nicht einmal jeder Produktionszweig in jedem Land aufgebaut oder beibehalten wird. Gilt das aber auch für den Maschinenbau als einen Industriebereich mit vielen Zweigen? Für den Maschinenbau als Ganzes gilt das weit weniger als für einen einzelnen Industriezweig. Deshalb entwickelt sich in den meisten Ländern auf einem bestimmten Stand der gesellschaftlichen Produktion ein eigener Maschinenbau. Das ist in der Rolle des Maschinenbaus im Reproduktionsprozeß und in den Auswirkungen seiner Entwicklung auf das volkswirtschaftliche Wachstum begründet.

Der Maschinenbau ist Produzent von Produktionsinstrumenten, nach denen infolge der wissenschaftlich-technischen Revolution, der Vollmechanisierung und Automatisierung, ein wachsender Bedarf besteht. Gleichzeitig stellt er ein vielseitiges Sortiment von Konsumtionsmitteln her, darunter hochwertigen, die in der Verbrauchsstruktur der Bevölkerung eine wichtige Stellung erworben haben.

Die metallverarbeitende Industrie hatte 1958 einen Anteil an der Weltindustrieproduktion von 28,6 Prozent und rangiert damit weitaus an erster Stelle. Im Zeitraum von 1950 bis 1962 lag die metallverarbeitende Industrie in der Größe des Zu-

[2] Tabellen 1–3 anhand offizieller Statistiken vom Verfasser zusammengestellt.

wachses im Vergleich zu den anderen Industriebereichen im Sozialismus an erster Stelle und im Kapitalismus an zweiter Stelle.[3]

Aus dem hohen Anteil des Maschinenbaus bzw. der metallverarbeitenden Industrie an der Industrieproduktion sowie aus der Tatsache, daß dieser Industriebereich — mit Unterschieden in den einzelnen Zweigen — zur arbeitsintensiven Produktion gehört, ergibt sich, daß er große Mengen lebendiger Arbeit absorbiert und seine Entwicklung auch aus Gründen der Beschäftigung der Arbeitskräfte notwendig ist. Davon zeugen die Angaben in Tabelle 2.

TABELLE 2

Anteil der Produktionsarbeiter im Maschinenbau an der Gesamtzahl der industriellen Produktionsarbeiter (in Prozent)

	1950	1955	1960	1961	1962	1963
Bulgarien	15.0	13.8	16,0	16,2	17,3	17,9
Polen	17,3	22,8	23,6	24,3	25,1	25,6
Rumänien	20,5	21,0	22,3	22,2	22,8	22,7
Ungarn	27,0	26,1	26,1	26,6	27,2	27,3
DDR		31,8	32,9	33,3	33,5	33,9
UdSSR	28,7	30,0	30,7	32,1	32,9	33,6
ČSSR	25,1	31,2	32,9	33,3	33,6	33,6

Im Maschinenbau werden komplizierte, hochveredelte Produkte hergestellt, zu deren Erzeugung qualifizierte wissenschaftlich-technische Kader und Produktionsfacharbeiter erforderlich sind. Das führt zu einem hohen Wertquantum pro Einheit lebendiger Arbeit und hat vielfältige wachstumsfördernde Auswirkungen auf die Volkswirtschaft: Wissenschaft und Technik werden gefördert, die Qualifizierung der Arbeitskräfte wird beschleunigt und es entstehen neue Bedürfnisse und Produktionsmöglichkeiten.

Zu den genannten Gründen kommt hinzu, daß der Maschinenbau hinsichtlich der Grundfondsintensität, der Baufristen und der Rückflußdauer der Investitionen ein günstigeres Bild aufweist als die Grundstoffindustrie. Das bedeutet, daß infolge der schnelleren Ertragswirksamkeit einer gleichen Einheit eingesetzter Investitionen durch die Entwicklung des Maschinenbaus ein das Wachstum der Volkswirtschaft stimulierender Struktureffekt erzielt wird. Um die Wachstumsmöglichkeiten durch Strukturveränderungen richtig zu erfassen, genügt es allerdings nicht, beim Vergleich zwischen den Zweigen lediglich die Grundfondsintensität zu untersuchen. Vor allem müssen auch die Kosten für Forschung und Entwicklung, für die Ausbildung der Kader und die Zeit zur Heranbildung qualifizierter Arbeitskräfte berechnet werden. Ein hohes Niveau des Maschinenbaus zu erreichen, ist mit großen Aufwen-

[3] Vgl. *Gunther Kohlmey*, Weltwirtschaftliche Strukturveränderungen und sozialistische Wirtschaftsplanung, Jahrbuch des Instituts für Wirtschaftswissenschaften, Bd. 7, Akademie Verlag, Berlin 1964, S. 221.

dungen auf den genannten Gebieten verbunden. Es müssen also alle Aufwandsarten erfaßt und miteinander verglichen werden.

Die angeführten Ursachen der notwendigen Entwicklung des Maschinenbaus entkräften die immer noch anzutreffende Auffassung, daß die erforderlichen Maschinen und Ausrüstungen doch über den Außenhandel beschafft werden könnten. Natürlich bringt die Vertiefung der internationalen Arbeitsteilung eine zunehmende Verflechtung der volkswirtschaftlichen Proportionen mit sich. Immer weniger stimmt daher die produzierte Gebrauchswertstruktur mit der für die eigene Reproduktion der Volkswirtschaft und die Bedürfnisbefriedigung der Menschen erforderlichen Gebrauchswertstruktur überein. Die Übereinstimmung wird über den internationalen Austausch hergestellt. Das ist aber zugleich ein Wertaustausch. Das wertmäßige Volumen des Imports wird (unter Berücksichtigung von Kreditinanspruchnahme zumindest langfristig) durch das wertmäßige Volumen des Exports einschließlich der Dienstleistungen begrenzt. Daraus ergibt sich, daß die Möglichkeit der Einfuhr, darunter auch von Maschinen und Ausrüstungen, durch die Ausfuhr von Waren, durch die Entwicklung der Produktivkräfte im eigenen Lande bestimmt ist. Die Länder sind deshalb dazu gezwungen, die Exportstruktur rationell zu gestalten. Dem dient u. a. die Entwicklung bestimmter Zweige des Maschinenbaus.

Wenn aus Tabelle 1 die Entwicklung des Anteils des Maschinenbaus an der industriellen Produktion in den RGW-Ländern zu ersehen war, so ist es an dieser Stelle interessant festzustellen, in welchem beträchtlichen Tempo der Anteil von Maschinenbauerzeugnissen am Gesamtexport vor allem in solchen Ländern wie Bulgarien, Polen und Rumänien gestiegen ist.

TABELLE 3

Anteil des Exports von Maschinen und Ausrüstungen am gesamten Export (in Prozent)

	1950	1955	1960	1962	1963	1964
Bulgarien	0	2,6	13,6	19,5	21,6	24,6
Polen	7,7	13,1	28,0	30,0	33,1	33,4
Rumänien	4,2	6,1	16,6	18,0	16,4	18,2
Mongolische VR	—	—	—	—	—	—
Ungarn	23,0	29,8	38,0	36,1	34,1	33,9
DDR			48,0	47,9	47,2	47,4
UdSSR	11,8	17,5	20,5	16,6	19,7	21,0
ČSSR	26,4	43,5	45,1	47,6	47,8	47,0

Die Erhöhung des Anteils von Maschinen und Ausrüstungen am Außenhandelsumsatz ist eine Tendenz des gesamten Welthandels. Während sich der gesamte Weltexport von 1955 bis 1962 um rund 51 Prozent erhöhte, stieg der Export von Fertigwaren um 74 Prozent und darunter wiederum der Export von Maschinen um 94 Prozent. Das brachte in diesem kurzen Zeitraum folgende Verschiebungen der Anteile am Welthandel mit sich:

Anteile am gesamten Weltexport (in Prozent)[4]

	1955	1962
Fertigwaren	49,1	56,4
davon		
Maschinen[a])	18,4	23,6

[a] Erzeugnisse der Feinmechanik/Optik und Metallwaren sind hier nicht erfaßt.

Schließlich ist noch folgendes Moment zu beachten: Es wäre für die derzeit entwickelten und den größten Teil des Exports bestreitenden Maschinenbauländer gar nicht möglich, den riesig anschwellenden Bedarf an Maschinen, Ausrüstungen und Geräten zu befriedigen, der entsteht, wenn sich alle Länder des Erdballs von den Fesseln der wirtschaftlichen Entwicklung befreit haben und einen raschen ökonomischen Aufschwung nehmen. Auch in den Maschinenbauländern ist ja im Rahmen der internationalen Arbeitsteilung die komplexe volkswirtschaftliche Entwicklung auszubauen. Für diese Länder ist ebenfalls jede einseitige Strukturexpansion von ökonomischem Nachteil. Außerdem wäre das eine unrationelle, mit starken Gegentransporten belastete internationale Standortverteilung der Produktion.

Für die sozialistischen Länder kommt hinzu, daß die Entwicklung des Maschinenbaus in den einzelnen Ländern gleichzeitig ein Beitrag zur Stärkung des gesamten sozialistischen Systems ist — nicht nur dadurch, daß die Höherentwicklung der Produktivkräfte in den Ländern sowieso einer Vergrößerung der Wirtschaftsmacht des ganzen sozialistischen Lagers gleichkommt, sondern auch dadurch, daß der Aufbau des Maschinenbaus in weiteren sozialistischen Ländern die Vertiefung der internationalen Arbeitsteilung und damit die Steigerung der Arbeitsproduktivität im Maschinenbau aller Länder fördert.

Die Notwendigkeit der Entwicklung verarbeitender Industriezweige und des Übergangs zu immer höheren Stufen der Verarbeitung des Rohmaterials besteht für ausnahmslos alle Länder. Sonst kann von Liquidierung der kolonialen internationalen Arbeitsteilung und von Überwindung der durch die kapitalistische Ausbeutung und Unterdrückung verursachten wirtschaftlichen Rückstände der Länder keine Rede sein. Die Arbeitskräfte können nur dann voll beschäftigt werden, wenn — neben der Ausnutzung günstiger Bedingungen für die Steigerung der Primärproduktion in Bergbau, Land- und Forstwirtschaft — verarbeitende Industrien aufgebaut werden. Gleichzeitig werden durch die Weiterverarbeitung der Rohstoffe und Materialien zu Halbfabrikaten und Fertigerzeugnissen höhere Werte geschaffen. Auf dieser Grundlage wächst das Nationaleinkommen pro Kopf der Bevölkerung und kann das Lebensniveau der werktätigen Menschen gehoben werden.

Während der Aufbau verarbeitender Industrien überhaupt für alle Länder eine Bedingung ökonomischen Wachstums und gesellschaftlichen Fortschritts ist, möchten wir das mit dieser Absolutheit für den Maschinenbau als einen Bereich der verarbeitenden Industrie nicht geltend machen. Allerdings dürften es nur wenige

[4] UN, Monthly Bulletin of Statistics, März 1961 und 1963.

Länder sein, in denen eine nennenswerte eigene Maschinenbauproduktion nicht erforderlich und ökonomisch ist. Das kann auf kleine Länder mit geringer Bevölkerungszahl zutreffen, die über sehr günstige Bedingungen für die Entwicklung anderer Produktionsbereiche verfügen, deren Nutzung die Vollbeschäftigung und ein hohes Nationaleinkommen pro Kopf der Bevölkerung sichern. Deshalb wird die Einschränkung vorgenommen, daß die Entwicklung des Maschinenbaus für die *meisten* Länder notwendig ist.

Die notwendige Entwicklung des Maschinenbaus besagt noch nichts über den Zeitpunkt ihres Beginns und über den zweckmäßigen Umfang. Das richtet sich nach den inneren und äußeren Bedingungen. Während in einem Land ein Teil der erforderlichen Maschinen und Ausrüstungen schon in der ersten Industrialisierungsstufe selbst erzeugt wird, kann es für ein anderes Land günstiger sein, zunächst im wesentlichen den gesamten Bedarf zu importieren. (Mongolische VR, Kuba . . .) Die Zahlungsmittel können neben Krediten vor allem durch die Steigerung des Exports traditioneller Ausfuhrgüter und verarbeiteter Erzeugnisse der Landwirtschaft, der Leichtindustrie, der Chemie u. a. aufgebracht werden.

Aber je höher der Stand der Produktivkräfte, desto stärker reift dann auch in diesen Ländern in der Regel die Möglichkeit und Notwendigkeit des Aufbaus eines eigenen Maschinenbaus heran. Durch die gestiegene Arbeitsproduktivität in Landwirtschaft und Industrie werden Arbeitskräfte freigesetzt. Gleichzeitig wird der Bedarf an Maschinen und Ausrüstungen so groß, daß nunmehr neben der zunehmenden Eigenversorgung der Maschinenbau auch für den Export notwendig wird, um den absolut wachsenden Importbedarf an Maschinenbauerzeugnissen und anderen Gütern bezahlen zu können. Das sind allgemeine Entwicklungserfordernisse, die in den einzelnen Ländern jedoch eine unterschiedliche Ausprägung erfahren. Hinsichtlich der Stellung des Maschinenbaus in der Volkswirtschaft und seiner Rolle im Außenhandel gibt es keinen Strukturschematismus.

Die Volkswirtschaftsstruktur eines Landes ist nicht Selbstzweck, sondern Mittel zum Zweck: zur Sicherung eines hohen Wachstums der Volkswirtschaft und des gesamten sozialistischen Wirtschaftssystems. Sie muß unter Berücksichtigung aller auf sie einwirkenden Faktoren geplant werden. Diese Faktoren sind:

a) der wissenschaftlich-technische Fortschritt;

b) der Stand der Produktivkräfte;

c) die spezifischen natürlichen und historischen Bedingungen des Landes;

d) das Niveau der sozialistischen internationalen Arbeitsteilung und Zusammenarbeit, die Erfordernisse und Möglichkeiten der Eingliederung des Landes in diese Arbeitsteilung und der Teilnahme am weltweiten Handel.

Der wissenschaftlich-technische Fortschritt ist ein *allgemeines* und grundlegendes strukturbestimmendes Element. Er beeinflußt die Strukturentwicklung jedes Landes. Das kommt neben der Entwicklung des Maschinenbaus besonders im schnellen Wachstum der Chemie und innerhalb dieser beiden großen Industriebereiche im vorrangigen Wachstum der technisch und ökonomisch progressiven Zweige und Produktionen zum Ausdruck. In fast jedem Land entwickeln sich, natürlich in unterschiedlichem Umfang und in Arbeitsteilung, solche progressiven, dynamischen Zweige und Produktionen wie Elektronik, Plaste u. a.

Das zweite strukturbestimmende Element sind die natürlichen, ökonomischen und historischen Bedingungen der Länder: Die Naturbedingungen, der Stand der Produktivkräfte, die Größe, Bevölkerungszahl und -dichte, die geographische Lage sowie die historischen Entwicklungsbesonderheiten der einzelnen Länder. Da diese Bedingungen unterschiedlich sind, besitzt dieses strukturbestimmende Element einen *spezifischen* Charakter. Es ist Ursache für die Besonderheiten jeder Volkswirtschaftsstruktur. Der wissenschaftlich-technische Fortschritt bringt zwar Veränderungen im Verhältnis Naturbedingungen — Produktionsstandort mit sich, aber diese haben nur zum Teil weitreichenden Einfluß auf die Grundlagen der internationalen Standortverteilung (so etwa beim Transport von Erdöl und Erdgas und dem dadurch möglichen Aufbau der ökonomisch vorteilhaften Petrolchemie weit von den Vorkommen entfernt). Außerdem bilden die natürlichen Bedingungen nur *ein* Moment der unterschiedlichen Länderbedingungen.

Die natürlichen und ökonomischen Besonderheiten der Länder bewirken eine unterschiedliche Vielstufigkeit der sich entwickelnden Volkswirtschaftskomplexe. Sie haben ein unterschiedliches Verhältnis von Industrie und Landwirtschaft zur Folge. Sie verursachen, daß verschiedene Zweige zum Teil gar nicht aufgebaut werden und daß die Industriebereiche (Bergbau, Energieerzeugung, Chemie, Maschinenbau, Textilindustrie u. a.) wie die Zweige innerhalb dieser Bereiche einen unterschiedlichen Anteil an der industriellen Gesamtproduktion und am Außenhandel einnehmen. Das trifft auf die sozialistischen und auf die kapitalistischen Länder zu, wobei hier die ökonomisch entwickelten kapitalistischen Länder interessieren.

So unterscheiden sich zum Beispiel das Volumen und die Relationen des Austausches von Maschinenbauerzeugnissen in Frankreich sehr von den entsprechenden Zahlen Englands und Westdeutschlands, obwohl diese Länder ungefähr gleich groß sind und ein etwa gleiches ökonomisches Niveau erreicht haben. Während Frankreich 1963 für 2159 Mio. Dollar Maschinenbauerzeugnisse exportierte und für 1596 Mio. Dollar importierte, lauten die entsprechenden Daten bei England 5058 Export und 1019 Import, bei Westdeutschland 6917 Export und 1695 Import. Dänemark, ein zwar kleineres Land, das aber etwa das gleiche Nettoprodukt pro Kopf der Bevölkerung wie die angeführten Länder produziert, exportierte 1963 für 397 Mio. Dollar Erzeugnisse des Maschinenbaus und importierte in einem Wert von 479 Mio. Dollar. Ein Passivsaldo des Maschinenaußenhandels besteht auch in anderen entwickelten kapitalistischen Ländern, wie Belgien, Österreich und Holland.

Diese Tatsachen weisen darauf hin, daß das ökonomische Niveau eines Landes von der richtigen Nutzung der günstigen natürlichen und ökonomischen Bedingungen im Rahmen der internationalen Arbeitsteilung, von einer im ganzen modernen Volkswirtschaftsstruktur sowie vom technischen Niveau in den einzelnen Zweigen abhängt.

Unsere wenigen Ausführungen über die Rolle des Maschinenbaus für das ökonomische Wachstum sollten die weiter vorn getroffene Feststellung erhärten, wie notwendig eine komplexe Betrachtung der Spezialisierungsprobleme des Maschinenbaus ist, um die Interessen der einzelnen Länder im wesentlichen miteinander in Einklang zu bringen. Bei der Ausarbeitung und Koordinierung der Volkswirtschaftspläne kommt den Fragen des Volumens und der Relationen des Maschinenaustauschs der Länder eine große Bedeutung zu. Von der richtigen Lösung dieser Probleme, die Bestandteil der Hauptrichtungen der sozialistischen internationalen Arbeitsteilung sind, hängen die Fortschritte in der Spezialisierung der einzelnen Produktionen wesentlich ab. Dazu sind tiefgründige Strukturuntersuchungen anzustellen.

III. Internationale Spezialisierungsrichtungen der Produktion

1. Der Zusammenhang von Spezialisierungsrichtungen und internationaler Standortverteilung

Die richtige Bestimmung der volkswirtschaftlichen Grundproportionen, zu denen Umfang und Anteil des Maschinenbaus an der industriellen Gesamtproduktion sowie am Export und Import gehören und die von den einzelnen Ländern unter Berücksichtigung der Vertiefung der sozialistischen internationalen Arbeitsteilung vorzunehmen ist, stellt die eine Aufgabe dar. Die andere besteht darin, die Entwicklung der Zweige und einzelnen Produktionen des Maschinenbaus unter Ausnutzung der internationalen Arbeitsteilung zu rationalisieren und dadurch den wissenschaftlich-technischen Höchststand zu erreichen. Wie schon dargelegt, bietet die internationale Arbeitsteilung dazu die Möglichkeit durch die Konzentration der Produktion und ihre ökonomisch begründete internationale Standortverteilung. Daraus erwächst die Aufgabe, eine gut funktionierende Kooperation der geteilten Arbeiten zu organisieren, weil davon der Erfolg der Spezialisierung maßgeblich beeinflußt wird.

Die Konzentration entfaltet sich in den verschiedenen Spezialisierungsrichtungen. Das Auffinden zweckmäßiger Spezialisierungsvarianten erfordert demnach Untersuchungen über die günstigste Art und Weise der internationalen Aufteilung der verschiedenen Arbeiten und Produktionen und über den geeigneten Standort (Land) der zu spezialisierenden Produktionen.

Effektive Spezialisierungsrichtungen und Produktionsbedingungen (-erfordernisse) der Länder bilden die Grundlage für die Gestaltung spezialisierter, rationeller Länderprogramme der Produktion. Sie stellen eine Einheit dar und beeinflussen sich wechselseitig. Dabei hängt im Maschinenbau als einem verarbeitenden Industriebereich, wo die Naturbedingungen nicht einen solchen Einfluß auf die Ökonomie ausüben wie in der extraktiven Industrie, der erzielbare Spezialisierungseffekt in erster Linie von der Konzentration, von der Verwirklichung technisch-ökonomisch begründeter Spezialisierungsrichtungen ab. Die Standortverteilung und die Arbeit im produktionsdurchführenden Land entscheiden dann über die tatsächliche Realisierung des Spezialisierungsnutzens. Dabei kann teilweise noch ein besonderer Verteilungseffekt erzielt werden.

Deshalb ist nicht nur zu analysieren, über welche günstigen Bedingungen ein Land verfügt, um bestimmte Produktionen durchführen zu können, sondern es sind vorrangig die „technologisch" effektivsten Spezialisierungsrichtungen zu ermitteln. Die Anwendung effektiver Spezialisierungsrichtungen stellt neue Anforderungen an den internationalen Standort. Auf ihrer Grundlage ist das System der internationalen Kooperation zu organisieren, das den Zusammenhang der geteilten Arbeiten herstellt.

Die Ermittlung effektiver Spezialisierungsrichtungen gilt sowohl für den Bereich der Forschung und Entwicklung als auch für die Produktion. Im folgenden werden Probleme der Spezialisierungsrichtungen der Produktion im Maschinenbau behandelt, wobei die Erfordernisse einer rationellen Organisation der Forschungs- und Entwicklungsarbeiten in den entsprechenden Zusammenhängen beachtet werden. Es wird aber nicht im einzelnen auf die Spezialisierung der Forschung und Entwicklung eingegangen, weil das ein spezieller Gegenstand ist.

2. Die internationalen Spezialisierungsrichtungen der Produktion und die sie bestimmenden ökonomischen Erfordernisse

Neben der Spezialisierung nach Zweigen unterscheiden wir folgende Richtungen der internationalen Spezialisierung der Produktion:

1. Spezialisierung auf technologische Linien und Produktionsanlagen
2. Spezialisierung auf Gruppen konstruktiv-technologisch ähnlicher Fertigerzeugnisse
3. Spezialisierung auf einzelne Fertigerzeugnisse
4. Spezialisierung auf Baugruppen
5. Spezialisierung auf Einzelteile und Halbfabrikate
6. Spezialisierung auf Montage.

Die internationalen Spezialisierungsrichtungen stellen eine Zusammenfassung gleichartiger Teilproduktionsprozesse zur Herstellung von Halbfabrikaten, Einzelteilen und Baugruppen und gleichartiger Gesamtproduktionsprozesse zur Herstellung von Fertigerzeugnissen sowie von technologischen Arbeitslinien und Produktionsanlagen über die Ländergrenzen hinweg dar.

Mitunter setzt mit der Internationalisierung der Produktion überhaupt erst die betriebliche Verselbständigung von Teilproduktionsprozessen ein. Das kann vor allem bei der internationalen Spezialisierung von Einzelteilen und Baugruppen der Fall sein.

Andererseits geht der internationalen Spezialisierung oft die betriebliche Verselbständigung voraus: Maschinen und Ausrüstungsteile werden bereits in mehr oder weniger spezialisierten Betrieben gefertigt.

Die internationale Spezialisierung der Produktion darf nicht willkürlich vorgenommen werden und auch nicht allein gestützt auf Erfahrungswerte. Es ist nicht damit getan, *überhaupt irgendeine* der Spezialisierungsrichtungen anzuwenden. Diese bisher vorherrschende Spezialisierungspraxis kann keinen hohen Nutzeffekt zeitigen oder zumindest nicht den an sich möglichen. Das ist z. B. der Fall, wenn konstruktiv-technologisch ähnliche Erzeugnisse nicht zu einem international-spezialisierten Produktionsprogramm vereinigt werden, sondern als einzelne Fertigerzeugnisse in verschiedenen Ländern spezialisiert werden. Oder wenn gleiche Chemieanlagen nach Kapazitätsgrößen aufgeteilt werden, z. B. Fertigung von Ammoniakanlagen mit einer Leistung von 70000 jt in der DDR und mit einer Leistung von 100000 jt in der CSSR.

Die internationalen Spezialisierungsrichtungen müssen *wissenschaftlich* begründet sein. Es ist die für den konkreten Spezialisierungsgegenstand effektivste Richtung zu ermitteln. Dazu sind technisch-ökonomische Analysen erforderlich. Mit ihrer Hilfe ist u. a. festzustellen, wie die Spezialisierung von Produktionslinien und -anlagen am zweckmäßigsten erfolgen sollte, welche Erzeugnisse konstruktiv-technologisch ähnlich sind, bei welchen Baugruppen oder Einzelteilen unter welchen Bedingungen eine internationale Spezialisierung ökonomisch ist, wie verschiedene Spezialisierungsrichtungen miteinander zu kombinieren sind.

Jede der Spezialisierungsrichtungen weist in Abhängigkeit von bestimmten Merkmalen des Spezialisierungsgegenstandes Besonderheiten auf, die durch die technisch-ökonomischen Analysen aufzudecken und in der Praxis zu berücksichtigen sind. Allen gemeinsam liegt das Ziel zugrunde, wesentlich zur Steigerung der gesellschaftlichen Arbeitsproduktivität beizutragen. Die Klarheit über die diesbezüglichen Möglichkeiten und Bedingungen verhilft zu einer grundlegenden Orientierung für die richtige Anwendung der Spezialisierungsrichtungen.

Die internationale Spezialisierung muß zu einer wesentlichen Produktivitätssteigerung und Kostensenkung im Fertigungsprozeß führen. Durch Konzentration gleicher bzw. konstruktiv-technologisch ähnlicher Erzeugnisse, Baugruppen und Einzelteile wird — verbunden mit der Standardisierung der Erzeugnisse und der Typisierung technologischer Prozesse — die wichtigste Voraussetzung für die bessere Ausnutzung der vorhandenen Grundfonds, der Arbeitszeit und des Materials sowie die wirtschaftliche Anwendung produktiver Verfahren, Bearbeitungsmaschinen und moderner Formen der Produktionsorganisation geschaffen. Der wissenschaftlich-technische Fortschritt bringt fortwährend leistungsfähigere Maschinen und Ausrüstungen hervor, die in der Regel komplizierter und teurer sind. Damit wächst die Bedeutung einer hohen Ökonomie der vergegenständlichten Arbeit, speziell der aktiven Grundmittel, wovon die Senkung des Gesamtaufwandes pro Erzeugniseinheit in zunehmendem Maße abhängt.

Die internationale Spezialisierung der Produktion soll aber nicht nur zur Produktivitätssteigerung im Fertigungsprozeß führen, sondern ebenso auch zur Rationalisierung der Forschungs- und Entwicklungsarbeiten, zur Erhöhung ihres Tempos und ihrer Qualität, zu zweckmäßigsten technischen Lösungen.

Zwischen dieser Forderung und der Gestaltung spezialisierter Produktionsprogramme bestehen Beziehungen, auf die noch näher einzugehen sein wird. An dieser Stelle soll lediglich festgehalten werden, daß die internationale Spezialisierung sowohl eine Einsparung gesellschaftlicher Arbeit und eine Qualitätsverbesserung im Bereich der Produktion als auch im Bereich der wissenschaftlich-technischen Vorbereitung der Produktion bewirken muß — genauer gesagt, daß sie dafür günstige organisatorische Voraussetzungen zu schaffen hat, die dann in den einzelnen Ländern und Betrieben zu nutzen sind. Dieses objektive Erfordernis ergibt sich aus den Entwicklungstendenzen des wissenschaftlich-technischen Fortschritts, von denen hier hervorgehoben seien:

die enorme Erweiterung der Forschungs- und Entwicklungsarbeiten, ihr wachsender Anteil an der gesellschaftlichen Gesamtarbeit, ihr zunehmendes Gewicht für die Erhöhung der Effektivität der gesellschaftlichen Produktion;

der beschleunigte Prozeß der Vollmechanisierung und Automatisierung, des Übergangs zu kontinuierlichen Arbeitsprozessen bei steigender Leistungsfähigkeit der Maschinen und Produktionsanlagen;

die daraus resultierende Komplexität der Forschungs-, Entwicklungs- und Projektierungsarbeiten zur Schaffung kompletter Produktionslinien und -anlagen.

Die internationalen Spezialisierungsrichtungen müssen diese Entwicklungstendenzen nicht nur berücksichtigen, sondern spielen als höchste Organisationsformen der gesellschaftlichen Produktion eine erstrangige Rolle bei ihrer Durchsetzung. Die mit der internationalen Spezialisierung entstehenden umfangreichen Kooperationsbeziehungen zur Herstellung eines Erzeugnisses oder einer größeren Produktionseinheit lassen es gleichzeitig notwendig erscheinen, der Ökonomie der Kooperation und Zirkulation die gebührende Beachtung zu schenken und durch entsprechende Maßnahmen (wie exakte internationale Lieferungs- und Leistungsverträge bei wirksamer Anwendung ökonomischer Hebel) eine reibungslose Verbindung der Teilarbeiten zu sichern. Es kommt also auf eine hohe Gesamtökonomie an.

Zusammenfassend ergeben sich folgende Erfordernisse, die der Bestimmung der internationalen Spezialisierungsrichtungen der Produktion zugrunde liegen:

1. Sicherung des Höchststandes in Forschung, Entwicklung, Projektierung und Konstruktion sowie eines minimalen Aufwandes und hohen Tempos bei der Durchführung dieser Arbeiten und der Überleitung ihrer Ergebnisse in die Produktion; Beachtung der Einheit von Entwicklung und Produktion und der notwendigen einheitlichen technischen Politik bei der Entwicklung der wichtigsten Produktionsinstrumente in den Ländern des RGW;
2. Wirtschaftliche Anwendung der modernsten Technik, Herstellung der Erzeugnisse mit höchster Arbeitsproduktivität, Qualität und niedrigen Selbstkosten;
3. Beachtung und Gewährleistung einer ökonomischen, reibungslosen Kooperation und Zirkulation der Maschinen, Aggregate und Anlagen und ihrer kurzfristigen Lieferfähigkeit.

3. Besonderheiten und Schwerpunkte der internationalen Spezialisierungsrichtungen

Alle Spezialisierungsrichtungen erklären sich aus dem Gesetz der Ökonomie der Zeit, dessen konkrete Wirkungsbedingungen durch den wissenschaftlich-technischen Fortschritt auf der Grundlage der sozialistischen Produktionsverhältnisse bestimmt sind. Dabei besitzen die einzelnen Richtungen ein unterschiedliches Gewicht für die Steigerung der gesellschaftlichen Arbeitsproduktivität und sind durch spezifische Beziehungen zu den genannten Erfordernissen der internationalen Spezialisierungsrichtungen gekennzeichnet. Das hängt natürlich auch vom Charakter des Spezialisierungsgegenstandes ab.

Während die eine Spezialisierungsrichtung sowohl die Rationalisierung der Entwicklung als auch der Produktion bewirkt, kann eine andere Spezialisierungsrichtung in erster Linie zur besseren Lösung der Entwicklungsarbeiten oder zur wirtschaftlichen Fertigung führen. Manche Spezialisierungsrichtung stellt (in Abhängigkeit vom Charakter der Erzeugnisse und von ihren Transportbedingungen sowie von der Bedarfsstreuung im RGW-Raum) das Problem der Beachtung einer ökonomischen und reibungslosen Kooperation nicht oder nicht so sehr auf die Tagesordnung, im anderen Fall kann das sogar von ausschlaggebendem Einfluß sein.

Es ist nur in begrenztem Maße möglich und sinnvoll, nach diesen Gesichtspunkten eine abstrakte Einteilung der verschiedenen internationalen Spezialisierungsrichtungen vorzunehmen. Mit diesen Gedanken soll vor allem die Tatsache hervorgehoben werden, daß nicht jede Spezialisierungsrichtung für sich genommen in allen Einflußbereichen zur Sicherung einer hohen Ökonomie der Zeit beiträgt, daß sogar Gegenwirkungen auftreten können und daß, um eine hohe Gesamtökonomie zu erzielen, oft eine Kombination verschiedener internationaler Spezialisierungsrichtungen notwendig ist. Betrachten wir einige Besonderheiten der Spezialisierungsrichtungen.

Die *Spezialisierung von Einzelteilen* muß zur Senkung der Fertigungskosten führen. Als internationale Spezialisierungsrichtung wird sie im allgemeinen jedoch keine wesentliche Verbesserung und Einsparung in der Konstruktion des Fertigerzeugnisses bewirken. Dagegen stellt sie aber infolge der internationalen Aufgliederung und Verselbständigung von Teilprozessen bei der Herstellung der Fertigerzeugnisse hohe Anforderungen an die zwischenstaatliche Kooperation. Keinesfalls darf durch die internationale Spezialisierung einzelner Teile oder auch von Baugruppen die Kontinuität des Gesamtproduktionsprozesses zur Herstellung von Fertigerzeugnissen in den einzelnen Ländern gestört werden. Ebenso dürfen die dadurch anfallenden Transport- und Lagerkosten nicht die Höhe der Senkung der Produktionsselbstkosten erreichen.

Natürlich können dringender Bedarf, Unmöglichkeit der Eigenproduktion und vorhandene Produktionskapazitäten in anderen Ländern hier — wie überhaupt — Sonderregelungen rechtfertigen. Das Hauptkriterium für die Zweckmäßigkeit einer internationalen Spezialisierung ist aber die Steigerung der gesellschaftlichen Arbeitsproduktivität bei bedarfsgerechter Produktion qualitativ hochwertiger Erzeugnisse. Im Falle der Spezialisierung von Teilen und Baugruppen bedeutet das: Verbilligung der spezialisierten Teile oder Baugruppen für den Bezieher, wobei diese den Qualitätsansprüchen vollauf gerecht werden müssen, und rationelle Bewältigung der Kooperationsaufgaben für die kontinuierliche Produktion.

Aus diesen Gründen kommen bei weitem nicht alle Teile für eine international spezialisierte Fertigung in Frage. Es muß eine gewissenhafte Auswahl getroffen werden. Geeignet sein können komplizierte Teile mit einem hohen Arbeitsaufwand, bei denen erst durch die international konzentrierte Fertigung unter Anwendung neuer Technologien eine beträchtliche Senkung des Arbeitsaufwandes und der Kosten erreichbar ist.

Für die internationale Spezialisierung von Einzelteilen besteht demnach eine Reihe begrenzender Anwendungsbedingungen.

Bei *Baugruppen* wird die internationale Spezialisierung eine breitere Ausdehnung erfahren. Hierfür kann ein international standardisiertes Baukastensystem völlig neue Möglichkeiten schaffen (z. B. im Gerätebau, evtl. auch im Werkzeugmaschinenbau, Textilmaschinenbau, Fahrzeugbau). Auch für die ökonomische Standortverteilung metallaufwendiger Baugruppen und Aggregate in Abhängigkeit von der Materialbasis der Länder oder (und) für die Ausnutzung von Produktionskapazitäten besitzt die internationale Spezialisierung von Baugruppen Bedeutung. So besteht z. B. ein großer ungedeckter Bedarf von selbstfahrenden Kranen in den sozialistischen Ländern. Um die Produktion schneller steigern zu können, ist zwischen der CSSR und der Sowjetunion und der Sowjetunion und der VR Polen eine Spezialisierung von Baugruppen für bestimmte Krantypen vereinbart worden.

Die internationale *Spezialisierung von Fertigerzeugnissen* unterliegt im wesentlichen keinen begrenzenden Anwendungsbedingungen. Eine internationale Spezialisierung gleicher Fertigerzeugnisse ist in den allerme sten Fällen vorteilhaft und dringend erforderlich, um wirtschaftlicher produzieren und gleichzeitig die Entwicklung und Konstruktion rationalisieren zu können. Das gilt sowohl für Produktionsinstrumente als auch für Konsumtionsmittel wie Fernsehgeräte, Waschmaschinen, Kühlschränke, Motorräder, Autos u. a. Damit ist nicht gesagt, daß in jedem Fall der Spezialisierungsgrad — Koeffizient 1 anzustreben wäre. Internationaler Spezialisierungsgrad

$$= \frac{\text{Produktion des Erzeugnisses } X}{\text{Anzahl produzierender Länder}}.$$

Die Erfahrungen zeigen aber, daß bei vielen Erzeugnissen die Fertigung in nur einem Land des RGW-Raumes konzentriert werden müßte, wenn die moderne Technik wirtschaftlich angewandt werden soll. Hierunter fallen z. B. viele Werkzeugmaschinen, eine Reihe von Erzeugnissen des Schwermaschinenbaus, eine hohe Anzahl von Textilmaschinen, Nahrungs- und Genußmittelmaschinen, Verpackungsmaschinen, elektrotechnische Erzeugnisse. Mitunter ist der Bedarf aller RGW-Länder für wirtschaftliche Stückzahlen noch nicht einmal ausreichend. Produktion für den allumfassenden Weltmarkt ist deshalb neben Importbedürfnissen in der

Rationalisierung der Forschungs- und Entwicklungsarbeiten und im Einsatz der modernen Fertigungstechnik begründet.

Bei einem weiteren Teil von Erzeugnissen sprechen die Bedarfsgröße der Sowjetunion, der Transport und andere Bedingungen dafür, die Produktion an zwei Stellen — in der Sowjetunion und in einem weiteren RGW-Land — durchzuführen. Und nur bei relativ wenig Erzeugnissen wird es ökonomisch sein, in mehr als zwei Ländern die gleiche Produktion aufrechtzuerhalten oder neu aufzubauen. Wenn heute noch die Fertigung vieler Maschinen und Konsumtionsmittel in fast allen RGW-Ländern aus Gründen des Ausgleichs der Zahlungsbilanz, der Arbeitsbeschaffung und anderer Umstände erfolgt, so wird dieser Zustand durch die weitere Entwicklung der Produktivkräfte unweigerlich unterhöhlt. Je mehr die sozialistischen Länder eine aktive Spezialisierungspolitik betreiben, desto rascher werden die Produktivkräfte auf eine höhere Stufe gehoben. Und nur auf der Grundlage einer entwickelten sozialistischen internationalen Arbeitsteilung — nicht aber auf der Grundlage von nachteiligen Parallelproduktionen — kann eine wirklich rationelle Nutzung der inneren Ressourcen jedes Landes erfolgen und das Gleichgewicht der Außenwirtschaftsbeziehungen langfristig stabil gehalten werden.

Bei der Spezialisierung von Fertigerzeugnissen kommt es nun keinesfalls nur darauf an, den ökonomisch begründeten Spezialisierungsgrad festzustellen. Die Fertigerzeugnisse dürfen nicht beliebig spezialisiert werden, wie es in der Vergangenheit oft geschah. Es ist nicht damit getan, die ungerechtfertigte Parallelproduktion eines gleichen Fertigerzeugnisses durch die Spezialisierung auf einzelne Typen zu beseitigen, sondern es müssen weitgehend die konstruktiv-technologisch ähnlichen Maschinen und Ausrüstungen zusammengefaßt werden.

Nehmen wir als Beispiel die Verpackungsmaschinen. In konstruktiver Hinsicht sind jeweils ähnlich:

Verpackungsmaschinen für Stückgut
Verpackungsmaschinen für Schüttgut
Verpackungsmaschinen für pastöse Güter
Verpackungsmaschinen für flüssige Güter
Sammelverpackungsmaschinen

In technologischer Hinsicht sind nicht nur die Maschinen innerhalb der konstruktiv ähnlichen Gruppen einander gleichartig, sondern darüber hinaus auch die verschiedenen Arten von Verpackungsmaschinen. Von 14 untersuchten Maschinen, die repräsentativ für das gesamte Sortiment an Verpackungsmaschinen sind, gehören bei 13 Maschinen 89 Prozent der Einzelteile zu Einzelteilgruppen, die auf gleichen Maschinen bearbeitet werden können. Daraus ergibt sich die Notwendigkeit, zumindest die Maschinen konzentriert zu fertigen, die sowohl technologisch als auch konstruktiv ähnlich sind. Diesem Erfordernis haben die bisherigen Spezialisierungsempfehlungen nicht Rechnung getragen. Danach ist folgende Verteilung vorgenommen worden:

TABELLE 4

Verteilung der verschiedenen Verpackungsmaschinenarten auf die Länder des RGW

Maschinen für:	DDR	UdSSR	ČSSR	VRP	VRB
Schüttgut	5	4	3	–	–
Stückgut	10	1	3	1	2
pastöse Güter	1	1	–	3	–
Sammelverpackung	3	2	1	–	–
	19	8	7	4	2

Verpackungsmaschinen gleicher Art werden also weiter in mehreren Ländern entwickelt und gebaut. Das ist keine ernsthafte internationale Spezialisierung, denn die möglichen Nutzeffekte werden nicht wahrgenommen.

Die *Zusammenfassung konstruktiv-technologisch ähnlicher Maschinen und Ausrüstungen* ist aus zwei Gründen notwendig: einmal zur Vermeidung gleicher oder ähnlicher Entwicklungsarbeiten an mehreren Stellen und zum anderen zur Rationalisierung der Fertigung. Die große, sich ständig erweiternde Sortimentsbreite im Maschinenbau (die durch Typisierung und Standardisierung immer nur relativ eingeschränkt bzw. von vornherein in ökonomischen Grenzen gehalten werden kann) und die selbst bei internationaler Spezialisierung in vielen Maschinenbauzweigen nicht erreichbaren wirtschaftlichen Stückzahlen bei einem einzelnen Erzeugnis erfordern die Zusammenfassung der konstruktiv-technologisch ähnlichen Erzeugnisse zu spezialisierten Länderprogrammen. Die dadurch erzielbare größere Häufigkeit technologisch ähnlicher Arbeitsprozesse bietet die Voraussetzung zur Anwendung der modernen Fertigungstechnik in den Betrieben. Die Spezialisierung und Konzentration konstruktiv-technologisch ähnlicher Fertigerzeugnisse bringen also sowohl Einsparungen im wissenschaftlich-technischen Bereich als auch im Produktionsbereich mit sich, sie tragen zur Qualitätssteigerung bei und setzen gleichzeitig Kapazitäten für die Inangriffnahme neuer Forschungs-, Entwicklungs- und Produktionsaufgaben frei.

Die internationale Zusammenfassung gleichartiger Entwicklungs- und Konstruktionsaufgaben für Einzelerzeugnisse genügt vielfach bereits nicht mehr den Anforderungen des wissenschaftlich-technischen Fortschritts. Die Zunahme der kontinuierlichen Arbeitsprozesse verlangt die einheitliche, komplexe Organisation der anfallenden Forschungs-, Entwicklungs- und Projektierungsaufgaben zur zweckmäßigen technologischen Lösung eines größeren, durch die Kontinuität des Ablaufes verbundenen Produktionsprozesses. Dem wird die internationale *Spezialisierung auf Produktionslinien und -anlagen* gerecht.

Kontinuierlich arbeitende Produktionslinien und -anlagen sind qualitativ höhere technische Einheiten als einfach aneinandergereihte Einzelausrüstungen. Hermüssen die Leistungsdaten und andere technische Parameter der zusammenwirkein den Teile der Anlage genau aufeinander abgestimmt sein. Die Spezialisierung auf Produktionslinien und -anlagen hat auch den Vorteil einer Tempobeschleunigung bei der Lösung der Entwicklungsaufgaben und ihrer produktionsmäßigen Umsetzung.

Hinzu kommen Vorteile der Realisierung und des Absatzes der Produktion, wie kurzfristige Lieferfähigkeit, Eingehen auf besondere Kundenwünsche, Erzielung höherer Preise durch die Patente und die Ingenieurleistungen, bessere technische Betreuung der Anlagen am Einsatzort.

Der beschleunigte Übergang zur kontinuierlichen, automatisierten Produktion und die aufgezeigten Notwendigkeiten und Vorteile erklären, daß die internationale Spezialisierung auf Produktionslinien und -anlagen eine fortschrittliche Organisationsform zur Lösung vieler daraus entstehender technischer und ökonomischer Aufgaben ist und daß diese Spezialisierungsrichtung ein immer größeres Gewicht erhält.

Internationale Spezialisierung auf Produktionslinien und -anlagen bedeutet aber nicht generell komplette Fertigung der zu einer Linie gehörenden Maschinen und Ausrüstungen in jeweils nur einem Land. Damit würde in der Fertigung vieler Maschinen keine wesentliche bzw. nicht die mögliche Einsparung erreicht. Der Grund liegt in der geringen Anzahl gleicher oder ähnlicher Maschinen in der einzelnen Arbeitslinie, während die Wiederverwendung solcher Maschinen über die verschiedenen Arbeitslinien und Anlagen hinweg groß ist. Deshalb ist es in vielen Fällen ökonomisch, Wiederholmaschinen konzentriert in einem Land zu produzieren.

Werden Wiederholmaschinen aus mehreren Produktionslinien oder -anlagen konzentriert in einem Land gefertigt, dann liegt eine Kombination der internationalen Spezialisierung auf Linien und Anlagen mit der internationalen Spezialisierung auf gleiche bzw. konstruktiv-technologisch ähnliche Fertigerzeugnisse vor.[5]

Diese Kombination internationaler Spezialisierungsrichtungen erschließt die Möglichkeit der Produktivitätssteigerung sowohl im Bereich der Entwicklung als auch im Bereich der Produktion, was bei kompletter Fertigung von Produktionslinien und -anlagen in einem Land oft nicht gewährleistet ist. Hierbei macht es sich notwendig, durch Festlegung des auf die Produktionslinie spezialisierten Landes als Generalprojektant und -lieferant die einheitliche Entwicklung der gesamten Linie zu sichern und durch entsprechende Vollmachten, über den Preis und über andere ökonomische Hebel die ständige Vervollkommnung der Teilanlagen, Apparate und Maschinen sowie ihre pünktliche, qualitätsgerechte Zulieferung zu gewährleisten.

Für die Produktionslinien und -anlagen gelten sinngemäß die Ausführungen zur Spezialisierung von Fertigerzeugnissen. Auch hierbei sollte im allgemeinen keine Aufteilung ähnlicher Linien oder Anlagen auf mehrere Länder erfolgen, wie das zum Beispiel bei Chemieanlagen geschehen ist. Das bringt Doppelarbeiten zur Entwicklung der Verfahren, in der Konstruktion und Projektierung mit sich. Durch Zusammenfassung gleicher, sich nur in der Leistungsgröße unterscheidender An-

[5] Eine weitere Kombinationsmöglichkeit von internationalen Spezialisierungsrichtungen ist z. B. die Spezialisierung von Fertigerzeugnissen in einem Land und die Spezialisierung von Baugruppen oder Einzelteilen aus diesen Fertigerzeugnissen – evtl. zusammen mit Einzelteilen aus weiteren Fertigerzeugnissen – in einem anderen Land.

lagen und ähnlicher Anlagen erhöht sich auch stets der Grad der gleichen bzw. ähnlichen apparativen Ausrüstung der Anlagen und damit die Wirtschaftlichkeit der Fertigung.

Internationale Spezialisierung ist Spezialisierung der Entwicklung *und* der Produktion. Es wäre aber vereinfacht, aus der Einheit von Entwicklung und Produktion den Schluß zu ziehen, daß das entwickelnde Land in jedem Fall gleichzeitig die Produktion durchführen sollte.

Die Einheit von Entwicklung und Produktion kann durchaus auch im Rahmen der internationalen Kooperation gewahrt sein, wenn das ökonomischer ist. Die Aufgabe besteht darin, für die Entwicklung und die Produktion die jeweils rationellste internationale Organisationsform zu finden und sie koordiniert anzuwenden, um den wissenschaftlich-technischen Fortschritt allseitig zu beschleunigen.

Man muß bei diesem Problem wie bei der Anwendung verschiedener Kombinationsformen internationaler Spezialisierungsrichtungen beachten, daß die Gestaltung international spezialisierter Produktionsprogramme nicht schlechthin mit der Gestaltung spezialisierter Betriebsprogramme gleichzusetzen ist. Teilweise ist das international spezialisierte Produktionsprogramm von vornherein auf einen oder einige bestimmte Betriebe zugeschnitten, zum Teil wird es aber erst in den spezialisierten Ländern — je nach den konkreten Bedingungen und unter Umständen gekoppelt mit anderen Produktionen — auf die Betriebe verteilt. Vor allem bei größeren Erzeugniseinheiten, wie Produktionslinien und -anlagen, erfolgt die Produktion in verschiedenen Betrieben. Die sowieso notwendige innerstaatliche Kooperation kann deshalb im Falle der Zweckmäßigkeit durchaus auch eine zwischenstaatliche Kooperation werden.

Eine weitere Schlußfolgerung aus den dargelegten Umständen ist die, daß es für die einzelnen Länder mit der Festlegung der internationalen Spezialisierungsrichtung nicht abgetan ist, daß vielmehr die günstigste Betriebsspezialisierung im Lande zu ermitteln und die tägliche Arbeit zur Rationalisierung der Fertigung zu leisten ist, damit der potentielle Nutzen der internationalen Spezialisierung auch tatsächlich realisiert wird.

Die wachsende Betriebsspezialisierung führt immer mehr zur Auflösung des komplexen Maschinenbaubetriebes, der im wesentlichen alle technologischen Stufen in sich vereinigt. Fließfertigung, Teil- und Vollautomatisierung erfordern in starkem Maße spezialisierte Betriebe für die Vorfertigung, für Einzelteile, Baugruppen und z. T. reine Montagewerke. Dieses sich herausbildende System spezialisierter Betriebe muß gut miteinander verbunden werden, damit eine hohe gesellschaftliche Arbeitsproduktivität erzielt wird. Die internationale Spezialisierung der Produktion wird von diesem Prozeß erfaßt und hat ihn entscheidend zu unterstützen. Das geschieht aus den erklärten Gründen aber nur z. T. in der Weise, daß die einzelnen spezialisierten Betriebstypen direkt die internationalen Spezialisierungsrichtungen bestimmen (Spezialisierung auf Einzelteile, Baugruppen, Montagewerke). Die internationale Spezialisierung unterstützt diesen Prozeß in besonderem Maße auch durch die Zusammenfassung größerer konstruktiv-technologisch ähnlicher Einheiten, die in den Ländern weiter auf die Betriebe aufgegliedert werden.

Die Erfordernisse des wissenschaftlich-technischen Fortschritts und die Größe der erzielbaren Einsparungen an gesellschaftlicher Arbeit lassen drei internationale Spezialisierungsrichtungen im Maschinenbau als Schwerpunkte erkennen:

1. die internationale Spezialisierung von Produktionslinien und -anlagen;
2. die internationale Spezialisierung von konstruktiv-technologisch ähnlichen Fertigerzeugnissen;
3. die internationale Spezialisierung von Baugruppen.

Diese Richtungen sind oft kombiniert anzuwenden und teilweise durch die anderen Spezialisierungsrichtungen zu ergänzen. Maschinen und Ausrüstungen, die sowohl in Anlagen als auch als Einzelausrüstungen Verwendung finden, sollten weitgehend in den gleichen Ländern (Betrieben) in den erforderlichen Varianten gebaut werden. Für die Spezialisierung auf Baugruppen ist ein besonders hohes Niveau der internationalen Standardisierung und Typisierung erforderlich.

4. Die technisch-ökonomische Analyse zur Ermittlung effektiver internationaler Spezialisierungsrichtungen

Im weiteren werden die Bestandteile der technisch-ökonomischen Analyse für die internationale Spezialisierung von Produktionslinien und -anlagen sowie von Fertigerzeugnissen behandelt. Das prinzipielle Herangehen und eine Reihe einzelner Punkte der Ermittlung zweckmäßiger Spezialisierungsrichtungen gelten jedoch sinngemäß auch für die übrigen internationalen Spezialisierungsrichtungen.

Die technisch-ökonomische Analyse untersucht Merkmale des Spezialisierungsgegenstandes und Faktoren, die die internationalen Spezialisierungsrichtungen ursächlich bestimmen.

a. Faktoren, die die Spezialisierungsrichtungen ursächlich bestimmen

aa. Die technischen Entwicklungstendenzen

Die internationale Spezialisierung darf einen gegebenen technischen Stand nicht konservieren, sondern muß entscheidend zum technischen Fortschritt beitragen. Dazu gehört die Kenntnis der technischen Entwicklungstendenzen (das Aufkommen neuer Erzeugnisse, Werkstoffe und Technologien), die in der DDR in den wissenschaftlich-technischen Konzeptionen der Zweige und Erzeugnisgruppen enthalten sein müssen und besonders auch bei der Ermittlung der internationalen Spezialisierungsrichtungen zu beachten sind.

Zum Beispiel ergeben sich aus dem wissenschaftlich-technischen Fortschritt im Maschinenbau selbst und in den Anwenderzweigen Veränderungen im Maschinenbausortiment, Anforderungen an konstruktive Verbesserungen und an Neuentwicklungen. Ebenso ist daraus ersichtlich, ob in absehbarer Frist der Übergang zu kontinuierlichen Produktionsprozessen erfolgt. Davon ausgehend sind die Schwerpunkte der internationalen Spezialisierung, die vor allem die Entwicklung und Produktion der für den wissenschaftlich-technischen Fortschritt wichtigsten Maschinen umfassen müssen, zu ermitteln. Die Spezialisierungsvereinbarungen bzw. die abzuschließenden internationalen Verträge müssen progressive technisch-ökonomische Parameter der Erzeugnisse enthalten. Im Falle des Übergangs zu kontinuierlichen Produktionsprozessen sind die erforderlichen Forschungs-, Entwicklungs-, Projektierungs- und Produktionsaufgaben komplex zu erfassen und international so zu organisieren, daß dieser Prozeß beschleunigt wird.

bb. Der Verwendungszweck der Maschinen und Ausrüstungen

Bei den einzelnen Erzeugnissen ist festzustellen, ob sie in Produktionslinien oder als Einzelerzeugnis bzw. gleichzeitig zu beiden Zwecken verwendet werden und ob sie den spezifischen Bedarf eines Anwenderzweiges befriedigen oder in verschiedenen Zweigen eingesetzt werden. Davon kann die internationale Spezialisierung wesentlich abhängen. Bei der Verwendung in einer Produktionslinie wird das auch vom Wert und von der Funktion dieser Maschine in der Linie sowie vom Grad der technologischen Verkettung beeinflußt. Gehört eine Maschine zu einer Produktionslinie, kann die Entscheidung über die Art und den Standort ihrer Spezialisierung nicht losgelöst von der Entscheidung über die Spezialisierung der gesamten Linie getroffen werden. In der Praxis geschieht das aber noch sehr oft. So wurden beispielsweise Textilmaschinen vorwiegend als Einzelmaschinen spezialisiert, ohne ihren Verwendungszweck geprüft zu haben. Zum Beispiel hat die DDR die Produktion von Chemiefaserspinnmaschinen aufgegeben, sich aber wenig später auf Anlagen zur Zellstoffherstellung spezialisiert, wozu die Spinnmaschine gehört. Da diese Maschine eine entscheidende Funktion in der Gesamtanlage zu erfüllen hat, kompliziert und teuer ist, wäre es in diesem Fall richtig gewesen, sie weiter in der DDR zu bauen. Dieses Beispiel, das für viele auch aus anderen Zweigen des Maschinenbaus spricht, zeigt des weiteren die Notwendigkeit, die Spezialisierungsmaßnahmen in den internationalen Gremien und erst recht im eigenen Lande gut aufeinander abzustimmen.

cc. Die konstruktiv-technologischen Merkmale der Erzeugnisse

Zur Ermittlung konstruktiv-technologisch ähnlicher Erzeugnisse erfolgen Ausführungen im nächsten Abschnitt.

dd. Die Gleichartigkeit der Forschung und Entwicklung für mehrere Produktionslinien und -anlagen, die Wiederverwendung gleicher bzw. konstruktiv-technologisch ähnlicher Maschinen und Ausrüstungen in den Anlagen

Diese Analyse läßt erkennen, welche Produktionslinien und -anlagen (unter Berücksichtigung von Vereinheitlichungsmaßnahmen) auf Grund prinzipiell gleicher Forschungs- und Entwicklungsaufgaben (für die Verfahren und die technologische Ausrüstung) und der Wiederverwendung gleichartiger Maschinen in Gruppen zusammengefaßt spezialisiert werden sollten.

ee. Der Bedarf an Anlagen und Erzeugnissen im Perspektivzeitraum in den Ländern des RGW und die langfristigen Absatzmöglichkeiten in anderen Ländern

Ebenso wie die Entwicklung der technischen Entwicklungstendenzen ist die Feststellung des Bedarfs nicht die eigentliche Aufgabe dieser technisch-ökonomischen Analyse. Diese Werte gehören aber zu den Grundlagen für die Bestimmung effektiver Spezialisierungsrichtungen.

ff. Die erforderliche Stückzahl zur ökonomischen Anwendung der modernen Technik, die dadurch eintretende Aufwands- und Kostensenkung

Derartige Berechnungen gewinnen bei den Erzeugnissen Bedeutung, wo die Frage steht, ob ihre rationelle Produktion unter modernen technischen Bedingungen eine Konzentration in nur einem Land notwendig macht oder ob die Bedarfsgröße eine wirtschaftliche Fertigung in mehreren Ländern erlaubt. Wie bereits ausgeführt, trifft das aber nur auf einen relativ kleinen Teil von Fertigerzeugnissen zu. Anders verhält es sich bei Baugruppen und Einzelteilen. Bei vielen Fertigerzeugnissen erübrigen sich solche Berechnungen für den Nachweis, daß sie möglichst nur in einem Land gefertigt werden sollten, weil nicht einmal dann in wichtigen Produktionsabschnitten die neue Technik rationell eingesetzt werden kann. Deshalb hat hier die Ermittlung und Zusammenfassung konstruktiv-technologisch ähnlicher Erzeugnisse den Vorrang. Dabei kann es im Falle einer großen Anzahl ähnlicher Erzeugnisse erforderlich sein, die ökonomischen Anwendungsbedingungen der neuen Technik in wichtigen Fertigungsabschnitten festzustellen und in Abhängigkeit davon den Spezialisierungsgrad der Erzeugnisse mit zu bestimmen.

Bei dieser Problematik ist zu beachten, daß die Konzentration konstruktiv-technologisch ähnlicher Fertigerzeugnisse ja in jedem Fall auch zu Einsparungen in der Entwicklung und Konstruktion führt und daß wir es hier erst mit einer Vorbestimmung zweckmäßiger Spezialisierungsrichtungen zu tun haben. Die endgültig auszuarbeitenden Spezialisierungsvarianten unter Berücksichtigung der Produktionsbedingungen der Länder müssen dagegen mit einem genauen Nutzensnachweis belegt werden.

gg. Die Transportwürdigkeit der Erzeugnisse

Da bei manchen Erzeugnissen der hohe Transportaufwand Einfluß auf die Spezialisierung hat, kann davon zum Beispiel die Zweckmäßigkeit bestimmt sein, ob Anlagen komplett aus dem spezialisierten Land geliefert oder ob material- und transportaufwendige Teile der Anlage im Bezieherland bzw. in einem näher gelegenen Land gebaut werden.

Diese Merkmale und Faktoren sind die Ausgangsgrundlage für die Bestimmung effektiver internationaler Spezialisierungsrichtungen und ihre kombinierte Anwendung. Teilweise können die so ermittelten Spezialisierungsrichtungen vollkommen in die Praxis umgesetzt werden. Teilweise werden jedoch die bestehenden Entwicklungs- und Produktionsbedingungen der Länder einen korrigierenden Einfluß ausüben. Mitunter stehen sich auch die Länderinteressen gegenüber. Unter Berücksichtigung dieser Bedingungen sind realisierbare Spezialisierungsvarianten auszuarbeiten, die den technisch-ökonomisch begründeten Lösungen im Interesse eines hohen Spezialisierungsnutzens möglichst nahe kommen sollten.

b. Zur Ermittlung der konstruktiv-technologischen Ähnlichkeit von Fertigerzeugnissen

Der konstruktiv-technologische Vergleich von Fertigerzeugnissen nimmt eine zentrale Stellung in der technisch-ökonomischen Analyse der internationalen Spezialisierungsrichtungen ein. Der Sinn dieses Vergleichs besteht — das sei noch einmal hervorgehoben — darin, konstruktive und technologische Gemeinsamkeiten oder Ähnlichkeiten festzustellen und durch die Zusammenfassung der betreffenden konstruktiven Arbeiten sowie der Produktion Einsparungen in Konstruktion und Fertigung zu erzielen und gleichzeitig die Qualität der Erzeugnisse zu heben. Das Prinzip der konstruktiv-technologischen Ähnlichkeit ist ein grundlegendes Prinzip der Gestaltung spezialisierter Produktionsprogramme, und es ist deshalb wesentlich stärker als bisher auch bei der internationalen Spezialisierung anzuwenden.

Wir sprechen hier insofern gleichzeitig von konstruktiver und technologischer Ähnlichkeit, als die bestimmenden Merkmale der technologischen Ähnlichkeit eines Erzeugnisses untrennbar mit seiner Konstruktion verbunden sind. Ohne näher darauf eingehen zu können, ist es aber doch notwendig zu vermerken, daß konstruktive und technologische Ähnlichkeit eines Erzeugnisses nicht völlig identisch zu sein brauchen. Wie das angeführte Beispiel von Verpackungsmaschinen zeigte, kann es zwischen technologisch ähnlichen Maschinen bestimmte konstruktive Besonderheiten geben, die bei der Zusammenfassung der Maschinen zu spezialisierten Betriebs- oder auch Länderprogrammen ins Gewicht fallen können. Da es uns hier vor allem auf die Ermittlung der technologischen Ähnlichkeit ankommt, streifen wir das Problem der konstruktiven Ähnlichkeit nur kurz.

Ein Ausdruck für die konstruktive Ähnlichkeit ist die Wiederverwendung gleicher oder ähnlicher Baugruppen und deren Entwicklungsaufwand am gesamten Entwicklungsaufwand der verglichenen Erzeugnisse. Somit kann eine bestimmte Quantifizierung der konstruktiven Ähnlichkeit über folgende Formel vorgenommen werden:

$$\text{Grad der konstruktiven Ähnlichkeit} = \frac{BG_w}{BG_g}$$

$$\text{Bei Einbeziehung des Aufwandes} = \frac{BG_w + A}{BG_g + A}$$

BG_w = wiederverwendete Baugruppen
BG_g = gesamte Baugruppen der Erzeugnisse
A = Aufwand für die Entwicklung.

Diese Kennziffer ist aber nur ein Hilfsmittel im Rahmen der Feststellung der konstruktiven Gemeinsamkeiten bzw. Besonderheiten der Erzeugnisse. Dazu ist auch die Ermittlung der Konstruktionsprinzipien notwendig. Es kann ein relativ hoher gleicher Entwicklungsaufwand durch wiederverwendete Baugruppen beim Erzeugnis A und B vorliegen, und trotzdem können einige Besonderheiten der Konstruktion es notwendig machen, die konstruktive Arbeit für A und B jeweils gesondert durchzuführen. Auch der umgekehrte Fall ist denkbar; das Fehlen einer erheblichen Wiederverwendung gleichartiger Baugruppen muß nicht ausschließen, daß die Grundprobleme der Entwicklung soweit ähnlich sind, daß ihre Zusammenfassung zweckmäßig ist. Das ist insbesondere auch unter Berücksichtigung möglicher konstruktiver Anpassungen und Standardisierungsmaßnahmen zu entscheiden.

Fertigerzeugnisse sind technologisch ähnlich, wenn für die Herstellung wichtiger erzeugnistypischer Einzelteile gleiche Fertigungsverfahren und damit gleiche Bearbeitungsmaschinen sowie im wesentlichen gleiche Montageverfahren für die Baugruppen und das Fertigerzeugnis angewandt werden können und wenn gleiche Anforderungen an die Transportausrüstungen, die Bauverhältnisse der Produktionsgebäude und deren Fußbodenbelastbarkeit bestehen.[6] Das erlaubt die Spezialisierung der Arbeitskräfte und des Ausrüstungsparks und ermöglicht, höhere Formen der Produktionsorganisation anzuwenden sowie die Technik rationeller einzusetzen als bei Fertigung einer gleichen Anzahl, jedoch technologisch unähnlicher Fertigerzeugnisse. Produktivitätssteigerung, Selbstkostensenkung und Qualitätsverbesserung sind die Resultate einer solchen Programmgestaltung.

Die bestimmenden Merkmale der technologischen Ähnlichkeit sind: die Gestalt, die Abmessungen, die Bearbeitungsgenauigkeit und der Werkstoff der Einzelteile, der Charakter der Baugruppen- und Endmontage, die Dimensionen der Baugruppen und des Fertigerzeugnisses. Es fragt sich nun, wie und bis zu welcher Genauigkeit diese Merkmale bei der internationalen Spezialisierung erfaßt werden müssen.

[6] Die Ausführungen über die Ermittlung der technologischen Ähnlichkeit stützen sich auf den Artikel von *Nowarra*, *Sykora*, *Voß*, *Morgenstern*, Spezialisierung nach dem Prinzip der technologischen Ähnlichkeit, „Fertigungstechnik und Betrieb", H. 1, 1964.

Umfang und Genauigkeit der Analyse hängen vom Charakter der Erzeugnisse ab. Es ist nicht ausgeschlossen, daß bei einer Reihe von Erzeugnissen auf Grund der bekannten hohen technologischen Ähnlichkeit bzw. ihrer einfachen Überschaubarkeit eine Analyse gänzlich entfällt. Aber es entfällt natürlich nicht die bewußte Fragestellung nach der technologischen Ähnlichkeit bei der Spezialisierung der Erzeugnisse. Bei den meisten Erzeugnissen sind allerdings Analysen erforderlich, wobei der Grundsatz gilt, mit einem geringen Aufwand eine hinreichend genaue Aussage zu erreichen.

Bei Vorliegen einer hohen Anzahl ähnlicher Baugruppen, die den bestimmenden Anteil am Fertigungsaufwand ausmachen, besteht gleichzeitig eine beträchtliche technologische Ähnlichkeit; denn in den Baugruppen sind dann viele ähnliche und teilweise gleiche Einzelteile enthalten und außerdem sind die Montagebedingungen der Baugruppen ähnlich. Hier genügt also der Baugruppenvergleich, dem sich eventuell noch die Feststellung der Dimensionen des Fertigerzeugnisses anschließen muß, da ja eine verschieden große Zahl gleicher oder ähnlicher Baugruppen in den Erzeugnissen enthalten sein kann, wovon die Größe und das Gewicht der Fertigerzeugnisse beeinflußt werden. Auch bei Nichtvorhandensein einer großen Zahl ähnlicher Baugruppen kann technologische Ähnlichkeit zwischen Erzeugnissen bestehen. In bestimmter Hinsicht kommt diese in der technologischen Struktur des Gesamterzeugnisses zum Ausdruck.

„Unter technologischer Struktur eines Erzeugnisses sind die für die Herstellung des Erzeugnisses notwendigen Arten von Arbeitsaufwänden zu verstehen. Sie werden in Zeiteinheiten und nach prozentualen Anteilen am Gesamtarbeitszeitaufwand ausgewiesen.

Die grundlegende Aussage der technologischen Struktur besteht darin, daß sie Aufschluß über die Arten, den Umfang und die anteilmäßige Zusammensetzung der Maschinen, Ausrüstungen und Arbeitskräfte bestimmter Berufsgruppen gibt, die zur Herstellung des untersuchten Erzeugnisses notwendig sind. Die Bedeutung dieser Kennwerte für den Vergleich der technologischen Ähnlichkeit von Erzeugnissen besteht darin, daß die technologische Struktur den für das gesamte Erzeugnis charakteristischen technologischen Prozeß nach der Art der durchzuführenden Arbeitsoperationen und den notwendigen Proportionen zwischen ihnen erkennen läßt."[7]

Die einschränkende Aussagekraft der technologischen Struktur besteht unter anderem darin, daß daraus nicht die Art, Anzahl und Fertigungszeit der in den verglichenen Erzeugnissen enthaltenen Einzelteile zu erkennen sind. Die Aufwendungen in den einzelnen Maschinengruppen, die aus der technologischen Struktur zu ersehen sind, stellen ja bekanntlich die Summation dieser Aufwendungen über das ganze Erzeugnis dar. Mithin kann aus der technologischen Struktur nicht entnommen werden, wieviel ähnliche Einzelteile vorkommen und in welchem ungefähren Ausmaß durch deren Zusammenfassung vorhandene Maschinen besser ausgelastet bzw. höhere Formen der Produktionsorganisation und leistungsfähigere Maschinen angewandt werden können. Deshalb wurde in dem angeführten Artikel ein Klassifizierungssystem für Einzelteile vorgeschlagen, wonach die Einzelteile der zu ver-

[7] Ebenda, S. 2.

gleichenden Erzeugnisse in Einzelteilgruppen erfaßt werden, die eine sich von anderen Einzelteilgruppen unterscheidende technologische Ausrüstung für ihre Herstellung benötigen.

Da eine umfassende Klassifizierung der Einzelteile, selbst bei Anwendung moderner Hilfsmittel, sehr aufwendig ist, steht die Frage nach der Notwendigkeit der Anwendung dieser Methode für den hier geforderten Zweck. In den meisten Fällen erscheint es nicht erforderlich, eine umfassende Einzelteilklassifizierung zur Grundlage der Entscheidung für die Zusammenfassung technologisch ähnlicher Erzeugnisse zu nehmen. Neben dem Baugruppenvergleich können mit geringem Aufwand die standardisierten Teile (sowie bei Erzeugnissen eines Betriebes auch die wiederverwendeten Zeichenteile) erfaßt werden, wodurch bereits eine bestimmte Übersicht über das Teilsortiment gewonnen wird.

Wenn diese einschließlich der aus der technologischen Struktur gewonnenen Angaben noch unzureichend sind, ist es angebracht, die wichtigsten erzeugnistypischen Einzelteile vor allem nach der Gestalt und der Abmessung zu klassifizieren.

Es wird also zusammenfassend folgende Grobanalyse für die Ermittlung der technologischen Ähnlichkeit von Erzeugnissen für internationale Spezialisierungsentscheidungen als ausreichend angesehen:

a) die Erfassung der Dimensionen der Erzeugnisse und bei schweren Erzeugnissen auch der Hauptbaugruppen;
b) der Baugruppenvergleich
c) die Gegenüberstellung der technologischen Struktur der Erzeugnisse;
d) die Feststellung der standardisierten Teile (und evtl. auch der wiederverwendeten Zeichenteile);
e) die evtl. Klassifizierung einiger erzeugnistypischer Einzelteile, deren Fertigung kompliziert ist und deren Arbeitsaufwand einen hohen Anteil am Gesamtarbeitsaufwand der Erzeugnisse ausmacht.

Hinzu kommt die Prüfung, ob konstruktive Veränderungen und Standardisierungsmaßnahmen möglich sind, die die technologische Ähnlichkeit der Erzeugnisse erhöhen bzw. wodurch sich teilweise überhaupt erst eine technologische Ähnlichkeit und damit die Zweckmäßigkeit der Zusammenfassung der Erzeugnisse ergeben kann.

IV. Internationale Standortverteilung der spezialisierten Produktion

1. Ökonomische Standortverteilung und Entwicklung des Maschinenbaus in den einzelnen Ländern

Die Auswahl der Spezialisierungsrichtungen verfolgt das Ziel, gesellschaftliche Arbeit einzusparen und qualitativ hochwertige Erzeugnisse zu produzieren. Dazu gehört aber des weiteren eine ökonomisch begründete internationale Standortverteilung der zu spezialisierenden Produktion. Die Länder müssen sich so spezialisieren, daß der Konzentrationseffekt, der durch die Anwendung zweckmäßiger Spezialisierungsrichtungen entstehen kann, auch tatsächlich realisiert wird und daß die Erzeugnisse in jeder Hinsicht weltmarktfähig sind. Die internationale Standortverteilung unterliegt im Sozialismus aber nicht nur diesem Erfordernis, sondern auch der Notwendigkeit, die Entwicklung *aller* Länder zu fördern. Dabei spielt die Industrialisierung der ökonomisch noch weniger entwickelten Länder eine besondere Rolle. Diese beiden Erfordernisse bilden eine Einheit, da von ihrer gleichzeitigen Erfüllung der ökonomische Fortschritt in den einzelnen Ländern und im gesamten System abhängt. Sie stellen aber eine Einheit von Widersprüchen dar, die durchaus nicht immer leicht zu lösen sind. Es kostet den Ländern große Anstrengungen, das erstgenannte Erfordernis zu erfüllen. Vor allem trifft das auf die Länder zu, die den Maschinenbau erst entwickeln. Wie jedoch eingangs schon gesagt, liegt es nicht im freien Ermessen der Länder, unter welchen Bedingungen der Austausch der spezialisierten Erzeugnisse vollzogen wird. Das heißt, die gegenseitige materielle Interessiertheit der einzelnen Länder an einer internationalen Standortverteilung, die der Entwicklung aller Länder Rechnung trägt, besteht primär darin, daß dadurch die internationale Spezialisierung zum Nutzen aller Länder vertieft werden kann, daß der Bedarf mit Erzeugnissen zu Weltmarktpreisen gedeckt wird und diese Erzeugnisse auch in den technisch-ökonomischen Parametern den internationalen Anforderungen genügen. Das zwingt die Länder, bei ihren Spezialisierungsentscheidungen (die sie entweder für sich allein oder koordiniert mit anderen Ländern treffen) gründlich die einwirkenden Faktoren zu analysieren.

Hier gibt es neben richtigen Beispielen noch viele Unzulänglichkeiten und große Reserven für die Effektivitätssteigerung der gesellschaftlichen Arbeit. Zum Beispiel werden die materialmäßigen Voraussetzungen zur Entwicklung des Maschinenbaus nicht immer genügend beachtet. So produziert die DDR im Verhältnis zu ihren Vorkommen an metallurgischen Rohstoffen und zur Entfernung zu einem Teil der Importquellen noch in einem zu großen Umfang metallaufwendige Erzeugnisse. Darauf haben äußere Faktoren, der Bedarf anderer sozialistischer Länder und die ganze Situation in der ersten Etappe der Entstehung des sozialistischen Weltsystems eingewirkt. Es wurden aber auch die spezifischen Landesbedingungen zu wenig berücksichtigt. Dasselbe trifft auch auf die ČSSR zu, wo der Schwermaschinenbau mit 37 Prozent einen sehr hohen Anteil am gesamten Maschinenbau ausmacht.

Eine Produktion auf hohem wissenschaftlich-technischem Niveau verursacht einen großen Aufwand in der Forschung und Entwicklung und verlangt einen konzentrierten Einsatz der Investitionen sowie qualifizierte Arbeitskräfte. Die Breite des Sortiments spezialisierter Produktionen richtet sich also nach den Kräften und Mitteln, die dem Maschinenbau in den einzelnen Ländern zur Verfügung stehen. Bekanntlich ist die Produktionspalette des Maschinenbaus der DDR mit etwa 80 Prozent des Weltsortiments viel zu breit. Wenn es auch in starkem Maße historische Bedingungen sind, die dazu geführt haben (Spaltung Deutschlands, Embargo imperialistischer Länder, zunächst unentwickelter Maschinenbau in den meisten sozialistischen Ländern u. a.), so bleibt es doch eine zwangsläufige Folge, daß dadurch die Mitbestimmung des Weltniveaus erschwert und bei nicht wenigen Erzeugnissen unmöglich gemacht wird.

Die Bedingungen der DDR erfordern einen hohen Export an Maschinenbau erzeugnissen. Das breite Produktionssortiment führt aber zu einer zu breiten Export palette. Weder in der Produktion noch zwangsläufig im Export können bei den Erzeugnissen, wo es vom Bedarf her möglich wäre, hohe Stückzahlen erreicht und abgesetzt werden. Qualitätsmangel, hohe Kosten, lange Lieferzeiten, Preiseinbußen bzw. niedrige Devisenerlöse, unzureichende Konzentration in der Marktbearbeitung, im Kundendienst usw. und daraus entstehende Absatzschwierigkeiten sind die notwendigen Folgen. Die Einschränkung des Produktionssortiments, die entschiedene Konzentration in der Produktion und im Export auf Zweige und Erzeugnisse, für die eine große Nachfrage besteht und für deren Entwicklung und Fertigung in der DDR günstige Voraussetzungen vorhanden sind, sichern ein höheres Valutaaufkommen. Damit kann der Außenhandel stärker als bisher zur Steigerung der Akkumulationskraft unserer Volkswirtschaft beitragen.

Die Länder, die den Maschinenbau entwickeln, sollten von Anfang an auf eine ihren Kräften entsprechende rationelle Zunahme des Produktions- und Exportsortiments achten. Das gilt besonders für sehr komplizierte Erzeugnisse. Obwohl sich das Qualifikationsniveau der Arbeitskräfte im Sozialismus, unter anderem dank der gegenseitigen Hilfe, relativ schnell erhöht, dauert es doch eine geraume Zeit, ehe ein breiter Stamm erfahrener Wissenschaftler, Ingenieure und Facharbeiter herangebildet ist. Deswegen ist es für die sich industrialisierenden Länder besonders schwer, das wissenschaftlich-technische Höchstniveau zu erreichen.[8] Aus dem gleichen Grunde ist es aber auch besonders notwendig, sich streng zu konzentrieren.

Eine wichtige und zugleich schwierige Aufgabe der internationalen Spezialisierung ist die Abstimmung zwischen der Neuentwicklung des Maschinenbaus in verschiedenen Ländern und der weiteren Strukturentwicklung des Maschinenbaus in den anderen Ländern. Einerseits sind in den älteren Industrieländern rechtzeitig verschiedene Produktionen einzustellen oder wenigstens zu reduzieren, die in den neuen Industrieländern aufgebaut werden (zum Beispiel bestimmte Werkzeugmaschinen, Textilmaschinen, Nahrungs- und Genußmittelmaschinen, Landmaschinen). Diese Länder entwickeln nicht nur neuartige Produktionen bzw. solche, die in sozialistischen Ländern noch nicht hergestellt werden. Die Deckung eines Teils ihres Bedarfs aus eigener Produktion sowie das Sammeln von Erfahrungen bringen es mit sich, daß auch Produktionen aufgenommen werden, die in anderen Ländern bereits laufen. Es ist aber auch mehr darauf zu achten, daß nicht Parallelproduktionen entstehen, wenn in anderen Ländern ausreichende und modern ausgerüstete Kapazitäten vorhanden sind.

Internationale Wechselbeziehungen zwischen den Maschinenbaustrukturen existieren unabhängig davon, ob sich die Entwicklung des Maschinenbaus abgestimmt oder unabgestimmt vollzieht und auch unabhängig davon, ob es sich um international-spezialisierte oder nichtspezialisierte, nur auf die Eigenversorgung ausge-

[8] Ausdruck dafür ist die im wesentlichen noch herkömmliche Struktur im Export dieser Länder nach den entwickelten kapitalistischen Industriestaaten (hoher Anteil von Rohstoffen und Lebensmitteln und geringer Anteil an Maschinen und Ausrüstungen).

richtete Produktionen handelt. In jedem Fall treten Bedarfsveränderungen ein, ergeben sich neue Export- und Importsituationen.

All das macht eine gegenseitige Produktions- und Strukturanpassung objektiv notwendig. Zeitdauer, Verluste, Nutzen und Vollkommenheit der Strukturanpassungen werden jedoch sehr stark von den Formen und Methoden, in denen sie sich bewegen, beeinflußt. Vor allem werden sie auch von der Wahl der für die einzelnen Länder zweckmäßigsten Struktur bestimmt. Je rechtzeitiger notwendige Schlußfolgerungen aus der Entwicklung anderer Volkswirtschaften für die eigene Planung gezogen werden, je planmäßiger dieser Prozeß zwischen den sozialistischen Ländern — und immer mehr auch mit Entwicklungsländern — abläuft, desto größer der Nutzen für das eigene Land und die ganze sozialistische Gemeinschaft sowie für die jungen Nationalstaaten.

Die Erkenntnis der wechselseitigen Bedingtheit von Produktions- und Spezialisierungsentscheidungen festigt die Zusammenarbeit der sozialistischen Länder und verstärkt die Anstrengungen zum Auffinden von Wegen, die zu einer wirkungsvollen Arbeitsteilung führen.

Die starke Außenhandelsabhängigkeit der Volkswirtschaft der DDR und die hohe Exportorientierung ihres Maschinenbaus erfordern dringend eine exakte Kenntnis der Entwicklungstendenzen der anderen Volkswirtschaften und der Außenmärkte. Derartige Analysen schaffen neben dem Studium der neuen Errungenschaften in Wissenschaft und Technik und der Berücksichtigung der eigenen Bedingungen für die Entwicklung des Maschinenbaus die wichtigsten Grundlagen für einen fundierten Perspektivplan. Dabei vermittelt das Studium der strukturellen Veränderungen in den fortgeschrittenen kapitalistischen Ländern und im Welthandel selbst weitgehende Erkenntnisse über die Richtungen des wissenschaftlich-technischen Fortschritts und den Grad ihrer technologischen Umsetzung. Der Weltmarkt ist gleichzeitig Signalisator und Stimulator des technischen Fortschritts. Indessen wurde diese Analysentätigkeit sehr vernachlässigt. Die Folge ist, daß die Waren- und Regionalstruktur des Außenhandels — und damit in starkem Maße die Produktionsstruktur des Maschinenbaus der DDR — nicht fundiert genug festgelegt wird, daß sich der Maschinenbau der DDR oft nicht rechtzeitig dem neu entstehenden Bedarf auf dem Weltmarkt anpaßt und ihn durch neuartige, technisch hochstehende Erzeugnisse mitbestimmt. Das beeinträchtigt die Effektivität der Produktion und des Außenhandels.

Die Planung und wissenschaftliche Begründung der Schwerpunkte der Investitionen, der Produktion, der Export- und Importstruktur und damit auch die Sicherung des Vorlaufs in der Forschung und Entwicklung erfordern eine gründliche Analyse der volkswirtschaftlichen Entwicklungstendenzen in anderen Ländern und eine langfristige Bedarfsforschung auf den Weltmärkten. Diese Analyse muß bis zu den Gesetzmäßigkeiten und Einflußfaktoren der volkswirtschaftlichen Entwicklung und der internationalen Standortverteilung vordringen.

Aus dem Gesagten ergibt sich, daß die ökonomisch begründete internationale Standortverteilung die Länder dazu zwingt,

a) auf der Grundlage rationeller Spezialisierungsrichtungen jene Zweige und Produktionen auf- und auszubauen, für die eine spezifische Notwendigkeit vorliegt und die unter günstigen Bedingungen betrieben werden können. Dabei sollten Länder, die den Maschinenbau neu entwickeln, in harmonischer Stufenfolge zu immer komplizierterer Fertigung fortschreiten;

b) die Breite der Produktionsstruktur und des Sortiments in den Grenzen der Kräfte des Landes zu halten, die Mittel in Forschung, Entwicklung und Produktion streng zu konzentrieren;

c) die Anpassung der Produktionsstruktur zwischen den Ländern auf Grund der Veränderungen des internationalen Standortgefüges der Produktion rechtzeitig vorzunehmen.

2. Die auf die Spezialisierung der Länder einwirkenden Faktoren — zwei Anhaltspunkte einer ökonomischen internationalen Standortverteilung

Wenn wir das Problem der Spezialisierung vom Standpunkt des einzelnen Landes aus betrachten, so können die auf die Spezialisierungsentscheidungen einwirkenden Faktoren in äußere und innere Faktoren gegliedert werden. Die äußeren Faktoren sind der Bedarf der anderen Länder, die dort vorhandenen Produktionen und Produktionsbedingungen. Aus dem Aufeinanderwirken und auch Gegeneinanderwirken dieser Faktoren ergeben sich die vielfältigen arbeitsteiligen Beziehungen zwischen den Ländern, die Möglichkeiten und Notwendigkeiten des Exports und Imports.

Betrachten wir das Problem unter dem Gesichtswinkel international koordinierter Standortentscheidungen, so stellen sich die zu analysierenden Faktoren als die gleichen Faktoren der verschiedenen Länder in ihrer gegenseitigen Beeinflussung dar. Die äußeren Faktoren sind nun die Bedürfnisse und Produktionsmöglichkeiten der Länder des allumfassenden Weltmarktes, die nicht zu der Gruppe jener Länder gehören, die die Spezialisierung und den damit verbundenen Austausch gemeinsam festlegen. Die Intensität der Wirkung dieser Faktoren (d. h. die erforderliche Beachtung der Export- und Importmöglichkeiten und -notwendigkeiten im Weltmaßstab) hängt vom Spezialisierungsgegenstand, von den Bezugsquellen innerhalb der gemeinsam handelnden Länder sowie von der Größe ihres Marktes ab.

Wie die Situation im einzelnen Fall auch sein mag, es ist klar, daß die Spezialisierung eines Landes nicht nur durch die eigenen Bedingungen beeinflußt wird. Es geht aber darum, daß die Bedingungen in den einzelnen Ländern des RGW im Interesse der Einsparung gesellschaftlicher Arbeit, des technischen Fortschritts und des ökonomischen Wachstums zum Teil besser beachtet werden müssen. Das ist jetzt auch mehr möglich, da der Stand der Produktivkräfte im allgemeinen und der des Maschinenbaus im besonderen in den Ländern bereits ein beachtliches Niveau erreicht haben. Es ist notwendig, den Maschinenbau in den Ländern auf der Grundlage ihrer spezifischen Bedingungen stärker zu spezialisieren.

Für die Analyse einer zweckmäßigen Spezialisierung der Länder, d. h. für die Begründung einer ökonomischen internationalen Standortverteilung, gibt es zwei Anhaltspunkte: einmal für die einzelnen Produktionen, zum anderen für die Gesamtheit der in einem Lande zu spezialisierenden Zweige und Produktionen. Die Struktur-

und Standortfaktoren unterscheiden sich in ihrem Charakter.[9] Es gibt Faktoren, die die Produktionsstandorte der einzelnen Erzeugnisarten direkt beeinflussen bzw. damit in direkter Beziehung stehen, und es gibt Faktoren, die darauf nur von indirektem Einfluß sind, dagegen aber die zusammengefaßten Verteilungsentscheidungen und die komplexe Entwicklung des Maschinenbaus in den einzelnen Ländern maßgeblich bestimmen. Man kann die erste Art als Einzelfaktoren und die zweite Art als gesamtvolkswirtschaftliche oder Globalfaktoren bezeichnen.

Einzelfaktoren sind:

a) der Eigenbedarf der Länder;

b) ihre natürlichen Bedingungen;

c) bestehende bzw. in bestimmter Frist zu schaffende günstige Produktionsvoraussetzungen in Form von

   aa) qualifizierten Kadern in Forschung und Entwicklung sowie einer entsprechenden materiellen Forschungs- und Entwicklungsbasis;

   bb) qualifizierten Arbeitskräften für die technische Vorbereitung und die Durchführung der Produktion;

   cc) Produktionskapazitäten (Umfang und technisches Niveau) für Finalerzeugnisse und bestimmte Zulieferungen;

   dd) spezifischem Material in der benötigten Menge durch Eigenproduktion oder gesicherten und rationellen Import;

d) wichtige bzw. traditionelle Außenwirtschaftsbeziehungen;

e) die geographische Lage des Landes, Transportentfernung und -bedingungen vom eventuellen Bezieherland der Erzeugnisse bzw. zum Hauptverbraucherland im Falle der Aufnahme der Produktion und des Exports der Erzeugnisse.

Gesamtvolkswirtschaftliche Faktoren sind:

a) Anzahl der Arbeitskräfte für Forschung, Entwicklung und Produktion im gesamten Maschinenbau;

b) Akkumulationsfonds für den Maschinenbau;

c) gesamte Materialmenge aus Eigenaufkommen und Import;

d) Rolle des Maschinenbaus für die Erhöhung des Exportfonds und die Ausgleichung der Zahlungsbilanz.

Die Analyse der rationellen Verteilung hat nun zunächst festzustellen, welche Beziehungen zwischen den Produktionen und den Einzelfaktoren bestehen. Das hängt vom Charakter der zu spezialisierenden Erzeugnisse und von den Faktoren ab. Es ist also eine Gegenüberstellung von Erzeugnismerkmalen mit den genannten Fak-

[9] Wir bezeichnen diese Faktoren als Struktur- und Standortfaktoren, weil damit der Zusammenhang zwischen Strukturentwicklung in den Ländern und internationaler Standortverteilung spezialisierter Produktionen berücksichtigt wird und weil diese Faktoren nicht nur mit den spezialisierten Produktionen in Beziehung stehen, sondern auf die ganze Strukturentwicklung des Maschinenbaus eines Landes einwirken.

toren vorzunehmen. Folgende Komponenten stehen in Beziehung miteinander bzw. können miteinander in Beziehung stehen:

Art der Erzeugnisse	– Eigenbedarf der Länder und Exportwichtigkeit
Anforderungen der Erzeugnisse an ihre Entwicklung und Produktion	– Voraussetzungen der Länder zur rationellen Erfüllung dieser Anforderungen
Transportaufwand der Erzeugnisse	– Transportentfernungen und -bedingungen

Durch diese Gegenüberstellung werden die Produktionsbedürfnisse und -bedingungen der Länder sowie der Zirkulationsaufwand in den betrachteten Standorten (sowohl für das Material als auch für die Erzeugnisse) – soweit letzteres überhaupt notwendig ist – miteinander verglichen.

Auf diese Weise gewinnt man für einen Teil der zu spezialisierenden Produktionen Anhaltspunkte für den geeigneten internationalen Standort. Das sind standortdeterminierte Produktionen. Standortdeterminierte Produktionen sind dadurch charakterisiert, daß für sie in einem Land ein spezifisches Bedürfnis besteht bzw. daß die Anforderungen zur Entwicklung und Herstellung weltmarktfähiger Erzeugnisse im Planzeitraum von den Ländern nur mit sehr ungleichem Aufwand oder überhaupt nur von einem Land erfüllt werden können. Teilweise spielen dabei auch die Transportbedingungen eine Rolle. Die Vielfalt der Einflußfaktoren und ihre zum Teil gegensätzliche Wirkung auf die Standortverteilung bedingen, daß es mitunter nur eine relative Standortdeterminiertheit ist. Aber auch bei gegensätzlicher Wirkungsrichtung der Faktoren können manche Faktoren einen eindeutigen Standorteinfluß ausüben. So ist zum Beispiel die Produktion metallaufwendiger Erzeugnisse in der DDR nicht nur in Abhängigkeit von der unzureichenden Materialbasis zu entscheiden. Während auf Grund dessen die Zweckmäßigkeit der Weiterführung der Produktion bei einem Teil dieser Erzeugnisse fragwürdig ist, ist dagegen die Produktion und Spezialisierung anderer derartiger Erzeugnisse auch für einen längeren absehbaren Zeitraum in der DDR rationell. Das trifft unter anderem auf Tagebaugeräte zu. Für diese Erzeugnisse verfügt die DDR nicht nur über Produktionskapazitäten und große Erfahrungen, was sich in einem hohen technischen Stand der Erzeugnisse niederschlägt, sondern es besteht auch ein großer Eigenbedarf. Das macht dann auch den Export eines Teils der Produktion rentabel.

Wenn die Einschränkung gemacht wurde, daß durch die Gegenüberstellung von Erzeugnismerkmalen und Produktionsbedürfnissen bzw. -bedingungen der Länder nur für einen Teil der zu spezialisierenden Produktionen Anhaltspunkte für geeignete internationale Standorte gefunden werden können, so liegt das daran, daß es auch Erzeugnisse gibt, deren Bedarf relativ gleichmäßig streut (neben Enderzeugnissen trifft das vor allem auf Zulieferteile und Einbauaggregate zu, darunter besonders auf moderne, wie Halbleiter, BMSR-Technik u. a.), auf deren Verteilung der Transportfaktor nur ein geringes Gewicht ausübt bzw. zu deren Produktion mehrere Länder etwa gleiche Voraussetzungen besitzen. Das schließt nicht aus, daß für die Fertigung dieser Erzeugnisse im Augenblick bestimmte unterschiedliche Produktionsbedingungen der Länder (Kapazitäten, technisches Niveau der Produktionsanlagen,

Produktionserfahrungen u. a.) bestehen können. Diese sind aber dann unwesentlich und üben keinen maßgeblichen Standorteinfluß aus, wenn sie im Zuge der Entwicklung der Länder kurzfristig ausgeglichen werden können. Erzeugnisse, auf die diese Bedingungen zutreffen, kann man als nichtstandortdeterminierte Erzeugnisse bezeichnen. Internationale Standortvergleiche dürfen also nicht einfach mechanische Kosten-, Produktivitäts- und Qualitätsvergleiche sein, sondern müssen bis zu den Ursachen der gegebenen Werte vorstoßen, die Entwicklungsdynamik der Länder berücksichtigen und die realen Möglichkeiten für die Produktion weltmarktfähiger Erzeugnisse aufdecken.

Wir betrachteten bisher die Problematik der Spezialisierung der Länder und der internationalen Standortverteilung isoliert für die einzelnen Produktionen. Wie schon gesagt, ist das nur der eine Aspekt, gewinnt man dadurch nur eine Art von Anhaltspunkten. Die Verteilung der einzelnen Produktionen bedarf besonders auch einer komplexen Prüfung. Nur in wenigen, ganz eindeutigen Fällen, berechtigen die aus dem Standortvergleich gewonnenen Anhaltspunkte bereits zu endgültigen Folgerungen. Im allgemeinen führen sie zu Vorentscheidungen. Sie stellen Unterlagen für die komplex zu begründenden Standort- und Strukturentscheidungen dar.

Die Verteilung der spezialisierten Produktionen muß unter Berücksichtigung der Gesamtmöglichkeiten und -bedürfnisse der Länder für die Entwicklung des Maschinenbaus erfolgen. Diese kristallisieren sich im wesentlichen in den angeführten gesamtvolkswirtschaftlichen Faktoren. Die Anzahl der Arbeitskräfte, die Summe der Investitionen und die Materialmenge, die dem Maschinenbau im Planzeitraum zur Verfügung stehen, stellen neben den schon vorhandenen Produktionsanlagen die globalen Produktionsfonds dar. Sie werden im Rahmen der Optimierung des volkswirtschaftlichen Wachstums, wo die Möglichkeiten und Erfordernisse der rationellen Entwicklung sämtlicher Wirtschaftsbereiche unter Ausnutzung der internationalen Arbeitsteilung geprüft werden, festgelegt. Dabei wird auch die Rolle des Maschinenbaus für die Erhöhung des Exportfonds und den Ausgleich der Zahlungsbilanz des Landes analysiert.

Die globalen Produktionsfonds und die Notwendigkeit des Gleichgewichts der Außenwirtschaftsbeziehungen vermitteln keine direkten Hinweise für die Zweckmäßigkeit des Aufbaus, der Beibehaltung oder Einstellung einzelner Produktionen. Sie bestimmen aber den Umfang der Entwicklung des Maschinenbaus eines Landes – und zwar im Sinne der notwendigen Ausschöpfung aller Resourcen des Landes als auch im begrenzenden Sinne, da nicht mehr Produktionen bewältigt werden können als insgesamt Arbeitskräfte, Material, Produktionskapazitäten und Investitionen zur Verfügung stehen.

Der Zusammenhang zwischen dem auf diese Weise bestimmten Umfang der Entwicklung des Maschinenbaus in den einzelnen Ländern und den Standortentscheidungen für die einzelnen Produktionen ist über das objektive Kriterium für spezialisierte Produktionen vermittelt: das hohe technisch-ökonomische Niveau der Erzeugnisse. Um dieses Niveau zu halten bzw. zu erreichen, ist eine entsprechende Konzentration von wissenschaftlich-technischen Kadern, Arbeitskräften, materiellen und finanziellen Mitteln vorzunehmen. Durch die gesamtvolkswirtschaftlichen

Faktoren ist somit eine objektive Größe für den rationellen Umfang der Produktion des Maschinenbaus, für die Breite des Erzeugnissortiments und für die Vielstufigkeit der Struktur des Maschinenbaus in den Ländern gegeben. Es liegt im eigenen Interesse der Länder, sich an dieses Maß zu halten, weil davon die Herstellung weltmarktfähiger Erzeugnisse, der Absatz und die Exportrentabilität abhängen.

Ein Land kann also nicht beliebig viel spezialisierte Produktionen übernehmen, weder relativ standortdeterminierte noch nichtstandortdeterminierte. Für erstere werden durch die Einzelanalysen wertvolle Anhaltspunkte einer vorteilhaften Verteilung gewonnen. In einem Lande können aber vom Standpunkt der Einzelbetrachtung aus gesehen für mehr Produktionen günstige Bedingungen bestehen, als es unter Berücksichtigung seiner Gesamtkraft übernehmen kann. Das hängt mit der mehr oder weniger großen Einsatzvariabilität des Materials, der Investitionen, zum Teil auch der Arbeitskräfte und der Produktionsanlagen zusammen. Deswegen sprachen wir auch lediglich von *Anhaltspunkten* für die Verteilung und von einer *relativen* Standortdeterminiertheit.

Auch die endgültig realen Verteilungsvarianten für nichtstandortdeterminierte Produktionen erfahren unter der Einwirkung der gesamtvolkswirtschaftlichen Faktoren eine weitere Einengung. Der Unterschied dieser Produktion zu den standortdeterminierten besteht darin, daß für ihre Durchführung kein Land im vorhinein besonders prädestiniert ist. Ihre Verteilung kann unter Einhaltung des Spezialisierungskriteriums aber ebenfalls nicht wahllos erfolgen.

Die Gesamtentscheidung eines Landes über die Struktur des Maschinenbaus und über die Produktionen, auf die es sich spezialisiert, verfolgt letztlich das Ziel, ausgehend von den Bedürfnissen der sozialistischen Länder und den Austauschmöglichkeiten mit nichtsozialistischen Ländern mit minimalem Aufwand einen höchstmöglichen Wertzuwachs zu erzielen und — in Verbindung mit dem internationalen Austausch — die für die erweiterte Reproduktion erforderliche Gebrauchswertstruktur zu erzeugen. Es gilt, die zur Verfügung stehenden Produktionsfonds so ökonomisch wie möglich zu verwerten. Dazu ist es weit mehr als in der Vergangenheit notwendig, die Produktion international zu konzentrieren, effektive Spezialisierungsrichtungen anzuwenden, die spezifischen Standortbeziehungen und wesentlichen Standortvorteile zu beachten und zu nutzen sowie die Breite des Produktionssortiments den Kräften und Mitteln der Länder anzupassen. Die Verwirklichung dieser gesetzmäßigen Erfordernisse trägt entscheidend zur Erhöhung der Produktivität der gesellschaftlichen Arbeit und zur Beschleunigung des wissenschaftlich-technischen Fortschritts bei.

Diese Erfordernisse können um so besser erfüllt, und es kann zwischen den Ländern um so eher eine Einigung über die Vertiefung der Spezialisierung und die Verteilung der spezialisierten Produktionen erzielt werden, je mehr die Länder für sich und gemeinsam die isolierte Betrachtung und Entscheidung über einzelne Produktionen überwinden und das Augenmerk neben wichtigen laufenden Produktionen auf die Schwerpunktaufgaben der wissenschaftlich-technischen Revolution richten.

Alfred Tomm

ASPEKTE DER FAKTOREN DES NUTZEFFEKTS DER GESELLSCHAFTLICHEN ARBEIT

Die aktive Mitarbeit der Werktätigen beim sozialistischen Aufbau in der DDR konzentriert sich in immer stärkerem Maße auf die beschleunigte Entwicklung der Arbeitsproduktivität und anderer Elemente des Nutzeffekts der gesellschaftlichen Arbeit, die die wichtigste Voraussetzung für das weitere Wachstum unserer Volkswirtschaft und die bessere Befriedigung der materiellen und geistigen Bedürfnisse der Bevölkerung ist. Mit Sachkenntnis und Beharrlichkeit werden immer neue Reserven und Quellen für die beschleunigte Entwicklung des Nutzeffekts der gesellschaftlichen Arbeit erschlossen und ihre Nutzung planmäßig organisiert. In diesem Prozeß kann jeder Werktätige auf seinem Arbeitsplatz einen wichtigen Beitrag leisten — und das um so besser, je genauer die Faktoren des Nutzeffekts der gesellschaftlichen Arbeit, insbesondere ihre Struktur und Eigenschaften sowie die zweckmäßigsten Maßnahmen, Methoden und Mittel für die Erhöhung ihrer Wirksamkeit, bekannt sind. Deshalb kommt der Analyse der Arbeitsproduktivität und anderer Kennziffern des Nutzeffekts der gesellschaftlichen Arbeit[1] nach den bestimmenden Faktoren, d. h. Erscheinungs- bzw. Ursachenkomplexen, eine erstrangige Bedeutung zu. Sie erfordert das aktive Mitwirken der Arbeiter, der Meister, der Techniker, der Ingenieure, der Ökonomen und Wissenschaftler in jedem Betrieb und in den überbetrieblichen Organen. Sie ist zu einem besonderen Schwerpunkt der sozialistischen Wirtschaftsführung geworden.

Die Analyse und Planung des Nutzeffekts der gesellschaftlichen Arbeit nach Faktoren erfordert eine genaue Beobachtung und Nutzung der ökonomischen Gesetze, insbesondere des ökonomischen Gesetzes des stetigen Wachstums der Arbeitsproduktivität, in der sozialistischen Gesellschaftsordnung. Sie ist zugleich eine entscheidende Bedingung für die Sicherung eines hohen Wirkungsgrades der Faktoren des Nutzeffekts der gesellschaftlichen Arbeit im volkswirtschaftlichen Gesamtprozeß (Reproduktionsprozeß). Der erzielte Nutzeffekt der gesellschaftlichen Arbeit als Ergebnis der Wirkungsweise der Faktoren ist die Basis für einen schnellen Zuwachs des Volkseinkommens und damit für ein beschleunigtes wirtschaftliches Wachstum

[1] Zum Beispiel Selbstkostensenkung, Rentabilität u. a. Vgl. *Fritz Behrens*, Vorschlag einer Systematisierung der Begriffe „produktive Arbeit" und „Arbeitsproduktivität". In: „Arbeitsökonomik und Arbeitsschutz", H. 4, 1964, S. 366ff.

unter den Bedingungen der technischen Revolution in der DDR. Deshalb wird auch in der Richtlinie für das Neue ökonomische System der Planung und Leitung der Volkswirtschaft gefordert, daß Kennziffern volkswirtschaftlichen Charakters für die Planbegründung auszuarbeiten sind, die „die Hauptproportionen, den wissenschaftlich-technischen Fortschritt, den volkswirtschaftlichen Nutzeffekt erfassen und damit die volkswirtschaftliche Einschätzung von Variantenberechnungen und Entscheidungen über die Entwicklung der Struktur der Volkswirtschaft und des Exports ermöglichen. .“[2] Beruhen Entscheidungen auf einer exakten, wissenschaftlich begründeten Planung des Steigerungsgrades der Arbeitsproduktivität, der Senkung der Selbstkosten und anderer Kennziffern des Nutzeffektes der gesellschaftlichen Arbeit, so ist eine sorgfältige Analyse der ökonomischen Tatbestände, ihrer Zusammenhänge und ihrer Bewegung unumgänglich.

Die planmäßige Erzielung eines hohen Nutzeffekts der gesellschaftlichen Arbeit auf allen Ebenen der Wirtschaft ist vor allem ohne wissenschaftliche Begründung der Entwicklung der wichtigsten Faktoren undenkbar. Ausgehend von der sachlich-inhaltlichen Bestimmung der Faktoren des Nutzeffekts der gesellschaftlichen Arbeit, wird deshalb ihre qualitative und quantitative Beschaffenheit und ihre Wirkungsweise näher charakterisiert. Dadurch ergeben sich wichtige Ansatzpunkte für die Erhöhung des Wirkungsgrades der Faktoren, die das Ergebnis der Anstrengungen von Millionen Werktätiger in unserer Volkswirtschaft ist.

I. Fragen der Begriffsbestimmung der Faktoren des Nutzeffekts der gesellschaftlichen Arbeit

Die Faktoren des Nutzeffekts der gesellschaftlichen Arbeit sind untrennbare Bestandteile des volkswirtschaftlichen Reproduktionsprozesses, der die Grundlage für die Schaffung von Arbeitsprodukten zur materiellen und geistigen Bedürfnisbefriedigung der Gesellschaft ist. Ausgehend von dem sich gegenseitig bedingenden Zusammenwirken der Gesamtheit der Faktoren im volkswirtschaftlichen Gesamtprozeß, kann der einzelne Faktor des Nutzeffekts der gesellschaftlichen Arbeit begrifflich näher bestimmt werden. Auf folgende Gesichtspunkte müßte diese Begriffsbestimmung orientieren:[3]

Ein Faktor ist ein Komplex von objektiven oder subjektiven Erscheinungen, die in der Natur und im gesellschaftlichen Leben massenhaft vorkommen. Er ist als Zusammenfassung von natürlichen, technischen, technologischen, organisatorischen, ökonomischen, wissenschaftlichen und anderen Massenerscheinungen ein Bestand-

[2] Richtlinie für das Neue ökonomische System der Planung und Leitung der Volkswirtschaft, Dietz Verlag, Berlin 1963, S. 45.

[3] Der Verfasser bezieht sich hierbei auf Ansichten des Forschungskollektivs „Analyse der Faktoren des Nutzeffekts der gesellschaftlichen Arbeit“ im Arbeitskreis „Nutzeffekt der gesellschaftlichen Arbeit“.

teil der Produktivkräfte. Jeder Faktor hat bestimmte Eigenschaften, die in ihrer Gesamtheit die Faktorstruktur ergeben. Der Veränderung des Faktors liegen im Reproduktionsprozeß kausale Zusammenhänge zugrunde. Die durch den Faktor als Ursachenkomplex herbeigeführten Wirkungen (Effekte) erfordern im Reproduktionsprozeß eine ökonomische Verhaltensweise. Die Gesamtheit der von allen Faktoren ausgehenden Wirkungen finden — soweit sie quantitativ nachgewiesen werden können — in den Kennziffern des Nutzeffekts der gesellschaftlichen Arbeit (Arbeitsproduktivität, Kostensenkung, Rentabilitätserhöhung, Nationaleinkommenszuwachs u. a.

Ausgehend von der Wirkungsweise der Faktoren im volkswirtschaftlichen Gesamtprozeß, liegt ihnen eine Zusammenfassung von natürlichen und gesellschaftlichen Erscheinungskomplexen zugrunde, die näher zu charakterisieren sind. Für die gesellschaftlichen Erscheinungen, die im volkswirtschaftlichen Gesamtprozeß z. B. mit dem Faktor Arbeitskraft[4] verbunden sind, ist zunächst festzustellen, daß sie eine bestimmte Struktur aufweisen. So können die Beschäftigten im Arbeitsprozeß tätig sein oder sie sind diesem auf Grund bestimmter Ursachen, wie Krankheit, Urlaub, gesellschaftliche Verpflichtungen usw., ferngeblieben. Sie können auch körperliche und geistige Arbeitsverrichtungen ausüben, als ungelernte, angelernte oder Facharbeiter, als Arbeitskräfte mit abgeschlossener Hoch- oder Fachschulausbildung beschäftigt sein usw. Es ist ersichtlich, daß die Struktur der gesellschaftlichen Erscheinungskomplexe des Faktors Arbeitskraft relativ stark differenziert ist. Dies trifft in ähnlichem Ausmaß auch für die Struktur anderer Erscheinungskomplexe im volkswirtschaftlichen Gesamtprozeß, z. B. für die Arbeitsmittel und Arbeitsgegenstände, zu. Wird im Rahmen der Struktur der Erscheinungskomplexe bzw. Faktoren[5] eine weitere systematische Aufgliederung vorgenommen, so zeichnet sich diese durch bestimmte typische Eigenschaften aus. Die Gesamtheit der typischen Eigenschaften kennzeichnet wiederum die qualitative und gegebenenfalls auch die quantitative Struktur der jeweiligen Faktoren. Ausgehend von dem Beispiel der strukturellen Aufgliederung der Erscheinungen des Faktors Arbeitskraft — im Arbeitsprozeß tätig und nicht tätig sein — ergibt sich, daß z. B. als Eigenschaften des Tätigseins angesehen werden können: die Dauer der Arbeitszeit, der Grad der Arbeitsanstrengungen bei der Ausübung der Arbeitsverrichtungen, berufliche Erfahrungen und Kenntnisse, arbeitsbedingte Ruhepausen, Unterbrechungen infolge natürlicher Bedürfnisse, die Teilnahme an der Schichtarbeit, Stillstands- und Wartezeiten u. ä.

Soweit es sich um Eigenschaften im Rahmen der Struktur der natürlichen und gesellschaftlichen Erscheinungskomplexe handelt, die wesentlich, d. h. typisch sind, können diese im Begriff „Merkmale" zusammengefaßt und quantitativ ausgedrückt werden. Die typischen Eigenschaften in Form von Merkmalen, die den sachlichen Inhalt der natürlichen und gesellschaftlichen Erscheinungen charakterisieren, sind Gegenstand von analytischen Untersuchungen, Beobachtungen und Ermittlungen

[4] Vgl. S. 142ff.

[5] Die Begriffe Erscheinungs- bzw. Ursachenkomplexe und Faktor des Nutzeffekts der gesellschaftlichen Arbeit stimmen qualitativ (sachlich-inhaltlich) überein, wenn der jeweilige Erscheinungs- bzw. Ursachenkomplex die Gesamtheit der Erscheinungen eines Faktors umfaßt.

mit Hilfe von Kennziffern. Werden mehrere typische Eigenschaften von Erscheinungen untersucht und in Zahlen ausgedrückt, d. h. mittels Kennziffern meßbar nachgewiesen und summierbar gemacht, ergibt sich im Ergebnis ihrer Aufbereitung eine Übersicht, z. B. in Form von Tabellen, die wesentliche Seiten der qualitativen und quantitativen Struktur von Erscheinungen kennzeichnen. Diese Form der synthetischen Zusammenführung und tabellarischen Darstellung von wesentlichen Merkmalen, die bestimmte Faktoreigenschaften widerspiegeln, vermittelt Erkenntnisse über die Beschaffenheit von Erscheinungen. Soweit bestimmte Merkmale von natürlichen und gesellschaftlichen Erscheinungen mit rationellen Methoden nicht quantifizierbar sind, wie z. B. die Arbeitsdisziplin, die Arbeitsintensität, die Masseninitiative u. a., sind im Rahmen der qualitativen Analyse, d. h. von Untersuchungen über wichtige qualitative Seiten dieser Erscheinungen, aussagekräftige Unterlagen möglich und je nach den Erfordernissen bereitzustellen.

Die natürlichen und gesellschaftlichen Erscheinungen als untrennbare Bestandteile des volkswirtschaftlichen Gesamtprozesses können zunächst in objektiv und subjektiv bedingte Erscheinungen untergliedert werden.[6] Objektive Erscheinungen existieren unabhängig vom Bewußtsein und dem Willen der Menschen. Das trifft z. B. für die Produktivkräfte zu. Dagegen sind subjektive Erscheinungen vom menschlichen Bewußtsein abhängige ideelle Widerspiegelungen objektiver Gegebenheiten, d. h., sie sind ein Ergebnis der geistigen Tätigkeit der Menschen. So kann beispielsweise die Verbesserung der politisch-erzieherischen Arbeit auf die Entwicklung der Produktivkräfte stimulierend einwirken, vorausgesetzt, daß sie den objektiv gesetzmäßigen Erfordernissen der Entwicklung der Produktivkräfte Rechnung trägt. Zwischen den objektiven und subjektiven Erscheinungen bestehen Wirkungen und Rückwirkungen, die in Form bestimmter Komplexe[7] auch für die mit dem volkswirtschaftlichen Gesamtprozeß verbundenen Faktoren charakteristisch sind. Als untrennbarer Bestandteil des volkswirtschaftlichen Gesamtprozesses, bzw. mit ihm in Verbindung stehend, ist die Beschaffenheit der objektiven und subjektiven Erscheinungen qualitativ und quantitativ relativ stark differenziert. Vor allem handelt es sich um technische, technologische, organisatorische, ökonomische, wissenschaftliche und andere Arten von Erscheinungen. Diese unterschiedlichen Erscheinungsarten im volkswirtschaftlichen Gesamtprozeß sind ein Ausdruck des Entwicklungsstandes der Produktivkräfte. Sie haben vielseitige Beziehungen und Verflechtungen zu den konkret historischen Formen der Produktionsverhältnisse und den Einflüssen, die von den Institutionen, Einrichtungen und Organisationen des gesellschaftlichen Überbaues ausgehen. Für die verschiedenen Arten dieser natürlichen und gesellschaftlichen Erscheinungen ist ferner charakteristisch, daß sie eng miteinander verbunden sind und in komplexer Form zusammenwirken. In diesem Prozeß widerspiegelt jede Erscheinung einen bestimmten Entwicklungsstand, der je nach der konkreten Situation auf den verschiedenen wirtschaftlichen Ebenen vom Arbeitsplatz bis zu den zentralen Wirtschaftsorganen relativ stark differenziert sein kann. Die

[6] Vgl. S. 133.

[7] Hierfür könnte auch der Begriff „Gruppe" verwandt werden.

technischen und technologischen Erscheinungen, die z. B. mit der Anwendung der Arbeitsmittel und der Arbeitsgegenstände im Arbeitsprozeß verbunden sind, erfordern im Interesse einer weitgehenden Auslastung bzw. Ausnutzung, daß die organisatorischen, ökonomischen, wissenschaftlichen und anderen Erscheinungen ein Niveau erreicht haben, daß sie gegenseitig stimulierend die unter sozialistischen Produktionsverhältnissen planmäßig festgelegte Entwicklung beschleunigen. Die in den Erscheinungen enthaltenen Widersprüche, die unter sozialistischen Produktionsverhältnissen keinen antagonistischen Charakter haben, müssen durch eine tiefreichende Kenntnis der Wirkungsweise ihrer Gesetzmäßigkeiten in der Weise gelöst werden, daß sie die Entwicklung der Faktoren des Nutzeffekts der gesellschaftlichen Arbeit fördernd beeinflussen. Beispielsweise setzt die zweckmäßigste Nutzung von automatischen Arbeitsmitteln, die ohne unmittelbares Zutun der Menschen weitgehend selbsttätig funktionieren, ein Qualifikationsniveau der sie betreuenden Arbeitskräfte voraus, das die Kenntnis der wichtigsten Gesetzmäßigkeiten der Mechanik, der Physik, der Chemie, der Elektrotechnik, der Elektronik und anderer wissenschaftlicher Disziplinen einschließt. Dadurch wird im volkswirtschaftlichen Gesamtprozeß eine nicht mit Produktionsverlusten, Stillständen, Störungen usw. verbundene Wartung, Überwachung, Kontrolle, vorbeugende Reparaturarbeit u. ä. gesichert. Durch die sinnvolle Kombination der verschiedenen Arten von natürlichen und gesellschaftlichen Erscheinungen, durch ihr weitgehend koordiniertes Zusammenwirken, durch die bewußte Lösung der herangereiften Widersprüche, durch die exakte Kenntnis ihrer Gesetzmäßigkeiten und darauf beruhendes Handeln wird ein hoher Wirkungsgrad der Faktoren im volkswirtschaftlichen Gesamtprozeß erzielt.

In diesem Zusammenhang ist auch auf die Veränderung der natürlichen und gesellschaftlichen Erscheinungen im volkswirtschaftlichen Gesamtprozeß, der ebenfalls bestimmte Gesetzmäßigkeiten zugrunde liegen, zu verweisen. Diese vollzieht sich im zeitlichen Ablauf und in räumlicher Hinsicht im Rahmen von kausalen Zusammenhängen, die durch Ursachen und Wirkungen sowie Rückwirkungen charakterisiert sind. Soll z. B. als Wirkung (Effekt) die bessere Nutzung der Arbeitszeit erreicht werden, so können als Ursachen verschiedene Erscheinungen im Rahmen der einzelnen Faktoren in Frage kommen, so eine maß- und qualitätsgerechte Materialbereitstellung (Faktor Arbeitsgegenstand), die Durchführung vorbeugender Reparaturen an Maschinen und Aggregaten (Faktor Arbeitsmittel), die Verbesserung der politisch- erzieherischen Arbeit und damit die Festigung der Arbeitsdisziplin (Faktor Arbeitskraft) u. ä. Von der erzielten Wirkung, in vorstehendem Beispiel der rationellen Nutzung der Arbeitszeit, können im Arbeitsprozeß wiederum Rückwirkungen ausgehen, die in Form von bestimmten Maßnahmen seitens der Leitungs- und Lenkungsorgane der Anlaß für das Entstehen weiterer Ursachen sind. Beispielsweise kann sich im Ergebnis der rationelleren Nutzung der Arbeitszeit als Rückwirkung ergeben, daß die Leistungsfähigkeit der innerbetrieblichen Transportmittel eines Betriebes zu erhöhen ist, Arbeitskräfte in bestimmten Betriebsabschnitten freigestellt und in andere umgesetzt werden müssen. Somit kann geschlußfolgert werden, daß sich die Faktoren als Erscheinungskomplexe im volkswirtschaftlichen Gesamtprozeß in ihrer

Faktorstruktur und ihren wesentlichen Faktoreigenschaften (Merkmalen) zeitlich und räumlich verändern. Die Faktoren stellen demnach Ursachenkomplexe dar, deren Wirkungen (Effekte) in ihrer Gesamtheit im Nutzeffekt der gesellschaftlichen Arbeit ihren Ausdruck finden.

Für die natürlichen und gesellschaftlichen Erscheinungskomplexe im volkswirtschaftlichen Gesamtprozeß ist weiterhin charakteristisch, daß sie massenhaft auftreten. Dies trifft sowohl für die typischen, gesetzmäßigen als auch für die zufälligen Erscheinungen zu. Diese Massenerscheinungen sind auch der Gegenstand des quantitativen Nachweises mit Hilfe von statistischen Kennziffern. Bei der Untersuchung der Wirkungsweise der Faktoren werden in erster Linie diejenigen Massenerscheinungen, die typisch für die einzelnen Faktoren sind, einbezogen. Nichttypische Erscheinungen, z. B. zufällige Einzelerscheinungen, stehen meistens im Zusammenhang mit den typischen Massenerscheinungen bzw. sind oftmals ihr Nebenprodukt. Da ihr Einfluß auf die Veränderung von Faktoren nicht bestimmend ist, werden sie nicht in erster Linie Gegenstand der quantitativen Analyse sein. Sie werden — sofern erforderlich — in die qualitative Analyse mit einbezogen. Als Beispiel sei herausgestellt, daß die Struktur und typischen Eigenschaften des Faktors Arbeitskraft durch eine Vielzahl von Massenerscheinungen, wie z. B. die Zahl der Handarbeiter, Maschinenarbeiter, Wartungs- und Überwachungskräfte usw., gekennzeichnet wird. In diesem Fall setzt sich die Faktorstruktur aus verschiedenartigen Massenerscheinungen zusammen, die sich durch ganz bestimmte Merkmale, d. h. typische Eigenschaften, bedingt durch die Art der ausgeübten Arbeitsverrichtungen, voneinander unterscheiden.

Neben diesen im Beispiel angeführten Massenerscheinungen, die unter konkreten zeitlichen und räumlichen Bedingungen vorzufinden sind, werden auch zufällige Einzelerscheinungen vorkommen. Beispielsweise kann für einen automatischen Betriebsteil das Wartungs-, Überwachungs- und Instandhaltungspersonal als Massenerscheinung des Faktors Arbeitskraft angesehen werden. Für den gleichen Betriebsteil werden manuell tätige Arbeitskräfte, die für die Hand- und mechanische Fertigung charakteristisch sind, keine Massenerscheinung, sondern eine nichttypische, zufällige Einzelerscheinung darstellen.

Vom Standpunkt eines Wirtschaftszweiges aus betrachtet, in dem neben der vollautomatischen Fertigung in starkem Maße auch noch manuelle, teilmechanisierte, vollmechanisierte und halb- bzw. teilautomatisierte Fertigungsprozesse vorzufinden sind, stellen zweifellos auch die manuellen und für die Bedienung der mechanisierten Arbeitsvorrichtungen eingesetzten Arbeitskräfte eine typische Massenerscheinung dar. Diese werden damit auch Gegenstand der statistischen Ermittlung und Analyse seitens der jeweiligen Organe sein.

Schließlich ist auf die Frage, welche Arten von Erscheinungen in einem bestimmten Faktor des Nutzeffekts der gesellschaftlichen Arbeit zusammenzufassen sind, hinzuweisen. Entscheidend hierfür ist, ob die Erscheinungen Bestandteil der Struktur und der Eigenschaften des betreffenden Faktors sind oder nicht. Die zeitlich hintereinander und räumlich nebeneinander wirkenden Erscheinungskomplexe im volkswirtschaftlichen Gesamtprozeß müssen unmittelbar qualitativ sachliche, d. h. inhaltliche Beziehungen zum betreffenden Faktor haben. So ist beispielsweise die Altersstruktur der Beschäftigten zunächst als untrennbarer Bestandteil an den Faktor Arbeitskraft gebunden. Ausschlaggebend für die Zuordnung von Erscheinungen zu bestimmten Komplexen, die als Faktoren des Nutzeffekts der gesellschaftlichen Arbeit im Gesamtprozeß wirken, sind demzufolge die sachlich- inhaltlichen Beziehhungen, die jede Erscheinung im Rahmen der Faktorstruktur aufweist. Ist eine qualitative, sachlich-inhaltliche Beziehung einer Erscheinung zu dem jeweiligen Faktor gegeben, ist sie als sein unmittelbarer Bestandteil zu betrachten. Diese qualitative, sachlich-inhaltliche Beziehung einer Erscheinung im Rahmen des jeweiligen Faktors hat einen gesetzmäßigen Charakter. Sie verkörpert in ihrer natürlichen Form einen kausalen Zusammenhang, der zwischen den einzelnen Erscheinungen innerhalb eines Faktors besteht. Dies schließt nicht aus, daß es typische Erscheinungen (Merkmale) gibt, z. B. strukturelle Gruppierungen, die bei mehreren Faktoren auftreten. Dies betrifft nicht nur die sogenannte Altersstruktur bestimmter Faktoren, sondern auch ihre Nutzungsmöglichkeiten, den Umfang der Reserven u. ä. Diese Merkmale, die bestimmte Faktoren des Nutzeffekts der gesellschaftlichen Arbeit gemeinsam haben, beziehen sich jedoch nicht auf die qualitative, sachlich-inhaltliche Bestimmung der Erscheinungskomplexe.

Zu dieser Frage ist weiter zu bemerken, daß die qualitativen, sachlich-inhaltlichen Beziehungen der Erscheinungen nicht nur innerhalb eines bestimmten Faktors, sondern auch zwischen den verschiedenen Faktoren des Nutzeffekts der gesellschaftlichen Arbeit eng miteinander verbunden und verflochten sind. Die Wirkungsweise des einen Faktors, die durch den zeitlichen und räumlichen Wirkungsverlauf und den Wirkungsgrad gekennzeichnet ist, bedingt ein bestimmtes Verhalten der anderen Faktoren. So kann z. B. im Arbeitsprozeß die Gewinnung bzw. Herstellung von Arbeitsprodukten nur erfolgen, wenn die Faktoren des Nutzeffekts der gesellschaftlichen Arbeit in einem geschlossenen System funktionieren, in dem jeder Faktor in bestimmten Proportionen und Wechselwirkungen zu den anderen Faktoren steht. Tragen die Wechselwirkungen zwischen den Faktoren nicht voll diesen Proportionen Rechnung, so können Störungen bzw. Verluste während des Arbeitsprozesses, der in diesem Fall zugleich Wertbildungsprozeß ist, eintreten. Dieses komplexe Zusammenwirken der Faktoren erfolgt dann in den erforderlichen Proportionen und demzufolge weitgehend störungsfrei, wenn der Umfang, der Wirkungsverlauf und der Wirkungsgrad des Einflusses der Faktoren wissenschaftlich exakt begründet und zwischen den einzelnen Faktoren koordiniert und abgestimmt ist. Dies setzt voraus, daß z. B. der Bestand an Arbeitsmitteln und deren Auslastungsgrad bekannt sein müssen. Dies trifft sinngemäß für jeden anderen Faktor zu. Erst unter dieser Bedingung kann das Zusammenwirken der verschiedenen Faktoren von Menschen oder an ihrer Stelle weitgehend von selbsttätigen Maschinen gesteuert bzw. geregelt und im Ergebnis eine optimale Effektivität der Faktoren erzielt werden. Sobald die Struktur und damit die wesentlichen Eigenschaften von Faktoren nicht in ihren wichtigsten Seiten bekannt sind, sind die Möglichkeiten für ein abgestimmtes d. h. proportionales Zusammenwirken der Faktoren nicht mehr voll gegeben. Die Folgen sind das Auftreten von Disproportionen, die Störungen im Gesamtsystem des koordinierten Zusammenwirkens der Faktoren verursachen und schließlich nicht genutzte Reserven, die wiederum mit Produktionsverlusten verbunden sind.

Vor allem müssen die Beziehungen zwischen den Faktoren so gestaltet werden, daß ein synchronisiertes Zusammenwirken gewährleistet wird. Mangelhafte Arbeitsdisziplin (Faktor Arbeitskraft) kann beispielsweise bewirken, daß die Arbeitsmittel (Faktor Arbeitsmittel) nicht voll ausgelastet werden. Dies kann wiederum zur Folge haben, daß in der Materialversorgung (Faktor Arbeitsgegenstand) Überbestände auftreten oder zusätzliche Arbeitskräfte eingestellt bzw. Überstunden geleistet werden müssen. Auch im Hinblick auf die Organisation der Arbeit können auf Grund von Mängeln in der Arbeitsdisziplin erhebliche Störungen, z. B. in der Schichtarbeit, in der Fließfertigung, der Mehrmaschinenbedienung usw., auftreten. In diesem Fall kommt der politisch-erzieherischen Tätigkeit im Rahmen des Faktors Arbeitskraft größte Bedeutung zu. Durch die Festigung des Arbeitsbewußtseins können die störenden Einflüsse vermindert bzw. ausgeschaltet und kann das Zusammenwirken der Faktoren im volkswirtschaftlichen Gesamtprozeß mit einer hohen Effektivität gesichert werden. Sobald sich zwischen verschiedenen Faktoren in diesem Prozeß Disproportionen ergeben, muß durch bewußte Handlungen der Menschen eine Steuerung erfolgen, d. h. ihr synchronisiertes Zusammenwirken wiederhergestellt werden. Diese Steuerung bzw. Regelung des Zusammenwirkens der Faktoren des Nutzeffekts der gesellschaftlichen Arbeit ist nicht nur für die einzelnen Fertigungsstufen in der materiellen Produktion erforderlich, sondern im Zuge der weiteren Entwicklung der gesellschaftlichen Arbeitsteilung auch für die Stufen der Forschung und Entwicklung sowie der Konstruktion und Projektierung. Auch muß im Rahmen der sozialistischen Leitungstätigkeit eine exakte Abstimmung zwischen der Bereitstellung von Informationen, der Analyse, der Entscheidungsfindung und der Planung erfolgen. Die im Rahmen der Organisation und Leitungstätigkeit veranlaßten Maßnahmen müssen das Zusammenwirken der Faktoren im Gesamtsystem fördern. Da dieses Zusammenwirken der Faktoren in starkem Ausmaß von subjektiven Entscheidungen, d. h. vom Stand der Erkenntnis und der Erfahrungen der Menschen, von der Exaktheit der Widerspiegelung objektiver Gegebenheiten im Bewußtsein abhängt, ist die Entscheidungsfindung im Rahmen der Leitungstätigkeit durch die Bereitstellung objektiver Maßstäbe, z. B. in Form von Informationen, wissenschaftlich tiefreichend zu begründen. Mit Hilfe elektronischer Einrichtungen kann vor allem das Informationssystem und die analytische Arbeit wesentlich verbessert werden. Das gleiche gilt für die Ermittlung und Berechnung prognostischer Varianten mit Hilfe statistisch-mathematischer Verfahren. Auf diese Weise kann auch die Effektivität der Organisation und Leitungstätigkeit erheblich erhöht und das störungsfreie Funktionieren des Gesamtsystems der Faktoren auf den verschiedenen wirtschaftlichen Ebenen — von den Betrieben bis zu den Wirtschaftsbereichen — und damit für den volkswirtschaftlichen Gesamtprozeß grundlegend vervollkommnet werden.

Weiterhin ist zu bemerken, daß die Faktoren als natürliche und gesellschaftliche Erscheinungskomplexe auf Grund ihrer Wirkungsweise ein bestimmtes ökonomisches

Verhalten zum Ausdruck bringen müssen, was sich zugleich in einer Veränderung des Nutzeffekts der gesellschaftlichen Arbeit widerspiegeln muß. So werden die Faktoren im volkswirtschaftlichen Gesamtprozeß durch bestimmte Aufwandsgrößen gekennzeichnet. Diese können quantitativ in naturalen Kennziffern, z. B. in Form der PS-Leistung, des Elektroenergieverbrauchs in kWh, im Kalorienverbrauch, in Arbeitsstunden oder in Form von ökonomischen Äquivalenzkennziffern, wie Kosten, Preise u. ä., ausgedrückt werden.

Das ökonomische Verhalten der Faktoren innerhalb des komplexen Systems im volkswirtschaftlichen Gesamtprozeß ist unmittelbar an die Verausgabung von lebendiger Arbeit und den Verbrauch von vergegenständlichter Arbeit gebunden, die mittels der angeführten naturalen ökonomischen Kennziffern Arbeitsstunden oder der äquivalenten ökonomischen Aufwandsgrößen, wie Kosten, Preise u. ä., in ihrem erreichten Stand und der zeitlichen und räumlichen Veränderung nachgewiesen werden können. Hierbei ist zu berücksichtigen, daß vom ökonomischen Verhalten aus gesehen, die Faktoren sich grundsätzlich im volkswirtschaftlichen Gesamtprozeß (als Einheit von Arbeits- und Wertbildungsprozeß gesehen) voneinander unterscheiden. Nur durch die Wirkungsweise des Faktors Arbeitskraft (lebendige Arbeit) werden die Faktoren, in denen vergegenständlichte Arbeit in Form der Arbeitsmittel und Arbeitsgegenstände verkörpert ist, in Bewegung gesetzt. In diesem Prozeß schafft die lebendige Arbeit in Form der produktiven (konkret nützlichen) Arbeit das gesellschaftliche Brutto- und Nettoprodukt in Naturalform (Menge der Gebrauchswerte). In Form der abstrakten Arbeit bringt die lebendige Arbeit das wert- bzw. preismäßige Brutto- und Nettoprodukt hervor. Von der lebendigen konkret nützlichen Arbeit wird zugleich die gesellschaftlich notwendige Arbeit, die in den Produktionsmitteln als vergegenständlichte Arbeit verkörpert ist, in Form der Kosten für den Materialverbrauch und für die Abschreibungen der genutzten Grundfonds auf die hergestellten neuen Arbeitsprodukte übertragen. (Im Gegensatz hierzu verleiht die bürgerliche Theorie der Produktionsfaktoren neben der Arbeit auch dem Boden und dem Kapital — in Form von Maschinen, Materialien usw. — eine mehrwertschaffende Funktion. Damit sollen die Ausbeutungsverhältnisse in den kapitalistischen Staaten verschleiert werden.) Mit Hilfe der ökonomischen Aufwandsgrößen wird eine Aggregierung der in ihrer Struktur und ihren typischen Eigenschaften stark differenzierten Faktoren ermöglicht. Zum Beispiel können durch naturale Kennziffern die verschiedenen Erscheinungen der lebendigen Arbeit (Faktor Arbeitskraft), wie tatsächlich geleistete Arbeitszeit, Ausfallzeiten, Berufs- und Beschäftigtenstruktur, Altersaufbau, Geschlecht, Qualifikationsniveau u. ä., zahlenmäßig ausgedrückt werden. Kosten- bzw. Preiskennziffern als annähernde in Geld ausgedrückte Größen über den gesellschaftlich notwendigen Aufwand einschließlich der Realisierungsbedingungen von Arbeitsprodukten stellen die Grundlage für die Aggregierung der die Gesamtarbeit (lebendige und vergegenständlichte Arbeit) umfassenden Faktoren dar. Je nach Erfordernis können unter Berücksichtigung der Aussagekraft für die Zwecke der Aggregation auch naturale Kennziffern, wie PS-Leistung, Energieverbrauch in kWh, Kalorienverbrauch u. a., angewandt werden. Ihre Kombination mit Kosten- und Preiskennziffern ermöglicht eine tiefreichende Analyse der Wirkungs- bzw.

ökonomischen Verhaltensweise der Faktoren auf den verschiedenen Stufen des volkswirtschaftlichen Gesamtprozesses.

Somit liegen jedem Faktor bestimmte ökonomische Aufwandsgrößen zugrunde, die eine Summierung und je nach Erfordernis einen Vergleich zwischen den Faktoren ermöglichen. Je geringer die ökonomischen Aufwandsgrößen bei den einzelnen Faktoren sind, desto geringer ist der Gesamtaufwand aller Faktoren, der sich in bestimmten Arbeitsprodukten für die materielle und geistige Bedürfnisbefriedigung der Menschen vergegenständlicht hat. Somit wird das Ergebnis der Wirkungsweise der Faktoren ausgedrückt:

1. in dem Umfang der für die menschliche Bedürfnisbefriedigung brauchbaren qualitäts- und bedarfsgerechten Arbeitsprodukte (Gebrauchswerte) und
2. in der zu ihrer Gewinnung bzw. Herstellung benötigten Summe von ökonomischen Aufwandsgrößen, die jedem Faktor, d. h. der lebendigen und der vergegenständlichten Arbeit, zugrunde liegen.

Das Verhältnis zwischen dem Umfang der abgesetzten und für den gesellschaftlichen und persönlichen Verbrauch bestimmten Arbeitsprodukte während eines gegebenen Zeitraumes und der für ihre Herstellung benötigten Aufwandsgrößen charakterisiert den Nutzeffekt der gesellschaftlichen Arbeit. Er drückt zugleich das Ergebnis der Wirkungsweise und des ökonomischen Verhaltens der einzelnen Faktoren und schließlich des Zusammenwirkens der Gesamtheit der Faktoren des Nutzeffekts der gesellschaftlichen Arbeit aus.

Abschließend zu dieser Frage ergibt sich, daß sowohl die Analyse der Faktoren des Wirkungsgrades der lebendigen Arbeit bzw. der Arbeitsproduktivität als auch die der Effektivität der Faktoren der vergegenständlichten Arbeit, d. h. der Gesamtheit der Faktoren des Nutzeffekts der gesellschaftlichen Arbeit, notwendig ist. Letztere Größe kann ohne Bestehen einer umfassenden und weitgehend lückenlosen Zeitrechnung, die den mengenmäßigen Durchlauf der Erzeugnisse (Gebrauchswerte) entsprechend der technologischen Struktur auf den verschiedenen Stufen innerhalb der Betriebe und der gesamten Volkswirtschaft widerspiegelt, nur mit Hilfe von Surrogaten, d. h. bestimmten Kosten- und Preisarten, die mehr oder weniger exakt dem gesellschaftlich notwendigen Aufwand einschließlich der Realisierungsbedingungen der Arbeitsprodukte entsprechen, zum Ausdruck bringen. Somit ergibt sich die notwendige Aufgabe, entsprechend der Einheit von Arbeits- und Wertbildungsprozeß unter den Bedingungen der sozialistischen Warenproduktion in unserer Volkswirtschaft die Grundlagen für die Mengen-, Zeit-, Wert- bzw. Kostenrechnung zunächst als ersten Schritt hinsichtlich der Informationsträger, insbesondere des betrieblichen Belegsystems (Primärdokumentation), zu schaffen. Dadurch wird die Entwicklung und schrittweise Einführung eines zuverlässig funktionierenden einheitlichen Systems einer sozialistischen Wirtschaftsrechnung gewährleistet.

In diesem Zusammenhang kann auch geschlußfolgert werden, daß z. B. nicht nur eine Systematisierung der Faktoren der ökonomischen Kategorie der Arbeitsproduktivität, sondern auch die der anderen Kennziffern des Nutzeffekts der gesellschaftlichen Arbeit erforderlich ist. Ausgehend von der Systematisierung der Faktoren der

Arbeitsproduktivität, ist eine Ergänzung für die Gesamtheit der Kennziffern des Nutzeffekts der gesellschaftlichen Arbeit notwendig. Somit stellt die Analyse der Arbeitsproduktivität nach Faktoren zugleich einen Ausgangspunkt für die Bestimmung der Kennziffern dar, die den Nutzeffekt der gesellschaftlichen Arbeit bzw. bestimmte Seiten dieses Nutzeffekts charakterisieren, wie die Senkung der Selbstkosten, die Zunahme des Gewinns, die Erhöhung der Rentabilität u. a.

Für den Nachweis der Wirkungsweise und des ökonomischen Verhaltens der Faktoren sind bestimmte methodische Grundlagen für die Zwecke der Ermittlung, der Analyse und der wissenschaftlich begründeten Entscheidungsfindung notwendig. Diese methodischen Unterlagen haben die begriffliche Bestimmung der Kennziffern, mit deren Hilfe die Struktur und typischen Eigenschaften der Faktoren dargestellt werden, zu umreißen. Da es vor allem um den Nachweis des Zusammenwirkens der Gesamtheit der Faktoren des Nutzeffekts der gesellschaftlichen Arbeit (lebendige und vergegenständlichte Arbeit) geht, müssen die methodischen Grundlagen weitgehend nach einheitlichen Grundsätzen für die Betriebe und Wirtschaftszweige gestaltet werden. Von der Festlegung der methodischen Prinzipien über die Wirkungsweise und das ökonomische Verhalten der Gesamtheit der Faktoren des Nutzeffekts der gesellschaftlichen Arbeit wird schließlich in erster Linie das konkrete methodische Vorgehen für die Ermittlungen und analytischen Untersuchungen über einzelne Faktoren bestimmt, wobei das ökonomische Experiment auf den verschiedenen Stufen und in den verschiedenen Bereichen der Volkswirtschaft eine unentbehrliche Grundlage darstellt.

Werden die Faktoren des Nutzeffekts der gesellschaftlichen Arbeit im volkswirtschaftlichen Gesamtprozeß wirksam, so hängt von ihrem Umfang, ihrem Wirkungsverlauf und Wirkungsgrad sowohl die Quantität als auch die Qualität der hergestellten Arbeitsprodukte ab. Ihr Wirkungsgrad kann unverändert bleiben, zunehmen oder auch abnehmen. Unter sozialistischen Produktionsverhältnissen ist zweifellos die Haupttendenz der Veränderung der Faktoren des Nutzeffekts der gesellschaftlichen Arbeit die stete Verbesserung ihrer Wirkungsweise. Auf bestimmten Stufen des volkswirtschaftlichen Gesamtprozesses können jedoch vorübergehend auch die anderen beiden Richtungen auftreten. In vielen Fällen wirken in den einzelnen Stufen des volkswirtschaftlichen Gesamtprozesses alle drei Richtungen im zeitlichen und räumlichen Ablauf gleichzeitig, d. h. neben- und auch hintereinander. Es handelt sich also um einen Prozeß mit bestimmten Schwankungen, die vom erreichten Entwicklungsstand der Produktivkräfte, insbesondere vom wissenschaftlich-technischen Fortschritt, und auch vom Charakter der Produktionsverhältnisse entscheidend beeinflußt werden. Die Entwicklungsstufen des wissenschaftlich-technischen Fortschritts, wie komplexe Mechanisierung, Halb-, Teil- und Vollautomatisierung, schränken diesen Schwankungsbereich bei Bestehen sozialistischer Produktionsverhältnisse wesentlich ein.

II. Zusammenhänge und Verflechtungen zwischen Bedingungen und Faktoren des Nutzeffekts der gesellschaftlichen Arbeit

Die Faktoren des Nutzeffekts der gesellschaftlichen Arbeit als in der Natur und im gesellschaftlichen Leben massenhaft auftretende Erscheinungs- bzw. Ursachenkomplexe haben als wichtiges Kriterium, daß sie im volkswirtschaftlichen Gesamtprozeß wirksam werden. Die technisch-organisatorisch und gleichzeitig ökonomisch zweckmäßige Kombination und Nutzung dieser natürlichen und gesellschaftlichen Massenerscheinungen im volkswirtschaftlichen Gesamtprozeß ist die Grundlage für die Verwirklichung eines hohen Nutzeffekts der gesellschaftlichen Arbeit. Das objektive Zusammenwirken der Faktoren in diesem Prozeß hängt jedoch von bestimmten Voraussetzungen ab, die zugleich die Existenzgrundlage für das Leben der Gesellschaft selbst darstellen. Als solche Voraussetzungen sind *die natürlichen und gesellschaftlichen Bedingungen* anzusehen, von denen die Wirkungsweise, der Wirkungsverlauf und der Wirkungsgrad der Faktoren des Nutzeffekts der gesellschaftlichen Arbeit abhängig ist. Der Veränderung der natürlichen und gesellschaftlichen Bedingungen liegen ein relativ dynamischer Prozeß, enge Zusammenhänge und Verflechtungen zugrunde. Diese werden charakterisiert durch Wirkungen und Rückwirkungen, die bei Kenntnis ihrer Gesetzmäßigkeiten von den Menschen bewußt gesteuert bzw. geregelt werden können.

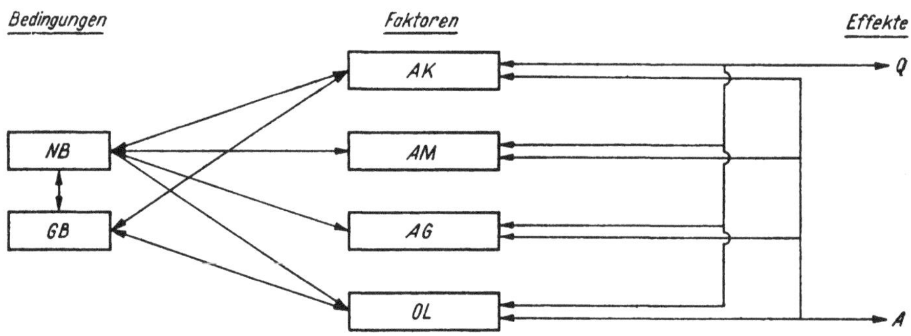

Abb. 1 Zusammenhänge und Verflechtungen zwischen den natürlichen und gesellschaftlichen Bedingungen und den Faktoren des Nutzeffekts der gesellschaftlichen Arbeit

NB = natürliche Bedingungen
GB = gesellschaftliche Bedingungen
AK = Faktor Arbeitskraft
AM = Faktor Arbeitsmittel
AG = Faktor Arbeitsgegenstand
OL = Faktor Organisation/Leitung
Q = Umfang der Erzeugnisse bzw. der materiellen Leistungen als Ergebnis der Wirkungsweise der Faktoren
A = Arbeitszeit bzw. Kostenaufwand als Ausdruck der ökonomischen Verhaltensweise der Faktoren
$\frac{Q}{A}$ = Nutzeffekt der gesellschaftlichen Arbeit.

Werden die *natürlichen Bedingungen* als ein wichtiger Komplex der Voraussetzungen des gesellschaftlichen Lebens näher gekennzeichnet, so zählen hierzu die Bevölkerung[8], das geographische Milieu und die Naturkräfte. Dagegen sind als *gesellschaftliche Bedingungen* die historisch konkreten Formen der Produktionsverhältnisse, die durch den Entwicklungsstand der Produktivkräfte bestimmt werden, und der gesellschaftliche Überbau anzusehen. Die Einbeziehung des Überbaues in die gesellschaftlichen Bedingungen erscheint deshalb als gerechtfertigt, weil jede Produktionsweise einen *bestimmten* sozialen, politischen und geistigen Lebensprozeß der Menschen bedingt[9] und somit einen erheblichen Einfluß auf die Entwicklung des Nutzeffekts der gesellschaftlichen Arbeit ausübt.

Auf die Möglichkeiten der Nutzung der natürlichen Bedingungen für den Zweck der Befriedigung der materiellen und geistigen Bedürfnisse der Menschen haben auch die Produktionsverhältnisse einen entscheidenden Einfluß. Bei fortgeschrittenem Entwicklungsstand der Produktivkräfte und ihrer weitgehenden Übereinstimmung mit dem Charakter der Produktionsverhältnisse, einer Übereinstimmung, die stimulierend auf die Entwicklung der Produktivkräfte wirkt, werden die natürlichen Bedingungen für die Schaffung des gesellschaftlichen Reichtums an materiellen und kulturellen Gütern und Leistungen weitgehend genutzt. Dies erfolgt in der sozialistischen Gesellschaftsordnung bewußt und planmäßig durch den sozialistischen Staat.

Der Entwicklung der natürlichen Bedingungen, der Bevölkerungsbewegung, der Veränderung des geographischen Milieus und der Wirksamkeit der Naturkräfte, liegen bestimmte Gesetzmäßigkeiten zugrunde. Diese durch die Wissenschaft erforschten Gesetzmäßigkeiten sind im Zusammenhang mit der Organisierung des volkswirtschaftlichen Gesamtprozesses zu beachten und voll zu nutzen. Damit wird dem ökonomischen Verhalten der Faktoren des Nutzeffekts der gesellschaftlichen Arbeit, das sich u. a. darin äußert, bei geringstem Aufwand an Zeit, Material und Kosten ein maximales Arbeitsergebnis für die qualitäts- und bedarfsgerechte Bedürfnisbefriedigung der Gesellschaft zu erzielen, weitgehend Rechnung getragen.

Beachtenswert ist vor allen Dingen, daß auch die natürlichen und gesellschaftlichen Bedingungen eine bestimmte Struktur haben, die durch typische Eigenschaften charakterisiert wird. So kann die Bevölkerungsstruktur nach Klassen und sozialen Schichten, nach dem Geschlecht, nach dem Altersaufbau, nach dem Bildungsniveau, nach territorialen Gesichtspunkten und anderen Merkmalen untersucht werden. Als wesentliche Eigenschaften der Bevölkerung sind z. B. die Geburtenhäufigkeit, die Sterblichkeit, der Beschäftigtengrad, der Gesundheitszustand u. a. anzusehen.

In ähnlicher Form kann auch das geographische Milieu analysiert werden. Beispielsweise gehört zur Struktur des geographischen Milieus die Oberflächengestalt (Land, Wasser). In Verbindung mit dieser Struktur sind auch bestimmte Eigenschaften zu analysieren und möglichst mittels Kennziffern nachzuweisen.

[8] Soweit die arbeitsfähige Bevölkerung im materiellen und nichtmateriellen Bereich des volkswirtschaftlichen Gesamtprozesses fungiert, d. h. „beschäftigt" ist, wird sie bereits als Faktor Arbeitskraft wirksam. Siehe S. 140ff.

[9] *Karl Marx/Friedrich Engels*, Werke, Band 13, Dietz-Verlag, Berlin 1961, S. 8ff.

Die Naturkräfte als weiterer Bestandteil der natürlichen Bedingungen können nach geologischen und klimatischen Bedingungen weiter unterteilt werden. So gehört zur Struktur der geologischen Bedingungen der noch nicht im Arbeitsprozeß genutzte natürliche Bestand an Lebensmitteln, der sich auf Grund der Fruchtbarkeit des Bodens, des Fischreichtums der Gewässer, des Wildbestandes u. ä. ergibt. Auch der im Arbeitsprozeß nicht genutzte natürliche Bestand an Arbeitsgegenständen, wie Kohle, Erze, Erdöl, Holz usw., zählt zu den geologischen Bedingungen. Soweit eine Nutzung im Rahmen des Arbeitsprozesses erfolgt, sind sie bereits Bestandteil des Faktors Arbeitsgegenstand.[10]

Dagegen besteht die Struktur der klimatischen Bedingungen z. B. aus den Klimazonen, der Niederschlagsmenge, der Luft- und Wasserströmung, den Temperaturen u. ä. Entsprechend der Struktur der natürlichen Bedingungen können weitere Eigenschaften dargestellt und in ihrer zeitlichen und räumlichen Veränderung analysiert werden.

Was den strukturellen Aufbau der gesellschaftlichen Bedingungen anbetrifft, d. h. die Produktionsverhältnisse und den gesellschaftlichen Überbau, so wird im Rahmen der Systematisierung der Faktoren darauf näher eingegangen.[11] Für die gesellschaftlichen Bedingungen ist jedoch auch charakteristisch, daß sie im volkswirtschaftlichen Gesamtprozeß nur über die Faktoren wirksam werden können. Ihr Einfluß wird auf die Faktoren in Form bewußter Handlungen (z. B. Maßnahmen) übertragen. Dabei übernimmt insbesondere der Faktor Arbeitskraft regelnde und steuernde Funktionen.

Die natürlichen und gesellschaftlichen Bedingungen sind als Erscheinungskomplexe anzusehen, die auch außerhalb des Arbeitsprozesses objektiv existieren. Sie haben nicht nur entscheidenden Einfluß auf die Faktoren des Nutzeffekts der gesellschaftlichen Arbeit, sondern auch auf andere Bereiche des gesellschaftlichen Lebens, z. B. auf das Bildungsniveau, die Kultur, das Gesundheits- und Sozialwesen, das Erholungswesen usw. Dagegen sind die Faktoren des Nutzeffekts der gesellschaftlichen Arbeit an den volkswirtschaftlichen Gesamtprozeß gebundene und in ihm genutzte natürliche und gesellschaftliche Erscheinungskomplexe. Von ihnen gehen natürlich auch entscheidende Rückwirkungen auf die gesellschaftlichen Bedingungen aus. Da die Faktoren die wesentlichen Seiten der Produktivkräfte umfassen, beeinflußt ihr Entwicklungsstand den der gesellschaftlichen Bedingungen, insbesondere den der Produktionsverhältnisse, wie das auch umgekehrt der Fall ist. Auch die Ausnutzung der natürlichen und gesellschaftlichen Bedingungen hängt — wie bereits erwähnt — entscheidend vom Entwicklungsstand der Produktivkräfte und den sich mit ihnen mehr oder weniger in Übereinstimmung befindenden historisch konkreten Formen der Produktionsverhältnisse ab. Beim Bestehen sozialistischer Produktionsverhältnisse ist es möglich und notwendig, daß die Nutzung der natürlichen und gesellschaftlichen Bedingungen im volkswirtschaftlichen Gesamtprozeß planmäßig vorgenommen wird. Die sozialistische Gesellschaftsordnung kennt und löst bewußt die

[10] Vgl. auch S. 142.

[11] Siehe S. 136ff.

in den natürlichen und gesellschaftlichen Bedingungen vorhandenen Widersprüche. Auf diese Weise werden die *Reserven*, die in den natürlichen und gesellschaftlichen Bedingungen vorzufinden sind, sinnvoll genutzt, d. h. im volkswirtschaftlichen Gesamtprozeß als Faktoren des Nutzeffekts der gesellschaftlichen Arbeit wirksam.[12] Dies erfolgt indessen ohne Ausnahme durch die Rückwirkung der Faktoren Arbeitskraft sowie Organisation und Leitung.[13] Somit sind die im volkswirtschaftlichen Gesamtprozeß vorzufindenden natürlichen und gesellschaftlichen Bedingungen unmittelbarer Bestandteil der Faktoren des Nutzeffekts der gesellschaftlichen Arbeit.

Die natürlichen und gesellschaftlichen Bedingungen sind u. a. identisch mit den Quellen, die unerschöpfliche Möglichkeiten für das Wirken der Faktoren des Nutzeffekts der gesellschaftlichen Arbeit darstellen. Läßt der erreichte Entwicklungsstand der Produktivkräfte und die historisch konkreten Formen der Produktionsverhältnisse eine volle Ausnutzung der Bedingungen bzw. Quellen noch nicht zu, so ergeben sich natürliche und gesellschaftliche Reserven, die auch als Möglichkeiten für die weitere Steigerung des Nutzeffekts der gesellschaftlichen Arbeit angesehen werden können. Die Quantität und Qualität dieser natürlichen und gesellschaftlichen Reserven hinsichtlich ihrer Nutzungsmöglichkeiten hängt entscheidend vom erreichten Stand der wissenschaftlichen Erkenntnisse, insbesondere vom Vorlauf in der natur- und gesellschaftswissenschaftlichen Forschung ab. Die in den natürlichen und gesellschaftlichen Bedingungen vorhandenen Reserven sind nicht gleichzusetzen mit denjenigen, die beim Wirksamwerden der Faktoren des Nutzeffekts der gesellschaftlichen Arbeit im volkswirtschaftlichen Gesamtprozeß auftreten. Für beide Arten von Reserven gilt, daß sie weitere Möglichkeiten für die Erhöhung des Nutzeffekts der gesellschaftlichen Arbeit beinhalten. Die in den Faktoren enthaltenen Reserven können in der Regel ohne größeren gesellschaftlichen Aufwand genutzt werden. Ihre Ursachen sind hauptsächlich subjektiv bedingt, z. B. nicht ausreichende Qualifikation der Arbeitskräfte, ungenügend wissenschaftlich begründete Leitungstätigkeit u. ä. Dagegen ist die Ausnutzung der in den natürlichen und gesellschaftlichen Bedingungen vorhandenen Reserven abhängig z. B. vom gesellschaftlichen Bedarf, vom wissenschaftlichen Erkenntnisstand und Vorlauf, von der Bereitstellung gesellschaftlicher Mittel (Investitionen), von den Einsatzmöglichkeiten und dem Qualifikationsniveau der Arbeitskräfte u. ä. Vor allem hat die weitere Vervollkommnung der Produktivkräfte und die Festigung der sozialistischen Produktionsverhältnisse entscheidenden Einfluß auf die Nutzung der Reserven, die in den natürlichen und gesellschaftlichen Bedingungen vorzufinden sind. Für die Möglichkeiten der Nutzung dieser Art von Reserven sind in starkem Ausmaß objektive Verhältnisse bestimmend.

[12] Vgl. *Fritz Behrens*, Vorschlag einer Systematisierung der Begriffe „produktive Arbeit" und „Arbeitsproduktivität". In: „Arbeitsökonomik und Arbeitsschutz", 1964, H. 4, S. 367.

[13] Vgl. S. 137ff.

III. Zu Fragen der Wirkungsweise der Faktoren des Nutzeffekts der gesellschaftlichen Arbeit

Die in den Faktoren des Nutzeffekts der gesellschaftlichen Arbeit zum Ausdruck kommenden Komplexe von natürlichen und gesellschaftlichen Erscheinungen befinden sich im zeitlichen und räumlichen Wirkungsverlauf und Wirkungsgrad des volkswirtschaftlichen Gesamtprozesses in keinem statischen Zustand, sondern in einem dynamischen Prozeß. Dieser führt zu bestimmten Veränderungen der Erscheinungen, die Gegenstand der Faktoren des Nutzeffekts der gesellschaftlichen Arbeit sind.

Der Veränderung von Erscheinungen im Rahmen der Faktoren liegen bestimmte Ursachen und demzufolge auch Wirkungen zugrunde, die in ihrer Gesamtheit im Nutzeffekt der gesellschaftlichen Arbeit ihren Ausdruck finden. Gesetzt den Fall, die Leistungsfähigkeit bestimmter Arbeitsmittel wird erhöht, so kann diese Verbesserung auf sehr verschiedenartige Ursachen zurückgeführt werden. Das erzielte Ergebnis in Gestalt der verbesserten Leistungsfähigkeit der Arbeitsmittel kann zunächst auf einer oder auch auf mehreren Ursachen beruhen. Wirken mehrere Ursachen, so kann auch von einem Ursachen- bzw. Erscheinungskomplex gesprochen werden. Zum Beispiel kann auf Grund qualitativ verbesserter Arbeitsgegenstände die Drehzahl von spanabhebenden Arbeitsmitteln erhöht werden. Dieses Ergebnis kann auch durch die Anbringung selbsttätiger Meßinstrumente, den Einbau von Drehstählen, Fräsern, Bohrern u. ä. mit erhöhter Lebensdauer, die Erhöhung des Qualifikationsniveaus der Beschäftigten usw. beeinflußt werden.

Die Ursachen- bzw. Erscheinungskomplexe, die den Faktoren des Nutzeffekts der gesellschaftlichen Arbeit zugrunde liegen, haben demzufolge ganz bestimmte Auswirkungen, die als Effekte anzusehen sind und im Nutzeffekt der gesellschaftlichen Arbeit ihren Ausdruck finden. Zwischen den Ursachenkomplexen bzw. Faktoren und ihren Auswirkungen (Effekten) bestehen Zusammenhänge, die sich gesetzmäßig oder auch zufällig aus der zeitlichen oder räumlichen Veränderung ergeben. Hierbei ist zu berücksichtigen, daß bestimmte Strukturelemente bzw. Eigenschaften der Faktoren des Nutzeffekts der gesellschaftlichen Arbeit relativ beständig sind, d. h. sich im Rahmen des volkswirtschaftlichen Gesamtprozesses über einen bestimmten Zeitraum nicht oder nur unscheinbar verändern. Dies trifft z. B. für verschiedene Arten von Arbeitsgegenständen zu, die — wie Erze — unter bestimmten geologischen Abbaubedingungen, mit einem relativ konstanten Reinheitsgrad gewonnen werden.

Die Veränderung der Faktoren des Nutzeffekts der gesellschaftlichen Arbeit vollzieht sich im Rahmen kausaler Zusammenhänge, d. h., zeitlich vorhergehende Erscheinungen im Rahmen der Faktorstruktur, die wir als Ursachen bzw. Ursachenkomplexe bezeichnen, bringen bestimmte qualitativ neue Erscheinungen oder gleiche Erscheinungen in veränderter Quantität, die wir als Wirkungen (Effekte) ansehen, hervor. Wird z. B. durch eine sichtbare Verbesserung der politisch-erzieherischen Arbeit das Arbeitsbewußtsein gefestigt und dadurch unter anderem eine bessere Ausnutzung der Arbeitszeit erreicht, so wurde der Faktor Arbeitskraft als

Träger des Arbeitsbewußtseins verändert, d. h. effektiver. Die Ursache für die Erhöhung des Wirkungsgrades dieses Faktors war die Verbesserung der politisch-erzieherischen Arbeit als Bestandteil des gesellschaftlichen Überbaues, der über den Faktor Arbeitskraft wirkt, und die Wirkung bestand in einer rationelleren Nutzung der Arbeitszeit, d. h. in einer Zeiteinsparung, die sich im Nutzeffekt der gesellschaftlichen Arbeit ausdrückt.

Die bewußte und planmäßige Veränderung von Faktoren des Nutzeffekts der gesellschaftlichen Arbeit hängt weitgehend von der exakten Kenntnis der Zusammenhänge und Verflechtungen zwischen Ursachen und Wirkungen ab. Ausgehend von den Erfordernissen der Wirtschaftspraxis ist zunächst festzustellen, welche Faktoren bzw. Ursachenkomplexe, z. B. durch die Werktätigen bzw. die Leitungsorgane, in ihrem Wirkungsgrad erhöht werden können. Dies erfordert eine tiefreichende Ursachenforschung über die Wirkungsweise der Faktoren des Nutzeffekts der gesellschaftlichen Arbeit. Sind die verschiedenen Arten von Ursachen bzw. Ursachenkomplexen erforscht, weitgehend in ihrer Größenordnung systematisiert und entsprechend den organisatorisch-rechentechnischen Möglichkeiten auch in Form von Kennziffern quantifiziert, ist zu klären, ob sie nur einen, mehrere oder die Gesamtheit der Faktoren oder nur bestimmte Strukturelemente bzw. Eigenschaften der Faktoren berühren. Zum Beispiel kann die vorgesehene verbesserte Auslastung der Arbeitsmittel nicht nur im Rahmen des Faktors Arbeitsmittel, sondern auch durch die qualitative Verbesserung der Gebrauchseigenschaften des Faktors Arbeitsgegenstände, durch eine rationellere Arbeitsplatzgestaltung (Faktor Arbeitskraft) und durch andere Faktoren erzielt werden.

Der nächste Schritt erfordert die wissenschaftliche Durchdringung des Wirkungsverlaufs von der Anfangsstufe der Ursachenkomplexe bzw. Faktoren bis zum Abschluß, d. h. der Endstufe ihrer Auswirkungen, die sich in bestimmten Effekten, z. B. der Arbeitsproduktivität und anderen Kennziffern des Nutzeffekts der gesellschaftlichen Arbeit, niederschlagen. So ist nachzuweisen, welches Ausmaß (Umfang) die Wirkungen (Effekte), die durch bestimmte Ursachenkomplexe bzw. Faktoren entstehen, zu verzeichnen haben. Hinsichtlich des Nutzeffekts der gesellschaftlichen Arbeit ist zu ermitteln, in welcher Größenordnung die Arbeitsprodukte bzw. materiellen Leistungen und die für ihre Herstellung benötigten ökonomischen Aufwandsgrößen (Zeit, Kosten u. ä.) durch den Wirkungsverlauf bestimmter Ursachenkomplexe bzw. Faktoren beeinflußt wurden. Gesetzt den Fall, vorhandene mechanische Arbeitsmittel werden modernisiert, so stellt die Modernisierung einen ursächlichen Erscheinungskomplex im Rahmen des Faktors Arbeitsmittel dar. Als Ergebnis der Auswirkungen, bedingt durch die Modernisierung, ist zu verzeichnen, daß z. B. der Produktionsausstoß gesteigert, die Fließfertigung organisiert, die Mehrmaschinenbedienung eingeführt, der Materialdurchlauf verbessert und die Arbeit erleichtert werden kann. Die Modernisierung von mechanischen Arbeitsmitteln hat also komplexe Auswirkungen (Effekte), die das Ergebnis der Wirkungsweise mehrerer Faktoren des Nutzeffekts der gesellschaftlichen Arbeit sind. Diese komplexen Auswirkungen sind in ihrem zeitlichen und räumlichen Ablauf exakt zu erforschen, damit die zu erwartenden Ergebnisse in Hinsicht auf die

Veränderung des Umfanges des Produktionsausstoßes und der ihm zugrunde liegenden ökonomischen Aufwandsgrößen planmäßig festgelegt, ihre Erfüllung kontrolliert und erforderlichenfalls geregelt werden können. Die exakte Kenntnis der Auswirkungen, die von bestimmten Ursachenkomplexen bzw. Faktoren ausgehen, ermöglicht ein schwerpunktmäßiges Vorgehen im zeitlichen Ablauf für die Durchsetzung von Maßnahmen, die den Nutzeffekt der gesellschaftlichen Arbeit weiter verbessern können.

Die Durchsetzung ökonomisch rationeller Maßnahmen in diesem Prozeß stellt einen Komplex von Aufgaben im Rahmen der Faktoren dar, denen *Hauptursachen* und auch *Nebenursachen* zugrunde liegen. So werden durch die Hauptursachen die notwendigen (gesetzmäßigen) und wesentlichen Merkmale von Wirkungen charakterisiert. Dagegen bringen die Nebenursachen die unwesentlichen, insbesondere die zufälligen Wirkungen hervor. Diese Gruppierung der Ursachen bzw. Ursachenkomplexe ist im Rahmen der Planung von Maßnahmen zur Erhöhung des Nutzeffekts der gesellschaftlichen Arbeit eine wichtige Grundlage, die eine schwerpunktmäßige Verlagerung auf die Analyse der Hauptursachen ermöglicht. So wird es in der Regel nicht möglich sein, die Auswirkungen der Nebenursachen, die zufällig im Zusammenhang mit dem Wirkungsverlauf der Hauptursachen entstehen, im voraus zu erkennen und planmäßig ihre Effekte zu bestimmen. Als Beispiel für die Wirkungsweise von Haupt- und Nebenursachen sei erwähnt, daß z. B. Qualifizierungsmaßnahmen im Rahmen des Faktors Arbeitskraft unter anderem bezwecken sollen, die Arbeitsfertigkeiten und Kenntnisse der Beschäftigten zu erhöhen, damit die Kontinuität des Arbeitsablaufes verbessert und somit der Nutzeffekt der gesellschaftlichen Arbeit erhöht werden kann. Dieser erzielten Wirkung liegt also eine Hauptursache zugrunde. Hierbei können auch Nebenursachen auftreten, die mit dem Ergebnis der erzielten Wirkung unter Umständen nicht beabsichtigt waren. So können beispielsweise die Qualifizierungsmaßnahmen zur Festigung der Arbeitsdisziplin, zur Erleichterung der Arbeit und zu ähnlichem führen. In unserem Beispiel würde es sich hierbei um Nebenursachen handeln.

Weiterhin ist im Rahmen der Struktur von Ursachen bzw. Ursachenkomplexen die Gruppierung nach *inneren und äußeren Ursachen* hervorzuheben.[14] Wie in jeder natürlichen und gesellschaftlichen Erscheinung sind auch im Rahmen der einzelnen Faktoren des Nutzeffekts der gesellschaftlichen Arbeit Widersprüche festzustellen. Diese den Faktoren innewohnenden Widersprüche, die zu seiner Veränderung führen, stellen innere Ursachen dar. So sind als innere Ursachen des Faktors Arbeitskraft solche im volkswirtschaftlichen Gesamtprozeß in Erscheinung tretende Widersprüche, wie zwischen unqualifizierter und qualifizierter Arbeit, körperlicher und geistiger Arbeit u. a., anzusehen. Diese innerhalb der Faktoren bestehenden Widersprüche in Form der inneren Ursachen ziehen im zeitlichen und räumlichen Ablauf ihrer Lösung nach sich, daß auch äußere Ursachen wirksam werden. Zwischen inneren und äußeren Ursachen bestehen ebenfalls Zusammenhänge und Verflechtungen. So wirken die inneren Ursachen nur in Verbindung mit den äußeren und umgekehrt. Zum Beispiel

[14] Vgl. *Georg Klaus* und *Manfred Buhr*, Philosophisches Wörterbuch, Bibliographisches Institut, Leipzig 1964, S. 576.

hat die Veränderung des Widerspruchs zwischen unqualifizierter und qualifizierter Arbeit zur Folge, daß diese innere Ursache zu Auswirkungen im Rahmen äußerer Ursachen führt, indem beispielsweise bei Erhöhung des Anteils der qualifizierten Arbeit modernere Arbeitsmittel zur Anwendung kommen, die Ausnutzung der Arbeitsgegenstände sich verbessert usw. Somit kann geschlußfolgert werden, daß die Lösung von Widersprüchen innerhalb eines Faktors unmittelbare Auswirkungen auf andere Faktoren hat, da zwischen den Faktoren enge Zusammenhänge und Verflechtungen bestehen.

Erwähnenswert ist eine Gruppierung der Ursachen bzw. Ursachenkomplexe nach *objektiv und subjektiv wirkenden.*[15] Die objektiven Ursachen ergeben sich aus den inneren Widersprüchen der gesellschaftlichen Entwicklung, insbesondere auf Grund der Entwicklung der Arbeitsgegenstände, der Arbeitsmittel, der Organisation und Leitung sowie der Arbeitskräfte. Sie wirken unabhängig vom Bewußtsein und vom Willen der Menschen. Dagegen widerspiegeln subjektive Ursachen objektive Gegebenheiten im Bewußtsein der Menschen. Die auf subjektiven Ursachen beruhenden bewußtseinsmäßigen Erkenntnisse und Handlungen der Menschen in Form der Verbesserung der massenpolitischen Arbeit, der Erhöhung der gesellschaftlichen Aktivität usw. müssen den Gesetzmäßigkeiten des Wirkens der objektiven Ursachen Rechnung tragen. Auch hierbei ist zu berücksichtigen, daß zwischen objektiven und subjektiven Ursachen kausale Zusammenhänge bestehen. Entspricht z. B. der Stand der politisch-erzieherischen Arbeit nicht voll den objektiven Ursachen, die eine Erhöhung des Nutzeffektes der Faktoren der gesellschaftlichen Arbeit ermöglichen, so bleiben unter Umständen wichtige, in den Faktoren vorzufindende gesellschaftliche Reserven ungenutzt. Das in diesem Prozeß entstandene Arbeitsergebnis und der verausgabte Aufwand würden nicht den gesellschaftlichen Möglichkeiten entsprechen. Andererseits gehen auch von den objektiven Ursachen Wirkungen auf die subjektiven Ursachen aus. Zum Beispiel verändert eine automatische Maschine mit selbsttätigen Steuerungs-, Regelungs- und Meßvorrichtungen wesentlich den Inhalt der Arbeitsverrichtungen der Menschen. Die Arbeitskräfte sind kein Anhängsel bzw. Bestandteil der Maschinen mehr. Somit werden die bisher manuellen und teils geistigen Arbeitsverrichtungen bzw. Funktionen des menschlichen Organismus von automatischen Vorrichtungen wahrgenommen. Die Arbeitskräfte treten in diesem Fall neben die automatischen Maschinen, indem sie Überwachungs-, Wartungs- und vorbeugende Reparaturarbeiten ausführen. Damit wird der Inhalt der Arbeitsverrichtungen grundlegend geändert. So wird die körperliche Arbeit sichtbar verdrängt, Arbeitserleichterungen werden weitgehend wirksam und die Arbeitsbedingungen erheblich verbessert. Diese Auswirkungen von objektiven Ursachen üben einen starken Einfluß zugleich auf die subjektiven Ursachen aus, indem sich z. B. in diesem Prozeß die politische Aktivität der Menschen wesentlich erhöhen wird. Die Wirkungen und Rückwirkungen, die zwischen objektiven und subjektiven Ursachen bestehen, müssen weitgehend störungsfrei, d. h. durch eine bewußte Lösung der auftretenden Widersprüche erfolgen. Treten im Rahmen dieser Wechselwirkungen bestimmte Störungen

[15] Vgl. auch S. 118.

auf, so sind sie in der Regel mit einem nicht den objektiven und subjektiven Möglichkeiten entsprechenden Wirkungsgrad der Faktoren verbunden. Sie sind in diesem Fall die Ursache ungenutzter gesellschaftlicher Reserven und damit die Quelle von Produktionsverlusten.

Zu den inhaltlichen Problemen der Wirkungen (Effekte) als Folge von Ursachenkomplexen, d. h. der Wirkungsweise von Faktoren, ist zunächst zu bemerken, daß sie Erscheinungen der Endstufe eines kausalen Zusammenhanges sind. Die abgeschlossenen Wirkungen heben die Wirkungsweise der Faktoren als Ursachenkomplexe gesehen auf, sie üben jedoch zugleich einen Einfluß auf diese Ursachenkomplexe aus. Zwischen den Ursachenkomplexen als Anfangsstufe und deren Wirkungen als Endstufe liegt ein bestimmter Zeitraum. Je kürzer dieser Zeitraum des Wirkungsverlaufes ist, desto schneller können die Faktoren zu Wirkungen (Effekten) führen, die sich — bezogen auf den Nutzeffekt der gesellschaftlichen Arbeit — in der Veränderung des Umfangs und der Qualität der Arbeitsprodukte bzw. der materiellen Leistungen und der ihnen zugrunde liegenden ökonomischen Aufwandsgrößen niederschlagen.

Die Wirkungsweise der Faktoren hat meistens *komplexe* Auswirkungen zur Folge. Gesetzt den Fall, die Einführung einer neuen Lohnform sei das Ergebnis der verbesserten Organisation und Leitungstätigkeit. Handelt es sich hierbei um die Anwendung von Prämienstücklohn, so werden sich in der Regel im Vergleich zu bisherigen Lohnformen komplexe Auswirkungen insofern zeigen, als z. B. der Auslastungsgrad der Arbeitsmittel erhöht wird, die Bearbeitung der Arbeitsgegenstände sparsamer und qualitätsgerechter erfolgt, die Arbeitsplatzgestaltung rationeller wird u. ä. Diese Komplexität der Auswirkungen beruht also auf mehreren Faktoren bzw. Ursachenkomplexen und evtl. Rückwirkungen führen gleichzeitig zu Veränderungen in den wesentlichen Eigenschaften des einzelnen Faktors und unter Umständen zu Veränderungen in der gesamten Faktorstruktur. Ihr möglichst quantitativer Ausdruck in Form von Kennziffern orientiert das materielle Interesse der Werktätigen wirkungsvoll auf die Erhöhung des Nutzeffekts ihrer Arbeit. Beachtenswert sind auch die kausalen Zusammenhänge zwischen Ursachen und Wirkungen, bei denen nur ein einzelner Faktor bzw. Ursachenkomplex Auswirkungen (Effekte) zur Folge hat. In der Regel werden jedoch mehrere Faktoren bzw. Ursachenkomplexe Wirkungen hervorrufen, d. h. zur Erhöhung des Nutzeffekts der gesellschaftlichen Arbeit führen. Unter den Verhältnissen des stürmischen Wachstums der Produktivkräfte im Sozialismus ist auf den verschiedenen wirtschaftlichen Ebenen charakteristisch, daß unter zeitlich und räumlich sehr differenzierten Bedingungen eine Vielzahl von Ursachen bzw. alle Faktoren gleichzeitig wirken. Ihr Ergebnis besteht in einer relativ stark differenzierten Komplexität von Auswirkungen, die zur Veränderung, d. h. Erhöhung des Nutzeffekts der gesellschaftlichen Arbeit beitragen.

Die Wirkungen, die von den Faktoren ausgehen, und die Rückwirkungen, die den rationelleren Einsatz der Faktoren beschleunigen, vermitteln nicht nur bei den für die menschliche Bedürfnisbefriedigung hervorgebrachten Arbeitsprodukten bzw. materiellen Leistungen bestimmte Effekte, z. B. in der sortiments- und qualitätsgerechten Struktur, sondern auch bei den in diesem Prozeß benötigten Aufwandsgrößen, d. h. in

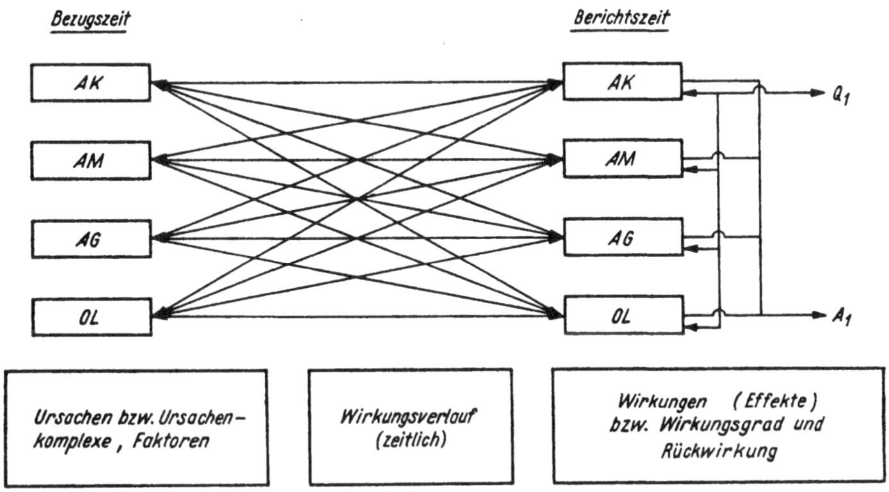

Abb. 2. Wirkungsweise der Faktoren des Nutzeffekts der gesellschaftlichen Arbeit

AK = Faktor Arbeitskraft
AM = Faktor Arbeitsmittel
AG = Faktor Arbeitsgegenstand
OL = Faktor Organisation und Leitung
Q_1 = Umfang der Erzeugnisse bzw. materiellen Leistungen der Berichtszeit
A_1 = Arbeitszeitaufwand bzw. Kostenaufwand als Ausdruck der ökonomischen Verhaltensweise der Faktoren
$\frac{Q_1}{A_1}$ = Nutzeffekt der gesellschaftlichen Arbeit in der Berichtszeit
$\rightarrow$ = Wirkungsverlauf zwischen Ursachen und Wirkungen
$\leftarrow$ = Wirkungsverlauf zwischen Rückwirkungen und Ursachen

der Struktur der Arbeitszeit, der Kosten, der Preise u. ä. Letztere widerspiegeln das ökonomische Verhalten der Faktoren des Nutzeffekts der gesellschaftlichen Arbeit.

Die im volkswirtschaftlichen Gesamtprozeß wirkenden Ursachenkomplexe und hervorgebrachten Wirkungen (Effekte), die unter sozialistischen Produktionsverhältnissen planmäßig zur Veränderung der ökonomischen Aufwandsgrößen und Arbeitsprodukte führen, verändern zugleich die Struktur und die Eigenschaften der Faktoren. Diese Veränderungen sind im Rahmen der Analyse der Faktoren darzustellen und — soweit eine Quantifizierung mit rationellen Methoden gerechtfertigt ist — auch meßbar nachzuweisen. Schließlich ist der Nutzeffekt der gesellschaftlichen Arbeit das komplexe Ergebnis der Gesamtheit der durch Ursachenkomplexe bzw. Faktoren entstandenen Wirkungen, d. h. der Effekte, die sich in dem quantitativen und qualitativen Umfang der Arbeitsprodukte und der für ihre Gewinnung bzw. Herstellung benötigten ökonomischen Aufwandsgrößen an lebendiger und vergegenständlichter Arbeit ausdrücken.

IV. Grundlagen zur Systematisierung von Faktoren des Nutzeffekts der gesellschaftlichen Arbeit

Ausgehend von der begrifflichen Bestimmung, daß die Faktoren des Nutzeffekts der gesellschaftlichen Arbeit natürliche und gesellschaftliche Erscheinungskomplexe im volkswirtschaftlichen Gesamtprozeß (Reproduktionsprozeß) sind, ist auf ihre Struktur und ihre typischen Eigenschaften sowie auf ihr Zusammenwirken näher einzugehen.

Marx stellt zur Frage der Gruppierung der Faktoren fest, daß die Produktivkraft der Arbeit „nicht nur von der Virtuosität des Arbeiters", sondern auch von der „Vollkommenheit seiner Werkzeuge" abhängig ist.[16] Somit unterscheidet Marx zunächst zwei Faktoren, die für die Gewinnung, Be- und Verarbeitung von Arbeitsprodukten notwendig sind. Neben diesen beiden Faktoren — Arbeitskraft und Arbeitsmittel — hat der volkswirtschaftliche Gesamtprozeß als weitere materielle Grundlage den Faktor Arbeitsgegenstand.

Marx bezeichnet diese drei Elemente als objektive und subjektive Faktoren, die sich als Produktionsmittel (Arbeitsmittel und Arbeitsgegenstände) und Arbeitskraft (lebendige Arbeit) unterscheiden.[17] An einer anderen Stelle sieht er sie als „Bildungselemente des Produkts oder, was dasselbe, die Faktoren des Arbeitsprozesses" an.[18]

Die Gruppierung nach gegenständlichen Faktoren oder Produktionsmitteln und dem persönlichen Faktor oder Arbeitskraft[19] charakterisiert zugleich die Wirkungsweise der gesellschaftlichen Produktivkräfte im volkswirtschaftlichen Gesamtprozeß. Die entscheidende Produktivkraft sind die Menschen selbst, die durch ihre körperlichen und geistigen Anstrengungen und vor allem durch die Entwicklung und Nutzung der wissenschaftlichen Erkenntnisse Arbeitsmittel schufen, mit deren Hilfe sie die Arbeitsgegenstände für die Zwecke der menschlichen Bedürfnisbefriedigung verändern, d. h. zu Arbeitsprodukten[20] be- oder verarbeiten.

Bei der Herstellung von Arbeitsprodukten wirkt die Einheit von menschlichen und sächlichen Produktivkräften in der Form, daß die Menschen durch zweckmäßige Anwendung der Arbeitsmittel die in der Natur vorgefundenen oder bereits umgeformten Arbeitsgegenstände be- oder verarbeiten. In diesem Prozeß der produktiven Tätigkeit verfährt der Mensch wie die Natur selbst, indem er nur die Formen der Stoffe ändert. Dabei wird er von Naturkräften beständig unterstützt.[21]

Somit ist festzustellen, daß während des volkswirtschaftlichen Gesamtprozesses in Verbindung mit den drei Faktoren Naturkräfte wirksam sein können, die z. B. in Form der klimatischen Verhältnisse (Niederschläge, Temperatur, Luftströmung u. a.)

[16] *Karl Marx/Friedrich Engels*, Werke, Bd. 23, Dietz-Verlag, Berlin 1962, S. 361.

[17] Ebenda, S. 224.

[18] Ebenda, S. 205.

[19] Ebenda, S. 199.

[20] Das können Teil- oder auch Fertig- bzw. Endergebnisse sein, die in den gesellschaftlichen und individuellen Verbrauch als Produktions- oder als Konsumtionsmittel eingehen.

[21] *Karl Marx/Friedrich Engels*, a. a. O., S. 57/58.

auf die Arbeitskräfte, Arbeitsmittel und Arbeitsgegenstände einwirken. Andererseits sind die Naturkräfte als natürliche Produktionsmittel (der Boden in der land- und forstwirtschaftlichen Produktion, die Bodenschätze usw.) vorzufinden und somit bereits Bestandteil der Faktoren Arbeitsmittel bzw. Arbeitsgegenstand. Die Einwirkung der Naturkräfte (außer den angeführten natürlichen Produktionsmitteln) auf die Arbeitsprodukte erfolgt über die bereits vorhandenen Faktoren im volkswirtschaftlichen Gesamtprozeß, d. h., es handelt sich um eine *mittelbare* Form der Wirkungsweise der Naturkräfte. Diese mittelbare Form ist jedoch nicht identisch mit der unmittelbaren Nutzung der Naturkräfte als Arbeitsmittel oder Arbeitsgegenstand, die Bestandteile der Faktoren sind. Neben den drei Faktoren des volkswirtschaftlichen Gesamtprozesses — Arbeitskraft, Arbeitsmittel und Arbeitsgegenstand — sind die Naturkräfte im Falle der mittelbaren Einwirkung als Bestandteil der natürlichen Bedingungen zu verzeichnen. Soweit diese Naturkräfte im volkswirtschaftlichen Gesamtprozeß wirksam sind, stellen sie mit den übrigen Faktoren eine sich bewegende Einheit dar.

Das Zusammenwirken der Faktoren im volkswirtschaftlichen Gesamtprozeß hängt im Hinblick auf das Ergebnis der zweckmäßigen produktiven Tätigkeit, d. h. der Herstellung von Arbeitsprodukten, auch weitgehend von der Anwendung bestimmter Organisations- und Leitungsprinzipien ab. Dies trifft nicht nur für die Organisation des Faktors Arbeitskraft, sondern auch für die Organisation der Nutzung der Arbeitsmittel und der Verwendung der Arbeitsgegenstände zu. Jeder Faktor muß im Hinblick auf das zu erzielende Arbeitsprodukt ökonomisch sinnvoll im volkswirtschaftlichen Gesamtprozeß eingesetzt werden, so daß die Organisation und Leitung des Zusammenwirkens der Faktoren und im Rahmen jedes Faktors selbst alle Formen der Vergeudung gesellschaftlicher Arbeit ausschließt. Deshalb ist als weiterer wichtiger Faktor des Nutzeffekts der gesellschaftlichen Arbeit die Organisation der Arbeit und der Produktion sowie die wissenschaftlich-begründete Leitungstätigkeit — kurz als Faktor Organisation und Leitung bezeichnet — anzusehen. Dieser Faktor unterscheidet sich von den Faktoren Arbeitskraft, Arbeitsmittel und Arbeitsgegenstand dadurch, daß er hauptsächlich über diese Faktoren wirkt, d. h., Maßnahmen auf dem Gebiet der Organisation und der Leitung vollziehen sich im volkswirtschaftlichen Gesamtprozeß in der Form, daß der Einsatz der Arbeitskräfte rationeller gestaltet sowie die Arbeitsmittel und die Arbeitsgegenstände zweckmäßiger genutzt werden. Initiator und Träger der Organisation und Leitung sind speziell für diesen Zweck ausgebildete Fachkräfte (Faktor Arbeitskraft), die sich bestimmter, mehr oder weniger rationeller Organisationsmittel und Leitungsmethoden bedienen. Auf Grund des erreichten Standes in der Entwicklung der gesellschaftlichen Arbeitsteilung handelt es sich auf den verschiedenen wirtschaftlichen Ebenen um weitgehend verselbständigte Funktionen bei der Organisation und Leitung, die ein hohes Qualifikationsniveau der ausgebildeten Fachkräfte erfordern.

Eine wesentliche spezifische Eigenschaft des gesonderten Faktors Organisation und Leitung sind vor allem unter sozialistischen Produktionsverhältnissen die vom sozialistischen Staat wahrgenommenen Funktionen der Steuerung und Regelung des volkswirtschaftlichen Reproduktionsprozesses. Dabei kommt der Anwendung der modernen Datenverarbeitungsanlagen, die nach einheitlich festgelegten Programmen für die verschiedenen wirtschaftlichen Ebenen und Stufen arbeiten, eine erstrangige Bedeutung zu. Sie sichern weitgehend die Bereitstellung lückenloser Informationen und ermöglichen eine schnelle und wissenschaftlich exakt begründete Entscheidungsfindung.

Wird davon ausgegangen, daß im volkswirtschaftlichen Gesamtprozeß unter Nutzung der Naturkräfte und der Anwendung bestimmter Organisations- und Leitungsprinzipien durch die Arbeitskräfte mit Hilfe der Arbeitsmittel (Werkzeuge, Maschinen, maschinelle Anlagen) und der Anwendung bestimmter mechanischer, chemischer, physikalischer, biologischer und anderer Verfahren, eine Stoffveränderung der Arbeitsgegenstände zu Erzeugnissen für die menschliche Bedürfnisbefriedigung durchgeführt wird, so wirkt unmittelbar auf den Arbeitsgegenstand hauptsächlich das Arbeitsmittel ein.[22] Von der Vollkommenheit der Arbeitsmittel, die von Menschen durch die Entwicklung und Nutzung der wissenschaftlichen Erkenntnisse geschaffen wurden, hängt weitgehend der Nutzeffekt der gesellschaftlichen Arbeit ab. Ausgehend von dem fortgeschrittenen Entwicklungsstand der Produktivkräfte und der sozialistischen Produktionsverhältnisse in der Wirtschaft der DDR ergibt sich, daß im Arbeitsprozeß der einzelnen Wirtschaftszweige die Anwendung von Werkzeugen, Maschinen und maschinellen Anlagen weitgehend vorzufinden ist. Unter diesen Bedingungen gewinnt die Anwendung leistungsfähiger Arbeitsmittel, mit deren Hilfe die Gewinnung, Be- bzw. Verarbeitung der Arbeitsgegenstände vorgenommen wird, eine erstrangige Bedeutung. In diesem Prozeß bedient, wartet, beaufsichtigt, kontrolliert, steuert und regelt der Mensch das Zusammenwirken der Arbeitsmittel mit den anderen Faktoren. Die Gewinnung, Be- oder Verarbeitung der Arbeitsgegenstände wird von ihm nicht unmittelbar, sondern nur über die Anwendung, d. h. Handhabung, Bedienung, Überwachung, Kontrolle, Wartung usw. von Arbeitsmitteln vorgenommen. Es werden den Arbeitsmitteln also komplizierte Funktionen übertragen, die bisher nur vom menschlichen Organismus wahrgenommen werden konnten. Das betrifft nicht nur die Übertragung von körperlichen Funktionen, z. B. der manuellen Arbeit, auf die Arbeitsmittel, sondern mit der Anwendung von automatisierten Arbeitsmitteln zusehends auch bestimmte geistige Funktionen, wie steuern, regeln, kontrollieren, messen u. a. Durch die Vervollkommnung der Arbeitsmittel, d. h. die Erhöhung ihrer Leistungsfähigkeit, Funktionssicherheit, Lebens- und Nutzungsdauer usw., wird menschliche Arbeitskraft in immer stärkerem Ausmaß im volkswirtschaftlichen Gesamtprozeß eingespart. Deshalb kann festgestellt werden, daß die Entwicklung und Einführung von neuen hochproduktiven Arbeitsmitteln bei der Gewinnung, Be- und Verarbeitung von Arbeitsgegenständen zur Einsparung von Zeit und Freistellung von Arbeitskräften führt, die anderweitig im Arbeitsprozeß eingesetzt werden können bzw. eine Verkürzung der Arbeitszeit ermöglichen. Sie ist der wichtigste Faktor zur Steigerung der Arbeitsproduktivität,

[22] Auch Arbeitsverrichtungen der Menschen, wie die Montage, der Transport, die Lagerung, das Ein- und Ausspannen von Erzeugnisteilen an Werkzeugmaschinen u. ä., können direkt auf das gewonnene Arbeitsprodukt einwirken, wenn beispielsweise diese Verrichtungen nicht mechanisiert oder automatisiert sind.

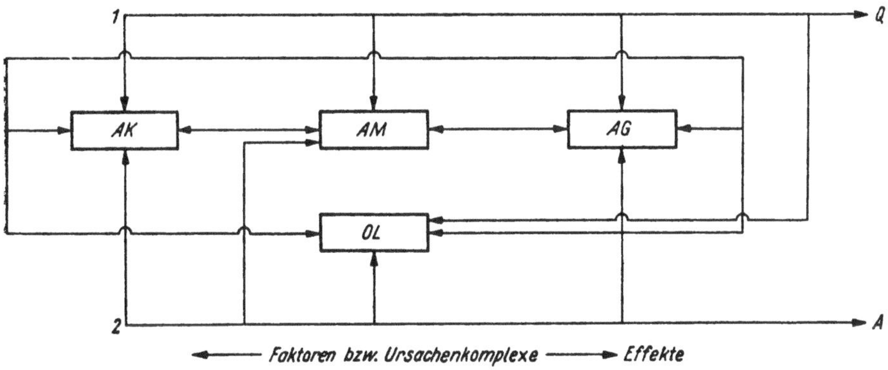

Abb. 3. Wirkungsweise der Faktoren des Nutzeffekts der gesellschaftlichen Arbeit

AK = Faktor Arbeitskraft
AM = Faktor Arbeitsmittel
AG = Faktor Arbeitsgegenstand
OL = Faktor Organisation und Leitung
Q = Umfang der Erzeugnisse bzw. der materiellen Leistungen als Ergebnis der Wirkungsweise der Faktoren
A = Arbeitszeitaufwand bzw. Kostenaufwand als Ausdruck der ökonomischen Verhaltensweise der Faktoren
$\frac{Q}{A}$ = Nutzeffekt der gesellschaftlichen Arbeit
← = Wirkungsverlauf der Faktoren
→ = Rückwirkungsverlauf der Faktoren
1 = Wirkungs- und Rückwirkungsverlauf zwischen Faktoren und Effekten, ausgedrückt im Umfang der Erzeugnisse bzw. der materiellen Leistungen und umgekehrt
2 = Wirkungs- und Rückwirkungsverlauf zwischen Faktoren und Effekten, ausgedrückt im Arbeitszeit- bzw. Kostenaufwand und umgekehrt

d. h. des Wirkungsgrades der lebendigen Arbeit. Diese bildet wiederum die Voraussetzung für die Erhöhung der anderen Kennziffern des Nutzeffekts der gesellschaftlichen Arbeit, z. B. für die Senkung der Selbstkosten, die Zunahme des Gewinns, die Verbesserung der Rentabilität, die Erhöhung des Nationaleinkommens u. ä. Dies trifft im Rahmen der weiteren Vervollkommnung der gesellschaftlichen Arbeitsteilung nicht nur für den Produktionsprozeß, sondern auch für den der Verteilung, des Austausches, d. h. für alle Stufen des volkswirtschaftlichen Gesamtprozesses zu.

Zwar wirken auf die hergestellten Arbeitsprodukte vor allem die von den Menschen geschaffenen und von ihnen bedienten und kontrollierten Arbeitsmittel ein, aber es ist auch der — bereits erwähnte — Fall nichtmechanisierter und nichtautomatisierter Montagearbeiten oder ähnlicher Arbeitsverrichtungen in der Produktion anzutreffen, bei dem von den Arbeitskräften die verschiedenen Erzeugnisteile einzelner Fertigungen zu für den Absatz bestimmten Enderzeugnissen zusammengebaut werden. In diesem Fall wirken auch die Arbeitskräfte *unmittelbar* auf den Fertigungsprozeß der Erzeugnisse ein. Deshalb sind die einzelnen Arbeitsverrichtungen des Faktors Arbeitskraft zu analysieren, inwieweit eine unmittelbare oder eine nur mittelbare Einflußnahme auf das Arbeitsprodukt vorliegt.

Für den volkswirtschaftlichen Gesamtprozeß ergibt sich folgende Gruppierung der Faktoren des Nutzeffekts der gesellschaftlichen Arbeit:

Arbeitskraft,
Arbeitsmittel,
Arbeitsgegenstand,
Organisation und Leitungstätigkeit.

Bei dieser Gruppierung der Faktoren wird als grundlegendes, wesentliches Merkmal ihre Wirkungsweise bei der Herstellung von Arbeitsprodukten für die menschliche Bedürfnisbefriedigung während des volkswirtschaftlichen Gesamtprozesses angesehen. Dabei wird davon ausgegangen, daß zwischen den einzelnen Faktoren des Nutzeffekts der gesellschaftlichen Arbeit ein enger Zusammenhang und eine gegenseitige Wechselwirkung (Wirkung und Rückwirkung) im volkswirtschaftlichen Gesamtprozeß besteht. So wird der Entwicklungsstand der Arbeitsmittel, ausgedrückt in bestimmten technischen Gebrauchseigenschaften und ökonomischen Kennziffern, weitgehend vom erreichten Niveau in der Ausbildung und Qualifizierung der Arbeitskräfte und vor allem vom Entwicklungsstand und dem Grad der Nutzung wissenschaftlicher Erkenntnisse, die unmittelbar die Faktoren des Nutzeffekts der gesellschaftlichen Arbeit betreffen, abhängen. Auch müssen die Gebrauchseigenschaften der Arbeitsgegenstände einen solchen technischen und ökonomischen Stand aufweisen, der eine rationelle und kontinuierliche Gewinnung, Ver- und Bearbeitung mit den sich ständig vervollkommnenden Arbeitsmitteln sichert. Die Anwendung von zweckmäßigen Organisations- und Leitungsprinzipien im Rahmen der einzelnen Faktoren und in ihrem gegenseitigen Zusammenwirken ist ebenfalls für die mit einem hohen gesellschaftlichen Nutzeffekt der Arbeit verbundene Gewinnung von Arbeitsprodukten entscheidend. Werden diese Erscheinungskomplexe, die in ihrer Wirkungsweise eng miteinander verbunden und verflochten sind, zusammengefaßt, so können sie als Faktoren des Nutzeffekts der gesellschaftlichen Arbeit bezeichnet werden.

Bevor auf die Eigenschaften und die strukturelle Zusammensetzung der im Arbeitsprozeß wirkenden Faktoren näher eingegangen wird, ist an die im 2. Abschnitt dieses Beitrages behandelten Zusammenhänge und Wechselwirkungen zwischen diesen und den natürlichen und gesellschaftlichen Bedingungen zu erinnern.

Die tiefreichende Analyse vor allem der wechselseitigen Beziehungen zwischen den Faktoren und den natürlichen und gesellschaftlichen Bedingungen ermöglicht ein rechtzeitiges Erkennen vorhandener Widersprüche. Die Kenntnis ihrer Ursachen und Auswirkungen (Effekte) ermöglicht und erleichtert eine wissenschaftlich begründete Entscheidungsfindung, die durch sinnvolle Maßnahmen jeweils zu konkretisieren und zu verwirklichen ist. Die notwendige Analyse der Faktoren in ihrer Wirkungsweise, d. h. in ihrem Wirkungsverlauf und Wirkungsgrad während des Arbeitsprozesses und insbesondere auch in ihrem ökonomischen Verhalten, setzt voraus, daß eine präzise Abgrenzung zwischen den Einwirkungen der Faktoren und den Einflüssen, die von den natürlichen und gesellschaftlichen Bedingungen ausgehen, erfolgt. Hierbei wird ebenfalls für vorrangig angesehen, daß eine Systematisierung der Faktoren vorgenommen wird.

Wird auf die Gruppierung der Faktoren näher eingegangen, so ergibt sich zunächst, daß zwischen ihnen auf allen Ebenen der Wirtschaft bestimmte Proportionen bestehen müssen. Ist beispielsweise die Auslastung der vorhandenen Arbeitsmittel mit den gegebenen Möglichkeiten des Arbeitskräfteeinsatzes, des Verbrauchs von Arbeitsgegenständen usw. nicht exakt abgestimmt, so ergeben sich zwischen den einzelnen Faktoren Disproportionen, die zugleich einen Überblick über bestimmte gesellschaftliche Reserven und Engpässe vermitteln. Es kommt vor allem darauf an, daß eine weitgehende Kenntnis in Form eines geschlossenen Informationssystems über den Umfang (Bestand) bzw. die Struktur und die sie bestimmenden Eigenschaften der Faktoren besteht. Dies schließt selbstverständlich auch eine Übersicht über die nicht voll genutzten Faktoren, die wir als gesellschaftliche Reserven bezeichnen, ein. Somit wird deutlich erkennbar, daß die Faktoren im volkswirtschaftlichen Gesamtprozeß sowohl in ihrer quantitativen Seite (Umfang, Bestand, Ausmaß, Größenordnung usw.) als auch in ihrer qualitativen Seite, d. h. in ihrer Gesamtstruktur bis in ihre Strukturelemente, d. h. in ihre wesentlichen Eigenschaften zu analysieren sind.

Eine Untersuchung des *Faktors Arbeitsmittel* ermöglicht beispielsweise eine Gruppierung des Bestandes nach mechanischen Arbeitsmitteln, nach dem Gefäßsystem (Behälter, Rohre u. ä.) und nach allgemeinen Arbeitsmitteln (Gebäude, Kanäle, Straßen usw.).[23] Der Bestand von Arbeitsmitteln im Rahmen dieser groben Form der Gruppierung läßt sich für die einzelnen Arten weiter präzisieren. Zum Beispiel können die mechanischen Arbeitsmittel nach spanabhebenden und für die spanlose Verformung bestimmten Arbeitsmitteln weiter unterteilt werden. Auf diesem Gebiet sind für die Zwecke statistischer Erhebungen über den naturalen und kostenmäßigen Ausdruck des Arbeitsmittelbestandes systematische Verzeichnisse, insbesondere für die Industriebetriebe, geschaffen worden, die einen Überblick über die wichtigsten Arten der im volkswirtschaftlichen Gesamtprozeß angewandten Arbeitsmittel ermöglichen.[24] Ausgehend von der Gesamtstruktur des Bestandes von Arbeitsmitteln sind auch ihre wesentlichen Eigenschaften, die z. B. ihre qualitative Seite kennzeichnen und mit Hilfe von technischen, technologischen, organisatorischen, ökonomischen u. a. Kennziffern ausgedrückt werden können, zu untersuchen. Solche Eigenschaften des Faktors Arbeitsmittel sind z. B. die Leistungsfähigkeit, die Funktionssicherheit, das Gewicht, die erforderliche Raumgröße, die Nutzungs- und Lebensdauer, der moralische Verschleiß, die vorhandenen Arbeitserleichterungen, der Mechanisierungs- bzw. Automatisierungsgrad u. a. Je vollkommener diese Eigenschaften bei den Arbeitsmitteln sind, desto geringer kann der Arbeitsmittelbestand bei einem im Volumen gesehen unveränderten Produktionsausstoß gehalten werden bzw. um so schneller kann der Produktionsausstoß bei unverändertem Grundmittelbestand zunehmen.

Die ausgehend vom Bestand der Arbeitsmittel vorgenommene Systematisierung ihrer Struktur und die Bestimmung der wesentlichen Eigenschaften kann nach ähn-

[23] *Karl Marx/Friedrich Engels*, a. a. O., S. 195.

[24] Vgl. Unterlagen über die Grundmittelumbewertung in der VE-Z-Industrie vom Jahre 1964, herausgegeben von der Staatlichen Zentralverwaltung für Statistik.

lichen Gesichtspunkten auch für die übrigen Faktoren erfolgen. Hierzu einige Beispiele:

Faktor Arbeitskraft: Ausgehend vom Beschäftigtenbestand, ist eine strukturelle Untersuchung der Arbeitskräfte nach ihrer Stellung im Rahmen der Eigentumsverhältnisse, d. h., ob sie als Arbeiter, Angestellte, Genossenschaftsmitglieder, Selbständige oder Mithelfende tätig sind, zweckmäßig. Auch kann ihre Stellung im Arbeitsprozeß, ob sie als Produktionsarbeiter, ingenieur-technisches Personal, Wirtschaftler und Verwaltungspersonal, Hilfspersonal usw. arbeiten, untersucht werden. Das gleiche trifft je nach Erfordernis für die Darstellung der Beschäftigtenstruktur nach Beruf, Alter, Geschlecht, Höhe des Einkommens usw. zu. Diese Strukturuntersuchungen des Beschäftigtenbestandes ermöglichen in grober Form bereits bestimmte Schlußfolgerungen über seine Leistungsfähigkeit, z. B. auf Grund der Ergebnisse über die Altersstruktur der Beschäftigten. Werden jedoch wesentliche Eigenschaften, d. h. qualitative Seiten der Beschäftigten näher bestimmt, wie das Qualifikationsniveau, die Arbeitsintensität, die Arbeitsdisziplin u. a., so werden aussagekräftige Unterlagen über Möglichkeiten des rationellen Einsatzes der Beschäftigten bereitgestellt.

Faktor Arbeitsgegenstand: Dem Bestand von Arbeitsgegenständen im volkswirtschaftlichen Gesamtprozeß liegt ebenfalls eine bestimmte Struktur zugrunde. So können mit Hilfe von Arbeitsmitteln Rohstoffe gewonnen (natürliche Arbeitsgegenstände) und diese Rohmaterialien (Grundmaterialien) zu fertigen Arbeitsprodukten weiter be- oder verarbeitet werden. Für den Antrieb der Arbeitsmittel sind Hilfsstoffe wie Energie, in der modernen Fertigungstechnik insbesondere Elektroenergie, erforderlich. Auch Brennstoffe und andere Hilfsstoffe, wie Schmiermittel u. ä., werden im volkswirtschaftlichen Gesamtprozeß verbraucht. Diese verschiedenen Arten von Arbeitsgegenständen, die z. B. im Produktionsprozeß zu Arbeitsprodukten umgeformt und teils verbraucht werden, sind ebenfalls zu systematisieren. Auch sie haben bestimmte Eigenschaften, deren wesentliche Seiten zu ergründen sind. Soweit es die Eigenschaften der natürlichen Arbeitsgegenstände, wie den Umfang und die Fördermöglichkeit von Vorkommen an Erzen, Kohle, Erdöl, Erdgas u. ä. anbetrifft, werden diese von den natürlichen Bedingungen weitgehend bestimmt. Bei der Entwässerung von Kohlenflözen, der Schädlingsbekämpfung in der Forstwirtschaft u. ä. werden die Eigenschaften der natürlichen Arbeitsgegenstände durch das Einwirken der Menschen bereits verändert. Insbesondere in chemischen und metallurgischen Prozessen werden die Eigenschaften der natürlichen Arbeitsgegenstände weitgehend genutzt. Zu den wichtigsten Eigenschaften, die die qualitative Beschaffenheit der Grundmaterialien (bereits verarbeitete natürliche Arbeitsgegenstände) näher charakterisieren, zählen z. B. die Lebensdauer, die Oberflächengüte, die Maßgerechtigkeit, die Festigkeit, der Ausnutzungsgrad (Umfang der Abfälle), die Hitzebeständigkeit, das chemische Verhalten u. ä. Auch sind die Eigenschaften der im Arbeitsprozeß verwendeten Hilfsmaterialien, wie Elektroenergie, feste, flüssige und gasförmige Brennstoffe, Schmierstoffe u. ä., hinsichtlich ihrer technischen und ökonomischen Parameter näher zu bestimmen.

Faktor Organisation und Leitung: Die Struktur dieses Faktors setzt sich aus der Organisation der Arbeit, der Organisation der Produktion und der wissenschaftlich begründeten Leitungstätigkeit zusammen. Für die Zwecke der Untersuchung der wesentlichen Eigenschaften ist eine weitere Untergliederung der Faktorstruktur angebracht. So wird beispielsweise die Organisation der Arbeit gekennzeichnet durch die betriebliche und gesellschaftliche Arbeitsteilung[25], die Schichtarbeit, die Arbeitsnormung, die Lohn- und Gehaltsformen und andere Formen der materiellen und moralischen Interessiertheit. Im Rahmen der Organisation der Produktion ist eine Unterteilung nach Fertigungsprinzipien (Einzelplatz-, Werkstatt- und Fließfertigung), nach Fertigungsarten (Einzel-, Kleinserien, Serien- und Massenfertigung), nach der Spezialisierung und Standardisierung der Erzeugnisse sowie nach dem Umfang der Kooperation zweckmäßig. Als wesentliche strukturelle Bestandteile der Leitungstätigkeit sind anzusehen: das Informationssystem (einschließlich Kontrolle, Abrechnung und Statistik), die Auswertung (einschließlich Analyse und Ursachenforschung), die Entscheidungsfindung, die Planung und die Menschenführung.

In Verbindung mit dem strukturellen Aufbau des Faktors Organisation und Leitung sind je nach Erfordernis die wichtigsten Faktoreigenschaften zu bestimmen. Zum Beispiel sind wesentliche Eigenschaften der Schichtarbeit als Bestandteil der Organisation der Arbeit: die Schichtdauer, das Schichtsystem (Ein- oder Mehrschichtarbeit), die Schichtpausen, der Schichtkoeffizient u. ä. In diesem Zusammenhang ist auch die Analyse von Eigenschaften moderner Arbeitsmittel des Faktors Organisation und Leitung, z. B. der Lochkartentechnik und elektronischen Datenverarbeitung, wichtig. Das trifft besonders für die lückenlose und anschauliche Darstellung des Reproduktionsprozesses, für die Bereitstellung von aussagekräftigen Unterlagen für Dispositionen und Entscheidungen der Leitungsorgane, die Durchführung von Bilanzierungen u. ä. auf den verschiedenen Ebenen der Wirtschaft zu.

Die Struktur als Ausdruck der Gesamtheit der typischen Eigenschaften der natürlichen und gesellschaftlichen Bedingungen ist ebenfalls zu untersuchen. So sind z. B. im Rahmen der Naturkräfte die klimatischen Bedingungen, die mehr oder weniger extensiv und intensiv die Faktoren des Nutzeffekts der gesellschaftlichen Arbeit beeinflussen, wirksam. Dagegen sind die geologischen Bedingungen, wie die Bodenbeschaffenheit, die Bodenschätze, die Gewässer usw., entweder die Grundlage für den natürlichen Bestand an Produktionsmitteln (Holz, Erze, Kohle, Erdöl u. ä.) oder in Form der Bodenfruchtbarkeit, des Wildbestandes, des Fischreichtums usw. die Grundlage für den natürlichen Bestand an Lebensmitteln (Konsumtionsmitteln). Somit sind die geologischen Bedingungen bereits Bestandteil der Faktoren Arbeitsmittel bzw. Arbeitsgegenstände. Deshalb zählen zur Struktur der Naturkräfte in Form der klimatischen Bedingungen z. B. die Niederschläge, die Luftströmung, die Temperaturen u. ä. Entsprechend dieser Faktorstruktur sind auch die wesentlichen Eigenschaften nachzuweisen. Zum Beispiel sind die Niederschläge gekennzeichnet durch ihre Ergiebigkeit, den Aggregatzustand u. a.

Die von den gesellschaftlichen Bedingungen z. B. in Form der *Produktionsverhältnisse* ausgehenden Einflüsse auf die Faktoren des Nutzeffekts der gesellschaft-

[25] Hierbei handelt es sich jedoch um einen Teil der Produktionsverhältnisse, die unmittelbar mit dem Faktor Organisation und Leitung verbunden sind.

lichen Arbeit sind in ihrer Struktur durch die Beziehungen der Menschen, insbesondere Klassen und sozialen Schichten, im volkswirtschaftlichen Gesamtprozeß gekennzeichnet. So sind als bestimmende Produktionsverhältnisse die Eigentumsverhältnisse anzusehen. In ihrer Struktur finden diese in der Wirtschaft der DDR im staatlichen (volkseigenen), genossenschaftlichen, halbstaatlichen und privaten Eigentum an den Produktionsmitteln ihren Ausdruck. Werden ihre typischen Eigenschaften näher gekennzeichnet, so charakterisieren diese z. B. ihre fördernden oder hemmenden Einflüsse auf die Entwicklung der Produktivkräfte, d. h. auf die Faktoren im volkswirtschaftlichen Gesamtprozeß. Struktur und Eigenschaften sind auch bei den Austausch- und Verteilungsverhältnissen zu untersuchen, die ebenfalls Bestandteil der Produktionsverhältnisse sind und unter anderem die Lebens- und Arbeitsbedingungen der Menschen in unserer Republik bestimmen. Hervorzuheben ist, daß insbesondere ein Teil der Produktionsverhältnisse, die mit der betrieblichen bzw. gesellschaftlichen Arbeitsteilung im Zusammenhang stehen, eng mit der gesellschaftlichen Seite der Produktivkräfte verbunden sind und im bereits genannten Faktor Organisation und Leitung mit ihren Ausdruck finden.

Den vom *gesellschaftlichen Überbau* ausgehenden Einflüssen auf die Faktoren des Nutzeffekts der gesellschaftlichen Arbeit liegen ebenfalls eine bestimmte Struktur und typische Eigenschaften zugrunde. In seiner Struktur setzt sich der gesellschaftliche Überbau aus wissenschaftlichen, juristischen, politischen, kulturellen, gesundheitlichen, sozialen u. a. Institutionen, Einrichtungen und Organen zusammen. Die typischen Eigenschaften des gesellschaftlichen Überbaues finden z. B. in den verschiedenen wissenschaftlichen, politischen, juristischen, philosophischen, religiösen und anderen Ideen ihren Ausdruck. Zusammenfassend ist zur Systematisierung der Faktoren des Nutzeffekts der gesellschaftlichen Arbeit zu bemerken, daß ausgehend von ihrer Einwirkung auf das Arbeitsprodukt im Rahmen des volkswirtschaftlichen Gesamtprozesses (Reproduktionsprozesses), eine genaue Untersuchung ihres Wirkungsverlaufes und Wirkungsgrades notwendig ist. Für die einzelnen Faktoren ist weiterhin ihr Umfang, d. h. ihre quantitative Seite zu untersuchen. Zugleich ist die Analyse, die Auswertung und Verallgemeinerung der wesentlichen Faktoreigenschaften, d. h. der qualitativen Seite der Faktoren, die in ihrer Gesamtheit die Faktorstruktur ergeben, erforderlich.

Die Einflußnahme der natürlichen und gesellschaftlichen Bedingungen, die auf die Naturkräfte, die Produktionsverhältnisse und den gesellschaftlichen Überbau zurückzuführen ist, erfolgt im volkswirtschaftlichen Gesamtprozeß über die Faktoren. Zwischen den Faktoren sowie natürlichen und gesellschaftlichen Bedingungen bestehen enge Zusammenhänge und Verflechtungen, die durch Wirkungen und Rückwirkungen gekennzeichnet sind.

Auch die von den Klassikern des Marxismus-Leninismus vermittelten Erkenntnisse über die Faktoren des Nutzeffekts der gesellschaftlichen Arbeit lassen eine weitgehende Zuordnung nach den angeführten Gruppierungsmerkmalen zu. So wird in Marx' Schrift „Lohn, Preis und Profit“ festgestellt:

„Abgesehen von den Unterschieden in den natürlichen Energien und den erworbenen Arbeitsgeschicken verschiedner Völker muß die Produktivkraft der Arbeit in der Hauptsache abhängen: 1. von den Naturbedingungen der Arbeit, wie Fruchtbarkeit des Bodens, Ergiebigkeit der Minen usw., 2. von der fortschreitenden Vervollkommnung der gesellschaftlichen Kräfte der Arbeit . . ."[26]

Marx untersucht also die Abhängigkeiten der Produktivkraft der Arbeit „verschiedner Völker", d. h. die Faktoren auf volkswirtschaftlicher Ebene. Hierbei stellt er folgende Größen der Abhängigkeit heraus:

1. Die natürlichen Energien „verschiedner Völker", d. h. die Zahl der Einwohner eines Landes, ihren Grad der Arbeitsfähigkeit, ihren Beschäftigungsgrad bzw. die Teilnahme am Arbeitsprozeß. Hierzu zählt auch die weitere Vervollkommnung der physischen und geistigen Kräfte der Werktätigen im Arbeitsprozeß.
2. Die erworbenen Arbeitsfertigkeiten „verschiedner Völker", d. h. das Können, die Geschicklichkeit, das erreichte Qualifikationsniveau u. ä.
3. Die Naturbedingungen der Arbeit „verschiedner Völker", d. h. die vorkommenden Naturschätze, ihre Ergiebigkeit und Nutzung, die Fruchtbarkeit des Bodens, der Fischreichtum, der Wildbestand u. ä.
4. Schließlich die fortschreitende Vervollkommnung der gesellschaftlichen Kräfte der Arbeit „verschiedner Völker", worunter u. a. die technischen, technologischen, organisatorischen und ökonomischen Grundlagen des gesellschaftlichen Arbeitsprozesses zusammenzufassen sind.

Zweifellos lassen sich nach diesen Gruppierungsgesichtspunkten die verschiedenen Umstände objektiver und subjektiver Art den Faktoren des Nutzeffekts der gesellschaftlichen Arbeit zuordnen. Die ersten beiden Gruppen charakterisieren bestimmte quantitative und qualitative Seiten des Faktors Arbeitskraft und die beiden letzten vor allem die Faktoren Arbeitsmittel und Arbeitsgegenstand sowie die Naturkräfte als Bestandteil der natürlichen Bedingungen. Die letzte Gruppe schließt zum Teil auch den Faktor Organisation und Leitung mit ein.

Diese von Marx vorgenommene Gruppierung ermöglicht auf den verschiedenen Ebenen der Volkswirtschaft eine Analyse der Faktoren des Nutzeffekts der gesellschaftlichen Arbeit unter der Voraussetzung, daß die quantitative und qualitative Struktur wichtiger Erscheinungen in Natur und Gesellschaft mittels statistischer Kennziffern beobachtet, ermittelt und ausgewertet werden kann. Bei der Analyse der „Wertgröße einer Ware", d. h. unter den konkreten Bedingungen des kapitalistischen Produktionsprozesses, bringt Marx in seinem Hauptwerk „Das Kapital" das bekannte Zitat über die „Umstände"[27], nach denen die Produktivkraft der Arbeit bestimmt wird, und stellt dabei folgende Reihenfolge heraus[28]:

1) den Durchschnittsgrad des Geschickes der Arbeiter,
2) die Entwicklungsstufe der Wissenschaft und ihre technologische Anwendbarkeit,

[26] *Karl Marx/Friedrich Engels*, Werke, Bd. 16, Dietz-Verlag, Berlin 1962, S. 126/127.

[27] Die Umstände der Produktivkraft der Arbeit werden als identisch mit den Faktoren angesehen. Vgl. auch *G. Richter*, Die Arbeitsproduktivität in Theorie und Praxis, Verlag Die Wirtschaft, Berlin 1958, S. 51.

[28] *Karl Marx/Friedrich Engels*, Werke, Bd. 23, a. a. O., S. 54.

3) die gesellschaftliche Kombination des Produktionsprozesses,
4) den Umfang und die Wirkungsfähigkeit der Produktionsmittel und
5) die Naturverhältnisse.

Diese Ausführungen von Marx, die auf die unmittelbaren Bedingungen des Produktionsprozesses zugeschnitten sind, stellen eine weitere bedeutungsvolle Konkretisierung bzw. Ergänzung der Schrift „Lohn, Preis und Profit" dar. Dies bezieht sich insbesondere auf die Rolle der Wissenschaft, wobei er vor allem die Nutzung ihrer Ergebnisse zur Vervollkommnung der Technik und Technologie als eine wichtige Forderung erhebt. Schließlich trifft dies auch für die Entwicklung der gesellschaftlichen Kombination des Produktionsprozesses zu, d. h. unter anderem für den fortschreitenden Prozeß der gesellschaftlichen Arbeitsteilung, der erhebliche Auswirkungen auf die Entwicklung der Arbeitsfertigkeiten, der Berufsstruktur der Beschäftigten, des Verhältnisses zwischen unqualifizierter und qualifizierter Arbeit, der Struktur der körperlichen und geistigen Arbeit, der weiteren Spezialisierung und der Konzentration der Produktion nach sich zieht. Diese letztgenannten „Umstände" der Entwicklung der Produktivkraft der Arbeit, d. h. die Entwicklung der Wissenschaft und ihre technologische Anwendbarkeit sowie die gesellschaftliche Kombination des Produktionsprozesses, lassen sich ebenfalls den Faktoren im volkswirtschaftlichen Gesamtprozeß zuordnen. Dabei ist zu berücksichtigen, daß die gesellschaftliche Kombination des Produktionsprozesses in den Faktor Organisation und Leitung einbezogen werden kann. Was die Entwicklungsstufe der Wissenschaft und ihre technologische Anwendbarkeit anbetrifft, ist sie in dieser Form weitgehend zum Faktor Arbeitsmittel zu zählen. Hierbei ist zu beachten, daß im Rahmen jedes Faktors die spezielle Entwicklungsstufe der jeweiligen wissenschaftlichen Disziplinen, d. h. insbesondere die Forschungs- und Entwicklungsarbeiten, einen erstrangigen Platz einzunehmen haben. Damit ist die Erforschung und Nutzung von wissenschaftlichen Erkenntnissen nicht nur an einen bestimmten, sondern an alle Faktoren des Nutzeffekts der gesellschaftlichen Arbeit gebunden. Des weiteren sind als Bestandteil des Faktors Arbeitskraft der Durchschnittsgrad des Geschickes der Arbeiter, als Bestandteil der Faktoren Arbeitsmittel und Arbeitsgegenstände der Umfang und die Wirkungsfähigkeit der Produktionsmittel und als Bestandteil der natürlichen Bedingungen die Naturverhältnisse anzusehen.

In diesem Zusammenhang ist auch ein weiterer Hinweis von Marx beachtenswert, den er im Rahmen seiner Analyse der Auswirkungen der spezialisierten Produktivkraft des kombinierten Arbeitstages, die zur Steigerung der Arbeitsproduktivität führt, gegeben hat. So kann die spezialisierte Produktivkraft des kombinierten Arbeitstages

1. die mechanische Kraftpotenz der Arbeit erhöhen,
2. die räumliche Wirkungssphäre der Arbeit ausdehnen,
3. das räumliche Produktionsfeld im Verhältnis zur Stufenleiter der Produktion verengen,
4. im kritischen Moment viel Arbeit in wenig Zeit flüssig machen,
5. den Wetteifer der einzelnen Beschäftigten erregen und ihre Lebensgeister spannen,

6. den gleichartigen Verrichtungen vieler den Stempel der Kontinuität und Vielseitigkeit aufdrücken,
7. verschiedene Operationen gleichzeitig verrichten,
8. die Produktionsmittel durch ihren gemeinschaftlichen Gebrauch ökonomisieren,
9. der individuellen Arbeit den Charakter gesellschaftlicher Durchschnittsarbeit verleihen.[29]

Auch in diesem Falle wird sehr anschaulich ein Bild wichtiger Erscheinungen im Rahmen der Faktoren des Nutzeffekts der gesellschaftlichen Arbeit vermittelt, die als Auswirkungen der weiteren Spezialisierung der Arbeit auftreten können. Hierbei wird die Spezialisierung der Arbeit als Bestandteil des Faktors Organisation und Leitung betrachtet. Ihre optimale Nutzung erfordert eine tiefgründige Untersuchung der Auswirkungen der von Marx herausgestellten neun Komplexe der Spezialisierung der Arbeit und vor allem die Kenntnis der positiven und hemmenden Erscheinungen als wichtige Voraussetzung für die Verwirklichung von Entscheidungen in Form von wissenschaftlich begründeten Maßnahmen seitens der verantwortlichen Lenkungs- und Leitungsorgane.

Bedeutungsvoll ist auch, daß Marx im Rahmen der Analyse des Produktionsprozesses für die Herstellung eines Arbeitsprodukts (Erzeugniseinheit) nicht ausschließlich das Zusammenwirken der Faktoren des Arbeitsprozesses — Arbeitskraft, Arbeitsmittel und Arbeitsgegenstand — in den Mittelpunkt stellt, sondern auch jene Faktoren bzw. Bedingungen untersucht, die unmittelbar die Produktivkraft der Arbeit mit beeinflussen, wie die Organisation und Leitung sowie die Naturkräfte.

Die in den Hinweisen von Marx herausgestellten „Abhängigkeiten und Umstände" der Produktivkraft der Arbeit, die wir im Begriff Faktoren zusammenfassen, werden in den Werken Lenins unter anderem in „Die nächsten Aufgaben der Sowjetmacht" als „Bedingungen" der Steigerung der Arbeitsproduktivität charakterisiert und weiter präzisiert. So unterscheidet Lenin folgende Bedingungen:

1. die Vorkommen an Naturschätzen,
2. modernste technische Methoden,
3. die Hebung des Bildungs- und Kulturniveaus der Masse der Bevölkerung,
4. die Festigung der Disziplin der Werktätigen,
5. die Hebung des Vermögens zu arbeiten,
6. die Zunahme der Geschicklichkeit,
7. die Erhöhung der Intensität der Arbeit und
8. die bessere Organisation der Arbeit.[30]

Diese von Lenin vorgenommene Gruppierung von Bedingungen der Steigerung der Arbeitsproduktivität kennzeichnet zugleich umfassende Produktionsreserven, die kurz nach der Großen Sozialistischen Oktoberrevolution für den sozialistischen Aufbau der jungen Sowjetrepublik umgehend zu mobilisieren waren. So betreffen von

[29] Ebenda, S. 348/349.
[30] *W. I. Lenin*, Werke, Bd. 27, Dietz-Verlag, Berlin 1960, S. 248.

den acht Bedingungen der Arbeitsproduktivität sechs unmittelbar den Faktor Arbeitskraft und stellen Reserven dar, die ohne wesentlichen gesellschaftlichen Aufwand an Akkumulationsmitteln genutzt werden konnten. Diesen Komplex von Bedingungen unterzieht Lenin einer gründlichen Analyse. So legt er u. a. dar, daß die Herausbildung von neuen Grundlagen der Arbeitsdisziplin nach der sozialistischen Revolution ein sehr langwieriger Prozeß ist. In diesem Zusammenhang fordert er:

„Man muß den Stücklohn, die Anwendung von vielem, was an Wissenschaftlichem und Fortschrittlichem im Taylorsystem vorhanden ist, die Abstimmung des Verdienstes mit den Gesamtergebnissen der Produktionsleistung bzw. mit dem Betriebsertrag der Eisenbahnen, der Schiffahrt usw. usf. auf die Tagesordnung setzen, praktisch anwenden und erproben.“[31]

Für die schnelle Entwicklung des Nutzeffekts der gesellschaftlichen Arbeit mißt auch Lenin solchen Aufgaben große Bedeutung bei, wie der Analyse der mechanischen Bewegungen der Arbeit, der Ausschaltung von überflüssigen und ungeschickten Bewegungen, der Ausarbeitung und Anwendung von rationellen Arbeitsmethoden, der Einführung der besten Systeme der Rechnungsführung und Kontrolle usw. Der jungen Sowjetmacht stellt er die Aufgabe, um jeden Preis alles Wertvolle zu übernehmen, „was Wissenschaft und Technik auf diesem Gebiet errungen haben“.[32] Hervorzuheben ist u. a. der Hinweis auf die Erhöhung des Nutzeffekts der gesellschaftlichen Arbeit, die durch die Rechnungsführung und Kontrolle als Bestandteil des Faktors Organisation und Leitung bewirkt wird. Lenin betrachtet die Einführung der besten Systeme der Rechnungsführung und Kontrolle als eine entscheidende Grundlage für die Bereitstellung exakter Informationen, die eine notwendige Voraussetzung für wissenschaftlich begründete, produktivitätswirksame Entscheidungen der Leitungsorgane sind. Auch die von Lenin charakterisierten Faktoren, die teils direkt den betrieblichen, teils den gesellschaftlichen Reproduktionsprozeß betreffen, lassen sich in die von uns angeführten Faktoren des Nutzeffekts der gesellschaftlichen Arbeit einordnen.

Die von den Klassikern des Marxismus-Leninismus untersuchten Faktoren, die von ihnen auch als „Abhängigkeiten, Umstände und Bedingungen“ bezeichnet werden, bringen sowohl ganze Komplexe als auch detaillierte Aufgaben bzw. Maßnahmen zur Erhöhung des Nutzeffekts der gesellschaftlichen Arbeit zum Ausdruck. Die detaillierten Aufgaben bzw. Maßnahmen lassen sich in der Regel den Komplexen zuordnen.

Weiterhin ist ersichtlich, daß zwischen den Faktoren und den natürlichen und gesellschaftlichen Bedingungen direkte Zusammenhänge und Verflechtungen bestehen. So wird die Hebung des Bildungs- und Kulturniveaus der gesamten Bevölkerung in der sozialistischen Gesellschaftsordnung von Institutionen des gesellschaftlichen Überbaues, z. B. durch die Partei der Arbeiterklasse, die Gewerkschaften und verschiedene staatliche Einrichtungen, organisiert. Sie ist zugleich ein wichtiger Ausgangspunkt für die Erhöhung des Nutzeffekts der gesellschaftlichen Arbeit der Beschäftigten unmittelbar im Arbeitsprozeß. Daraus läßt sich erkennen, daß die sozialistischen Produktionsverhältnisse und die Einrichtungen des gesellschaftlichen Über-

[31] Ebenda, S. 249.
[32] Ebenda.

baues außerordentlich wichtige Funktionen bei der weiteren Entwicklung der gesellschaftlichen Produktivkräfte, die zu einem steten Anstieg des Nutzeffekts der gesellschaftlichen Arbeit führt, zu erfüllen haben.

Ausgehend von der Gruppierung der Faktoren des Nutzeffekts der gesellschaftlichen Arbeit nach ihrem Bestand bzw. Umfang und den typischen Eigenschaften ihrer Wirkungsweise, die in ihrer Gesamtheit die Faktorstruktur qualitativ und gegebenenfalls auch quantitativ kennzeichnen, ist je nach Erfordernis auch die Anwendung weiterer Gruppierungsmerkmale möglich und notwendig. Durch sie wird die Darstellung der Wirkungsweise der Faktoren auf den verschiedenen Ebenen der Volkswirtschaft weiter verallgemeinert. Hierbei handelt es sich ebenfalls um komplexe Zusammenfassungen von Erscheinungen, die jedoch nur bestimmte Seiten der Faktorstruktur kennzeichnen und deshalb nicht als Faktoren bezeichnet werden sollten. Als solche zusätzlichen Gruppierungsmerkmale können z. B. angesehen werden:

1. Betriebliche und überbetriebliche Erscheinungen im Rahmen der Faktoren

Zu den überbetrieblichen Erscheinungen gehören vor allem diejenigen, die sich aus der Organisations- und Leitungstätigkeit überbetrieblicher Organe, z. B. dem Ausbau der Kooperationsbeziehungen, der Einführung von Standards, der Entwicklung der Spezialisierung und Konzentration der Produktion, der Anwendung fortschrittlicher Methoden der Analyse, Planung, Rechnungsführung und Statistik u. ä., ergeben. Hinzu kommen die Einflüsse im Arbeitsprozeß, die auf Grund der weiteren Entwicklung der natürlichen und gesellschaftlichen Bedingungen (Naturkräfte, Produktionsverhältnisse und gesellschaftlicher Überbau) wirksam werden und auf die betrieblichen Faktoren einwirken.

2. Von den Werktätigen beeinflußbare und nicht beeinflußbare Erscheinungen im Rahmen der Faktoren

Ausgehend von dem konkret erreichten technischen, technologischen, organisatorischen und ökonomischen Niveau der Betriebe, wird für einzelne Werktätige oder Arbeitskollektive (Brigaden, Meisterbereiche u. ä.), z. B. im Rahmen von Studien über den Arbeitsablauf während bestimmter Zeiträume (Arbeitstag), untersucht, durch welche Arbeitsverrichtungen bzw. Maßnahmen die Werktätigen einen bestimmten Einfluß auf die Faktorstruktur und Faktoreigenschaften ausüben können. Das betrifft z. B. den Erfüllungsstand von technisch-begründeten Arbeitsnormen, den Auslastungsgrad von Arbeitsmaschinen und maschinellen Anlagen, die Einhaltung bzw. Unterbietung von Materialverbrauchsnormen u. ä. Das gleiche trifft auch auf die Anwendung von Verbesserungsvorschlägen, die obligatorische Anwendung von Neuerermethoden und für andere Maßnahmen zu, die unmittelbar von den Werktätigen in den einzelnen Arbeitsbereichen und nicht von den betrieblichen Lenkungs- und Leitungsorganen aus veranlaßt werden. Nicht unmittelbar von den Werktätigen, insbesondere Produktionsarbeitern, beeinflußbar sind in der Regel neben dem Komplex der überbetrieblichen Erscheinungen bestimmte Eigenschaften der Faktoren Arbeitsmittel und Arbeitsgegenstände sowie im begrenzten Umfang Maßnahmen der Organisation und Leitung. In diesem Zusammenhang ist vor allem eine Untersuchung nach Berufs- und Beschäftigtengruppen für die einzelnen betrieblichen Arbeitsbereiche angebracht. Damit werden zugleich in zunehmenden Maße wissenschaftlich exakte Maßstäbe für die Erhöhung der Wirksamkeit bestimmter Lohn- und Gehaltsformen, z. B. für den Prämienstücklohn, die leistungsabhängigen Gehälter und für die Bildung und Verwendung betrieblicher Prämienmittel, bereitgestellt.

3. Ständig und nicht ständig wirkende Erscheinungen im Rahmen der Faktoren

Die Faktoren weisen teils Erscheinungen auf, die während bestimmter Zeiträume ständig oder auch nicht ständig bei der Veränderung des Nutzeffekts der gesellschaftlichen Arbeit wirksam sind. Hat z. B. die Ausnutzung des Arbeitstages bei gegebener technisch-organisatorischer Struktur der Produktion bereits einen ökonomisch fortgeschrittenen Stand erreicht, so ist in der Regel zu verzeichnen, daß während eines bestimmten Zeitraumes vorübergehend keine oder nur unwesentliche Schwankungen des Nutzungskoeffizienten eintreten. Auch bei Einführung moderner Arbeitsmittel kann nach Ablauf einer bestimmten Einarbeitungszeit der Werktätigen ein Auslastungsgrad erreicht werden, der zeitweise eine bestimmte Konstanz beibehält. Das gleiche trifft auch für zahlreiche andere Erscheinungen bei den Faktoren zu.

4. Mobile, schwach mobile und immobile Erscheinungen im Rahmen der Faktoren

Bei dieser Gruppierung, die weitgehend die Zuordnung nach ständig und nicht ständig wirkenden Erscheinungen mit einschließt, ist zu beachten, daß sie sich möglichst auf exakte Bewertungsmaßstäbe aufbaut. Beispielweise ist ausgehend von den konkreten Bedingungen des volkswirtschaftlichen Gesamtprozesses zu klären, welche Veränderungen von Erscheinungen in der Faktorstruktur als „schwach mobil“ und „mobil“ während eines bestimmten Zeitraumes anzusehen sind. Je nach dem Grad der Veränderung des Nutzeffekts der gesellschaftlichen Arbeit im zeitlichen Ablauf des volkswirtschaftlichen Gesamtprozesses können z. B. Maßnahmen im Rahmen einzelner Faktoren nach ihrer Rangfolge geordnet oder mit Hilfe der Korrelations- und Regressionsrechnung sowie anderer statistisch-mathematischer Verfahren in ihren Auswirkungen näher charakterisiert bzw. quantitativ bestimmt werden.

5. Kurzfristig und langfristig wirkende Erscheinungen im Rahmen der Faktoren

Die nach der Dauer der Wirkungsweise von Erscheinungen im Rahmen der Faktorstruktur vorgenommene Gruppierung erfordert, daß ebenfalls ausgehend von bestimmten Maßnahmen untersucht wird, für welchen Zeitraum diese wirksam sind. So kann z. B. bei Einführung technisch-organisatorischer Maßnahmen erreicht werden, daß u. a. die Leistungsfähigkeit eines Arbeitsmittels (Einbau von automatischen Zu- und Abführvorrichtungen für Arbeitsgegenstände) erheblich erhöht wird und diese Verbesserung ständig, d. h. langfristig wirkt. Andererseits gibt es auch im Rahmen von Faktoren Erscheinungen, die nur vorübergehend, d. h. kurzfristig wirken. Dies trifft z. B. für Maßnahmen auf dem Gebiet der Ursachenforschung mit dem Ziel der Aufdeckung und Nutzung von Produktionsreserven zu, wenn diese nicht nur vorübergehend Bestandteil der sozialistischen Wirtschaftsführung sind. Auch können durch Lücken im Informationssystem auf den einzelnen wirtschaftlichen Ebenen Verhältnisse eintreten, daß das langfristige Wirken von Maßnahmen im Rahmen bestimmter Faktoren unterbrochen wird.

Die Anwendung vorstehender Gruppierungsmerkmale steht in enger Verbindung mit der Durchsetzung bestimmter wirtschaftspolitischer Maßnahmen zur Steigerung des Nutzeffekts der gesellschaftlichen Arbeit. Zum Beispiel ist für die Zwecke einer wirksamen materiellen und moralischen Stimulierung ein Überblick sehr bedeutungsvoll, von welcher wirtschaftlichen Ebene aus (Betrieb, VVB, zentrale Wirtschaftsorgane) die Faktoren im volkswirtschaftlichen Gesamtprozeß durch ökonomisch sinnvolle Maßnahmen wirksam gemacht werden sollen. In diesem Fall wäre eine zusätzliche Gruppierung nach betrieblichen und überbetrieblichen sowie von den Werktätigen beeinflußbaren und nicht beeinflußbaren Maßnahmen im Rahmen der Faktoren angebracht. Die Anwendung von zusätzlichen Gruppierungsmerkmalen ist jedoch entsprechend dem erreichten Stand in der Anwendung der Organisations- und Rechentechnik mit einem zusätzlichen, oftmals erheblichen Aufwand an Zeit und Kosten verbunden. Dieser erscheint vor allem nur dann gerechtfertigt, wenn auf dem Wege einer organisierten Ursachenforschung im Rahmen der ökonomischen Analyse aussagekräftige Informationen und andere Unterlagen anfallen, die eine wissenschaftlich begründete Entscheidungsfindung und auf ihr aufbauend, wirksame Maßnahmen zur Erhöhung des Nutzeffekts der gesellschaftlichen Arbeit sichern.

Die Analyse der Faktoren des Nutzeffekts der gesellschaftlichen Arbeit ermöglicht je nach Erfordernissen, die sich aus der wirtschaftspolitischen Situation und Zielstellung ergeben können, die Anwendung auch anderweitiger Gruppierungsmerkmale von Faktoren. Hierbei handelt es sich jeweils um bestimmte zusammenfassende Darstellungen von Erscheinungen im Rahmen der Faktorstruktur, die in der Regel primär ihren Ausgangspunkt in den angeführten Faktoren des Nutzeffekts der gesellschaftlichen Arbeit haben. Aus diesem Grunde können sie als *sekundäre* Varianten zur Systematisierung von Faktoren des Nutzeffekts der gesellschaftlichen Arbeit angesehen werden. Hierzu zählen z. B. folgende Gruppierungen:

1. Objektive und subjektive Erscheinungen im Rahmen der Faktoren

Bei dieser Gruppierung können Erscheinungen, die z. B. den Faktor Arbeitskraft charakterisieren, als subjektive Erscheinungen bezeichnet werden. Objektive Erscheinungen umfassen z. B. die Produktionsmittel. Die Gruppierung nach gegenständlichen und persönlichen Faktoren stimmt mit dieser weitgehend überein.[33]

2. Natürliche und gesellschaftliche Erscheinungen im Rahmen der Faktoren

Zu den natürlichen Erscheinungen in der Faktorstruktur kann man die natürliche Seite der Produktivkräfte, wie z. B. die natürlichen Produktionsmittel, zählen.[34] Die gesellschaftliche Seite der Produktivkräfte charakterisiert demzufolge die gesellschaftlichen Erscheinungen in der Faktorstruktur.

3. Materiell-technische und sozial-ökonomische Faktoren[35]

Materiell-technische Faktoren sind die Arbeitsmittel, die Arbeitsgegenstände, die Arbeitskräfte und die Arbeitsorganisation (als Verbindungsglied der ersten drei Faktoren). Zu den sozialökonomischen Faktoren zählen die gesellschaftliche Organisation der Produktion, der sozialistische Wettbewerb, die Hebung des Lebensstandards und das kulturell-technische Niveau der Werktätigen.

4. Gesellschaftlich-ökonomische Bedingungen und Faktoren, wissenschaftlich-technisch-organisatorisch bedingte Faktoren, naturbedingte Faktoren[36]

Zu den gesellschaftlich-ökonomischen Bedingungen und Faktoren werden die Produktionsverhältnisse und die ihnen entsprechenden ökonomischen Gesetze, die Einstellung der Werktätigen zur Arbeit, die sozialistische Arbeitsmoral und Arbeitsdisziplin, und andere Erscheinungen gezählt. Im Rahmen der wissenschaftlich-technisch-organisatorisch bedingten Faktoren werden die Arbeitsteilung und Spezialisierung der Produktion und die auf ihnen beruhende Kooperation der Arbeit, die Einführung und Anwendung der modernen Wissenschaft und Technik u. ä. ausgewiesen. Zu den naturbedingten Faktoren gehören die geographischen und geologischen Verhältnisse, die natürliche Fruchtbarkeit des Bodens, die natürlichen Verkehrswege (Flüsse, Seen usw.,), die Mächtigkeit und die Art der Bodenschätze und die Witterungseinflüsse.

[33] Vgl. S. 136. [34] Vgl. S. 137.

[35] *Fritz Behrens*, Die Arbeitsproduktivität, 2. erweiterte Auflage, Leipzig 1953, S. 118. *Klimenko*, Wege zur Steigerung der Arbeitsproduktivität im Maschinenbau der UdSSR, Fachbuchverlag Leipzig 1953, S. 3.
Grigorjew, Ökonomik der Arbeit, Moskau 1959, S. 71ff. (russ.).

[36] Ökonomik der Arbeit in der DDR, Verlag Die Wirtschaft, Berlin 1962, S. 178ff.

5. *Faktoren eines technischen Typus und Faktoren eines nichttechnischen Typus*[37]

Ausgehend vom Vorhandensein des technischen Elements als einem spezifischen Merkmal einer bestimmten Beeinflussungsgröße des Nutzeffekts der gesellschaftlichen Arbeit, zählen zu den Faktoren eines technischen Typus die technisch-naturbedingten Faktoren, wie das Klima, die geographische Lage, die Größe und qualitative Beschaffenheit der natürlichen Vorkommen und die technischen, durch die Arbeit in Bewegung gesetzten Faktoren, wie Arbeitsmittel und Arbeitsgegenstände, d. h. alle Formen des technischen Fortschrittes auf den Gebieten der Produktionsmittel und Produktionsmethoden. Zu den Faktoren eines nichttechnischen Typus rechnen die nicht technischen, auf die Organisierung des gesellschaftlichen Arbeitsprozesses bezogenen Faktoren und die nicht technischen, mit der Quantität und Qualität der Arbeitskraft verbundenen Faktoren, wie der Arbeitskräftebedarf und -überhang, der allgemeine Bildungsstand der Beschäftigten, das Qualifikationsniveau, Ausführungs- und Leistungsmöglichkeiten, Arbeitsneigungen u. ä. Auch außerökonomische Faktoren, die zur Erhöhung der Arbeitsleistung beitragen und die Arbeitsfreude erhöhen und anregen, zählen zu dieser Gruppe.

6. *Faktoren der materiellen Produktion und der übrigen Bereiche des gesellschaftlichen Lebens*

Diese Form der Gruppierung erfolgt nach der Aufgliederung der Wirtschaftsbereiche, Wirtschaftszweige und Wirtschaftsgruppen vom Standpunkt der Schaffung und des Verbrauchs des gesellschaftlichen Gesamtprodukts und seiner wichtigsten Bestandteile (Amortisation, Materialverbrauch, Lohn- und sonstiges Arbeitseinkommen, gesellschaftliches Reineinkommen).

Die vorstehende Aufzählung von sekundären Grundlagen zur Systematisierung von Faktoren ist nicht vollständig. Zum Beispiel wird von anderen Autoren zu dieser Frage auch nach inneren und äußeren Faktoren,[38] nach endogenen und exogenen Faktoren[39] u. a. gruppiert. Im Grunde genommen handelt es sich um verschiedenartige Modifikationen der Faktoren des Nutzeffekts der gesellschaftlichen Arbeit. Die Verwendung dieser Varianten zur Systematisierung von Faktoren des Nutzeffekts der gesellschaftlichen Arbeit sollte deshalb vor allen Dingen in der Wirtschaftspraxis nur in begründeten Fällen erfolgen.

[37] *J. Lisikiewicz*, Wechselbeziehungen zwischen den Änderungen der Arbeitsproduktivität und der sie bestimmenden Faktoren in der Industrie, Materialien der Warschauer Konferenz über die Organisation der Produktion und der Arbeit vom 9. bis 14. 7. 1962, Lektion I, Thema 2, S. 6.

[38] *G. Hutton*, We Too Can Prosper, Allen and Unwin, London 1953, S. 8ff.

[39] *J. Viel*, Betriebs- und Unternehmungsanalyse, Westdeutscher Verlag, Köln und Opladen 1958, S. 32.

V. Fragen der Analyse der Faktoren des Nutzeffekts der gesellschaftlichen Arbeit

Die Analyse der Faktoren des Nutzeffekts der gesellschaftlichen Arbeit hat zu sichern, daß

1. die Faktoreigenschaften bzw. Strukturelemente und die Gesamtstruktur der Faktoren,
2. die Wirkungsweise der Faktoren auf den Nutzeffekt der gesellschaftlichen Arbeit (Ursachen, Wirkungen und Rückwirkungen) und
3. die Zusammenhänge, Verflechtungen und ökonomische Verhaltensweise der Faktoren im volkswirtschaftlichen Gesamtprozeß

beobachtet, ermittelt, aufbereitet, ausgewertet und verallgemeinert werden.

Da die Faktorstruktur, die Faktoreigenschaften, die Zusammenhänge und Verflechtungen zwischen den Faktoren laufend Veränderungen unterworfen sind, ist neben der Analyse des erreichten Niveaus zu einem bestimmten Zeitpunkt bzw. in einem bestimmten Zeitraum, auch die Untersuchung ihrer zeitlichen und räumlichen Veränderung ein unmittelbarer Bestandteil der analytischen Arbeit.

Die Analyse des Niveaus und der Veränderung der Faktoren des Nutzeffekts der gesellschaftlichen Arbeit umfaßt die Verfahren bzw. Methoden der Zerlegung und Aufgliederung der qualitativen und quantitativen Struktur der komplexen natürlichen und gesellschaftlichen Erscheinungen im volkswirtschaftlichen Gesamtprozeß bis in ihre Strukturelemente, d. h. wesentliche Eigenschaften der Massenerscheinungen. Sie schließt die Erforschung der Ursachen und Auswirkungen (Effekte) der Faktoren in ihrem Niveau und ihrer zeitlichen und räumlichen Veränderung mit ein. Ausgangspunkt der Analyse des Niveaus und der Veränderung der Faktoren sind Erscheinungskomplexe, die in ihrer strukturellen Zusammensetzung weiter zerlegt bzw. unterteilt werden, so daß die wesentlichen Eigenschaften der Einzelerscheinungen erkennbar werden. Diese Etappe in der analytischen Arbeit beginnt bei der strukturellen Beschaffenheit einer Vielzahl von Erscheinungen und schließt ab mit der Darstellung von Eigenschaften der Einzelerscheinungen. Auf die Faktoren des Nutzeffekts der gesellschaftlichen Arbeit bezogen, schließt die Analyse die Erforschung der Faktorstruktur und der Faktoreigenschaften ein.

Der nächste Schritt in der Analyse der Faktoren des Nutzeffekts der gesellschaftlichen Arbeit besteht in der Untersuchung ihrer Wirkungsweise (Ursachen, Wirkungen und Rückwirkungen), die zu Effekten führt und auch eine Veränderung innerhalb der Faktoren, d. h. in ihrer Struktur und in ihrer Eigenschaften, hervorrufen kann. Die sich aus der Wirkungsweise der Faktoren ergebenden Effekte widerspiegeln sich vor allem im Rahmen des quantitativen und qualitativen Umfangs der Erzeugnisse und materiellen Leistungen sowie im Rahmen des Arbeitszeit- und Kostenaufwandsvolumens. Die innerhalb der Faktoren — bedingt durch ihre Wirkungsweise — entstehenden Veränderungen zeigen sich z. B. wie folgt: Wird von der Struktur des Faktors Arbeitskraft hinsichtlich der Stellung der Beschäftigten im Arbeitsprozeß ausgegangen, d. h. von der Frage, ob sie als Produktionsarbeiter, ingenieurtechnisches Personal, Wirtschaftler, Verwaltungspersonal usw. tätig sind, und tritt im zeitlichen Ablauf eine Veränderung in ihrer Struktur (z. B. ein Rückgang der Zahl der Produktionsarbeiter) ein, so sind die Ursachen zu ergründen. Solche Ursachen können die Einführung der Fließfertigung, die Mechanisierung und Automatisierung von Produktions- und Transportprozessen, der Übergang zur Serienfertigung, die Mehrmaschinenbedienung u. ä. sein.

In Verbindung mit der Analyse der Wirkungsweise der Faktoren des Nutzeffekts der gesellschaftlichen Arbeit ist schließlich als weiterer Schritt zu sichern, daß auch die Zusammenhänge, die Verflechtungen und die ökonomische Verhaltensweise der Faktoren tiefreichend dargestellt und begründet werden. Bevor näher auf die konkreten Formen der Ursachenforschung eingegangen wird, sind einige Bemerkungen zur synthetischen Methode von Untersuchungen über die Faktoren des Nutzeffekts der gesellschaftlichen Arbeit erforderlich. Die Synthese stellt das entgegengesetzte Verfahren der Analyse dar. Für sie sind die Einzelerscheinungen eines Faktors der Ausgangspunkt der Untersuchung bzw. Beobachtung. Auf dem Wege der sachlich-inhaltlich richtigen Verbindung von Einzelerscheinungen wird die Struktur komplexer Erscheinungen dargestellt, die bestimmte Faktoren des Nutzeffekts der gesellschaftlichen Arbeit charakterisieren. Die synthetische Form der Untersuchung kann auch über den einzelnen Faktor hinausgeführt werden, indem mehrere und schließlich alle Faktoren in die Untersuchung einbezogen werden.

Die Verfahren bzw. Methoden der Analyse und Synthese sind eng miteinander verbunden. Im Rahmen von Faktoruntersuchungen haben beide eine bestimmte Aussagekraft. Die Anwendung der einen oder anderen Form der Untersuchung hängt jeweils von der konkreten Aufgabenstellung, insbesondere jedoch von der Beschaffenheit und Brauchbarkeit vorhandener Unterlagen über Ergebnisse von Beobachtungen, Ermittlungen und Auswertungen von konkreten Erscheinungen und Prozessen, ab. In Verbindung mit Untersuchungen über das erreichte Niveau und die Veränderungen der Faktoren des Nutzeffekts der gesellschaftlichen Arbeit können je nach den Erfordernissen sowohl spezifische Methoden der Analyse als auch der Synthese angewandt werden. Wenn z. B. statistische Kennziffern oder andere aussagekräftige Informationen über Einzelerscheinungen vorliegen, so kann durch Anwendung synthetischer Methoden eine sinnvolle Zusammenfassung bzw. Kombination zu bestimmten Komplexen von Erscheinungen und damit die Darstellung von Faktoren erfolgen. Liegen brauchbare Unterlagen auf den verschiedenen wirtschaftlichen Ebenen (innerbetrieblich wie auch überbetrieblich) nicht oder nur lückenhaft vor, ist bei den Untersuchungen in der Regel mit analytischen Methoden vorzugehen. Wenn beispielsweise im Rahmen des Faktors Arbeitskraft keine exakte Kenntnis über bestimmte Arten von Ausfallzeiten in betrieblichen oder überbetrieblichen Organen vorliegt, so kann mit rationellen analytischen Methoden, insbesondere auf dem Wege der Aufbereitung und Auswertung von Angaben in den Anwesenheitslisten der Beschäftigten, eine Übersicht gewonnen werden. Sie stellt eine zuverlässige Grundlage für die Verbesserung der Leitungstätigkeit auf dem Gebiet der rationelleren Nutzung der Arbeitszeit dar.

Zur Stellung der Analyse der Faktoren des Nutzeffekts der gesellschaftlichen Arbeit im Rahmen des Gesamtsystems der ökonomischen Analyse ist zu bemerken, daß als Bestandteile der Faktorenanalyse nicht nur die Zusammenhänge, die Verflechtungen und das ökonomische Verhalten der Faktoren anzusehen sind, die zweifellos einen Schwerpunkt darstellen, sondern auch die Veränderungen in der Struktur und den Eigenschaften der technischen, technologischen und organisatorischen Erscheinungen. Letztere finden in bestimmten Parametern bzw. Normativen ihren Ausdruck. Die Analyse der Faktoren hat weitgehend auch die funktionalen und kausalen Zusammenhänge und die Verflechtungen, die z. B. zwischen technischen Parametern und ihrer ökonomischen Seite, d. h. den ökonomischen Aufwandsgrößen (Zeit, Selbstkosten, Preise u. a.) bestehen, mit zu berücksichtigen. Die Analyse der Faktoren des Nutzeffekts der gesellschaftlichen Arbeit geht somit über die bisher vorhandenen Formen der ökonomischen Analyse hinaus. Sie schließt jedoch neben den bereits genannten technischen, technologischen und organisatorischen Parametern bzw. Normativen auch die Zusammenhänge und Verflechtungen, die zwischen politischen, ideologischen, wissenschaftlichen, kulturellen u. a. Erscheinungen des gesellschaftlichen Überbaues und ihren ökonomischen Auswirkungen bestehen, mit ein. Darüber hinaus hat die Analyse der Faktoren des Nutzeffekts der gesellschaftlichen Arbeit auch die Zusammenhänge, die Verflechtungen und die ökonomische Verhaltensweise im Rahmen einzelner Faktoren, zwischen den Faktoren und der Gesamtheit der Faktoren zu berücksichtigen.

Unter der Annahme, daß die Auswirkungen der Faktoren (Effekte) sich in der Veränderung der Arbeitsprodukte und der für ihre Herstellung benötigten ökonomischen Aufwandsgrößen ausdrücken und das Ausmaß dieser Veränderungen bekannt ist, ist im Rahmen der Untersuchung zunächst von den Auswirkungen auszugehen und sind die ihnen zugrunde liegenden Ursachen zu erforschen. Zwischen den Auswirkungen und ihren Ursachen liegt eine zeitliche Differenz, die in der Analyse mit zu berücksichtigen ist. Diese Form der Analyse schließt jedoch die Rückwirkungen, die von den gewonnenen Arbeitsprodukten und von den verausgabten Aufwandsgrößen auf die Ursachen Einfluß haben, mit ein. Das Ausmaß dieser Rückwirkungen auf die Ursachen kann nur annähernd eingeschätzt werden, wenn durch Anwendung synthetischer Methoden, die die Untersuchung als Ausgangspunkt haben, ebenfalls eine Untersuchung der Auswirkungen — in unserem Fall auf die Veränderung der Arbeitsprodukte und der Aufwandsgrößen — erfolgt.

Die Anwendung von analytischen und gleichzeitig synthetischen Methoden zur Untersuchung der Zusammenhänge, die zwischen Ursachen und Wirkungen und umgekehrt zwischen Rückwirkungen und Ursachen bei den Faktoren des Nutzeffekts der gesellschaftlichen Arbeit bestehen, ist an bestimmte Voraussetzungen gebunden. Vor allen Dingen muß gewährleistet sein, daß die qualitative Analyse, mit deren Hilfe in der Regel nur typische Erscheinungen und Prozesse, d. h. Gesetzmäßigkeiten erforscht und anschaulich dargestellt werden, mit der quantitativen Analyse verbunden wird. Die quantitative Analyse ermöglicht den exakten, meßbaren Nachweis von Gesetzmäßigkeiten und funktionalen bzw. kausalen Zusammenhängen, die den Erscheinungen und Prozessen zugrunde liegen, mit Hilfe von Kennziffern. Ihre

Beobachtung, Ermittlung, Aufbereitung, Auswertung und Verallgemeinerung sind Voraussetzungen für die Anwendung von statistischen und mathematischen Methoden, die für die Zwecke der Analyse und auch für die Darstellung prognostischer Varianten eine wesentliche Grundlage sind. Hervorzuheben ist, daß die quantitative Analyse, die sich in der Regel nur auf typische Erscheinungen und Prozesse erstreckt, mit der qualitativen Analyse verbunden und in ihrer Aussagekraft verbessert wird. Soweit es sich nur um die qualitative und quantitative Analyse einzelner Erscheinungen handelt, finden diese in Nutzeffektsberechnungen, z. B. über Investitionen, Rationalisierungsmaßnahmen, Anwendung von Normativen u. a. m., ihren Ausdruck. Wenn der vorhandene Stand in der Anwendung der Rechentechnik der Ausarbeitung von quantitativen Analysen bestimmte Grenzen setzt, ist es notwendig, die Zusammenhänge zwischen Ursachen und Wirkungen und umgekehrt zwischen Rückwirkungen und Ursachen mit Hilfe der qualitativen Analyse darzustellen. Diese Einheit von quantitativer und qualitativer Analyse der Faktoren des Nutzeffekts der gesellschaftlichen Arbeit muß ständig vervollkommnet werden, damit eine wissenschaftlich begründete Entscheidungsfindung auf den verschiedenen wirtschaftlichen Ebenen und Stufen gesichert wird.

Ausgehend von den Erfordernissen der quantitativen Analyse der Faktoren des Nutzeffekts der gesellschaftlichen Arbeit, die mehr oder weniger umfangreiches statistisches Material, d. h. aussagekräftige Informationen voraussetzen, ist schließlich der Auswertung der Ergebnisse und der Verallgemeinerung der wissenschaftlichen Erkenntnisse Aufmerksamkeit beizumessen. So sind als die wichtigsten Bestandteile der Auswertung die tabellarische und graphische Darstellung, die Analyse und die Ursachenforschung anzusehen. Die sich im Ergebnis der Auswertung ergebende Verallgemeinerung stellt bereits eine wesentliche Grundlage der Entscheidungsfindung im Rahmen der sozialistischen Leitungstätigkeit dar.

Bei der tabellarischen Auswertung werden die in den Ergebnistabellen ausgewiesenen statistischen Kennziffern nach bestimmten methodischen Gesichtspunkten zusammengestellt, z. B. wird im Rahmen des Faktors Arbeitskraft die Anzahl der Arbeits- und Ausfallstunden auf einen Beschäftigten, auf 1000 MDN der Brutto- oder Nettoproduktion u. ä. bezogen. Diese Form der Kombination von Kennziffern, zwischen denen funktionale und meistens auch kausale Zusammenhänge bestehen, kann im Rahmen der Auswertungstabellen weiter durch bestimmte Gruppierungsmerkmale ergänzt werden. Beispielsweise kann die Anzahl der Betriebe nach der Höhe ihrer Produktion, der Belegschaftsstärke, dem Steigerungsgrad der Arbeitsproduktivität oder nach anderen Kennziffern des Nutzeffekts der gesellschaftlichen Arbeit gruppiert werden. Innerhalb der Betriebsgruppen können bestimmte Kennziffern oder Kennziffernkombinationen dargestellt werden. Diese Form der tabellarischen Auswertung, die auch mit anschaulichen graphischen Darstellungen verbunden werden kann, vermittelt jedoch noch keine näheren Anhaltspunkte über die Ursachen der Veränderung von Kennziffern, die die Struktur und die Eigenschaften bestimmter Faktoren des Nutzeffekts der Arbeit charakterisieren. Als Beispiel sei angeführt, daß der Veränderung des Arbeitskräfteeinsatzes (Faktor Arbeitskraft) in einem Betrieb während eines bestimmten Zeitraumes relativ differenzierte Ursachen zugrunde liegen können. Diese Ursachen betreffen sowohl die Abgänge als auch die Zugänge an Arbeitskräften. So können die Zugänge von Arbeitskräften durch die Einstellung von Schulabgängern oder von bisher nicht im Arbeitsprozeß stehenden Personen, auf Grund von Umsetzungen aus anderen Betrieben bzw. Wirtschaftszweigen und aus anderen Ursachen erfolgen. Die Abgänge von Arbeitskräften können auf Grund der Erreichung der Altersgrenze, durch Tod oder Invalidität, durch Einberufung zu den bewaffneten Organen, wegen Teilnahme an Qualifizierungslehrgängen, ungünstiger Arbeitsbedingungen, schlechter Verkehrs- und Wohnverhältnisse u. ä. entstehen. Je nach Erfordernis können die im vorstehenden Beispiel erwähnten Ursachen mit statistischen Kennziffern nachgewiesen werden. Hierbei handelt es sich um eine quantifizierte Form der Ursachenforschung, die zum Teil relativ aufwendig ist.

In dem genannten Beispiel wurde die Bewegung der Arbeitskräfte im zeitlichen Ablauf auf ihre Ursachen hin dargestellt, wobei bestimmte Ursachenkomplexe gebildet und mittels Kennziffern ausgedrückt wurden. Neben diesen typischen, im Rahmen von Komplexen zusammengefaßten Ursachen, sind in der Regel auch noch zufällige Ursachen anzutreffen. Soweit bestimmte Erfordernisse für ihre Quantifizierung nicht bestehen, werden diese zufälligen Ursachen im Rahmen der Analyse entweder nicht mit berücksichtigt oder in Verbindung mit bestimmten Ursachenkomplexen ermittelt.

Die Erforschung der Wirkungsweise der Faktoren des Nutzeffekts der gesellschaftlichen Arbeit umfaßt folgende Bestandteile:

1. die Analyse des erreichten Standes der Faktoren,
2. die Analyse der Veränderung der Faktoren und
3. die Analyse der Wirkungen (Effekte) der Faktoren.

Die Analyse des erreichten Standes (absolutes Niveau) der Faktoren bringt die strukturelle Zusammensetzung und somit auch die wesentlichen Eigenschaften ihrer qualitativen und quantitativen Struktur zum Ausdruck. Soweit mit rationellen Methoden ein quantitativer Ausdruck der Struktur und Eigenschaften z. B. mit Hilfe von Kennziffern sinnvoll ist, wird ein wissenschaftlich exaktes Bild über das erreichte Niveau der Faktoren vermittelt. Erfordert die methodische Ermittlung von Kennziffern über das Niveau der Faktoren erhebliche Mittel (Aufwand an Zeit, Material und Kosten), so ist der voraussichtliche Erkenntniswert und Verwendungszweck dem erforderlichen Aufwand an Mitteln gegenüberzustellen, d. h. exakt zu bilanzieren. Das Ergebnis dieser Bilanz wird eine ökonomisch zweckmäßige Entscheidungsfindung erleichtern.

Im Rahmen der Analyse der Veränderung der Faktoren sind ihre Ursachen mit zu erforschen. Da die Wirkung dieser Ursachen beim Bestehen sozialistischer Produktionsverhältnisse durch bewußte Handlungen der Werktätigen veranlaßt wird, ist es notwendig, in die Ursachenforschung auch die verschiedenen Arten z. B. der Maßnahmen der Leitungs- und Lenkungsorgane mit einzubeziehen. Werden die Maßnahmen im Rahmen der Faktoren verwirklicht, z. B. Maßnahmen zur besseren Auslastung der mechanischen Arbeitsmittel, ergeben sich zwischen Ursachen und Wirkungen Zusammenhänge, die sich nach entsprechendem zeitlichen und räumlichen Ablauf in einem bestimmten Ergebnis niederschlagen. Als Ursachen der besseren Auslastung der mechanischen Arbeitsmittel können z. B. die Erhöhung der Schnittgeschwindigkeit, der Einbau selbsttätiger Meßvorrichtungen, die Erhöhung der Gebrauchseigenschaften des Materials u. ä. angesehen werden.

Die Analyse der erzielten Wirkungen (Effekte) ist der dritte Bestandteil. Die Wirkungen schlagen sich in bestimmten Ergebnissen nieder, die ihren Ausdruck hinsichtlich des Nutzeffekts der gesellschaftlichen Arbeit in dem veränderten quantitativen und qualitativen Umfang der Arbeitsprodukte bzw. materiellen Leistungen und der verausgabten Aufwandsgrößen finden. Bei der Analyse der Wirkungen, d. h. der erzielten Effekte, ist zu berücksichtigen, daß enge Berührungspunkte und unmittelbare Zusammenhänge mit der Analyse der Ursachen bestehen. Bei unserem Beispiel der besseren Auslastung der mechanischen Arbeitsmittel bestehen also die erzielten Effekte darin, daß die Anzahl der Arbeitsprodukte bzw. materiellen Leistungen unter Umständen bei veränderter Struktur erhöht wurde, ohne daß wir zunächst voraussetzen, daß in den erforderlichen Aufwandsgrößen ebenfalls Effekte eintreten. Die Beziehung zwischen dem gesteigerten Umfang der Arbeitsprodukte bzw. der materiellen Leistungen und den benötigten bzw. entstandenen Aufwandsgrößen charakterisiert die Erhöhung des Nutzeffekts der gesellschaftlichen Arbeit. In diesem Prozeß werden in der Regel auch die Wirkungen, die die Aufwandsgrößen beeinflussen, in Form von Effekten zum Ausdruck kommen. So kann durch die bessere Auslastung der mechanischen Arbeitsmittel die Struktur der Arbeitszeit verändert werden, indem Zeiteinsparungen in stärkerem Ausmaß bei un- oder angelernten Arbeitskräften als bei Fachkräften oder umgekehrt erzielt werden.

Als Voraussetzung für die Analyse der Wirkungen (Effekte) hinsichtlich der Kennziffern des Nutzeffekts der gesellschaftlichen Arbeit wird es für zweckmäßig erachtet, zunächst diejenigen, die sich innerhalb der einzelnen Faktoren vollziehen, tiefreichend zu analysieren. Dadurch wird die Aufdeckung von ungenutzten Reserven bei den einzelnen Faktoren weitgehend ermöglicht und somit einem wichtigen Erfordernis der analytischen Arbeit Rechnung getragen.

Die Analyse der Faktoren des Nutzeffekts der gesellschaftlichen Arbeit hängt in ihrer Aussagekraft und Brauchbarkeit in erster Linie vom Niveau der wissenschaftlich begründeten Leitungstätigkeit ab. Sie ist damit ein wichtiger Bestandteil des Faktors Organisation und Leitung und ein entscheidendes Instrument zur Aufdeckung und Nutzung von Reserven. Darüber hinaus läßt sie die Schwerpunkte auf den verschiedenen wirtschaftlichen Ebenen für die mit einer hohen Effektivität einzusetzenden gesellschaftlichen Mittel, z. B. in Form von Investitionen, besser erkennen und vermittelt eine exakte Kenntnis über bestimmte Reserven in den Faktoren, die ohne größeren gesellschaftlichen Aufwand zur Erhöhung des Nutzeffekts der Arbeit beitragen können.

Zusammenfassend ist zu bemerken, daß die Analyse der Faktoren des Nutzeffekts der gesellschaftlichen Arbeit ein Bestandteil der sozialistischen Leitungstätigkeit ist. Sie wendet die Methoden der Zerlegung bzw. Aufgliederung der qualitativen und quantitativen Struktur der natürlichen und gesellschaftlichen Erscheinungskomplexe bzw. Faktoren im volkswirtschaftlichen Gesamtprozeß an und schließt die Erforschung der Wirkungsweise, der Zusammenhänge, der Verflechtungen und der ökonomischen Verhaltensweise der Faktoren in der zeitlichen und räumlichen Veränderung mit ein. Ihr Ziel ist die Aufdeckung von gesellschaftlichen Reserven, deren rationelle Nutzung zur Erhöhung des Nutzeffekts der gesellschaftlichen Arbeit beiträgt.

Die im Rahmen der Analyse des Nutzeffekts der gesellschaftlichen Arbeit nach Faktoren gewonnenen Erkenntnisse stellen zugleich den Ausgangspunkt dar für eine entsprechend den Erfordernissen des Neuen ökonomischen Systems der Planung und Leitung der Volkswirtschaft wissenschaftlich begründete Planung, die sich u. a. auf eine weitgehende Nutzung der in den Faktoren enthaltenen Reserven orientiert. So sind die differenzierten Auswirkungen der Faktoren auf den Nutzeffekt der gesellschaftlichen Arbeit darzustellen, damit schrittweise die Ausarbeitung und Anwendung von Normativen für die Zwecke der wissenschaftlich begründeten Planung gewährleistet wird. Dadurch wird zugleich ermöglicht, daß exakte Vorausberechnungen unter Berücksichtigung der konkreten Entwicklungsbedingungen durchgeführt werden können und ein solcher Einsatz der Faktoren erfolgt, der Wirkungen (Effekte) hervorruft, die zur Erfüllung bzw. weiteren Verbesserung der dem Plan zugrunde gelegten Normative, d. h. zu einem optimalen Nutzeffekt der gesellschaftlichen Arbeit führen. Insbesondere sind auch die verschiedenen Formen der Masseninitiative, der zielgerichteten sozialistischen Gemeinschaftsarbeit sowie der persönlichen und kollektiven materiellen und moralischen Interessiertheit auf die Nutzung der in den Faktoren und Bedingungen enthaltenen Reserven wirkungsvoll auszurichten. Somit trägt die Analyse des Nutzeffekts der gesellschaftlichen Arbeit nach Faktoren entscheidend mit dazu bei, das Verhältnis von Akkumulation und Konsumtion wissenschaftlich exakter im Plan bestimmen zu können.

Katja Nehls

NEUE ERSCHEINUNGEN IN DEN WESTDEUTSCHEN LANGFRISTIGEN KAPITALBEZIEHUNGEN MIT DEN ENTWICKLUNGSLÄNDERN

I. Einleitung

Hinsichtlich der wirtschaftlichen Beziehungen der imperialistischen Länder zu den ökonomisch schwachentwickelten Ländern erzeugt die wissenschaftlich-technische Revolution eine Reihe neuer Widersprüche. So hatte der technische Fortschritt, der die Bedeutung der ökonomisch schwachentwickelten Länder als Lieferanten bestimmter mineralischer Rohstoffe steigerte, in bezug auf ihre Rolle als Lieferanten landwirtschaftlicher Rohstoffe und Lebensmittel eine entgegengesetzte Wirkung. Der Ersatz natürlicher Rohstoffe durch synthetische, der steigende Anteil industrieller bzw. technischer Konsumgüter und Dienstleistungen an der individuellen Konsumtion in den imperialistischen Ländern, die Industrialisierung und die schnell ansteigende Produktivität der Landwirtschaft der hochentwickelten Industrieländer in Verbindung mit ihrem Agrarprotektionismus und dem Export landwirtschaftlicher Überschüsse minderte die Bedeutung der ökonomisch schwachentwikkelten Länder als Exporteure agrarischer Erzeugnisse. Im Gegensatz dazu steht jedoch die Bedeutung, die den ökonomisch schwachentwickelten Ländern als Absatzmärkten und Akkumulationsquelle für die hochentwickelten kapitalistischen Länder gerade auch im Zusammenhang mit der wissenschaftlich-technischen Revolution zukommt. Letztere verschärft erstens die Disproportionen, die durch das Gesetz der schnelleren Entwicklung der Produktion und des Marktes für Produktionsmittel, insbesondere der Elemente des fixen Kapitals, entstehen. Für die Auslastung der entstehenden Überkapazitäten gerade in den Zweigen, die am schnellsten expandieren, sind die Absatzmärkte der ökonomisch schwachentwickelten Länder von großer Bedeutung. Obwohl sich der Welthandel im allgemeinen sowie der Handel mit Maschinen und Ausrüstungen im besonderen am stärksten infolge des gegenseitigen Handels der hochentwickelten kapitalistischen Industrieländer entwickelte, spielen die ökonomisch schwachentwickelten Länder als Käufer von Investitionsgütern eine nicht zu unterschätzende Rolle bei der Stützung der Investitionskonjunktur. Zweitens wirkt sich hierbei auch die Beschleunigung des moralischen Verschleißes infolge des technischen Fortschritts aus. Um der dadurch hervorgerufenen Kapitalentwertung, die den erhöhten Anforderungen an die Kapitalakkumulation widerspricht, entgegenzuwirken, besteht das Bestreben, veraltete Anlagen und Ausrüstungen, die bei der Umstellung auf die modernste Fertigung ausrangiert werden, an die Entwicklungsländer zu verkaufen. Drittens erzeugt die relative Stagnation der traditionellen Konsumgüterindustrien sowie der Konzentrationsprozeß in Westeuropa und der damit verbundene Konkurrenzdruck auf kleinere und mittlere Unternehmen eine Tendenz zur Abwanderung von Klein- und Mittelbetrieben in die ökonomisch schwachentwickelten Länder, bzw. zu einem verstärkten Ausweichen auf die Märkte dieser Länder.

Unter den Bedingungen der wissenschaftlich-technischen Revolution und der notwendigen Verbreiterung der Akkumulationsbasis für das Monopolkapital steigt die Bedeutung der Entwicklungsländer als Akkumulationsquelle. Die Industrialisierung der ökonomisch schwachentwickelten Länder ist für die weitere Vergesellschaftung der Produktion und die Durchsetzung der wissenschaftlich-technischen Revolution ein objektiv notwendiger Prozeß. Die kolonialen Befreiungsrevolutionen und die Bestrebungen vieler ökonomisch schwachentwickelter Länder nach Aufbau einer nationalen Industrie und Angleichung des Entwicklungsstandes der Produktivkräfte an das Niveau der modernen Industriestaaten tragen dem Rechnung, wobei sie von den sozialistischen Ländern unterstützt werden. Aber auch die Durchsetzung der wissenschaftlich-technischen Revolution in den imperialistischen Ländern stellt erhöhte Anforderungen an die Entwicklung der Binnenmärkte und die Steigerung des Volkseinkommens und des Mehrprodukts in den ökonomisch schwachentwickelten Ländern.

Die Methoden, mit denen das am schnellsten zu erreichen wäre — z. B. die Beseitigung von Einfuhrbeschränkungen für Importe aus Entwicklungsländern, die Koordinierung der inneren Wirtschaftspolitik in den imperialistischen Ländern mit den Erfordernissen der Industrialisierung der Entwicklungsländer, die Abrüstung und Verwendung der Rüstungsmilliarden für Infrastrukturinvestitionen usw. — stehen im Gegensatz zu den unmittelbaren Verwertungsbedürfnissen des Monopolkapitals und im Gegensatz zu den allgemeinpolitischen Bedingungen zur Sicherung der Kapitalverwertung.

Diesen Widerspruch zwischen dem objektiven Erfordernis einer schnellen Industrialisierung der Entwicklungsländer — auch für die Durchsetzung der wissenschaftlich-technischen Revolution in den imperialistischen Ländern — einerseits und den begrenzten kapitalistischen Möglichkeiten, diesen Prozeß zu forcieren, andererseits, suchen die Monopole durch neue staatsmonopolistische Ausbeutungsmethoden der schwachentwickelten Länder zu lösen. Ein wesentliches Moment dieser Methoden besteht darin, sich dem Übergang zu den modernen Produktivkräften durch die Ablösung alter extensiver kolonialer Ausbeutungsmethoden durch moderne intensive Ausbeutungsmethoden anzupassen und dadurch eben die erforderliche Verstärkung der Akkumulationsquellen, die Ausdehnung der Märkte und Erschließung der Rohstoffquellen zu erreichen.

Die extensiven Ausbeutungsmethoden der Kolonialländer und abhängigen Länder die auf der Ausnutzung ihres niedrigen sozial-ökonomischen Entwicklungsstandes basierten und die mit hoher Profitrate aber geringer Profitmasse verbunden waren, genügen nicht mehr dem Akkumulationsbedürfnis des Monopolkapitals. Zudem bringt der staatsmonopolistische Kapitalismus und die hohe Stufe der Konzentration und Zentralisation eine Reihe neuer Gegentendenzen gegen den Fall der Profitrate hervor, so daß bei Entwicklung der Produktivkräfte in den Entwicklungsländern die steigende Masse des Mehrwerts und Profits auch mit einer steigenden Profitrate verbunden wäre.

Eine der Hauptformen, in der der staatsmonopolistische Kapitalismus in Gestalt der staatlichen „Kapitalhilfe" dem Fall der Profitrate entgegenwirkt, besteht in der staatlichen Finanzierung der unrentablen Kapitalanlagen. Die Errichtung der modernen industriellen Infrastruktur im Energiewesen, im Verkehrswesen, in der Landwirtschaft usw. steigert die volkswirtschaftlich durchschnittliche technische Zusammensetzung bedeutend. Die damit verbundenen großen Kapitalanlagen steigern entsprechend die organische Zusammensetzung des Gesamtkapitals. Mit Hilfe der erhöhten organischen Zusammensetzung, die auf hohen staatlichen Investitionen beruht, kann die Profitmasse gewaltig gesteigert werden. Diese gesteigerte Profitmasse wird zum Hauptteil von den Monopolen angeeignet, die sie nicht auf das fungierende Gesamtkapital, das zur Erzeugung dieser Profitmasse erforderlich war, beziehen, sondern lediglich auf den Teil des Gesamtkapitals, den sie selbst angelegt haben.

Die staatliche Kapitalhilfe im Rahmen der Entwicklungshilfe soll die notwendigen, aber unrentablen Investitionen finanzieren, während die so erschlossenen rentablen Kapitalanlagesphären den Monopolen überlassen werden.

Die neokolonialistischen Expansionsbestrebungen der Monopole, der Konkurrenzkampf um die mit staatsmonopolistischen Methoden erschlossenen Kapitalanlagesphären sowie die Größe der zu finanzierenden Vorhaben und die Höhe der Risiken sind Triebkräfte einer verstärkten internationalen Zentralisation des Finanzkapitals.

Wie bei der Erklärung der objektiven Grundlagen für das Hinüberwachsen des Monopolkapitalismus in den staatsmonopolistischen Kapitalismus im Verlauf der zweiten und dritten Etappe der allgemeinen Krise überhaupt, so muß man auch bei der neokolonialistischen Entwicklungshilfe sehen, daß man mit der Aufdeckung innerer Widersprüche der Kapitalverwertung im Zusammenhang mit der wissenschaftlich-technischen Revolution nur *eine* wesentliche Seite des Problems erfaßt. Die Probleme der Kapitalverwertung, die von der wissenschaftlich-technischen Revolution neu gestellt werden, erhalten besondere Bedeutung für den Weiterbestand der kapitalistischen Produktionsweise angesichts der Existenz des sozialistischen Systems und seines Einflusses auf die Prozesse im kapitalistischen System, insbesondere auch auf die Bedingungen des nationalen Befreiungskampfes.

Im folgenden sollen die Kapitalbeziehungen Westdeutschlands zu den Entwicklungsländern unter dem Aspekt der staatsmonopolistischen Verbreiterung der Akkumulationsbasis mit Hilfe der neokolonialistischen Entwicklungspolitik und verstärkter internationaler Zentralisation des Kapitals unter dem Zwang der wissenschaftlich-technischen Revolution untersucht werden. Ausgehend von der Forschung auf dem Gebiet des Kapitalexports drängte sich die Frage auf, welche Anforderungen die Durchsetzung der wissenschaftlich-technischen Revolution in Westdeutschland und die Bedingungen der Kapitalverwertung an den Kapitalexport als neokolonialistisches Instrument stellen. Damit ist gesagt, daß es sich bei dem vorliegenden Artikel nicht um eine allseitige Untersuchung des westdeutschen Neokolonialismus handeln kann, dessen Thematik viel umfassender ist, wie auch in den einzelnen Entwicklungsländern die sozialökonomischen Bedingungen, Klassen- und politischen Verhältnisse außerordentlich verschieden sind. Aus diesem Grunde soll die innere Problematik der Entwicklungsländer selbst ausgeklammert werden. Obwohl die verschiedensten ökonomischen und politischen Bedingungen auf die Beziehungen Westdeutschlands zu den ökonomisch schwachentwickelten Ländern und die neokolonialistische Politik der Bonner Regierung einwirken, will es scheinen, als sei eine der grundlegenden ökonomischen Tendenzen, die sich hier äußern, durch die Erfordernisse der wissenschaftlich-technischen Revolution hervorgerufen. Aus den angeführten Beschränkungen ergibt sich zwangsläufig, daß die diesbezüglichen Schlußfolgerungen oft nur thesenhaften Charakter tragen können, ohne in aller Breite und Tiefe belegt zu sein. Ihr Sinn soll darin bestehen, die Diskussion dieser Fragen anzuregen.

II. Umfang, Formen und Struktur der westdeutschen finanziellen Entwicklungshilfe und der Kapitalexporte in die schwachentwickelten Länder nach 1958

Im Unterschied zu den Kapitalbeziehungen Westdeutschlands zu den hochentwickelten Industrieländern sind seine Kapitalbeziehungen zu den Entwicklungsländern im wesentlichen einseitig. Sie sind Hauptinstrument der neokolonialistischen Expansionsbestrebungen der westdeutschen Bundesrepublik und der sogenannten Entwicklungshilfe. Westdeutschland rangiert heute bei der finanziellen Entwicklungshilfe, die zum überwiegenden Teil aus Kapitalexporten besteht, an vierter Stelle unter den imperialistischen Mächten. Von 1950 bis 1964 wurden rund 25 Mrd. D-Mark westdeutscher Entwicklungshilfe an ökonomisch schwachentwickelte Länder bereitgestellt.

Davon entfielen rund 14 Mrd. D-Mark auf staatliche und 11 Mrd. D-Mark auf sogenannte private Hilfe. 19,5 Mrd. D-Mark wurden bilateral und 5,5 Mrd. D-Mark multilateral vergeben.[1]

Die folgende Tabelle gibt Auskunft über die finanzielle Entwicklungshilfe Westdeutschlands von 1950 bis 1963 nach Hauptkategorien der Hilfe (siehe Tabelle 1).

Die Gesamthilfe 1950 bis 1963 in Höhe von netto 20,5 Mrd. D-Mark setzt sich somit aus 11,8 Mrd. D-Mark staatlicher Hilfe und 8,7 Mrd. D-Mark privater Hilfe zusammen. 4,3 Mrd. D-Mark wurden multilateral vergeben und 16,1 Mrd. D-Mark bilateral.

Die *staatliche bilaterale Hilfe* umfaßt über 3 Mrd. D-Mark Grants oder Zuschüsse, die hauptsächlich aus den Wiedergutmachungsleistungen an Israel und Griechenland in Höhe von 2,4 Mrd. D-Mark bestehen. Ferner ist in der bilateralen staatlichen

[1] „Welt der Arbeit“ vom 5. 2. 1965.

TABELLE 1

*Westdeutsche finanzielle Entwicklungshilfe nach Hauptkategorien 1950–1963 in Mio. USA Dollar**

	1950 bis 1963	1950 bis 1955	1956	1957	1958	1959	1960	1961	1962	1963
Gesamt, öffentlich und privat, netto	5124	101	436	595	521	799	616	835	632	589
Gesamt, öffentlich, brutto	3568	352	176	319	304	363	383	687	502	482
Gesamt, öffentlich, netto	2947	53	161	298	278	325	343	615	450	424
A Gesamt, öffentlich, bilateral, netto	1936	50	124	100	133	212	292	329	347	399
Grants	767	36	80	80	82	66	69	107	108	139
davon										
Reparationen und Wiedergutmachungszahlungen	609	36	79	78	76	58	62	80	70	70
Anleihen in Währung der Empfangsländer rückzahlbar, netto	—	—	—	—	—	—	—	—	—	—
Transfer von Mitteln der Verkäufe für Empfängerwährung, netto	8	—	—	—	—	—	—	4	2	2
öffentliche Kredite über 1 Jahr, brutto	1482	14	59	40	77	184	213	289	290	316**
öffentliche Kredite über 1 Jahr, netto	1162	14	44	20	52	146	172	218	238	258
erhaltene Amortisationen	322	—	15	21	26	38	40	71	52	59**
B Multilaterale Beiträge, netto	1010	3	37	198	145	113	101	286	102	25
C Gesamte private langfristige Hilfe, netto	1177	15	91	104	136	274	146	154	150	107
Direktinvestitionen u. a. Kredite, netto	1104	15	91	103	136	215	142	156	150	96
Portefeuille-Investitionen in multilaterale Organisationen, netto	74	—	—	1	2	59	4	—3	—	11
D Garantierte private Exportkredite über 1 Jahr, netto	947	33	184	144	104	200	127	66	32	57
über 5 Jahre, netto	266	—	—	—	—	—	76	58	104	28
1–5 Jahre netto	681	33	184	144	104	200	51	8	—72	29

* Disbursements

** ausschließlich „anderes langfristiges staatliches Kapital"

Quelle: OECD, The flow of financial resources to less developed countries, Paris 1964, S. 140, Tab. IV–4.

Hilfe in Form von Grants auch die bilateral gewährte Technische Hilfe enthalten sowie der westdeutsche Beitrag für den Indus-Becken-Entwicklungsfonds,[2] ferner die Leistungen an Kirchen in Entwicklungsländern, die mit 130 Mio. D-Mark bis 1963 ausgewiesen wurden. Seit 1962 werden auch die entwicklungspolitischen Vorhaben der Kirchen von der Bundesregierung gefördert. Dafür wurden 1962 und 1963 jeweils 54 Mio. D-Mark bereitgestellt. Ferner gehen Schäden aus staatlichen Garantien sowie die Mittel der Deutschen Stiftung für Entwicklungsländer in die bilaterale staatliche Hilfe ein. Den Hauptposten der bilateralen staatlichen Hilfe machen die staatlichen Anleihen und Kredite aus, die sogenannte Kapitalhilfe mit rund 5 Mrd. D-Mark.[3]

Die *staatliche multilaterale Hilfe* besteht hauptsächlich aus den staatlichen Beteiligungen an den internationalen staatsmonopolistischen Finanzinstitutionen, der Weltbankgruppe (IBRD, IDA, IFC), dem Weltwährungsfonds, aus Anleihen und Krediten an diese Institutionen, den D-Mark-Ziehungen von Entwicklungsländern beim Weltwährungsfonds sowie der Beteiligung am EWG-Entwicklungsfonds.[4] Die multilaterale Hilfe umfaßt ferner die staatlichen Beiträge für die technische Hilfe der UN und verschiedene Sonderorganisationen der UN. Letztere Posten machen jedoch nur einen geringen Teil der Gesamtsumme an multilateraler Entwicklungshilfe aus. Die *private multilaterale* Hilfe umfaßt im wesentlichen die privaten Beteiligungen und Unterbeteiligungen an Anleihen der internationalen Finanzinstitutionen (261 Mio. D-Mark bis 1963) sowie andere Formen der privaten Finanzierung von Transaktionen dieser Institutionen (Kauf von Schuldverschreibungen der Weltbank).

Die sogenannte *private Entwicklungsshilfe* erfolgt überwiegend bilateral — bis auf die Portefeuilleinvestitionen in internationale staatsmonopolistische Finanzinstitutionen — und besteht aus Direktinvestitionen,[5] Krediten, Darlehen, Portefeuilleinvestitionen u. a. sowie aus garantierten Exportkrediten. Schließlich umfaßt die private Hilfe auch private Spenden, z. B. Sammlungen der Kirchen (bis 1963 284 Mio. D-Mark), die nicht in der vorstehenden Tabelle ausgewiesen sind.[6]

Während die staatliche Kapitalhilfe der Beteiligung an der Finanzierung von Entwicklungsvorhaben der schwachentwickelten Länder dient, vor allem der Finanzierung von Infrastrukturprojekten und industriellen Schlüsselproduktionen, werden aus der Technischen Hilfe, die in Form von Zuschüssen gewährt wird, hauptsächlich die Errichtung von Lehr- und Demonstrationsbetrieben und die Entsendung von Sachverständigen finanziert.

[2] Auf Grund des Abkommens vom 19. 9. 1960 beträgt der im Verlauf von 10 Jahren einzuzahlende westdeutsche Beitrag zum Indus-Becken-Entwicklungsfonds 126 Mio. D-Mark.

[3] 1964 zahlten die Entwicklungsländer 45,3 Mio. D-Mark Zinsen an Westdeutschland für staatliche Kapitalhilfe, für 1965 werden Zinszahlungen in Höhe von 105 Mio. D-Mark erwartet.

[4] Der westdeutsche Beitrag zum EWG-Entwicklungsfonds beträgt 800 Mio. D-Mark für die Jahre 1958 bis 1962 und 986 Mio. D-Mark für 1964 bis 1968.

[5] Neuinvestitionen zuzüglich reinvestierter Profite, abzüglich repatriierter Zinsen und Profite.

[6] Für die detaillierte Aufgliederung der finanziellen Entwicklungstransaktionen. Vgl. Statistisches Jahrbuch der Bundesrepublik 1964, S. 566.

Die Ausbildungshilfe läuft seit 1960 über die Deutsche Stiftung für Entwicklungsländer. 450 westdeutsche Professoren und Dozenten sind bisher in Entwicklungsländern tätig.

Die Abwicklung der Kapitalhilfe erfolgt über die Kreditanstalt für Wiederaufbau (KfW), die der Technischen Hilfe über die Deutsche Förderungsgesellschaft für Entwicklungsländer in Frankfurt am Main und Bonn. In die Ausbildungshilfe werden vielfach Organisationen wie die Carl Duisberg-Gesellschaft u. a. eingeschaltet. Es entstanden in den letzten Jahren in Westdeutschland eine Vielzahl von Einrichtungen und Organisationen für Entwicklungsfragen und die Förderung der privaten Entwicklungshilfe. Die meisten dieser Organisationen werden ihrerseits staatlich gefördert. Besondere Bedeutung kommt dabei der ideologischen Rolle der Kirchen zu.

Es interessiert jetzt, wie hoch der Anteil der Kapitalexporte an der finanziellen Entwicklungshilfe ist. Das ist u. a. eine Frage der Definition. Es ist eine unter marxistischen Ökonomen noch nicht geklärte Frage, inwieweit z. B. solche finanziellen Transaktionen mit dem Ausland wie die Gewährung von Grants oder die Beteiligungen an internationalen Finanzinstitutionen, die auf nichtkommerzieller Basis Finanzmittel an Entwicklungsländer vermitteln (Entwicklungsfonds der EWG) oder auch die finanziellen Beiträge an supranationale staatsmonopolistische Organisationen wie die Montan-Union, die übrigen Fonds der EWG, Kapitalexport sind oder nicht. Die Ökonomen, die diese Formen finanzieller Beziehungen zum Ausland zu den Kapitalexporten rechnen, stützen sich dabei auf das berechtigte Argument, daß diese Transaktionen in vieler Hinsicht, ökonomisch, wirtschaftspolitisch und politisch wie Kapitalexport fungieren. Die andere Auffassung geht davon aus, daß die unmittelbare Aneignung von unbezahlter Arbeit der kapitalimportierenden Länder notwendiges und Hauptkriterium ist. Im Unterschied zum Warenexport, der im kapitalistischen internationalen Handel ja ebenfalls infolge der Wirkungsweise des Wertgesetzes auf dem Weltmarkt ein Mittel sein kann, unbezahlte — oder Mehrarbeit — anderer Nationen anzueignen, erfolgt beim Kapitalexport die Aneignung ausländischer Mehrarbeit direkt. Das geschieht dadurch, daß Wert in Form von Waren oder Geld von einem Land in ein anderes übertragen wird mit dem unmittelbaren Zweck, sich dadurch für den Exporteur als Kapital zu verwerten. Das geschieht entweder durch die Anlage in ausländischen industriellen oder landwirtschaftlichen Betrieben, in Transporteinrichtungen, in Handels- und Bankunternehmen usw. oder durch die Anlage in Anleihen und Krediten an ausländische Kapitalisten oder Regierungen. Bei allen diesen verschiedenen Möglichkeiten der Anlage ist das Resultat die direkte Aneignung von im Ausland produziertem Mehrwert, sei es in Gestalt des industriellen Profits bei der Anlage in ausländischen Produktionsbetrieben, sei es in Gestalt des kommerziellen oder Bankprofits bei der Anlage in ausländischen Handels- oder Bankunternehmen oder sei es in Form des Zinses bei der Anlage in Auslandsanleihen. Je nachdem, ob man von der Art und Weise, in der das exportierte Kapital seine Kapitalfunktion — die Aneignung fremder unbezahlter Arbeit — vollzieht, ausgeht oder von der Art der Kapitalanlage, lassen sich, der Marx'schen Einteilung folgend, folgende Grundformen des Kapitalexports unterscheiden: profittragendes oder zinstragendes Kapital bzw. industrielles Kapital, Zirkulationskapital und Leihkapital.

Letztere Auffassung über die Einordnung finanzieller Transaktionen in den Kapitalexportbegriff scheint mir die theoretisch begründetere zu sein. Die staatlichen Kapitalexporte z. B. in Form von Krediten und Anleihen lassen sich als Ausdruck des Hinüberwachsens des Monopolkapitalismus in den staatsmonopolistischen Kapitalismus als *neue* staatsmonopolistische Formen des Kapitalexports im Unterschied zu den klassischen Formen des Kapitalexports (Direktinvestitionen und Portefeuille-Investitionen) in diese Definition einordnen. Dabei muß man berücksichtigen, daß heute auch die Kapitalexporte in Form von Direktinvestitionen und Portefeuille-Investitionen dem Inhalt nach ebenfalls staatsmonopolistischen Charakter haben.

Es gibt unter den Ökonomen eine Diskussion über den Charakter der langfristigen Lieferantenkredite. Der Auffassung, es handle sich dabei um eine Form des „privaten" Kapitalexports, weil die Einwirkung des Staates hier nur „exogener" Natur sei. steht die Auffassung entgegen, daß die langfristigen Lieferantenkredite staatsmonopolistischen Charakter haben. Ich halte die letztere Auffassung für die richtige, weil der staatsmonopolistische Charakter einer ökonomischen Erscheinung oder eines ökonomischen Prozesses sich nicht nur und nicht in erster Linie daraus ergibt, daß der Staat selbst unmittelbar Träger dieses Prozesses ist, wie es z. B. bei den staatlichen Kapitalexporten und Krediten, den staatlichen Investitionen usw. der Fall ist, sondern *vor allem* daraus, daß durch seine Eingriffe (staatsmonopolistische Regulierung) bestimmte Prozesse und Erscheinungen überhaupt erst ermöglicht werden.

Der Funktionsmechanismus der langfristigen Lieferantenkredite, die nach dem zweiten Weltkrieg – speziell in Hinsicht auf die Entwicklungsländer – weitgehend an die Stelle der klassischen Anleihen bei der Finanzierung von Investitionsvorhaben traten, basiert auf der Verschmelzung von Finanzkapital und staatlichem Kapital. Die Industriekonzerne erhalten das erforderliche Kapital zur Finanzierung der Lieferantenkredite bei den Banken nur bei Vorhandensein entsprechender *staatlicher* Garantien und Refinanzierungsmöglichkeiten beim *Zentralbanksystem.*[7]

Was die sogenannten Grants betrifft, so bin ich der Meinung, daß sie als neue staatsmonopolistische Erscheinung der zwischenstaatlichen finanziellen Beziehungen theoretisch noch zu analysieren und in das System der marxistischen internationalen Geld- und Kredittheorie einzuordnen sind.

Die Aussonderung der Kapitalexporte aus den statistischen Angaben über die Entwicklungshilfe und anderen westdeutschen Quellen ist über Definitionsfragen hinaus ein statistisches Problem. Wohl auf keinem Gebiet ist die westdeutsche Statistik so undurchsichtig wie auf dem Gebiet der Entwicklungshilfe und des Kapitalexports. Die den Klasseninteressen oder bestimmten wirtschaftspolitischen Belangen entsprechenden verschiedenen statistischen Quellen fassen beispielsweise Beiträge

[7] Im einzelnen siehe dazu sowie auch zur Frage der institutionellen Verschmelzung von Monopolen und Staat bei den langfristigen Lieferantenkrediten: *K. Nehls*, Voraussetzungen, Formen und Bedeutung der westdeutschen Kapitalexporte 1952 bis 1958, Berlin 1963, S. 74–81.

zum Kinderhilfswerk der UN oder Rückzahlungen für die in London geregelten Vor- und Nachkriegsschulden ebenso wie die Direktinvestitionen der westdeutschen Konzerne zusammen.

Vielfach werden nur Nettobeträge ausgewiesen, so daß sich hinter einer statistischen Abnahme bestimmter Formen des Kapitalexports eine faktische Zunahme von Neuanlagen verbergen kann oder es werden Positionen zusammengezogen und Nettobeträge ausgewiesen, unter denen sich die verschiedensten divergierenden und gegenläufigen Entwicklungstendenzen für die einzelnen Positionen verbergen. Für einzelne Jahre und einzelne Positionen sind zwar aus der Vielzahl der statistischen Materialien annähernd genaue Daten zu ermitteln. Unmöglich dürfte es jedoch sein, daraus vom marxistischen Standpunkt exakte Zeitreihen zu ermitteln.

Geht man von den in der Tabelle 1 angeführten Daten über die finanzielle Entwicklungshilfe nach Hauptkategorien aus und faßt als Kapitalexport nur die Operationen, die mit Zins- oder Profitzahlungen an Westdeutschland verbunden sind, so ergeben sich für den Stand von Ende 1963 Netto-Auslandsanlagen Westdeutschlands in den Entwicklungsländern in Höhe von 16,462 Mrd. D-Mark. Diese setzen sich folgendermaßen zusammen:

1. Staatliche Kredite über 1 Jahr Laufzeit, netto	4,648 Mrd. DM
2. Staatliche Kapitalbeteiligungen und Kredite an IBRD, IFC, IDA (enthalten in multilaterale Beiträge)	3,228 Mrd. DM[8]
3. Gesamte private Kapitalexporte, netto	4,708 Mrd. DM
4. Garantierte private Exportkredite über 1 Jahr Laufzeit, netto	3,888 Mrd. DM
Zusammen	16,472 Mrd. DM

Unter Zugrundelegung der gleichen Tabelle haben sich demnach seit 1958/59 die westdeutschen Kapitalexporte in die Entwicklungsländer mehr als verdreifacht. Der für 1958 berechnete Stand der Kapitalexporte beträgt nach den Angaben der Tabelle 1 für die Hauptkategorien:

1. staatliche Kredite über 1 Jahr Laufzeit, netto	0,520 Mrd. DM
2. staatliche Kapitalbeteiligungen und Kredite an IBRD, IFC, IDA (enthalten in multilaterale Beiträge)	1,561 Mrd. DM[9]
3. Gesamte private Kapitalexporte, netto	1,392 Mrd. DM
4. Garantierte private Exportkredite über 1 Jahr Laufzeit, netto	1,860 Mrd. DM
Zusammen	5,333 Mrd. DM

Vergleicht man die statistischen Angaben über den Stand und die Struktur der westdeutschen Kapitalexporte in die Entwicklungsländer 1958 und 1963, so zeigen sich einige Veränderungen. Waren vor 1958 die staatsmonopolistischen langfristigen Lieferantenkredite und die Beteiligungen an internationalen staatsmonopolistischen Finanzinstitutionen die Hauptformen der finanziellen Expansion des westdeutschen Imperialismus in die Entwicklungsländer, so wird der Schwerpunkt in den folgenden

[8] Berechnet nach Statistisches Jahrbuch der Bundesrepublik 1964, S. 566.

[9] Berechnet nach ebenda.

Jahren, vor allem ab 1960 — bei anhaltend hohen Lieferantenkrediten —, auf staatliche Direktkredite und Direktinvestitionen der Monopole verlagert.

Für den Zeitraum 1959 bis 1963 ergibt sich folgende Struktur der westdeutschen Kapitalanlagen in den Entwicklungsländern:

1.	Staatliche Kredite über 1 Jahr Laufzeit, netto	4,128 Mrd. DM
2.	Staatliche Kapitalbeteiligungen und Kredite an IBRD, IFC, IDA (enthalten in multilaterale Beiträge)	1,677 Mrd. DM
3.	Gesamte private Kapitalexporte, netto	3,316 Mrd. DM
4.	Garantierte private Exportkredite über 1 Jahr Laufzeit, netto	2,028 Mrd. DM
	Zusammen	11,149 Mrd. DM

Am stärksten stiegen im untersuchten Zeitraum absolut und relativ die staatlichen bilateralen Kredite, die sogenannte Kapitalhilfe, und zwar um 4,1 Mrd. D-Mark netto. Die staatliche Kapitalhilfe wird über die Kreditanstalt für Wiederaufbau (KfW) abgewickelt, der auch die Objektüberwachung und Prüfung obliegt. Seit 1963 gibt die Bundesregierung keine Rahmenzusagen mehr, sondern schließt Regierungsabkommen ab, die zur Zeit des Vertragsabschlusses bereits auf die individuellen Projekte spezifiziert sein müssen,[10] für die die Mittel verwandt werden sollen. Die Anleihebedingungen hängen in erster Linie vom zu finanzierenden Objekt ab. Es wird aber auch die ökonomische Situation des Empfängerlandes berücksichtigt, vor allem seine Zahlungsbilanzlage. Im Prinzip gilt, daß Anlagen (Kapitalprojekte) durch Anleihen finanziert werden, wobei es große Unterschiede in den Zinssätzen und der Laufzeit gibt. Z. B. beträgt die Laufzeit der Anleihen für Infrastrukturprojekte gewöhnlich 20 Jahre und die Zinsen betragen 3 bis $3^1/_2$ Prozent. Für Industrieprojekte geht die Laufzeit der Anleihen nicht über 15 Jahre und die Zinsen werden auf der Höhe des am westdeutschen Kapitalmarkt geltenden Satzes gehalten um 5 Prozent).[11]

TABELLE 2

Struktur der westdeutschen staatlichen bilateralen Anleihen 1962 und 1963 nach Zinssätzen, in Mio. USA Dollar (Commitments)

Jahr	Gesamt-anleihen	Unter 1% o. zinsfrei	1 bis unter 3%	3 bis unter 4%	4 bis unter 5%	5 bis unter 6%	6 bis unter 7%	7% und mehr
1962	315	–	1,0	137,3	30,5	127,2	19,0	
1963	523,5	–	14,0	279,0	16,0	145,0	64,5	5,0

Quelle: OECD, The Flow . . ., a. a. O., S. 152, 153, Tab. IV-7, Auszug.

Die Tabelle zeigt, daß der überwiegende Teil der Anleihen zwischen 3 und 6 Prozent verzinst wird. Das deutet bereits auf den hohen Anteil von Industrie- und

[10] Vgl. OECD, The flow . . ., a. a. O., S. 85.

[11] Ebenda, S. 85, 86.

Infrastrukturprojekten an den mit westdeutscher Kapitalhilfe finanzierten Projekten hin.

1963 entfielen etwa 50 Prozent der bilateralen Hilfe auf Industrieprojekte und 7 Prozent auf landwirtschaftliche Projekte.[12] 1963 waren 55 Prozent der neu zugesagten Anleihen liefergebunden gegenüber 9 Prozent 1962.[13]

Neben den staatlichen Anleihen und Krediten erfuhren im untersuchten Zeitraum die Direktinvestitionen der westdeutschen Monopole und die privaten Leihkapitalexporte in die Entwicklungsländer die stärkste Steigerung, ausgehend von den in der Tabelle 1 angeführten vergleichbaren Zahlen. Ihre Summe stieg von 1,392 Mrd. D-Mark (1950—1958) auf 3,316 Mrd. D-Mark (1959—1963). Das ist fast eine Verdreifachung in 5 Jahren.

Die Aufgliederung der Position „Gesamte private langfristige Hilfe, netto" aus der Tabelle 1 in Direktinvestitionen, reinvestierte Profite, bilaterale Portefeuille-Investitionen in multilaterale Organisationen für die Jahre 1961 bis 1963 geht aus der Tabelle 3 hervor.

Die hier erfaßten drei Jahre lassen jedoch keine Rückschlüsse auf den langfristigen Entwicklungstrend der Privatinvestitionen in die Entwicklungsländer zu. Sie lassen auch die Bedeutung der Entwicklungsländer als Kapitalanlagesphären für westdeutsche Direktinvestitionen nicht erkennen. Die hier vorherrschenden Tendenzen zeigt die Tabelle 4.

Der Zuwachs der Direktinvestitionen in die Entwicklungsländer betrug in den Jahren 1959 bis 1964 1,605 Mrd. D-Mark, das bedeutet fast eine Verdreifachung gegenüber dem Stand von Ende 1958. Mehr als verdreifacht haben sich in dem Zeitraum die Direktinvestitionen in die Industrieländer. Das bedeutet, daß das durchschnittliche Zuwachstempo der Direktinvestitionen Westdeutschlands in die Industrieländer höher war als das in die Entwicklungsländer. Dadurch sank der Anteil der Entwicklungsländer an den gesamten westdeutschen Direktinvestitionen von rund 37% in den Jahren 1952 bis 1958 auf rund 30% in der Periode 1959 bis 1964.

Das durchschnittliche absolute Zuwachstempo der Direktinvestitionen in die Entwicklungsländer stieg jedoch ab 1959 bedeutend an, und zwar von rund 76 Mio. D-Mark durchschnittlich jährlich für die Jahre 1952 bis 1958 auf rund 268 Mio. D-Mark durchschnittlich jährlich für die Jahre 1959 bis 1964. Der durchschnittliche Betrag für den Gesamtzeitraum beträgt 164 Mio. D-Mark. Man kann also von einer im Vergleich zum Vorzeitraum verstärkten Expansion der westdeutschen Direktinvestitionen in Entwicklungsländer sprechen, obwohl die Expansion in die Industrieländer, aus Gründen, auf die ich hier nicht näher eingehen möchte, noch stärker ist. Das Ziel des westdeutschen staatsmonopolistischen Kapitalismus geht dahin, mit der Verstärkung der Entwicklungshilfe und der staatlichen Kapitalexporte die Direktinvestitionen der Monopole zu forcieren.

Die Lieferantenkredite bzw. die privaten garantierten Exportkredite haben ihre Rolle als finanzielles neokolonialistisches Expansionsinstrument zwar nicht einge-

[12] Ebenda, S. 87, 88.

[13] Ebenda.

TABELLE 3

Langfristige private Kapitalexporte aus Westdeutschland in die schwachentwickelten Länder 1961 bis 1963, netto, in Mio. USA Dollar

Direktinvestitionen: Gesamte Direktinvestitionen einschl. reinvestierte Profite			Direktinvestitionen: MEMOITEM reinvestierte Profite (Schätzungen)			Bilaterale Portefeuille-Investitionen u. andere neue Leihkapitalexporte			Portefeuille-Investitionen in Multilaterale Organisationen (IBRD, IDA, IFC)			Gesamte Direktinvestitionen u. Leihkapitalexporte		
1961	1962	1963	1961	1962	1963	1961	1962	1963	1961	1962	1963	1961	1962	1963
78,9	92,6	88,9	40,0	44,0	40,0	77,3	57,9	7,1	−2,6	−0,4	11,4	153,6	150,1	107,4

Quelle: OECD, The flow ... a. a. O., S. 164, Tab. IV-16. Auszug.

büßt, sie sind nach wie vor hoch, ihre Bedeutung gegenüber den Direktinvestitionen, den Portefeuille-Investitionen und anderen Formen des privaten Leihkapitalexports ging jedoch zurück. Die ausstehenden Kredite stiegen im untersuchten Zeitraum um 2,028 Mrd. D-Mark gegenüber einem Stand von 1,860 Mrd. D-Mark in den Jahren 1952 bis 1958. Die Tabelle 1 zeigt als wichtigste Veränderung nach 1958 die Verlängerung der Kreditfristen.[14]

Die Verstärkung der Bonner Entwicklungshilfe und der Kapitalexporte in die Entwicklungsländer wurde mit einer Reihe institutioneller Änderungen und der Schaffung neuer Instrumente der neokolonialistischen Expansion verbunden. Hier sei vor allem das im Herbst 1961 gebildete Ministerium für wirtschaftliche Zusammenarbeit (BMZ) erwähnt sowie solche staatlichen Gremien wie der „Interministerielle Lenkungsausschuß für Entwicklungspolitik" zur Koordinierung der Entwicklungshilfe, die interministeriellen Referentenausschüsse für Kapitalhilfe und Technische Hilfe, der „Wissenschaftliche Beirat" beim BMZ für Grundsatzfragen, der „Entwicklungspolitische Beirat der Bundesregierung" usw.

[14] Was über die absolute Aussagekraft der statistischen Angaben über die Direktinvestitionen gilt, gilt gleichermaßen für die Angaben über die garantierten privaten Exportkredite. Das tatsächliche Volumen der langfristigen Lieferantenkredite beträgt das Mehrfache der ausgewiesenen Summe, da nicht alle Kredite von der westdeutschen Statistik erfaßt werden. Bereits für Ende 1958 wurde der Stand der ausstehenden langfristigen Lieferantenkredite von westdeutschen Bankfachleuten auf 8,5 Mrd. D-Mark geschätzt. Unter Berücksichtigung des nicht garantierten Teils der Kredite (vgl. Statistisches Jahrbuch der Bundesrepublik 1964, S. 566), ging ihr ausstehendes Volumen demgegenüber bis 1963 auf 6,9 Mrd. D-Mark zurück. Zum Teil läßt sich der Rückgang durch Umschuldungen, stärkere Rückflüsse in späteren Jahren sowie teilweiser Übernahme der Funktion der Lieferantenkredite durch staatliche Exportkredite über die KfW im Zusammenhang mit der Verlängerung der Kreditfristen und verstärkter staatlicher Exportförderung erklären.

TABELLE 4

Westdeutsche direkte Auslandsinvestitionen nach Industriestaaten und Entwicklungsländern 1952 bis 1964, in Mio. D-Mark [15]

Jahr	Gesamt	Industriestaaten		Entwicklungsländer	
		Mio. D-Mark	%	Mio. D-Mark	%
1952–1955	431	257	61	174	39
1956	410	293	71	117	29
1957	518	329	63	189	37
1958	510	304	60	206	40
1959	563	287	51	276	49
1960	740	447	60	293	40
1961	948	681	72	267	28
1962	846	436	52	410	48
1963	1115	906	81	209	19
1964	1134	985	87	150	13
1952–1964	7205	4925	68	2291	32
1952–1958	1869	1183	63	686	37
1959–1964	5346	3742	70	1605	30

Neuanlagen, brutto, ohne reinvestierte Profite

Quelle: DIZ, Der westdeutsche Neokolonialismus, Nr. 11, 1963, Bl. 17. Für 1963 und 1964: „Bundesanzeiger" vom 6. 4. 1965, S. 1 und „Ministerialblatt des Bundesministers für Wirtschaft", Nr. 7, 1964, S. 82.

III. Grundzüge und Hauptziele der entwicklungspolitischen Konzeption des westdeutschen Imperialismus

Ende 1963 wurde eine offizielle Konzeption der Bonner Entwicklungspolitik verkündet. Es erscheint deshalb angebracht, im folgenden zunächst die Grundzüge und Hauptziele der Bonner entwicklungspolitischen Konzeption darzustellen, um dann

[15] Der absolute Aussagewert dieser Tabelle hinsichtlich Höhe und Stand der direkten Auslandsinvestitionen der westdeutschen Monopole ist gering. Man kann diese Zahlen nur zur Illustration bestimmter Entwicklungstendenzen im Zusammenhang mit anderen Fakten und Erscheinungen, die auf die gleichen Tendenzen hindeuten, verwenden. Speziell bei den hier angeführten Zahlen handelt es sich um die Statistik der gemeldeten Direktinvestitionen. Sie enthalten keine reinvestierten Profite und erfassen nicht die Tochter- und Enkelgesellschaften im Ausland und keine Minderheitsbeteiligungen. Die statistische Meldung erfolgt zu Transaktionswerten und nicht zum tatsächlichen Wert der Anlage. Wie stark hier die Abweichungen sein können, geht z. B. daraus hervor, daß der Anteil Angolas an den nach dem Stand von Ende 1964 ausgewiesenen gesamten Direktinvestitionen (7205 Mio. D-Mark) mit 0,9 Mio. D-Mark ausgewiesen wird („Bundesanzeiger", Nr. 66, 1965), während allein der Krupp-Konzern zusammen mit der Bundesregierung 500 Mio. D-Mark in verschiedene Unternehmen Angolas investierte („Combat" vom 12. 8. 1964).

davon ausgehend, zu einer Einschätzung der Ziele und des Inhalts der neokolonialistischen Bestrebungen Westdeutschlands im Zusammenhang mit den Problemen, die durch die technische Revolution für die Kapitalverwertung aufgeworfen werden, zu kommen. Nach der offiziellen Version beruht die gesamte Entwicklungsplanung auf drei Pfeilern — der Technischen Hilfe (Zuschüsse), der Kapitalhilfe (Kredite) und der handelspolitischen Hilfe (Einzelpräferenzen), kombiniert mit dem „persönlichen politischen Einsatz auf möglichst breiter Basis" („Deutscher Entwicklungsdienst — DED"). „Wirtschaftlich", so führte Scheel dazu in einem Vortrag anläßlich der Konstituierung des Beirats für Entwicklungspolitik der Bundesregierung aus,

> „ist Entwicklungspolitik für uns lebensnotwendig, weil unser eigenes wirtschaftliches Wachstum in der Zukunft in noch stärkerem Maße von der Entwicklung unseres Außenhandels bestimmt wird als dies heute schon der Fall ist und weil unsere Handelspartner in Übersee nur dann bessere und stabilere Partner für uns werden, wenn sie selbst ein dynamisches Wachstum ihrer Wirtschaft erreichen, wozu ihnen die Entwicklungspolitik verhelfen soll. . ."[16]

Die Entwicklungspolitik der Bonner Regierung und ihres Entwicklungsministeriums stellt eine Einheit von ideologischen, politischen, militärischen und ökonomischen Zielen und den entsprechenden Maßnahmen dar. Ihr wesentlicher ideologischer Gehalt ist antikommunistisch. Politisch richtet sie sich gegen den Sozialismus im allgemeinen, gegen den nichtkapitalistischen Entwicklungsweg der ökonomisch schwachentwickelten Länder und gegen die DDR im besonderen. Ihre militärischen Ziele entsprechen den Zielen der NATO, die in der Vorbereitung eines Aggressionskrieges gegen das sozialistische Lager bestehen. Ihr ökonomisches Ziel ist es, Märkte, Kapitalanlagesphären und Rohstoffquellen für die westdeutschen Monopole zu erschließen. Die Entwicklungshilfe, wie sie nach 1958 ausgebaut wurde, umfaßt somit ein ganzes System von Maßnahmen zur ideologischen, politischen, militärischen und ökonomischen Infiltration der Entwicklungsländer durch die westdeutschen Monopole, um sie zu Einflußsphären des westdeutschen Imperialismus zu machen.

1. Die ideologischen, politischen und militärischen Infiltrationsmethoden des westdeutschen Imperialismus und ihre Ziele

Untersuchen wir zunächst die Maßnahmen der Entwicklungshilfe auf ideologisch-politischem Gebiet. Für ihre Durchführung wurden in den letzten Jahren eine Reihe spezieller Institutionen geschaffen, so z. B. das „Institut für Internationale Solidarität", das der CDU nahesteht. Seine Aufgabe besteht angeblich in der „offiziellen Öffentlichkeitsarbeit" im Ausland. Damit ist u. a. die Propagierung der staatsmonopolistischen Gesellschaftsordnung in Westdeutschland als „klassenlose", „formierte" Gesellschaft gemeint. „Der Kurier" vom 13. 1. 1965 schreibt dazu sinngemäß:

[16] „Pinar-Dienst", Immig-Ammersee, 15. 6. 1964.

Durch Kontaktaufnahme mit jungen Politikern und Wirtschaftlern sei es gelungen, Einfluß auf die ökonomische und soziale Gestaltung dieser Länder zu nehmen. Schwerpunkt der „gesellschaftspolitischen Bildungsarbeit" des Instituts — so schreibt der „Kurier" — seien die lateinamerikanischen Länder. Vor allem widme es sich daher der Jugend, die „nicht selten zum Castroismus neige".

Tatsächlich reicht jedoch die Tätigkeit des Instituts im Ausland über propagandistische Aktivität und Kontaktaufnahmen weit hinaus und geht bis zur direkten Beeinflussung der Innenpolitik anderer Staaten.[17]

Die 1959 gegründete „Deutsche Stiftung für Entwicklungsländer", befaßt sich u. a. über ihre Zentralstellen mit der Ausbildung westdeutscher und ausländischer Entwicklungsexperten für die verschiedensten Fachgebiete, darunter Verwaltung, Sparkassenwesen, Bankwesen, Bildungs- und Sozialwesen, Industrie, Landwirtschaft, Wirtschaftsplanung usw.

Das Anfang 1964 gegründete „Deutsche Institut für Entwicklungspolitik" in Westberlin soll junge westdeutsche Akademiker „auf wichtige Aufgaben im Rahmen der öffentlichen und privaten Förderung von Entwicklungsländern vorbereiten" und in einjährigen Lehrgängen Kader für die Entwicklungspolitik ausbilden, insbesondere Volks- und Betriebswirte, Juristen, Landwirte, Soziologen, Geographen usw. Ihre Spezialausbildung soll sich insbesondere auf solche Lehrfächer erstrecken wie „Der Entwicklungsprozeß mit seinen wirtschaftlichen, politischen, kulturellen und sozialen Problemen", „Die Entwicklungshilfe der Bundesrepublik Deutschland und anderer Länder", Statistik, Planungstechnik u. a. m. Die Teilnehmer sollen dann „entwicklungspolitische Leitstellen" in der Bundesrepublik, in den Entwicklungsländern, in internationalen Organisationen oder in der Privatwirtschaft einnehmen.[18]

Es gibt heute in Westdeutschland insgesamt über 150 Institutionen und Organisationen auf staatlicher, halbstaatlicher, privater oder kirchlicher Basis, die sich mit Technischer Hilfe, Ausbildungshilfe, Bildungshilfe usw. im Rahmen der Entwicklungshilfe befassen.

Mittels Vortragsreihen, Seminaren, Expertengesprächen, Lehrgängen u. a. suchen sie, neben der Vermittlung von Fachwissen, die politische Meinungsbildung der Wirtschafts- und Verwaltungskader und der Politiker im Sinne einer proimperialistischen Ideologie im allgemeinen und einer probundesrepublikanischen im besonderen zu beeinflussen und dauernde Kontakte zu dem auf die wirtschaftliche Entwicklung und die Gestaltung der politischen Verhältnisse in den Entwicklungsländern einflußnehmenden Personenkreis herzustellen. Es entspricht dies der Scheelschen Konzeption vom „personellen politischen Einsatz", die auch die Praxis beinhaltet, Technische Hilfe nur in Verbindung mit dem Einsatz westdeutscher Fachkräfte zu gewähren.

[17] Vgl. *Autorenkollektiv*, Der Neokolonialismus der westdeutschen Bundesrepublik, herausgegeben vom Afro-Asiatischen Solidaritätskomitee in der DDR, Verlag Zeit im Bild, Dresden 1965.

[18] „Bulletin des Presse- und Informationsamtes der Bundesregierung" vom 18. 2. 1964.

Auf der gleichen Linie liegt die Gründung und die Tätigkeit des „Deutschen Entwicklungsdienstes“ (DED), der dem Bundesministerium für Wirtschaftliche Zusammenarbeit unterstellt ist und von ihm finanziert wird. „Die personelle Hilfe ist eine der dringlichsten Aufgaben der Entwicklungspolitik“, heißt es im Bulletin des Presse- und Informationsamtes der Bundesregierung vom 30. 11. 1965.

Die Verstärkung der ideologischen Infiltration mittels des personellen Einsatzes kommt auch mit der Tätigkeit der westdeutschen Industriekonzerne in den Entwicklungsländern zum Zuge, insbesondere bei ihrer Planungs- und Beratungstätigkeit und bei der Erarbeitung von Industrialisierungsplänen.

Die ideologische Einflußnahme bei der Ausarbeitung von Industrialisierungsplänen und der Beratung für die Entwicklung von volkswirtschaftlichen Schlüsselindustrien verbindet sich dabei direkt mit ökonomischen Vorteilen. Mehr oder weniger sind natürlich auch die anderen Methoden der ideologischen Infiltration, insbesondere wenn sie mit der Übermittlung von technischen und betriebswirtschaftlichen Fachkenntnissen verbunden werden, gleichzeitig eine Art Werbung für die westdeutschen Exporterzeugnisse und mit der Vermittlung von Aufträgen gekoppelt.

Zu den politischen Aufgaben der Entwicklungshilfe heißt es in einer Denkschrift des Bundesministeriums für wirtschaftliche Zusammenarbeit:

„Die Entwicklungspolitik hat die Aufgabe, Mittel und Wege zu finden, um eine enge Zusammenarbeit und *langfristige Bindung* (Hervorhebung von K. N.) zwischen den Entwicklungsländern und der Bundesrepublik herzustellen und somit die Verwirklichung einer Reihe von außenpolitischen Zielsetzungen der Bundesrepublik wie Wiedervereinigung, Nichtanerkennung der Sowjetzone (gemeint ist die DDR — K. N.) und Nichteinbeziehung der Entwicklungsländer in die östliche Einflußsphäre zu ermöglichen.“[19]

„Für eine breitgestreute Entwicklungshilfe an die Länder Südostasiens haben sich die deutschen Botschafter aus diesem Raum während ihrer Konferenz mit Außenminister Schröder in Bonn ausgesprochen. Solange das Alleinvertretungsrecht der Bundesrepublik für Deutschland gegenüber den Ansprüchen aus Pankow auch mit dem Instrument der Entwicklungshilfe behauptet werden müsse, bleibt keine andere Wahl.“[20]

Die ideologische und politische Infiltration der Entwicklungsländer mittels der staatsmonopolistischen Entwicklungshilfe soll neuerdings auch offiziell durch eine verstärkte militärische Infiltration ergänzt werden. Die sogenannte Militärhilfe Bonns wird teils über die NATO (an paktgebundene Staaten), teils über die Entwicklungshilfe (an nichtpaktgebundene Staaten) abgewickelt. Sie besteht in der Lieferung von Waffen und militärischen Ausrüstungen, in der Technischen und Ausbildungshilfe auf dem Gebiet der Rüstungsindustrie, der Truppenausbildung und der Anlage militärischer Objekte, in der Errichtung von Rüstungsbetrieben u. a. m.

Abkommen über Militärhilfe werden mit Genehmigung der NATO abgeschlossen. Schon in den fünfziger Jahren betätigten sich die westdeutschen Konzerne in den ökonomisch schwachentwickelten Ländern bei der Planung und Errichtung von Rüstungsbetrieben. Ehemalige Offiziere der faschistischen Armee beteiligten sich

[19] „Das Parlament“ vom 23. 3. 1964, Beilage.
[20] „Der Kurier“ vom 5. 2. 1965.

als Ausbilder, vor allem in Südamerika, und die staatlichen westdeutschen Kredite an die ökonomisch schwachentwickelten Länder wurden schon damals mit politischen und militärischen Auflagen an die Entwicklungsländer verbunden. In den letzten Jahren hat sich jedoch die militärische und rüstungswirtschaftliche Expansion des westdeutschen Imperialismus im Zuge der Entwicklungshilfe verstärkt.

Charakteristisch ist für die Bonner Entwicklungspolitik die Unterstützung der proimperialistischen, antinationalen, volksfeindlichen Regime in Afrika und Asien. Israel als Stützpunkt des Imperialismus im Nahen Osten erhielt 3,7 Mrd. D-Mark als sogenannte „Wiedergutmachung". Beträchtliche Teile dieser Summe entfielen auf die Lieferung von Waffen. Das Geheimabkommen zwischen Adenauer und Ben Gurion von 1960 sah westdeutsche Waffenlieferungen in Höhe von 300 Mio. D-Mark vor. Zur Unterstützung des Feldzuges gegen das kongolesische Volk erhielt das Tschombe-Regime 230 Mio. D-Mark. Seit 1961 liefert Bonn Waffen an Tschombe. Westdeutsche Staatsangehörige, darunter ehemalige SS-Leute, nehmen seit Jahren am Kampf zur Vernichtung der patriotischen Kräfte im Kongo teil. Die Aufstellung einer westdeutschen „Legion Kongo" unter Führung von SS-Offizieren ist geplant. Im Mai 1964 fanden zwischen Mobuto und dem Bonner Auswärtigen Amt Besprechungen zur Vorbereitung eines Militärhilfevertrages statt.

Die westdeutsche ökonomische, politische und militärische Zusammenarbeit mit dem reaktionären Verwoerd-Regime in der Südafrikanischen Republik, mit dem die Bonner Regierung bereits 1961 ein Geheimabkommen über Kernwaffenproduktion abgeschlossen hatte, wird ebenfalls zur militärischen Unterdrückung des kongolesischen Volkes ausgenutzt. Als Gegenleistung für seine Militärhilfe erhielt Bonn in Südafrika Versuchsgelände für Raketen.

Die Militärhilfe an das Salazar-Regime in Portugal dient der Unterdrückung der Befreiungsbewegung Angolas und Mozambiques und wird ebenfalls dazu ausgenutzt, von Lissabon Basen und Versuchsgelände für Raketen zu erhalten sowie Konzessionen zur Ausbeutung der Bodenschätze Angolas. Bis Mitte 1964 hatte Krupp zusammen mit der Bonner Regierung 500 Mio. D-Mark in verschiedenen Unternehmen Angolas investiert.

Auch die südostasiatischen imperialistischen Stützpunkte Südvietnam und Südkorea wurden von Bonn finanziell und militärisch unterstützt. Bereits 1961 wurden Saigoner Soldaten in Westdeutschland ausgebildet. Die westdeutschen Konzerne errichteten in Südvietnam eine Fabrik für chemische Kampfstoffe, und die Bonner Regierung gewährte insgesamt an die 120 Mio. D-Mark Militärhilfe zur Unterdrükkung des vietnamesischen Befreiungskampfes.

In den letzten Jahren verschob sich der Schwerpunkt der Bonner Militärhilfe auf Afrika und dort insbesondere auch auf die neutralen Staaten. Bisher wurden Militärhilfeabkommen mit sechs Staaten abgeschlossen, und zwar mit Nigeria, Sudan, Libyen, Tansania, Guinea und Madagaskar.[21]

[21] Das Abkommen mit *Nigeria* umfaßt die Ausbildung von Fliegern, Flugtechnikern, Funkern, Fluglehrern, Beobachtern, Flugsicherungsspezialisten und die Errichtung einer Waffenfabrik.

Die Militärhilfeabkommen mit den blockfreien Staaten werden als „Bündnisersatz“ angesehen, als Versuch, diese Länder in militärische und rüstungswirtschaftliche Abhängigkeit von der NATO zu bringen. Prof. H. Görgen schreibt dazu:

„Die Militärhilfe, die zum Teil unter dem Titel Entwicklungshilfe läuft, muß unter dem Gesichtspunkt anzustrebender Bündnisverhältnisse gesehen werden. Das atomare Stützpunktsystem, das die westlichen Staaten um die Sowjetunion aufgebaut haben, ist ohne Bündnisse und bündnisähnliche Beziehungen mit den Entwicklungsländern nicht aufrechtzuerhalten ... In den Bereich der angestrebten Bündnispolitik gehören auch die Entsendung von Militärmissionen in die Entwicklungsländer, die Lieferung von Waffensystemen, die im Ernstfall von den Produktionsländern abhängig sind, die Organisation gemeinsamer, militärischer oder paramilitärischer Manöver sowie militärische Besprechungen über strategische Konzeptionen... Diese Art von militärischen Beziehungen ist in manchen Fällen als gültiger Bündnisersatz anzusehen, da die meisten Entwicklungsländer .. sowieso keine militärischen Bündnispartner mit selbständigen Industrie- und Waffenreserven oder modern ausgebildeten Heeren sind.“[22]

Gleichzeitig soll die Militärhilfe an die blockfreien Staaten der militärischen Untermauerung der Hallstein-Doktrin dienen. Die Ziele der Militärhilfe werden als „afrikanische Säulen“ der Hallstein-Doktrin bezeichnet. Die „Frankfurter Allgemeine Zeitung“ vom 10. 1. 1965 schreibt dazu:

„Übergeordnetes Ziel ist die Verteidigung der Positionen des Westens in Einklang mit den europäischen Interessen und den Problemen Deutschlands, das heißt auch die Fernhaltung des kommunistischen Einflusses in Afrika.“

Aber offensichtlich funktioniert auch die Militärhilfe in bezug auf die blockfreien Staaten nicht ganz wie gewünscht, als „Bündnisersatz“ und „Säule der Hallstein-Doktrin“. Trotz Militärhilfe Bonns wurde im Januar 1965 in Tansania ein Generalkonsulat der DDR eröffnet, was die Westberliner „BZ“ dazu veranlaßte, Tansania

Im *Sudan* läuft ein Programm zur Aufstellung einer Polizeitruppe, deren Ausrüstung bis zu schweren Infanteriewaffen reicht. Zwei Drittel der Kosten werden über die Militärhilfe finanziert.

In *Guinea* arbeitet ein Pionierkommando der Bundeswehr in Stärke eines Bataillons am Aufbau militärischer Infrastrukturprojekte. Westdeutschland liefert Straßenbaumaschinen, funktechnisches Material für militärische Funkverbindungen u. a.; 75 guinesische Soldaten werden in Westdeutschland ausgebildet.

Aus *Madagaskar* werden 55 Marinesoldaten und Offiziere in der Bundesrepublik ausgebildet. Westdeutschland liefert sechs Küstenwachboote.

An *Somalia* liefert Westdeutschland Handfeuerwaffen, Nachrichtengeräte und Kraftfahrzeuge, 40 Soldaten werden in der Bundesrepublik ausgebildet, 7,5 Mio. D-Mark werden für die Aufstellung einer Polizeitruppe gewährt. Im Juli 1964 wurde ein Militärhilfevertrag mit der Union von *Tanganjika* und *Sansibar* (Tansania) abgeschlossen. Das militärische Hilfsprogramm umfaßt 40 Mio. D-Mark. Im einzelnen sollten westdeutsche Flugzeugtechniker nach Tansania entsandt werden, um den technischen Dienst der tansanischen Luftwaffe aufzubauen. Eine westdeutsche Militärmission in Stärke von 70 Mann verschiedener Waffengattungen befindet sich in Tansania. Die Lieferung von 20 Flugzeugen ist vorgesehen. „Frankfurter Allgemeine Zeitung“ vom 18. 1. 1965.

[22] „Das Parlament“ vom 25. 3. 1964, Beilage.

der „politischen Bigamie“ zu bezichtigen und durchblicken zu lassen, daß die Hallstein-Doktrin ökonomisch unrentabel und politisch unwirksam geworden ist. Das Blatt schreibt:

„Afrika ist weit, doch nahe genug, um das Fundament der deutschen Wiedervereinigungspolitik erzittern zu lassen. Die Amerikaner drängen uns, die Positionen in Tansania zu halten, damit nicht ganz Ostafrika unter roten Einfluß gerät. Soll das auf Kosten der vitalen deutschen Interessen gehen? ... Das Problem Tansania zeigt deutlich, wie tief wir in der Patsche stecken. Bis jetzt hat sich die Hallstein-Doktrin bewährt. Doch in Zukunft wird sie uns die Hände binden. Noch schlimmer: wir müssen in die Tasche greifen ...“[23]

Tansania kündigte jedoch jegliche westdeutsche Entwicklungshilfe auf, als es mittels der westdeutschen Militärhilfe zur Einhaltung der Hallstein-Doktrin gezwungen werden sollte.

Bei der militärischen Durchdringung Afrikas im Rahmen der NATO-Politik, die darauf zielt, Afrika als strategisch wichtiges Gebiet, als Ausbildungsgelände für Truppen, als Versuchsgelände für Atomwaffen in die militärischen Vorbereitungen gegen das sozialistische Lager einzubeziehen und seine großen Reserven an strategischen Rohstoffen auszunutzen, verfolgt die Bundesrepublik natürlich auch eigene imperialistische Ziele. So schreibt G. Andersen in einem Artikel „Die Bundeswehr in Afrika?“ im Combat, Paris, vom 12. 8. 1964 zu einer Äußerung des Bonner Staatssekretärs von Hase, daß sich die westdeutsche Hilfe an die afrikanischen Staaten in den Rahmen der NATO einfüge und ihren Anweisungen und Plänen entspräche:

„Diese Erklärung kann gewiß für Portugal oder Kenia gelten, wo die Bundesrepublik die Erlaubnis erhalten konnte, Militärstützpunkte zu benutzen, wie das britische Verteidigungsministerium schon 1960 bekanntgegeben hat. Aber es ist zweifelhaft, ob das atlantische Oberkommando für die strategische Ausdehnung (West-)Deutschlands in der Südafrikanischen Union oder in der Wüste Namib in der Nähe des Golfes von Walvis im Herzen der ehemaligen deutschen Kolonie Südwestafrika ist, wo — wenn man dem offiziellen Organ der Bundeswehr ‚Visier‘ glauben darf — die Armee jenseits des Rheins ein Ausbildungslager einrichten will, das ‚ideal für die Vorbereitung auf den Wüstenkrieg‘ ist.“

Die Komplexität der politischen, militärischen und ökonomischen Ziele der Bonner Entwicklungspolitik zeigt sich auch am Beispiel der Militärhilfe. Sie soll der Realisierung der NATO-Konzeption dienen ebenso wie der Untermauerung der Hallstein-Doktrin und ist mit Waren- und Kapitalexporten der Monopole verbunden. Neben der Erreichung von Konzessionen für die Ausbeutung von Bodenschätzen wie in Angola, der Südafrikanischen Republik und anderweitig dient sie mittelbar und unmittelbar der Erschließung von Exportmärkten, vor allem auch für die schnell expandierende westdeutsche Rüstungsindustrie.

Im Hinblick auf den hier untersuchten Aspekt der neokolonialistischen Entwicklungspolitik — der notwendigen Verbreiterung der Ausbeutungsbasis und der erhöhten Anforderungen an die Kapitalabkommen der Monopole unter dem Zwang der wissenschaftlich-technischen Revolution — soll die Militärhilfe der strategischen

[23] „BZ“, (West-)Berlin vom 22. 1. 1965

Untermauerung der Wirtschaftshilfe, der machtpolitischen Sicherung von Kapitalanlagesphären und Direktinvestitionen dienen. Die folgenden, typischen Äußerungen der westdeutschen Presse deuten auf diese Funktion hin:

„Für den Westen und damit für die Bundesrepublik ist die Motivierung (der Militärhilfe, d. Verf.) verständlich: ... Schließlich sind die Wirtschaftsinteressen und die Investitionen westlicher Länder in Afrika Objekte, welche die Staaten zu schützen fähig sein müssen."[24]

„Es liegt auf der Hand, was diese Militärhilfen für die politischen Machtverhältnisse, für Bündnisse, Pakte, Stützpunkte, Einflußzonen, Wehrhaushalte und für den ganzen Komplex der internationalen Wehrpolitik bedeuten. Sie berühren die politischen Kämpfe, die Bürgerkriege, die Partisanenkämpfe, die geistigen, sozialen und wirtschaftlichen Verhältnisse."[25]

Das heißt, sie dienen der unmittelbaren Unterdrückung der nationalen Befreiungsbewegungen.

Der zutiefst reaktionäre Gehalt der imperialistischen Bestrebungen zur Industrialisierung der Entwicklungsländer zeigt sich gerade in dem inneren Zusammenhang dieser Bestrebungen mit den aggressiven Absichten und Kriegsplänen gegen das sozialistische Lager und zur Unterdrückung der nationalen Kräfte.

„Entwicklungspolitik ist ein Teil unserer Sicherheitspolitik im höheren Sinne, gleichrangig mit der Verteidigungspolitik", meinte Minister Scheel anläßlich eines Interviews mit dem „Rheinischen Merkur" vom 8. 5. 1964. Das könne nur verwirklicht werden, wenn eine „ausgewogene Gesellschafts- und Wirtschaftsstruktur begünstigt und alles unterlassen wird, was zu einem Staatskapitalismus oder Staatssozialismus hinleitet".

Entsprechend dieser Auffassung werden die ideologischen, politischen und militärischen Ziele der Bonner Entwicklungspolitik durch wirtschaftspolitische Zielsetzungen in bezug auf die in den Entwicklungsländern zu entwickelnde sozialökonomische Struktur ergänzt.

2. Die entwicklungspolitischen Ziele hinsichtlich der sozialökonomischen Struktur der Entwicklungsländer und die zentrale Stellung der Direktinvestitionen als neokolonialistisches Instrument

Die Vorstellungen der westdeutschen Neokolonialisten über die sozialökonomische Struktur der Entwicklungsländer, wie sie mit Hilfe der sogenannten Entwicklungspolitik herausgebildet werden soll, laufen auf eine Industrialisierung unter Beteiligung und Kontrolle der imperialistischen Länder respektive Westdeutschlands hinaus. Die Grundlage dafür sollen drei Haupteigentumsformen sein, die mittels der Entwicklungshilfe zu den vorherrschenden gemacht werden sollen:

[24] „Frankfurter Allgemeine Zeitung" vom 13. 1. 1965.

[25] „Soldat und Technik", Nr. 12, 1963, S. 676, zitiert nach: „Der Neokolonialismus ... a. a. O., S. 92.

1. Entwicklung der einfachen Warenproduktion im industriellen und landwirtschaftlichen Bereich;
2. Entwicklung des kleinen und mittleren kapitalistischen Eigentums in Industrie und Landwirtschaft;
3. Entwicklung des monopolistischen Eigentums in der Großindustrie, insbesondere auch in der Rohstoffwirtschaft.

Klassenmäßig soll diser Prozeß mit der Herausbildung einer breiten Schicht nationaler kleiner und mittlerer Privateigentümer verbunden sein — Handwerker, Bauern, kleine und mittlere Kapitalisten.

Die Entwicklung der Schlüsselpositionen der Wirtschaft in der Großindustrie soll mit Hilfe direkter Auslandsinvestitionen der westdeutschen oder internationalen Monopole erfolgen. Auf diese Weise soll die ökonomische Herrschaft des ausländischen Kapitals gesichert werden. Die nationale Industrie soll auf kleine und mittlere Betriebe beschränkt bleiben.

Den Bonner Vorstellungen hinsichtlich dieser Eigentums- und Klassenstruktur entsprechen die verschiedenen Formen der Entwicklungshilfe.

So soll mit den Mitteln der 1962 auf Initiative des Bonner Verteidigungsministers von Hassel gegründeten „Deutschen Gesellschaft für wirtschaftliche Zusammenarbeit" in Köln (Deutsche Entwicklungsgesellschaft, DEG) der Auf- und Ausbau von kleinen und mittleren Betrieben in der Landwirtschaft und der Industrie der Entwicklungsländer erfolgen, um so die ökonomische Basis für die Herausbildung einer zahlenmäßig starken Schicht kleiner und mittlerer Privateigentümer zu schaffen. Neben der Koordinierung der Finanzmittel für diesen Zweck soll die DEG vor allem die Zusammenarbeit zwischen westdeutschen Unternehmern und Unternehmern in Entwicklungsländern in „privatwirtschaftlicher Form" fördern.[26]

Das Kapital der Gesellschaft beträgt 75 Mio. D-Mark und stammt aus staatlichen Quellen. Geschäftsführend ist das Bundesministerium für wirtschaftliche Zusammenarbeit. Im Aufsichtsrat der Gesellschaft befinden sich fünf Vertreter der Wirtschaft, je ein Vertreter der Länder, ein Vertreter des KfW und fünf Vertreter der obersten Bundesbehörden.

Die staatliche Kapitalhilfe (Kredite) soll in erster Linie für Projekte der industriellen und landwirtschaftlichen Infrastruktur verwandt werden. Dadurch sollen die allgemeintechnischen Voraussetzungen für die Industrialisierung und für rentable Investitionen, die ihrerseits vor allem durch westdeutsche Monopole vorgenommen werden sollen, geschaffen werden. Die westdeutsche Kapitalhilfe finanziert dabei in der Regel nur den Einfuhrbedarf, d. h. die anfallenden Devisenkosten der Projekte. Der andere Teil der Investitionen wird aus den Haushalten der betreffenden Entwicklungsländer finanziert.

Schließlich sollen die Errichtung von Großbetrieben in den Entwicklungsländern und der Aufbau von volkswirtschaftlichen Schlüsselpositionen in Verbindung mit Kapitalinvestitionen der westdeutschen Bank- und Industriekonzerne erfolgen.

[26] „Bulletin des Presse- und Informationsamtes der Bundesregierung" vom 19. 9. 1963

In Ergänzung zu diesen Formen der staatlichen und privaten finanziellen Entwicklungshilfe soll die Technische und Ausbildungshilfe der Entwicklung der kadermäßigen und ideologischen Voraussetzungen für eine kapitalistische Industrialisierung der Entwicklungsländer unter imperialistischer Kontrolle dienen.

Die ideologischen, politischen und sozialökonomischen Ziele der wirtschaftlichen und finanziellen Infiltration der Entwicklungsländer im Rahmen der Entwicklungshilfe richten sich somit gleichzeitig gegen die Unabhängigkeit der Entwicklungsländer. Die alten Methoden der kolonialen Unterdrückung sind heute unter den Bedingungen der dritten Etappe der allgemeinen Krise und unter den Bedingungen der wissenschaftlich-technischen Revolution erstens nicht mehr möglich und zweitens auch nicht mehr ausreichend.

Ich sehe ein wesentliches Bestimmungsmoment für die angeführten neokolonialistischen Methoden und Bestrebungen in dem Versuch, in den Entwicklungsländern moderne Produktivkräfte und kapitalistische Produktionsverhältnisse unter Kontrolle und Beteiligung der imperialistischen Staaten zu entwickeln. Das ist gleichbedeutend mit dem Übergang von den für das Kolonialzeitalter typischen extensiven Ausbeutungsmethoden zu modernen intensiven Ausbeutungsmethoden.

Die alten extensiven Methoden der Kolonialausbeutung basierten vor allem auf dem niedrigen Stand der Produktivkräfte und der sozialökonomischen Verhältnisse. Daraus resultierte zwar eine hohe Profitrate für das einzelne investierte Auslandskapital, aber bei der heutigen durch die wissenschaftlich-technische Revolution hervorgerufenen Verschärfung des Widerspruchs zwischen Produktion und Verwertung wäre das mit den alten extensiven Methoden und den rückständigen Produktivkräften produzierbare Mehrprodukt eine viel zu enge Grundlage für die Verwertung des dort Anlage suchenden überschüssigen Kapitals und die Realisierung der Exporte der imperialistischen Länder.

Im Zusammenhang mit der Zuspitzung des Widerspruchs zwischen Produktion und Verwertung durch die Entwicklung der modernen Produktivkräfte, insbesondere durch die wissenschaftlich-technische Revolution wachsen die Anforderungen an die Ausdehnung der Märkte und die Steigerung des Volkseinkommens und des volkswirtschaftlichen Mehrprodukts der schwachentwickelten Länder. Die Bedürfnisse des Waren- und Kapitalexports der Monopole erfordern heute eine Beschleunigung der ökonomischen Entwicklung dieser Länder. Der niedrige Stand der sozialökonomischen Verhältnisse und der Produktivkräfte, einstmals Grundlage hoher kolonialer Extraprofite, ist unter den heutigen Bedingungen eines der Haupthemmnisse für die Verwertung des Monopolkapitals geworden, weil die *Masse* des volkswirtschaftlichen Mehrwerts oder Mehrprodukts, auf alte Weise erzeugt, noch nicht einmal eine im Vergleich zu den kapitalistischen Industrieländern durchschnittliche Profitrate auf die durch die Zuspitzung des Widerspruchs zwischen Produktion und Verwertung ungeheuer angewachsene Masse des dort Anlage suchenden Kapitals ergeben würde.

Es ist deshalb auch unzureichend und zu eng, die ganze Kollektion der in den letzten Jahren in Westdeutschland ergriffenen staatlichen Maßnahmen zur Förderung des privaten Kapitalexports in die Entwicklungsländer nur als Methode zur Verbesserung der Verwertungsbedingungen für den Kapitalexport zu sehen. Der private

Kapitalexport der Monopole, insbesondere die Direktinvestitionen werden selbst als das wirksamste Mittel zur Entwicklung einer kapitalistischen antisozialistischen sozialökonomischen Struktur und Mittel zur ökonomischen Bindung der Entwicklungsländer an den Imperialismus angesehen.

Deshalb muß man die Maßnahmen zur Förderung des privaten Kapitalexports heute auch als staatsmonopolistische Instrumente zur Sicherung der grundlegenden allgemeinen Bedingungen für den Reproduktionsprozeß des Monopolkapitals sehen.

Im einzelnen werden in Westdeutschland offiziell propagiert und gefördert: Gemeinschaftsgründungen von westdeutschen Unternehmen und privatkapitalistischen Unternehmen in den Entwicklungsländern, Beteiligungen an der Privatindustrie der Entwicklungsländer, Entwicklung von Ausgangsproduktionen mit Hilfe der westdeutschen Konzerne, Errichtung von Lizenzunternehmen bzw. Lizenzvergabe an Privatunternehmen der Entwicklungsländer, die Verlagerung und Auswanderung von westdeutschen Klein- und Mittelbetrieben, insbesondere der Konsumgüterindustrie.

Die letztgenannte Erscheinung muß man wiederum im Zusammenhang mit den sich in Westdeutschland und den kapitalistischen Industrieländern vollziehenden Konzentrations- und Zentralisationsprozessen infolge der wissenschaftlich-technischen Revolution sehen. Auf diese Weise versucht man gleichzeitig, eine Lösung der daraus entstehenden sozialen Konflikte und ökonomischen Widersprüche zu finden.

„Zahlreiche Textilfirmen sowie Unternehmen anderer Branchen bereiten sich darauf vor, Teile ihrer Fertigung in die Entwicklungsländer zu verlegen."[27]

Es ist ganz offensichtlich, daß den „privaten" Kapitalexporten, insbesondere den direkten Auslandsinvestitionen, in der Bonner Entwicklungskonzeption und der Entwicklungspolitik als neokolonialistische Instrumente eine zentrale Stellung zugedacht ist. Sie werden als die wirksamste Methode betrachtet, die Ökonomik der Entwicklungsländer monopolkapitalistischen Eigentums- und Ausbeutungsverhältnissen zu unterwerfen.

Inwieweit es tatsächlich zeitweilig gelingt, die „privaten" Kapitalexporte in die Entwicklungsländer zu verstärken, hängt von einer Vielzahl ökonomischer Faktoren und vor allem von den politischen Kräfteverhältnissen und dem Verlauf des nationalen Befreiungskampfes in den schwachentwickelten Ländern ab. Diese Seite des Problems soll hier nicht untersucht werden. Es kommt mir an dieser Stelle nur darauf an zu unterstreichen, welche zentrale Bedeutung den Direktinvestitionen in der Bonner entwicklungspolitischen Konzeption eingeräumt wird und warum das der Fall ist. Das zeigt sich u. a. auch in dem im folgenden Unterabschnitt behandelten Ausbau der staatlichen Maßnahmen zur Förderung des Kapitalexports.

27 „Europäische Wirtschaft – Entwicklungsländer" vom 15. 4. 1963.

3. Praxis und System der Verträge über wirtschaftliche Zusammenarbeit und die Kapitalexportförderung

Besondere Bedeutung im Rahmen der Bonner Entwicklungspolitik und der Förderung des Kapitalexports kommt der Praxis und dem System der Verträge über die wirtschaftliche Zusammenarbeit zu, die die Bundesrepublik mit den Entwicklungsländern abschließt.

Diese Verträge umfassen in der Regel, neben den speziellen Gegenständen der wirtschaftlichen Zusammenarbeit, wie Warenabkommen, Handelsabkommen, Zahlungsabkommen oder Abkommen über wissenschaftlich-technische Zusammenarbeit, auch westdeutsche Zusagen über Kapitalhilfe und Technische Hilfe. Die westdeutschen Zusagen auf diesen Gebieten sind mit Auflagen über die Rückgabe von beschlagnahmten deutschen Vorkriegsvermögen, über die Zusicherung des Schutzes westdeutscher Direktinvestitionen vor Enteignungen, der Zusicherung von Steuervorteilen, von freiem Kapital- und Gewinntransfer, der rechtlichen Gleichstellung westdeutscher Unternehmen mit inländischen Unternehmen usw. gekoppelt, die in entsprechenden Einzelverträgen ihren Niederschlag finden. Über den Charakter der Investitionsförderungsverträge heißt es in einer Arbeit von Ernst Kern:

„Die Investitionsförderungsverträge haben als allgemeine Rechtsschutzverträge besondere Bedeutung für die Wirtschaftspolitik der Bundesrepublik und damit für die politischen Beziehungen zu anderen Staaten. Sie sind auch ein Element der deutschen Entwicklungshilfe."[28]

Kapitalschutzabkommen oder Investitionsförderungsverträge hatte die Bundesrepublik von 1959 bis Anfang 1964 bereits mit zehn afrikanischen und sechs asiatischen Entwicklungsländern abgeschlossen oder paraphiert sowie mit Chile, Griechenland und der Türkei, 30 weitere derartige Abkommen waren zu jenem Zeitpunkt in Aussicht genommen oder in Vorbereitung.[29] Auch mit Indien, das es lange Zeit

[28] *Ernst Kern*, die Investitionsförderungsverträge der Bundesrepublik und die deutsche Entwicklungshilfe. In: „Bundesanzeiger" vom 3. 5. 1963, Beilage.
In der Regel enthalten die Investitionsförderungsverträge folgende Bestimmungen: Inländerbehandlung mit Meistbegünstigung; Schutz vor Enteignungen durch Einschränkung der Enteignungsgründe (nur zum „allgemeinen Wohl"); Vereinbarungen über eine wertgleiche Entschädigung im Enteignungsfall; die Gewährleistung des Transfers für das Kapital; die Profite und eventuell Liquidationserlöse; Sicherung der freien Einreise und des Aufenthalts von Fachkräften, die im Anlageland für die Führung des Unternehmens erforderlich sind; Anerkennung des Übergangs der Rechte und Ansprüche des Investors auf den Vertragsstaat, der auf Grund von Maßnahmen des anderen Vertragsstaates vom Investor aus einer Gewährleistung für die Kapitalanlage in Anspruch genommen worden ist; Schiedsgerichtsklausel zur Beilegung von Meinungsverschiedenheiten über Auslegung und Anwendung der Verträge; Fortgelten des Vertragsschutzes im Falle von Auseinandersetzungen sowie zeitlich begrenzte Weitergeltung der Vertragsbestimmungen im Falle einer Kündigung für alle Kapitalanlagen, die von der Kündigung erfaßt sind. (Ebenda).

[29] „Handelsblatt" vom 13./14. 3. 1964.

ablehnte, einen Kapitalschutzvertrag mit Westdeutschland abzuschließen, fand im Oktober 1964 ein Notenwechsel über den Schutz westdeutscher Kapitalanlagen statt.

In Ergänzung der Investitionsförderungsverträge schloß die Bundesrepublik in den letzten Jahren mit vielen Entwicklungsländern Schiffahrts- und Luftfahrtsabkommen ab.

Mit Wirkung auf Westdeutschland selbst findet das System dieser Verträge seine Ergänzung im Garantiesystem für private Auslandsinvestitionen und in den innerwestdeutschen staatlichen Förderungsmaßnahmen.

Die Investitionsförderungsverträge sind Bestandteil des westdeutschen Garantiesystems für Kapitalexporte. Der Abschluß dieser Verträge ist nach den entsprechenden Bestimmungen der Haushaltsgesetze der letzten Jahre[30] Voraussetzung dafür, daß staatliche Bürgschaften, Garantien oder sonstige Gewährleistungen für westdeutsche Kapitalanlagen in den Entwicklungsländern zur Absicherung des politischen Risikos übernommen werden können.

Das Bonner Garantie- und Bürgschaftssystem umfaßt seit 1962 drei Arten von Garantien und Bürgschaften: solche für Warenexporte, solche für private Leihkapitalexporte, die bereits 1960 eingeführt wurden, und solche für direkte Auslandsinvestitionen.[31]

Die Wirkung der staatlichen Risikoübernahme für Direktinvestitionen wird durch staatliche Maßnahmen, die auf eine Profiterhöhung über die Risikoentlastung hinaus abzielen, verstärkt.

Das sind vor allem die steuerlichen Maßnahmen zur Förderung des Kapitalexports. 1961 wurde durch das Steueränderungsgesetz ein Paragraph in das Einkommenssteuergesetz eingefügt, der für bestimmte Kapitalanlagen in Entwicklungsländern die Zulassung steuerfreier Rücklagen bis zu einem Drittel der Anschaffungs- oder Herstellkosten der Anlage vorsah. Eine entsprechende Vergünstigung wurde auch bei der Körperschaftssteuer eingeführt.[32] 1963 wurden diese Maßnahmen weiter ausgebaut und fanden im Entwicklungshilfesteuergesetz ihren Niederschlag.[33] Die Kapi-

[30] Haushaltsgesetz 1959 § 18 Abs. 1, Nr. 3, BGbl. 1959 II, S. 793, 797.
Haushaltsgesetz 1960 § 23 Abs. 1, Nr. 3, BGbl. 1960 II, S. 1545, 1549.
Haushaltsgesetz 1961 § 21 Abs. 1, Nr. 3, BGbl. 1961 II, S. 357, 361/62.
Haushaltsgesetz 1962 § 23 Abs. 1, Nr. 3, BGbl. 1962 II, S. 474.
Haushaltsgesetz 1963 § 24 Abs. 1, Nr. 3, BGbl. 1963, S. 752.
Haushaltsgesetz 1964 § 23 Abs. 1, Nr. 3, BGbl. 1964, S. 482.
Haushaltsgesetz 1965 § 23, Abs. 1, Nr. 3, BGbl. 1965 II, S. 198.

[31] Im Mai 1962 wurden neue Bedingungen für Kapitalexportgarantien festgesetzt: Herabsetzung des Selbstbehalts am Schaden von 20 auf 10 Prozent; Verbesserung des Endbetrages der im Lauf der Garantiezeit eingetretenen Deckungsminderung von 40 bis 70 Prozent auf 20 bis 60 Prozent des Werts der Anlage; Herabsetzung des jährlichen Entgeltes von 0,75 bis 1,5 Prozent auf 0,6 bis 1 Prozent des jeweilig zu deckenden Werts.

[32] Die Rücklagen sind vom dritten Jahr an mit je einem Fünftel gewinnerhöhend aufzulösen.

[33] Das Entwicklungshilfesteuergesetz sieht zusätzliche Abschreibungsmöglichkeiten und gewinnmindernde Rücklagemöglichkeiten vor. In der Fassung vom 23. 12. 1963 gestattet

talanlage mußte dabei der Herstellung oder Lieferung von Waren, der Gewinnung von Bodenschätzen oder der Errichtung eines Produktionsbetriebes in der Industrie bzw. der Land- und Forstwirtschaft dienen. Im Dezember 1964 wurde ein Gesetzentwurf eingebracht, der die Erweiterung des Entwicklungshilfesteuergesetzes auch auf betriebsnotwendigen Grund und Boden, das Vorratsvermögen und Forderungen aus Vorratszahlungen für den Erwerb von Erzeugnissen der Entwicklungsländer vorsah.[34]

Darüber hinaus werden Vergünstigungen für weitere Arten von Kapitalanlagen in Entwicklungsländern gefordert, wie z. B. für die Beteiligung an Entwicklungsbanken, für die Errichtung von Handels- und Dienstleistungsbetrieben u. a. m. Die Industrie- und Handelskammer, Hamburg, forderte die Förderung der Errichtung von Zweigwerken westdeutscher Firmen in Entwicklungsländern durch Bundesgarantien und Entwicklungshilfekredite bzw. durch Kapitalbeteiligungen der DEG.

Ferner schlägt die Kammer mit der Begründung, die Beteiligung der westdeutschen Industrie sei die beste Methode der entwicklungspolitischen Ausbildungshilfe, vor, als Anpassungsmaßnahme an die zu erwartenden, erhöhten Fertigwarenausfuhren aus Entwicklungsländern zu Präferenzbedingungen bei westdeutschen Investitionen dort die technischen Sachverständigen aus dem Haushalt zu finanzieren.

Kam auch schon vor 1958 die staatliche Entwicklungshilfe dem Kapital- und Warenexport der Monopole zugute, so besteht gegenwärtig offensichtlich die Tendenz, einen immer größeren Teil der staatlichen Mittel direkt und unmittelbar der Finanzierung direkter Auslandsinvestitionen der Monopole zuzuleiten. So dient die staatliche Kapitalhilfe über die KfW an die Entwicklungsländer vielfach der Finanzierung großer Direktinvestitionen der westdeutschen Konzerne in den betreffenden Ländern oder solcher Projekte, an denen diese kapitalmäßig beteiligt sind.

Vor allem kommt diese Tendenz in der Forderung der Großindustrie zum Ausdruck, statt staatlicher Entwicklungshilfe lieber die Direktinvestitionen großzügiger zu fördern.

Bereits bei dem zur Zeit bestehenden System der steuerlichen Begünstigung für Direktinvestitionen in Entwicklungsländern übernimmt der Haushalt im Jahr der Investition rund 33 Prozent der Investitionskosten. Davon sind 25 Prozent nach sechs bis elf Jahren zurückzuzahlen, während acht Prozent dem Investor verbleiben.[35]

Die verstärkte Förderung der Direktinvestitionen im Rahmen der Bonner Entwicklungshilfe hat verschiedene Aspekte, die sich aus den unterschiedlichen Seiten der Entwicklungspolitik ergeben.

Das Neue — „Neokolonialistische" — im Charakter der Direktinvestitionen besteht darin, daß sie als die wirksamste Form der ökonomischen und finanziellen Infiltra-

es, für die Ermittlung des Gewinns 15 Prozent vom Anschaffungs- oder Herstellwert der Anlage abzusetzen und eine den steuerlichen Gewinn mindernde Rücklage bis zu 50 Prozent des um die 15 Prozent verminderten Werts der Anlage zu bilden. Die Rücklage ist nach sechs Jahren mit je einem Fünftel gewinnerhöhend aufzulösen („Bundesgesetzblatt" vom 31. 12. 1963, Teil I, Nr. 68).

[34] „Bulletin des Presse- und Informationsamtes der Bundesregierung" vom 10. 2. 1965.

[35] Vgl. ebenda.

tion zur Erreichung der sozialökonomischen Ziele der Entwicklungspolitik betrachtet und bewußt unter diesem Aspekt gefördert werden. So betonte Entwicklungsminister Scheel:

„Privatinvestitionen in den Entwicklungsländern sind eine Erscheinungsform der Entwicklungshilfe, die *wegen ihrer besonderen Wirksamkeit immer mehr in den Vordergrund unserer Bemühungen* um den Aufbau gesunder Volkswirtschaften in den aufstrebenden Ländern tritt . . .“[36]

Sie stellen im System der staatsmonopolistischen Regulierung in bezug auf die Entwicklungsländer die imperialistische Alternative zum staatlichen Wirtschaftssektor dar. Diese sozialökonomisch-politische Funktion der Direktinvestitionen steht in enger Wechselbeziehung zu den Anforderungen, die die Durchsetzung der wissenschaftlich-technischen Revolution in den imperialistischen Ländern an die Erschließung neuer Absatzmärkte, Rohstoffquellen und Akkumulationsquellen stellt.

Neben diesen prinzipiellen Erwägungen und langfristig wirksamen Motiven für die verstärkte Kapitalexportförderung im Rahmen der Bonner Entwicklungspolitik spielen auch solche Momente wie die Entlastung des Haushalts in Anbetracht erhöhter Rüstungskosten, konjunkturelle Faktoren und die Konkurrenzsituation auf dem kapitalistischen Weltmarkt eine Rolle. Darauf soll im folgenden Abschnitt näher eingegangen werden.

4. Die ökonomischen Ziele der Entwicklungspolitik und die unmittelbar export- und kapitalexportfördernde Wirkung der einzelnen Maßnahmen

Die ökonomischen Ziele der Bonner Entwicklungspolitik wurden mehr als einmal klar und deutlich ausgesprochen.

„Der Ausbau der wirtschaftlichen Beziehungen zu den Entwicklungsländern dient der Erschließung von Rohstoffquellen, der Erschließung von Absatzmärkten sowie den Kapitalanlagen im Ausland.“[37]

Die Bedeutung, die die westdeutschen Konzerne und die Entwicklungspolitiker den verschiedenen Formen der Entwicklungshilfe für die Steigerung des Exports beimessen, kommt besonders in der Diskussion um die Vorzüge einer stärker bilateralen sowie projekt- und liefergebundenen Kapitalhilfe zum Ausdruck. Geht es bei der Forderung nach bilateraler Entwicklungshilfe anstelle multilateraler Entwicklungshilfe hauptsächlich darum, gegenüber den anderen imperialistischen Staaten politischen Einfluß in den Entwicklungsländern zu gewinnen und sie ökonomisch an Westdeutschland zu binden, so geht es bei der Forderung nach Projekt- und Lieferbindung der staatlichen Kapitalhilfe darum, den westdeutschen Mono-

[36] „Handelsblatt“ vom 13./14. 3. 1964 (Hervorhebung von — K. N.).
[37] „Entwicklungsländer“ vom 2. 1. 1960, S. 7.

polen Absatzmärkte zu sichern gegenüber der Konkurrenz amerikanischer, französischer und britischer Firmen.

„Deshalb ist auch die Bindung nationaler Entwicklungshilfe an nationale Lieferungen und Leistungen für unsere Exportindustrie notwendig. Ohne diese Bindung wird die eigene Entwicklungshilfe zum Konkurrenten der nationalen Ausfuhr, weil dann ausländischen Industrien dazu verholfen würde, den Wettlauf um die Kreditfristen mit den Mitteln des deutschen Steuerzahlers zu gewinnen."[38]

Hauptvertreter der Forderung nach Projekt- und Lieferbindung ist der „Bundesverband der Deutschen Industrie" (BDI). 1963 waren bereits von 2148 Mio. D-Mark Kredite nur noch 290 Mio. D-Mark nicht projektgebunden. Dabei wurden Teile von diesen 290 Mio. D-Mark noch für die Erschließung von Rohstoffquellen für die deutsche Wirtschaft verwandt.[39]

Die Presse der westdeutschen Monopole schreibt hierzu:

„Die Zeiten des starren Dogmas der Ungebundenheit der deutschen Entwicklungskredite sind vorbei . . . Offiziell will die Bundesregierung nicht das Gegenteil ihrer bisherigen Grundsätze proklamieren. Inoffiziell wird aber in bilateralen Verhandlungen die Bindung der Kredite an die Lieferung deutscher Erzeugnisse und Dienstleistungen angestrebt."[40]

Als Ursache für die veränderte Bonner Haltung gibt das Blatt das Verhalten der Konkurrenten an, die ihre Kredite streng an eigene Lieferungen binden. Insbesondere tun das die USA, die zwei Drittel ihrer 4 Mrd. US-Dollar Auslandshilfe in Form von Lieferungen und Leistungen gewähren. In der Zeit der hohen Zahlungsbilanzüberschüsse und der hohen Kapazitätsauslastung legte man nicht so einen großen Wert auf Lieferbindung. Seitdem verschärfte sich auch für Westdeutschland die Konkurrenzsituation im Export.

Es will die verstärkte Entwicklungshilfe, die ihm zur Entlastung der amerikanischen Zahlungsbilanz auferlegt wurde, für seine eigene Exportexpansion ausnutzen, während die USA auf Westdeutschland einen entsprechenden Druck in Richtung verstärkter multilateraler Entwicklungshilfe ausüben. Die USA möchten ihrerseits ihre Exporte und Exportüberschüsse mit Hilfe der westdeutschen Kredite an die Entwicklungsländer weiter steigern und ihre Zahlungsbilanz auf Kosten des westdeutschen Exports verbessern. Auch über die Höhe der westdeutschen Entwicklungshilfe gibt es Gegensätze. So wurde Westdeutschland im Entwicklungspolitischen Ausschuß der OECD von den Vertretern der anderen Mitgliedsländer, insbesondere der USA, mehrmals kritisiert, weil es sich nicht an die Auflage hielt, ein Prozent des Bruttosozialprodukts für die Entwicklungshilfe bereitzustellen.[41] Die Bundesrepublik will sich nicht auf die Ein-Prozent-Klausel festlegen lassen. Die Aufrüstung, die angestrebte Vormachtstellung in der NATO und die daraus resultierende Belastung der öffentlichen Finanzen, die volkswirtschaftlichen Umstrukturierungen im Zuge

38 „Frankfurter Allgemeine Zeitung" vom 14. 2. 1962.

39 „Die Zeit" vom 17. 4. 1964.

40 „Rheinischer Merkur" vom 8. 2. 1963.

41 Eine Überprüfung ergab bei Westdeutschland für 1962 0,8 Prozent und für 1963 0,6 Prozent, während bei Frankreich z. B. der Anteil 1,5 Prozent betrug.

der wissenschaftlich-technischen Revolution, der damit verbundene Kapitalbedarf sowie die Förderung der Konzentration und Zentralisation im Zusammenhang mit den Integrationsprozessen und der verstärkten Konkurrenz liegen u. a. der Politik der verstärkten Heranziehung von „Privatkapital" für die Entwicklungshilfe zugrunde.

Die Infrastrukturprojekte in den Entwicklungsländern, die mit westdeutscher Kapitalhilfe finanziert und mit Hilfe westdeutscher Experten im Rahmen der Technischen Hilfe projektiert werden, bedeuten nicht nur Lieferaufträge für die westdeutschen Konzerne der Investitionsgüterindustrie, sondern auch Möglichkeiten für profitable Kapitalexporte. Vielfach ist der Aufbau der industriellen Infrastruktur in den Entwicklungsländern mit der Errichtung großer Werke des Schwermaschinen- und Fahrzeugbaues, der Grundstoffindustrie, der Elektroindustrie usw. verbunden. Diese Unternehmen werden dann vielfach ebenfalls mit westdeutscher Kapitalbeteiligung errichtet.

Nach Angaben der Deutschen Zeitung und Wirtschaftszeitung vom 12./13. 1. 1963 waren beispielsweise bis Anfang 1963 3,4 Mrd. westdeutsche (staatliche) Kredite nach Indien geflossen. Unter Berücksichtigung der Summen für Garantien und Bürgschaften, der Technischen- und Ausbildungshilfe sowie anderen Leistungen erhöhte der Betrag sich auf schätzungsweise 6 Mrd. D-Mark. Die Kredite wurden u. a. zum Kauf westdeutscher Rohmaterialien und industrieller Ausrüstungen verwandt. Alle großen westdeutschen Konzerne sind in Indien bei der Errichtung von Industrie- und Infrastrukturprojekten tätig. Sie arbeiten dabei mit der indischen Regierung oder den großen indischen Konzernen zusammen. Anfangs 1965 entfielen von den seit 1957 insgesamt von der indischen Regierung genehmigten 2118 Zusammenarbeitsverträgen 17 Prozent oder 362 Verträge auf westdeutsche Firmen. Zwei Drittel der Verträge beinhalten Lizenzabkommen und Technische Hilfe, ein Drittel entfällt auf westdeutsche Kapitalbeteiligungen.[42]

In der Regel führen die Technische Hilfe und die Lizenzabkommen zu westdeutschen Lieferungen (Ausrüstungen, Materialien), die ihrerseits in vielen Fällen zu Kapitalbeteiligungen führen. 1963 wurde in Indien die UTKAL-Machinery Ltd. gegründet, eine Schwermaschinenbaufabrik, die in Indien fast ohne Konkurrenz ist. Sie soll u. a. Hochöfen für Rourkela, Bergbaueinrichtungen sowie Anlagen für die chemische Industrie bauen. Die Projektierung und den größten Teil der Anlagen lieferte die Gutehoffnungshütte AG, Sterkradt, (Haniel/DEA).

89 Prozent des Kapitals der UTKAL Machinery Ltd. befinden sich zu gleichen Teilen bei Gutehoffnungshütte, Heinrich Koppers, S. M. Voith und der indischen Firma Larsen & Toubro, 11 Prozent besitzt die Industrial Credit and Investment Corp. of India, an der die Deutsche Bank beteiligt ist.

Die Expansion des westdeutschen Schwermaschinenbaues und der Grundstoffindustrie in den Entwicklungsländern, sei es in Form der Beteiligung, sei es in Form von Projektierungen und Anlagenlieferungen, erschließt neue Möglichkeiten für Waren- und Kapitalexporte in den nachgelagerten Produktionsstufen oder in den Zu-

[42] „Handelsblatt" vom 3. 2. 1965.

lieferbereichen. So gründete der Rheinstahl Konzern in Kolumbien ein Werk zur Herstellung von Schmiedeerzeugnissen, die Ausgangsprodukte für eine große Anzahl Fertigwarenindustrien darstellen, wie die Fabrikation von Eisenbahnersatzteilen, von landwirtschaftlichen und Straßenbaumaschinen und Industriemaschinen.[43]

In Pakistan werden mit westdeutscher Kapitalbeteiligung Fabriken zur Herstellung von Eisenbahnwagen errichtet.

Allein in Afrika werden mit westdeutscher Entwicklungshilfe an die 400 Projekte in mehr als 30 Ländern gebaut.

In Lateinamerika projektieren und bauen westdeutsche Konzerne Talsperren, Kraftwerke, Lokomotivfabriken u. a. m.

Die Chemiekonzerne errichteten dort, auch zusammen mit amerikanischen Konzernen, Stickstoff-Fabriken. Die Stickstoff-Fabrikation basiert dabei auf den Nebenprodukten, die bei den von amerikanischen oder westdeutschen Konzernen oder von beiden gemeinsam errichteten Anlagen für die Produktion von Polyäthylen, das als Grundstoff für die Plastechemie dient, anfallen. Auf dieser Stickstoffbasis werden dann, meist im Rahmen staatlicher Entwicklungspläne für die Landwirtschaft, Düngemittelfabriken gebaut und Landmaschinenfabriken errichtet. Gerade dieses Beispiel zeigt besonders deutlich, wie die wissenschaftlich-technische Revolution vom Standpunkt der Kapitalverwertung der Monopole auch die wirtschaftliche Entwicklung der ökonomisch schwachentwickelten Länder erzwingt und die Entwicklung moderner Produktivkräfte forciert.

Ein zentrales Problem in vielen dieser Länder ist die Agrarfrage. Lenin bezeichnete bekanntlich die koloniale Frage als eine Bauernfrage. Folge und gleichzeitig Grundlage der extensiven kolonialen Ausbeutungsmethoden waren (bzw. sind) die Agrarverhältnisse in diesen Ländern. Sie waren (bzw. sind) durch die Herrschaft der ausländischen Monopole und der einheimischen feudalen Großgrundbesitzer in der Landwirtschaft gekennzeichnet, durch die Vorherrschaft feudaler und halbfeudaler Abhängigkeit der landwirtschaftlichen Produzenten. Diese Abhängigkeitsverhältnisse führten zum Massenelend, zum Pauperismus der überwiegenden Zahl der Bauern und infolgedessen zu einem äußerst niedrigen Stand der Produktivität der Landwirtschaft in den kolonialen und abhängigen Ländern, zum Raubbau am Boden, zur Erschöpfung des Bodens, zur Bodenerosion.

Die Entwicklungsländer sind bestrebt, diese Folgen der Kolonialherrschaft zu überwinden. Die imperialistische Entwicklungshilfe konzentriert sich in letzter Zeit ebenfalls immer stärker auf die sogenannte Landwirtschaftshilfe.[44] Dem liegen eine ganze Reihe von politischen und ökonomischen Motiven zugrunde, auf die ich hier nicht

[43] Das Kapital befindet sich zu 17 Prozent in Händen des Rheinstahl-Konzerns, 33 Prozent besitzt der kolumbianische Staat und 50 Prozent befinden sich bei kolumbianischen Investoren.
Vgl. „Handelsblatt" vom 6. 6. 1962.

[44] Bewässerung, Kunstdünger, moderne intensive Bearbeitungsmethoden, Landmaschinen, Teil-Bodenreformen u. a. m.

näher eingehen will. Es kommt mir hier nur auf diese eine Seite des Problems an, daß die wirtschaftliche Expansionskraft bzw. das Expansionsbedürfnis der Zweige, die die Hauptträger des technischen Fortschritts sind, wie die Petrolchemie, auf der die Plastechemie aufbaut, tendenziell zur Umwälzung ganzer Wirtschaftszweige, zur Umwälzung der Produktions- und Ausbeutungsmethoden führt. Dies erfordert aber auch eine Veränderung der Eigentumsverhältnisse, um die neuen Produktions- und Ausbeutungsmethoden durchsetzen zu können. So fordern die westdeutschen Konzerne der Traktorenindustrie Bodenreformen in den Entwicklungsländern. Dabei geht es meiner Meinung nach nicht nur um den größeren Absatz speziell an Traktoren. Bei dem gegenwärtigen hohen Grad der monopolistischen horizontalen und vertikalen Konzentration und Zentralisation und der weitverzweigten kapitalmäßigen Verflechtung der verschiedensten Industriezweige und Produktionsstufen würden eine, wenn auch nur beschränkte Bodenreform und ihre ökonomischen Folgen (Ausdehnung der Binnenmärkte der Entwicklungsländer, Intensivierung der Landwirtschaft, Steigerung der Exporte, Hebung der Masseneinkommen, Entwicklung kapitalistischer Industrie- und Landwirtschaftsbetriebe usw.) für die westdeutschen und die anderen imperialistischen Monopole überhaupt eine generelle Ausdehnung ihrer Exportmärkte und Kapitalanlagensphäre bedeuten. So wird zur Zeit die Durchdringung der in den Entwicklungsländern nach den Zielen der Bonner Entwicklungspolitik zu errichtenden Privatindustrie mit westdeutschem Kapital auf vielfältige Weise praktiziert und steht in enger Wechselwirkung mit den verschiedenen Formen und Methoden der „Entwicklungshilfe". Eine der Hauptmethoden ist dabei die Gemeinschaftsgründung von Unternehmen durch westdeutsches und nationales Kapital unter finanzieller Beteiligung der KfW. So gab diese 1962 eine Anleihe für die Errichtung eines Stahlwerkes der Marathon Argentina, einer Gemeinschaftsgründung der Edelstahlwerke AG Krefeld und des privaten argentinischen Stahlwerks Acindar.

Ein anderes Beispiel, das zeigt, wie die Technische Hilfe für die Infiltration in die Privatindustrie der Entwicklungsländer ausgenutzt wird, ist der Beschluß des interministeriellen Referentenausschusses für Technische Hilfe, einen technischen Berater an die Industrie-Kreditbank Khartum im Sudan zu schicken. Dieser soll zwei Jahre im Führungsstab der Bank arbeiten. Gleichzeitig gab die Bundesrepublik einen Kredit an die sudanesische Bank in Höhe von 8,8 Mio. D-Mark, aus dem Darlehen für die sudanesische Privatindustrie gegeben werden sollen.

Die Entsendung technischer Berater an private oder staatliche Entwicklungsbanken, verbunden mit staatlichen Krediten an diese Institute zur Finanzierung der nationalen Privatindustrie oder dort tätiger westdeutscher Firmen, verschafft den westdeutschen Monopolen Bank- und Industrieverbindungen in den Entwicklungsländern, die sie für Waren- und Kapitalexporte ausnutzen können. Das wird ergänzt durch die persönlichen Kontakte und Verbindungen, die durch die Entsendung von mit den westdeutschen Konzernen liierten Experten im Rahmen der Technischen Hilfe für den Aufbau und die Organisation von staatlichen Verwaltungen, Planungsbehörden und anderen mit der Entwicklungsplanung befaßten Institutionen entstehen.

Bei den Kontaktstellen zur „Förderung der Entwicklungshilfe seitens des privaten Unternehmertums“ werden die Entwicklungspläne, die für ihre Realisierung zuständigen Behörden, Entwicklungsbanken und sonstigen Entwicklungsinstitutionen erfaßt.[45]

Auch bei der direkt export- und kapitalexportfördernden Wirkung der einzelnen entwicklungspolitischen Maßnahmen zeigt sich sowohl ihre Komplexität in bezug auf die unmittelbaren ökonomischen Ziele der westdeutschen Monopole als auch in bezug auf die langfristige wirtschaftsstrategische Zielstellung einer allseitigen ökonomischen Infiltration.

Es genügt m. E. nicht mehr, staatliche Maßnahmen der Kapitalexportförderung, wie das Entwicklungshilfesteuergesetz, die Gründung und Tätigkeit der DEG, die verstärkte staatliche Kapitalhilfe und Technische Hilfe, die Gründung der neokolonialen Propagandainstitute, den Ausbau der sogenannten Kontaktstellen, den Abschluß von Kapitalschutzverträgen usw. nur mit den unmittelbaren Export- und Kapitalexportinteressen der Monopole in Beziehung zu setzen, sondern man muß sie auch im Zusammenhang mit der qualitativen Verschärfung des Widerspruchs zwischen Produktion und Verwertung durch die wissenschaftlich-technische Revolution sehen und die langfristig wirkenden Tendenzen und Widersprüche in Rechnung stellen.

IV. Die Verbreiterung der Ausbeutungsbasis und die verstärkte internationale staatsmonopolistische Konzentration und Zentralisation des Kapitals am Beispiel der finanziellen Infiltration und der Ausbeutung von Rohstoffquellen

Eine solche langfristig wirkende Tendenz, die sich aus der qualitativen Verschärfung des Widerspruchs zwischen Produktion und Verwertung infolge der wissenschaftlich-technischen Revolution und dem daraus resultierenden Zwang zur Verbreiterung der Akkumulationsbasis ergibt, besteht in der verstärkten internationalen Konzentration und Zentralisation des Kapitals mit Hilfe des imperialistischen Staates. Dadurch werden zusätzliche Potenzen für die Durchsetzung der wissenschaftlich-technischen Revolution im Rahmen der kapitalistischen Produktionsverhältnisse freigesetzt. Der Neokolonialismus, darunter die Entwicklungshilfe und der Kapitalexport, sind wesentliche Antriebskräfte für diesen Prozeß.

So läßt z. B. die Reorganisation des Kolonialbanksystems bzw. die Errichtung eines neokolonialistischen Banksystems in einer Reihe von Entwicklungsländern internationale Zentralisationsprozesse erkennen, an denen auch die westdeutschen Monopole, vor allem die Großbanken, beteiligt sind.

[45] Die Bundesstelle für Außenhandelsinformation, Köln, gibt u. a. wirtschaftliches Grundlagenmaterial und legislatives Informationsmaterial über die Entwicklungsländer heraus.

Nach dem zweiten Weltkrieg gingen die westdeutschen Großbanken davon ab, im Ausland Filialen zu errichten. Sie zogen es zunächst vor, mit ausländischen Korrespondenzbanken zusammenzuarbeiten und lediglich Repräsentanzen einzurichten. Bis 1963 verfügten sie in 28 Entwicklungsländern über 45 Vertretungen.

Eigene Filialen der Großbanken in Entwicklungsländern gibt es heute nur sechs: die Niederlassung der Deutschen Überseeischen Bank, Hamburg, Berlin, (Deutsche Bank AG) in Argentinien, die Filialen der Deutsch-Asiatischen Bank, Hamburg, (drei Großbanken) in Hongkong, Karachi und Bangkok sowie die Filialen der Deutsch-Südamerikanischen Bank (Dresdner Bank AG) und der Dresdner Bank in Südamerika.

Seit Beginn der sechziger Jahre geht die Tendenz dahin, sich an Entwicklungsbanken in den ökonomisch schwachentwickelten Ländern zu beteiligen oder private Finanzierungsgesellschaften für Entwicklungsprojekte zu gründen. Dabei handelt es sich um Gesellschaften, die nicht nur der Finanzierung, sondern auch der Industrieberatung dienen.

Die Entwicklungsbanken sind häufig gemischte Gesellschaften, die der Aufsicht der Regierung des betreffenden Landes unterstehen, wobei der größte Teil des Kapitals aus der privaten oder staatlichen Auslandshilfe kommt. Die privaten Finanzierungsgesellschaften werden meistens in Verbindung mit einheimischen Kapitalisten und anderen ausländischen Monopolbanken oder Industriekonzernen gegründet.[46]

Bei der finanziellen Durchdringung der Entwicklungsländer speziell in Afrika kommt den westdeutschen Monopolbanken die Brechung des britischen und französischen Kolonialmonopols zugute. Seit Beginn der sechziger Jahre bilden die britischen und französischen Monopolbanken ihre Niederlassungen in Afrika in Entwicklungsbanken unter ausländischer Beteiligung um. Am weitesten ist hier bisher der „Credit Lyonnais" gegangen. Seit 1961 gründete er in neun afrikanischen Ländern in Zusammenarbeit mit den Regierungen und anderen ausländischen Banken Entwicklungsbanken, indem er in diese neuen Banken seine früheren örtlichen Niederlassungen einbrachte. Bei sechs von ihnen besitzt der Staat 51% des Kapitals über seine nationalen Entwicklungsbanken.[47] Bei der Société Ivoirienne de Banque (Elfen-

[46] Die Deutsche Bank AG besitzt an folgenden Entwicklungsbanken und Finanzierungsgesellschaften Beteiligungen: Deltec S. A. Investimentos Credito e Financiamento, Rio de Janeiro/Sao Paulo,
Deltec Panamerica S. A. Panama,
Foreign Trade Bank of Iran, Teheran,
Industrial and Mining Development corp. of Iran, Teheran,
The Industrial Credit and Investment Corp. of India, Bombay,
The Pakistan Industrial Credit and Investment Corp. Ltd., Karachi, sowie Beteiligungen an weiteren Entwicklungsbanken in Venezuela, Malaya, Tunesien, Marokko, Nigeria, Kenia, Uganda, Tanganjika, Kongo und auf den Philippinen. Die Deutsch-Südamerikanische Bank besitzt Beteiligungen an der Companhia de Organisacao Tecnica, Industriel & Comercial (COTINCO), Sao Paulo.

[47] Société Camerounaise de Banque,
Union Sénégalaise de Banque,

beinküste) und der Union Gabonaise Libreville hat der Staat die Minderheit. Dort sind die Deutsche Bank, die Banca Commerciale Italiana, Milano, die Morgan Guaranty International Banking Corporation, New York, beteiligt.

Anläßlich von Kapitalerhöhungen beteiligten sich die Deutschen Bank AG sowie die anderen beiden westdeutschen Großbanken inzwischen auch an der Société Camerounaise de Banque, der Société Dahoméenne sowie an den übrigen Instituten des Crédit Lyonnais in Afrika.

Auch die anderen französischen Großbanken, die Banque Nationale pour le Commerce et l'Industrie (B. N. C. I.) und die Société Générale de Banque bildeten ihre Niederlassungen in Afrika in Entwicklungsbanken unter ausländischer Beteiligung um. Die Banque Nationale gründete entsprechendel nstitute in Senegal, Elfenbeinküste, Kamerun und Kongo auf rein privater Basis unter Beteiligung der Société Financière pour les Pays d'Outre Mer (SFOM), Genf. Die SFOM ist eine internationale Afrika-Holding-Gesellschaft, an der außer der B. N. C. I. die Commerzbank AG, Frankfurt, die Bank of America, San Francisco, die Banque Lambert, Brüssel, und die Banca Americana e d'Italia beteiligt sind.

Die Société Générale de Banque, Paris, brachte ihre Filialen in Kamerun, Senegal, Elfenbeinküste und Kongo in entsprechende Banken ein,[48] an denen ebenfalls westdeutsche, italienische und amerikanische Banken beteiligt sind.

Durch Zusammenschluß der örtlichen Zweigstellen der Crédit Lyonnais und der Société Général entstand die Union Bancaire en Afrique Centrale als eine reine Privatbank. Die Banque Commerciale Africaine, eine Filiale der Banque de l'Indochine, hat ihre Niederlassungen in Brazzaville an die Banque de l'Afrique Occidentale, in Senegal, Elfenbeinküste, Kamerun und Pointe-Noire an die Société Générale und in Tschad, Gabun und der Zentralafrikanischen Republik an die B. N. C. I. übertragen.[49]

Diese Konzentrationsprozesse sind noch im Fluß. Sie vollziehen sich unter der Teilnahme des internationalen Finanzkapitals, insbesondere unter der Teilnahme des westdeutschen und US-amerikanischen.

Auch mit den englischen Banken werden in den ehemaligen englischen Kolonien gemeinsame Finanzinstitute gegründet. So beteiligte sich die Deutsche Entwicklungsgesellschaft (DEG) mit 5 Mio. D-Mark 1963 an der Gründung der Development Finance Comp. of Kenya durch die britische Commonwealth Development Corp. und die Regierung von Kenia.[50] Ferner erhielt die DEG den von der Kreditanstalt für

Société Dahoméenne de Banque,
Banque Malienne de Crédit et de Dépots,
Banque Tschadienne de Crédit et de Dépots,
Union Fabonaise de Banque Commerciale Congolaise

[48] Société Générale de Banque au Cameroun
Société Générale de Banque au Sénégal
Société Générale de Banque au Cote d'Jvoire
Société Générale de Banque au Congo

[49] „Handelsblatt" vom 2. 8. 1962.

[50] „Frankfurter Allgemeine Zeitung" vom 21. 8. 1963.

Wiederaufbau gehaltenen Anteil an der Tanganyika Development Corp. Eine ähnliche Transaktion wurde für Uganda vorbereitet.[51]

Die verstärkte internationale Zentralisation des Finanzkapitals im Zuge des kollektiven Neokolonialismus zeigt sich nicht nur im Prozeß der Reorganisation der alten Kolonialbanken, sondern führte u. a. zu internationalen Holdinggesellschaften, deren Anlagegebiete die Länder Asiens, Afrikas und Lateinamerikas sind.

An einer Reihe solcher Gesellschaften beteiligten sich die westdeutschen Großbanken bereits in den fünfziger Jahren.[52] Nach 1960 verstärkten sie ihre Aktivität in dieser Richtung. 1962 beteiligte sich die Dresdner Bank AG an einer „Internationalen Vereinigung zur Finanzierung der Wirtschaftsentwicklung in Westafrika (UFIDA).[53] 1963 gründeten die Dresdner Bank, die Morgan Guaranty Trust Company, die Banca Commerciale Italiana und der Crédit Lyonnais die „Union Financière International pour le Developpement de l'Afrique". Aufgabe dieser Gesellschaft ist die Ausarbeitung konkreter Entwicklungsprogramme auf dem Gebiet der afrikanischen Landwirtschaft und deren Finanzierung. Ein anderes Beispiel stellt die Beteiligung an der Gründung der Nigerian Industrial Development Bank (NIDB) durch die Internationale Finance Corporation (Weltbankgruppe), zusammen mit führenden amerikanischen, westeuropäischen und japanischen Investmentfirmen dar. Aufgabe der NIDB soll die lange und mittelfristige Finanzierung von nigerianischen Industrie- und Bergbauprojektion sein. Zu den Gründergesellschaften gehören außer der IFC die Chase International Investment Corporation, der Instituto Mobiliare Italiano, die Bank of America, die Bank of Tokyo, Ltd., die Commerzbank AG, die Irving International Finance Corporation, die Northwest International Bank sowie die Société Financière pour les Pays d'Outre Mer S. A.[54] Es handelt sich hier um eine Gründung, an der Finanzkapital aus allen imperialistischen Industriestaaten beteiligt ist. Das bringt u. a. die Bedeutung, die die Rohstoffvorkommen Nigerias für die imperialistischen Monopole besitzen, zum Ausdruck.

[51] Ebenda.

[52] 1. Société Européenne de Developpement Industriel S. A., Paris, Finanzierung industrieller Vorhaben in Europa und Übersee, Beteiligung der Deutschen Bank AG mit 50%.
2. Consortium Européen pour le Developpement des Ressources naturelles de l'Afrique (CONSAFRIQUE), Luxemburg: Finanzierung der Ausbeutung afrikanischer Rohstoffvorkommen, Beteiligung der Deutschen Bank AG.
3. Middle East Industrial Projects Development Corporation (MIDEC), Luxemburg: Planung von Industrieprojekten: Beteiligung der Deutschen Bank AG.
4. COTINCO-Companhia de Organizacao Técnica, Industrial e Comercial, Sao Paulo: Beteiligung der Deutsch-Südamerikanischen Bank, AG, Hamburg, Bank- und Finanzgeschäfte.
5. Compagnie d'Outremer pour l'Industrie et la Finance, Bruxelles; Bank- und Finanzgeschäfte; Beteiligung der Berliner Handels-Gesellschaft, Westberlin.

[53] „Tagesspiegel" vom 6. 7. 1962.

[54] „Handelsblatt" vom 30. 1. 1964.

In Tunesien gründeten 1963 die Deutsche Bank AG, die Bank of America, die Société Tunissienne de Banque (Credit Lyonnais) und die Société Franco-Tunísienne de Banque et de Crédit die „Union Internationale de Banque en Tunisie" (UIBT).[55]

Diese Beispiele zeigen, in wie starkem Maße der Neokolonialismus eine Triebkraft für die verstärkte internationale Zentralisation des Finanzkapitals darstellt. Gleichzeitig ist dieser Prozeß nicht nur im nationalen, sondern auch im internationalen Rahmen von einer immer engeren Verschmelzung von Bank- und Industriekapital begleitet. Das kommt besonders anschaulich in der Gründung und der Tätigkeit der „Adela Investment Company S. A." Luxemburg, zum Ausdruck. Es handelt sich um eine „private" multinationale Finanzierungsgesellschaft für Lateinamerika, an der über 50 bedeutende Industriegesellschaften, Banken und Finanzinstitute aus Westeuropa, den USA, Kanada und Japan beteiligt sind. Von westdeutscher Seite sind die Deutsche Bank AG, die Dresdner Bank AG und der Oetker Konzern vertreten. Aufgabe der Adela ist es, private Unternehmen in Lateinamerika durch Übernahme von Kapitalbeteiligungen und Gewährung von Technischer Hilfe auf kommerzieller Basis zu unterstützen.[56]

Der staatsmonopolistische Charakter dieser internationalen Zentralisationsprozesse kommt u. a. in der Beteiligung der internationalen staatsmonopolistischen Finanzinstitutionen wie Weltbank, IFC und IDA bzw. auch in der Beteiligung der nationalen staatlichen Finanzinstitutionen wie der KfW am Kapital der zu gründenden Gesellschaften und Unternehmen zum Ausdruck. Es handelt sich nicht mehr nur um eine Verschmelzung von Bank- und Industriekapital, sondern um die Verschmelzung von Bank- und Industriekapital mit nationalem oder internationalem staatlichen Kapital. Darin kommt der hohe Grad der Internationalisierung des Kapitals und der Produktion im staatsmonopolistischen Kapitalismus zum Ausdruck. Der neokolonialistische Gehalt des internationalen staatsmonopolistischen Zentralisationsprozesses des Finanzkapitals besteht darin, daß das einheimische nationale Kapital der Entwicklungsländer in diesen Prozeß einbezogen und dem internationalen Finanzkapital untergeordnet wird oder werden soll. Das wird gerade sehr deutlich sichtbar an der Tätigkeit solcher Institutionen wie der Adela und der DEG.

So erwarb die Adela eine Kapitalbeteiligung über 2 Mio. D-Mark an der Forjas de Columbia, einem Schmiedewerk in Bucaramanga, Kolumbien. Diese Investition wurde in Zusammenarbeit mit der International Finance Corporation sowie kolumbianischen und westdeutschen Investoren vorgenommen.

Die finanzielle Infiltration der ökonomisch schwachentwickelten Länder im Rahmen der staatsmonopolistischen Entwicklungshilfe weist also gegenüber der finanziellen Infiltration im Imperialismus schlechthin einige neue Züge auf. Es kommt zu neuen Formen des Finanzkapitals und zu neuen Instrumenten der finanzkapitalistischen Durchdringung.

Kapital des ausländischen imperialistischen Staates oder internationales staatliches Kapital sowie Kapital der ausländischen Industrie- und Bankmonopole ver-

[55] „Handelsblatt" vom 5./6. 7. 1963.
[56] „Industriekurier" vom 3. 10. 1964.

schmilzt mit dem staatlichen Kapital der Entwicklungsländer und dem Kapital der nationalen Bourgeoisie in der Regel unter Führung des Auslandskapitals. (Bei einer entsprechenden konsequenten antiimperialistischen Politik können die Regierungen der Entwicklungsländer diesen Prozeß im Interesse ihrer eigenen unabhängigen Industrialisierung bis zu einem gewissen Grade ausnutzen.)

Bei der Industrialisierung mittels der imperialistischen Entwicklungshilfe kann es somit zu einer finanziellen Verschmelzung von staatsmonopolistischen Kapitalismus und Staatskapitalismus, von nationaler Industrie und ausländischen Industrie- und Bankmonopolen kommen. Dabei sind Westdeutschland und die USA Partner der alten Kolonialmächte, die teilweise verdrängt werden.

Der kollektive Neokolonialismus beinhaltet also eine höhere Stufe der internationalen Zentralisation des Finanzkapitals zur Ausbeutung der ökonomisch schwachentwickelten Länder.

Die Teilnahme des westdeutschen staatsmonopolistischen Kapitalismus an diesem Prozeß zeigt sich auch auf dem Gebiet der Rohstoffe.

Die finanzielle Durchdringung der Entwicklungsländer geht einher mit der Inbesitznahme wichtiger Rohstoffquellen. Besondere Bedeutung kommt dabei dem Erdöl zu. Die schnelle Entwicklung der Erdölwirtschaft in Westdeutschland, besonders die strukturellen Veränderungen in der Energiewirtschaft, die gewaltige Ausdehnung der Kraftfahrzeugindustrie und die 1955 einsetzende Aufrüstung stellten hohe Anforderungen an den Rohölbedarf Westdeutschlands. Die Bundesrepublik weist im Zeitraum von 1952 bis 1962 unter den kapitalistischen Industrieländern die stärkste Steigerung des Pro-Kopf-Verbrauchs an Erdölprodukten auf.[57] Trotz schnell ansteigender eigener Förderung nahm der Anteil des Importöls an der Bedarfsdeckung ständig zu. Wurden 1957 von eigenem Gesamtverbrauch an Erdöl in Höhe von 12,0 Mio. t 8,1 Mio.t importiert, so 1963 von einem Gesamtverbrauch von 47,8 Mio. t 40,4 Mio. t. Der Anteil der eigenen Förderung am gesamten Bedarf verringerte sich von 33,3% 1957 auf 18% 1963. Dazu kommen die hohen Kosten der westdeutschen Erdolförderung sowie die qualitätsmäßigen Anforderungen, die auf Grund der technischen Entwicklung an die zu verwendenden Erdölsorten gestellt werden. Die außerordentlich starke Abhängigkeit des westdeutschen Reproduktionsprozesses von den Erdölimporten ist somit ein wichtiger Teilaspekt der westdeutschen Entwicklungshilfe. 95% der gesamten Erdölimporte bezieht Westdeutschland aus den Entwicklungsländern,[58] aber zum größten Teil nicht direkt, sondern über die dort tätigen großen internationalen Ölgesellschaften.

Bereits um die Mitte der fünfziger Jahre setzte die Suche der westdeutschen Monopole nach eigenen Erdölquellen mit den Beteiligungen der DEA an Konzessionen in Syrien, Libyen und Argentinien ein. Heute sind fünf westdeutsche Konzerne in mehr als 17 Ländern Europas, Asiens, Afrikas und Amerikas mit der Suche nach Erdöl und der Ausbeutung von Erdölquellen beschäftigt. Der Thyssenkonzern, die

57 Vgl. Revmira Ismailowa, Das Rohstoffproblem des westdeutschen Imperialismus. In: „Konjunktur und Krise“, 9. Jg., H. 1, 1965, S. 70/71.

58 Ebenda, S. 69.

Quandt-Wintershall Gruppe, der Hanielkonzern mit denen ihnen nahestehenden Großbanken sowie die Staatskonzerne Salzgitter und die VEBA Gruppe (Preussag Konzern und Hibernia Konzern) erwarben Erdölkonzessionen in Italien. Spanien, Holland, der Schweiz, in der Türkei und im Iran, in der Sahara, in Libyen, in Algerien, Marokko, Syrien, Äthiopien, in Kanada, Venezuela, Peru, Mexiko und Argentinien.

Von steigender Bedeutung wurden in den letzten Jahren für die westdeutschen Monopole die Erdöllagerstätten Nordafrikas und der Sahara. Neben Gesichtspunkten der Qualität und Rentabilität (Transportkosten) spielten hierbei die ökonomischen Positionen der französischen Monopole in diesen Gebieten eine Rolle. Die westdeutsch-französische Zusammenarbeit auf diesem Gebiet ergibt sich u. a. aus dem Bestreben, die Stellung der westdeutschen und französischen Monopole gegenüber dem Übergewicht der internationalen Öltrusts zu stärken. Die ersten Saharakonzessionen im Gebiet von Edjéléh und El-Goléa erhielt die Gewerkschaft Elwerath (Quandt-Wintershall-Konzern) 1959 durch Teilnahme an einem Erdölkonsortium der Eurofrep (Société de Recherches et d'Eploitation de Pétrol S. A., Paris) und der Petropar.

Die Deutsche Erdöl AG (DEA) erwarb Ende 1960 über ihre Enkelgesellschaft, die Aufschluß- und Konzessionsgesellschaft Société des Pétroles de Haute Plaines (SPHP), eine Tochtergesellschaft der Deutschen Schachtbau Tiefbohr AG, Essen, zusammen mit der S. N. Repal (Société National de Récherches et d'Exploitation de Pétrol d'Algérie) und der Carep, an deren Kapital der algerische Staat die Mehrheitsbeteiligung hält, eine Schürfkonzession, die sich über große Teile West-, Mittel- und Ostalgeriens erstreckt.

Anfang 1963 erwarb die DEA zusammen mit der Société Nationale de Pétroles d'Aquitaine, Paris, eine zwanzigprozentige Beteiligung an einer bis dahin italienischen Bohrkonzession im östlichen Fezzan.

Der Salzgitter-Konzern ist über seine Tochtergesellschaft, die Deutsche Schachtbau- u. Tiefbohrges. mbH, Lingen, an der Société National de Récherches et d'Exploitation de Pétroles d'Algerie (S. N. Repal) beteiligt. Der Quandt-Wintershall-Konzern beteiligte sich über die Gewerkschaft Elwerath an der Eurofrep, der Petropar und der Safrep.

Neben Beteiligungen an französischen und nationalen Ölgesellschaften und Erdölkonsortien gründeten die westdeutschen Konzerne auch eigene Tochtergesellschaften, die sich mit der Schürfung und Ausbeutung von Erdölquellen befassen. So besitzt die DEA in Syrien eine Tochtergesellschaft, die Société de Pétrol Concordia, die 1959 mit der Förderung auf einem Konzessionsgebiet begann, das die DEA bereits 1956 erworben hatte.

Die Deutsche Schachtbau- u. Tiefbohrges. mbH., Lingen, (Salzgitter-Konzern) besitzt 83 Prozent Beteiligung an der Bohrgesellschaft Entreprise de Forages Nord-Africaine — Deutsche Schachtbau S. A. (EFNA — DS).

Die Wintershall AG besitzt die Wiscarep, eine Tochtergesellschaft, die sich mit 35 Prozent an einem Konsortium beteiligte, das in der Sahara südöstlich von Edjéléh bei Hassi Farida 1963 Erdgas und Erdöl erbohrte. Außer der Wiscarep gehören dem Konsortium die Francarep, die Petropar und die Carep an.

In Algerien arbeiten die westdeutschen Monopole vor allem mit französischem Kapital zusammen, in anderen Gebieten Afrikas dagegen auch mit den in Westdeutschland tätigen internationalen Ölgesellschaften, vor allem mit Mobil Oil. Ein Beispiel bietet dafür die Aktivität der westdeutschen Erdölgesellschaften in Libyen.

Bis Mitte 1963 war das libysche Territorium zu 52 Prozent an 19 ausländische Ölgesellschaften mit insgesamt 87 Konzessionen vergeben. 3 Mrd. D-Mark waren bis zu dem Zeitpunkt für die Erdölsuche, die Ausbeutung und den Transport dort investiert worden.

Zu den in Libyen tätigen westdeutschen Gesellschaften gehören die Gelsenberg-Benzin AG (Gelsenkirchner Bergwerksgesellschaft, Thyssen-Konzern), die Deutsche Erdöl AG (Haniel-Konzern), die Wintershall AG und die Gewerkschaft Elwerath (Quandt-Wintershall-Gruppe, bzw. heute Esso und Shell).

Die Gesamtvorkommen in Libyen werden auf 600 Mio. t geschätzt. Die größten Lagerstätten nicht nur Libyens, sondern ganz Afrikas liegen im Syrte-Becken, westlich von Benghasi. Mitte 1950 begannen die Bohrungen. Zur Zeit werden etwa 50 Mio. t gefördert. Das libysche Erdöl ist wegen der geringeren Transportkosten dem Mittelostöl und wegen seiner weniger tiefen Lagerstätten und der größeren Küstennähe dem algerischen Erdöl überlegen.[59]

Der bedeutendste Ausbeuter ist die Esso-Libya, eine Tochtergesellschaft der Standard Oil Comp. of New Jersey. Von den westdeutschen Gesellschaften ist bisher die Gelsenkirchner Bergwerksgesellschaft (Thyssen) über ihre Verbindung zur Mobil Oil Co. am erfolgreichsten. Über die Gelsenberg-Benzin AG besitzt sie im Konsortium mit der Mobil Oil Co. ausgedehnte Konzessionen. 1959 wurde das erste Öl gefunden und 1963 die regelmäßige Ausbeute durch das Konsortium Mobil Oil/Gelsenberg aufgenommen. 1964 flossen der GBAG aus ihrem Anteil an den Ölfeldern 550000 t Erdöl zu, die in den Raffinerien in Gelsenkirchen und Neustadt verarbeitet werden. Sie ist die erste westdeutsche Gesellschaft, die sich bei der inländischen Rohölverarbeitung auf die Versorgung mit größeren Mengen eigenen ausländischen Rohöls stützen kann.

Im Dezember 1964 wurde die eigene Rohölleitung von Mobil Oil und Gelsenberg, die dritte in Libyen, von den Ölfeldern Hofra und Ora nach dem neuen Ölhafen Ras Lanuf in Betrieb genommen.[60]

Das Bestreben und die Notwendigkeit für die westdeutschen Erdölkonzerne, eine eigene Rohölbasis zu schaffen, um so besser gegen die großen internationalen Öltrusts, vor allem Esso und Shell konkurrieren zu können, führte nicht nur zur Zusammenarbeit mit den französischen Konzernen und den kleineren amerikanischen Ölgesellschaften, sondern förderte auch die Zusammenarbeit der westdeutschen Ölkonzerne. 1964 schlossen sie sich über ihre Gesellschaften Gelsenkirchner Bergwerks-AG, Wintershall AG, Deutsche Erdöl AG, Preussag, Scholven-Chemie, Gewerkschaft Elwerath und Deutsche Schachtbau Tiefbohr-AG zu einem Konsortium zusammen, das sich an der Erdölsuche im Persischen Golf beteiligen will. Der westdeutsche

59 Vgl. „Deutsche Zeitung – Wirtschaftszeitung“ vom 12./13. 10. 1963.

60 „Handelsblatt“ vom 16. 1. 1965.

Staat unterstützt die westdeutschen Konzerne bei den Versuchen, die eigene Rohölbasis zu verbreitern. Im Dezember 1963 wurde das Mineralölsteuergesetz erlassen. Darüber hinaus sollten für die oben angeführten Konzerne in den Haushaltsplänen bis 1969 800 Mio. D-Mark für Bundesdarlehen zur Unterstützung ihrer Erdölsuche im Ausland bereitgestellt werden. Interessant ist, daß nach der Übernahme weiterer Kapitalanteile an der Gewerkschaft Elwerath durch Esso und Shell Mitte 1964 ein entsprechendes Bundesdarlehen für Elwerath abgelehnt wurde mit der Begründung, daß ihr infolge der Mehrheitsbeteiligung von Esso und Shell andere Finanzmittel zur Verfügung ständen.[61]

Die Verfügung über eine breite eigene Rohölbasis ist für die westdeutschen Monopole besonders wichtig unter dem Gesichtspunkt der Perspektiven des technischen Fortschritts.

Die Veränderungen in der Bedarfsstruktur bei Primärenergien, die Entwicklung der Petrolchemie, die zur Entwicklung neuer und zur technologischen Umwälzung alter Industrien führt, d. h. die Bedeutung, die dem Rohstoff Erdöl gegenwärtig und erst recht in der Zukunft zukommt, macht den Besitz eigener großer Erdölquellen zu einer erstrangigen Bedingung für die Existenz und die Erhaltung der Unabhängigkeit der Monopole, für den Konkurrenzkampf überhaupt.

Bisher äußert sich das in Westdeutschland in solchen Erscheinungen der Zentralisation wie der Angliederung oder dem Ausbau des Erdölbereichs bei den Montankonzernen. Ein offensichtliches Beispiel ist hier die Herausbildung der Gruppe Haniel — DEA im Jahre 1959. Es äußert sich ferner in der Zusammenarbeit und engeren Kapitalverflechtung von Montan- und Chemiekonzernen sowie schließlich in der Zusammenarbeit mit den internationalen Ölkonzernen im Ausland. Unter den Bedingungen der wissenschaftlich-technischen Revolution wird somit die Erdölsuche in den Entwicklungsländern durch die westdeutschen Monopole zu einem wesentlichen Aspekt ihrer neokolonialistischen Expansion.

Ebenfalls von großer Bedeutung für die Bundesrepublik ist die Erschließung von Erzlagerstätten. Westdeutschland ist einer der größten Eisenerzverbraucher der kapitalistischen Welt und steht dort an zweiter Stelle in der Roheisenproduktion. Sie kann den stets wachsenden Bedarf an Eisenerz nur etwa zu einem Drittel aus inländischen Aufkommen decken. Dabei stagnierte seit 1956 die westdeutsche Eisenerzproduktion, während die Einfuhr rasch anstieg. Der relative Rückgang des westdeutschen Erzabbaues resultiert vor allem aus der gegenüber ausländischen Erzen geringeren Qualität und den höheren Abbaukosten.[62]

Seit 1955 spielen die ökonomisch schwachentwickelten Länder in der westdeutschen Eisenerzversorgung eine stets wachsende Rolle. Die Bundesrepublik bezieht heute über 60 Prozent ihrer Erzeinfuhren aus den schwachentwickelten Ländern Afrikas, Asiens und Lateinamerikas. Venezuela, Brasilien und Peru in Amerika, Indien (Goa) in Asien und Liberia in Afrika sind zur Zeit die Schwerpunkte, auf die sich die westdeutschen Montan-Konzerne orientieren. Allein von 1960 bis 1964 stieg der An-

[61] „Handelsblatt" vom 30/31. 10. 1964.

[62] Vgl. Revmira Ismailowa, Das Rohstoffproblem . . . a. a. O.

teil Liberias an der westdeutschen Erzeinfuhr von 4,2 Prozent auf 25 Prozent. Damit steht Liberia hinter Schweden, dem traditionellen Erzlieferanten an zweiter Stelle unter den Erzeinfuhrländern Westdeutschlands.

Bereits 1959 erhielt Liberia für das Nimbaprojekt einen Kredit der KfW in Höhe von 12,8 Mio. US-Dollar. Das Nimbavorkommen wird von der gemischten Gesellschaft Liberian-American-Swedish Mineral Comp. (LAMCO) ausgebeutet. 50 Prozent des Kapitals hält der liberianische Staat. Die anderen 50 Prozent sind im Besitz des schwedischen Gängesberg-Konzerns, der Bethlehem Steel Corp und von 13 Ruhrkonzernen. Die westdeutsche Beteiligung wurde seinerzeit über den KfW-Kredit erworben. Inzwischen sind die westdeutschen Kredite auf über 200 Mio. D-Mark angestiegen.

Drei weitere gemischte Gesellschaften mit amerikanischer, italienischer und westdeutscher Beteiligung beuten die Vorkommen am Monoriver bzw. im Bonggebirge aus. Es sind das die National Iron Ore Co (NIOC), die Deutsch-Liberanische Minen Companie (DELIMCO)[63] und die Bong Mining Company.[64]

Die gewaltigen Investitionen zur Erschließung und Ausbeutung der afrikanischen Erzlagerstätten sind nicht nur Hebel einer verstärkten nationalen und internationalen Zentralisation des Finanzkapitals, sondern gleichzeitig direkt und indirekt bedeutende Stimuli für die Exportexpansion und damit für die westdeutsche Wirtschaftsexpansion im allgemeinen. So ist die Ausbeutung der Vorkommen von Bong Range, das ab 1965 die Erze für die Ruhrindustrie liefern soll, mit dem Aufbau einer ganzen Erzstadt verbunden. 80 km Erzstraße von den Lagerstätten bis zur Küste, einmündend in den neuen Erzhafen bei Monrovia, wurden bereits fertiggestellt. Den überwiegenden Teil der Schienen und Stahlkonstruktionen lieferten die Ruhrkonzerne. Ein Elektrizitätswerk und Erzaufbereitungsanlagen werden errichtet. Im Frühjahr 1965 nahm einer der größten Erzbrecher der Welt die Arbeit auf. Erzfrachter bringen die Erze nach Rotterdam, von wo aus sie weiter zur Ruhr transportiert werden. Das bedeutet entsprechende Aufträge an die Elektrokonzerne und Schwermaschinenbaukonzerne. So bestellte die Bong Mining Company, Monrovia, über die Gewerkschaft Exploration, Düsseldorf, bei der Brown-Boveri und Cie. AG, Mannheim, vier Diesel-elektrische Lokomotiven mit Leistungen von je 1840 PS. Die Fahrzeugteile und Dieselmotoren der Lokomotiven werden von Krauss-Maffei (Flick) bzw. der MAN (Haniel) gebaut.

Auch hier zeigt sich wieder, daß die großen Investitionsvorhaben zur Erschließung von Rohstoffquellen den Prozeß der Konzentration und Zentralisation des Kapitals und der Produktion vorantreiben, wobei die Zusammenarbeit im speziellen Fall von den Bedingungen des Konkurrenzkampfes diktiert wird. Die produktionsmäßige Verflechtung von westdeutschen Konzernen und in Westdeutschland tätigen Auslandskonzernen geht einher mit der kapitalmäßigen Verflechtung von westdeutschen und

[63] August Thyssen Hütte AG (ATH), Phoenix-Rheinrohr AG, Dortmund-Hörder- Hüttenunion (DHHU), Rheinische Stahlwerke A. G.

[64] 25% Finsider, 20% ATH, DHHU, Bochumer Verein (Krupp), Phoenix-Rheinrohr (Thyssen), Niederrheinische Hütte AG (Thyssen), Rheinische Stahlwerke AG (IG Farben). Vgl. „Wirtschaftsdienst“, Heft 11, 1961; Grunddaten für Auslandsinvestitionen.

Auslandskonzernen, von staatlichem Kapital und von Kapital der Monopole bei der Ausbeutung der ökonomisch schwachentwickelten Länder.[65]

Die Erschließung der Rohstoffquellen Afrikas, die im großen Umfang erst nach dem zweiten Weltkrieg vorgenommen wurde, erfordert teilweise sehr große Investitionen, um die Rohstofflagerstätten überhaupt erst zugänglich und ihre Ausbeutung möglich zu machen. Darin besteht eine der Grundlagen für die verstärkte internationale Zentralisation des Finanzkapitals und eine wichtige Grundlage für den kollektiven Neokolonialismus als eine der Erscheinungsformen des internationalen staatsmonopolistischen Kapitalismus.

Bereits 1958 waren die 10 führenden Gesellschaften der westdeutschen Montankonzerne an internationalen Konsortien zur Erkundung und Ausbeutung der Eisenerzvorkommen in Mauretanien, Gabun, Marokko und Guinea beteiligt.

So ist am Kapital der MIFERMA (Société des Mines de Fer de Mauritanie), die die Eisenerzlager bei Fort Gouraud ausbeutet, zu 22,15 Prozent das französische staatliche Bureau Minier, zu 20 Prozent die British Iron & Steel Corporation, zu 15 Prozent die italienische Finsider-Gruppe, zu 15 Prozent die französische Stahlindustrie, zu 7 Prozent die Bank Rothschild und zu 10 Prozent ein westdeutsches Konsortium, bestehend aus den Montankonzernen Krupp, Mannesmann, Thyssen, Klöckner, Haniel und Hoesch, beteiligt.

Die Société des Mines de Fer de Mekambo, die große Lagerstätten in Gabun ausbeutet, befindet sich zu 50 Prozent in Händen der Bethlehem Steel Corp., zu 34 Prozent beim französischen staatlichen Bureau Minier und der Banque de Paris et des Pays Bas sowie zu 16 Prozent in Händen eines westeuropäischen Firmenkonsortiums unter Führung der zum Haniel-Konzern gehörenden Ferrostaal AG, Essen.

Unternehmen aus den sechs Montanunionstaaten, darunter der Haniel-Konzern mit der Ferrostaal AG, beteiligten sich zusammen mit Unternehmen aus den USA an der Untersuchung der Eisenerzvorräte von Tindouf in Algerien.

Zusammen mit der British Iron & Steel Corp., dem Bureau Minier, der Caisse Centrale FOM und einer französischen Bankengruppe ist der Hoesch-Konzern an der Compagnie Minière de Conakry S. A. beteiligt. Diese Gesellschaft beutet seit 1953 die reichen Eisenerzlager von Conakry in Guinea aus.

Ein internationales Konsortium unter der Führung von Krupp schloß mit der Compagnia Mineira de Lobito in Angola 1961 einen Vertrag über die Erschließung der Eisenerzvorkommen in Cassinga ab. Krupp lieferte u. a. dafür 20 dieselhydraulische Lokomotiven für Erzzüge, Schienen für 120 km Transportstrecke sowie Erzaufbereitungsanlagen und -verladungsanlagen.

[65] Außer von den genannten Gesellschaften wird das hochwertige Eisenerz Liberias von 2 weiteren amerikanischen Gesellschaften gefördert. Die Liberian Mining Company (LMC), eine Tochtergesellschaft der amerikanischen Republik Steel Corp., beutet seit 1950 das Vorkommen in den Bomi-Hills aus. Die amerikanische Gesellschaft Le Tourneau of Liberia beutet das Vorkommen in den Baffu-Bergen aus. Die National Iron Ore Co. (NIOC), die die Monoriver-Vorkommen ausbeutet, befindet sich im Besitz von amerikanischem und staatlichem liberianischem Kapital.

Nicht nur in Afrika, sondern auch in Asien und Amerika, vor allem in Kanada und Brasilien, arbeiten die westdeutschen Konzerne mit den großen französischen, amerikanischen und britischen Montankonzernen zusammen.

Die angeführten Beispiele sollen illustrieren, wie die neokolonialistischen Bestrebungen als Antriebskraft für eine verstärkte internationale Zentralisation wirken. Sie zeigen, daß dieser Prozeß heute teilweise neue Formen und neue Züge aufweist: Bei der Erschließung von Rohstoffquellen arbeiten staatliche Schürfgesellschaften der imperialistischen Länder mit staatskapitalistischen Institutionen, privaten ausländischen Monopolen und einheimischen Kapitalisten zusammen.

Die Verschmelzung von Kapital der einheimischen Bourgeoisie mit dem Kapital der ausländischen Industrie- und Bankmonopole und den staatlichen Entwicklungshilfekrediten unter Beteiligung von staatlichem Kapital der Entwicklungsländer findet auch bei der Errichtung von Werken der verarbeitenden und Grundstoffindustrie und den Projekten der Infrastruktur statt.

Die dritte Form besteht in der Zusammenarbeit von internationalen finanzkapitalistischen Konsortien mit den internationalen staatsmonopolistischen Finanzinstitutionen bei der Finanzierung, Projektierung und Ausführung von Entwicklungsplänen einzelner Länder. Die Regierungen der imperialistischen Länder übernehmen zusammen mit der Weltbank und deren Tochtergesellschaften bzw. der OECD unter Heranziehung nationaler Monopolbanken und Industriekonzerne die Ausarbeitung, Finanzierung und Kontrolle von Industrialisierungsplänen.

So beteiligte sich Westdeutschland an den Weltbankkonsortien zur Finanzierung des indischen und des pakistanischen Fünfjahrplans und am OECD-Konsortium für die Türkei u. a.

Auch die Verschmelzung von Industrie- und Bankkapital wird dabei intensiver und führt dazu, daß die Abgrenzung zwischen den Funktionsbereichen des Industriekapitals einerseits und des Bankkapitals andererseits teilweise verwischt wird. Die personelle und kapitalmäßige Verflechtung wird so durch eine mehr oder weniger stark entwickelte funktionelle Verflechtung ergänzt. Das kommt zum Beispiel darin zum Ausdruck, daß die Industriekonzerne ihren Käufern große Kredite mit langen Zahlungszielen einräumen.

Über ihre vielgestaltigen personellen (Technische Hilfe, Ausbildungshilfe, Kontaktstellen usw.) und finanziellen Verbindungen (direkte Kredite des Staates an das Entwicklungsland, Beteiligungen an der Weltbank, an internationalen staatsmonopolistischen Konsortien für Entwicklungspläne u. a. m.) gelangen die Industriekonzerne in den Genuß bestimmter Lieferaufträge, z. B. Planung und Beratung des Objekts — Ausführung, verbunden mit der Lieferung der Anlagen und ihrer Kreditierung. Dabei sind Kreditfristen von 10 Jahren keine Ausnahme.

Auf der anderen Seite entstehen Gesellschaften, zu deren Aufgabenbereich die Finanzierung und Projektierung von Industrieanlagen oder ähnliches gehört.

V. Der Widerspruch zwischen Produktion und Verwertung unter den Bedingungen der wissenschaftlich-technischen Revolution und die Veränderungen in den kolonialen Ausbeutungsmethoden

In der vorangegangenen Untersuchung wurde versucht, die ideologische, politische, militärische und ökonomische Aktivität des westdeutschen staatsmonopolistischen Kapitalismus in bezug auf die Entwicklungsländer darzustellen. Es wurde betont, daß es sich bei den verschiedenen entwicklungspolitischen Maßnahmen des Bonner Staates und der westdeutschen Monopole auf ideologischem, politischem, militärischem und ökonomischem Gebiet um ein einheitliches System handelt, das darauf gerichtet ist, dem westdeutschen Imperialismus Einflußsphären zu sichern, die Entwicklungsländer politisch an das aggressive Paktsystem der NATO zu binden, den nichtkapitalistischen Entwicklungsweg dieser Länder zu verhindern, den westdeutschen Monopolen Absatzmärkte, Rohstoffquellen und Kapitalanlagesphären zu sichern und die Entwicklungsländer auch ökonomisch an das imperialistische Lager im allgemeinen und an Westdeutschland im besonderen zu binden. Dabei wurde versucht, die entwicklungspolitische Konzeption sowie die neokolonialistische Politik Westdeutschlands in den Gesamtzusammenhang von staatsmonopolistischem Kapitalismus, wissenschaftlich-technischer Revolution und einer höheren Stufe der internationalen staatsmonopolistischen Zentralisation zu stellen.

Zusammenfassend soll dargelegt werden, worin m. E. eine wesentliche ökonomische Seite des westdeutschen Neokolonialismus, insbesondere der Entwicklungspolitik, im Zusammenhang mit den Problemen der Kapitalverwertung, die durch die wissenschaftlich-technische Revolution aufgeworfen werden, besteht, und woraus sich der innere Zusammenhang zwischen dem Neokolonialismus, einer höheren Stufe der internationalen Konzentration und Zentralisation und der technischen Revolution ergibt.

Der staatsmonopolistische Kapitalismus stellt die höchste im Kapitalismus zu erreichende Stufe der Konzentration und Zentralisation des Kapitals und der Produktion dar. Diese ist notwendig, um der wissenschaftlich-technischen Revolution zum Durchbruch zu verhelfen. Sie wird im Rahmen der kapitalistischen Prouktionsverhältnisse durch die regulierende Funktion des Staates im Reproduktionsprozeß erreicht. Gleichzeitig drängen die Produktivkrafte nach stärkerer Internationalisierung der Wirtschaft. So ist die staatsmonopolistische Konzentration und Zentralisation des Finanzkapitals notwendig zugleich internationale staatsmonopolistische Konzentration und Zentralisation, verbunden mit Versuchen der internationalen staatlichen Regulierung und Koordinierung. Diese vollzieht sich zur Zeit hauptsächlich über zwei Prozesse – die regionale Integration der hochentwickelten kapitalistischen Industrieländer und den kollektiven Neokolonialismus. Von diesen beiden Prozessen werden auch die langfristigen Kapitalbeziehungen der imperialistischen Länder, darunter Westdeutschland, mitbestimmt.

Was ist nun der wesentliche ökonomische Inhalt der internationalen staatsmonopolistischen Zentralisation in ihrer neokolonialistischen Variante unter dem Aspekt der Kapitalverwertung? Die Beantwortung dieser Frage ergibt sich aus dem Wesen des staatsmonopolistischen Kapitalismus. Zum Wesen des staatsmonopolistischen Kapitalismus gehört u. a., daß eine neue höhere Stufe der Monopolisierung, d. h. die Verbreiterung und Vertiefung der kapitalistischen Ausbeutungsprozesse den Hauptinhalt der ökonomischen Tätigkeit des imperialistischen Staates ausmacht.[66]

Der Neokolonialismus in allen seinen Erscheinungsformen und Methoden ist Bestandteil des voll ausgebildeten staatsmonopolistischen Kapitalismus. Sein ökonomischer Inhalt ergibt sich aus dem ökonomischen Inhalt des staatsmonopolistischen Kapitalismus, aus seinem zentralen Problem: der Verschärfung des Widerspruches zwischen Produktion und Verwertung infolge der neuen Bedingungen, die für die Kapitalverwertung in der zweiten und dritten Etappe der allgemeinen Krise, darunter auch durch die wissenschaftlich-technische Revolution, entstehen. Sein wesentlicher ökonomischer Inhalt besteht demnach in der Verbreitung der kolonialen Ausbeutungsbasis.

Man liest vielfach in marxistischen Untersuchungen der neokolonialistischen Aktivität Westdeutschlands Einschätzungen, als ob es sich beim Neokolonialismus lediglich um eine Kombination alter mit neuen Formen und Methoden des Kolonialismus handle, um eine Art Anpassungspolitik der Imperialisten nur an die politischen Gegebenheiten. Das Neue wird lediglich in den politischen Veränderungen gesehen, indem die Ziele des Neokolonialismus als Versuch definiert werden, zu verhindern, daß die politisch unabhängig gewordenen Länder aus dem kapitalistischen System ausbrechen. Es wird zwar betont, daß die neokolonialistischen Expansionsbestrebungen ihre ökonomische Grundlage in der Verschärfung der inneren Widersprüche des Reproduktionsprozesses haben, der ökonomische Gehalt der neokolonialistischen Politik wird dabei jedoch darauf beschränkt, die Rolle der ehemals kolonialen und abhängigen Länder im System der kapitalistischen Weltwirtschaft als Lebensmittel- und Rohstofflieferanten, Absatzmärkte und Kapitalanlagesphären unter Beibehaltung des klassischen Schemas der internationalen Arbeitsteilung aufrechtzuerhalten.

> „Vielmehr wollen die Imperialisten noch hartnäckiger und verzweifelter ihre kolonialen Bestrebungen durchsetzen, das System der internationalen kapitalistischen Arbeitsteilung in hochentwickelte Industrieländer und ihre Agrar- und Rohstofflieferanten aufrechterhalten ...
>
> Insofern sind die Ziele der neokolonialistischen Politik der Imperialisten und das Wesen des Neokolonialismus im Vergleich zum ‚klassischen‘ Kolonialismus unverändert.“[67]

Derartige Feststellungen sind m. E. einseitig und führen in der Konsequenz zu der Schlußfolgerung, daß sich in ökonomischer Beziehung nichts verändert hat. Wenn man aber so herangeht, wie ist es dann möglich, die neuen Prozesse und Widersprüche zu erkennen, die sich für den Imperialismus in der Perspektive durch die wissen-

[66] Vgl. *Autorenkollektiv*, Imperialismus heute, Dietz Verlag, Berlin 1965, S. 758/759.

[67] *Paul Friedländer, Hartmut Schilling*, Kolonialmacht Westdeutschland, Dietz Verlag, Berlin 1962, S. 23.

schaftlich-technische Revolution in ihren Auswirkungen auf die internationale Arbeitsteilung und auf die wirtschaftlichen Beziehungen zu den ökonomisch schwachentwickelten Ländern ergeben. Wie kann man dann die Wechselbeziehungen zwischen Ökonomie und Politik in diesen Beziehungen richtig einschätzen.

Wenn das politische Ziel der Imperialisten zugegebenermaßen darin besteht, zu verhindern, daß die unabhängig gewordenen Länder aus dem kapitalistischen System ausbrechen, so müssen die Imperialisten doch im eigenen Interesse bestrebt sein, u. a. auch die Grundlagen für die Revolutionierung der Massen in diesen Ländern — das Massenelend auf Grund der ökonomischen Rückständigkeit — zu beseitigen. Bei aller Begrenztheit, die dem kapitalistischen Entwicklungsweg im Vergleich zum Sozialismus hier anhaftet, bedeutet der Kapitalismus jedoch, wie bereits Lenin feststellte, eine gewaltige Verbesserung der Lage der Massen gegenüber feudalen und halbfeudalen Verhältnissen. Hierin liegt eine gewisse zeitlich und räumlich begrenzte Möglichkeit für Erfolge der Neokolonialisten — auch politisch.

Unter den Bedingungen der Existenz des sozialistischen Lagers und der Stärke der nationalen Befreiungsbewegung ist der Prozeß der Industrialisierung der schwach entwikkelten Länder historisch objektiv und wird sich mit oder ohne Kapitalisten durchsetzen. Nur durch die Beteiligung an diesem Prozeß können die Imperialisten ihre Positionen überhaupt halten und nur, wenn sie ihm einen kapitalistischen Inhalt verleihen.

Bereits die marxistischerseits allgemein formulierte politische Zielsetzung des Neokolonialismus schließt logischerweise die Entwicklung der Produktivkräfte der Entwicklungsländer, die Industrialisierung ein. Aber auch die Tatsachen der imperialistischen Entwicklungshilfe deuten darauf hin.

Wenn die westdeutschen Konzerne zusammen mit dem internationalen Finanzkapital und der einheimischen Bourgeoisie in den Entwicklungsländern Rohstoffquellen erschließen, Infrastrukturprojekte errichten, große Werke der Grundstoffindustrie, des Schwermaschinenbaus und der verarbeitenden Industrie usw. aufbauen, dann ist das Beteiligung an der Industrialisierung und nicht einfach Aufrechterhaltung der Rolle der ökonomisch schwachentwickelten Länder als Lebensmittel- und Rohstoffanhängsel, ungeachtet aller Konflikte, Reibungen und Verzögerungen, die diesen Prozeß unter imperialistischer Teilnahme zwangsläufig begleiten.

Aber es ist doch auch nicht mehr nur eine begrenzte Teilnahme an der Industrialisierung in dem Sinne sie „zu hintertreiben" und „abzubremsen", worauf etwa folgende Feststellungen hinauslaufen:

„Ein Grundzug des Bonner Neokolonialismus, der mit der ökonomischen Expansion eng zusammenhängt, besteht darin, diese Bemühungen (der nationalen Industrialisierung, Überwindung der Monokultur usw. — K. N.) zu hintertreiben und dort, wo es noch möglich ist, die Industrialisierung der jungen Staaten effektiv zu verhindern."[68]

„Neben der offenen Ablehnung zeigt sich jedoch eine für den westdeutschen Neokolonialismus wesentlich wichtigere Methode: die begrenzte Teilnahme an der Industrialisierung der jungen Nationalstaaten mit dem Ziel sie abzubremsen, ihres antiimperialistischen Inhalts zu berauben und in für den Imperialismus ungefährliche Bahnen, vor allem auf die

[68] *Hartmut Schilling*, Der Bonner Neokolonialismus — Feind der Völker. In: „Einheit", 16. Jg., H. 1, 1961, S. 147.

Schaffung von Betrieben für die Produktion von Konsumgütern, abzulenken, um schließlich durch die Beteiligung an diesem Prozeß solche Positionen zu gewinnen, die es möglich machen, die auf Erringung der ökonomischen Unabhängigkeit gerichtete Industrialisierung ganz zu verhindern."[69]

Es versteht sich von selbst, daß im konkreten Fall, je nach den Kräfteverhältnissen, den speziellen Interessen einzelner Monopole usw. das Interesse daran besteht, die Industrialisierung in bestimmten Formen oder überhaupt zu „hintertreiben" und „abzubremsen", oder aber auch zu forcieren. Aber die Entwicklung der Produktivkräfte in den hochentwickelten kapitalistischen Ländern durch die wissenschaftlich-technische Revolution — die dadurch hervorgerufene qualitative Verschärfung des Widerspruches zwischen Produktion und Verwertung erzeugt m. E. auch von dieser Seite her objektiv eine langfristige Tendenz zur beschleunigten Entwicklung der Produktivkräfte der schwachentwickelten Länder. Mit anderen Worten: Bei den heutigen Kräfteverhältnissen in der Welt können die Imperialisten die Entwicklungsländer politisch nicht an sich binden, wenn sie nicht ihre ökonomische Politik in bezug auf diese Länder ändern. Das wird aber auch durch die Vertiefung der inneren ökonomischen Widersprüche des Imperialismus selbst erzwungen: Die wissenschaftlich-technische Revolution stellt für die Kapitalverwertung große Anforderungen an die Ausdehnung der Märkte. Die klassische internationale Arbeitsteilung entspricht diesen Anforderungen nicht. Deshalb treffen sich zeitweilig in gewisser Weise die nationalen Industrialisierungsbestrebungen mit den durch die wissenschaftlich-technische Revolution hervorgerufenen Anforderungen an die Verwertungsbedürfnisse der Monopole, z. B. Überproduktion von fixem Kapital — Absatz mit Hilfe staatlicher Entwicklungshilfe in den schwachentwickelten Ländern u. a.

Das Bestreben, diesen Prozeß in kapitalistische Bahnen zu lenken, kommt in den Versuchen zum Ausdruck, die Errichtung von Werken der Großindustrie, z. B. Schwermaschinenbaubetriebe, Hüttenwerke u. a. Schlüsselindustrien, mittels Direktinvestitionen der Monopole zu finanzieren, um zu verhindern, daß sich ein starker staatlicher Sektor der Wirtschaft entwickelt sowie darin, daß man eine derartige Politik zum Prinzip der Entwicklungshilfe erhebt. Der reaktionäre Charakter dieser Bestrebungen wird nicht nur darin offenbar, daß sie mit Versuchen zur Infiltration in den staatlichen Sektor verbunden sind, sondern vor allem auch an der Rolle, die der Militärhilfe bei ihrer Realisierung zugedacht ist. So heißt es in der Zeitschrift „Politik und Wirtschaft" vom 14. 6. 1963: Die Bundesregierung stellte bei Vereinbarungen mit afrikanischen Staaten u. a. in Rechnung, daß die Unterstützung der militärischen Streitkraft dieser Länder „zwangsläufig auch neue Garantien für deutsche Investitionen schaffen und das politische Investitionsrisiko entscheidend mindern" wird.

Die wissenschaftlich-technische Revolution und die Überproduktion von fixem Kapital stellen vom Standpunkt der Kapitalverwertung auch gewisse Anforderungen an die Warenstruktur der Märkte (Ausdehnung der Märkte für fixes Kapital), die sich mit den nationalen Industrialisierungsbestrebungen decken. Auf der anderen Seite werden die Widersprüche der Realisierung verschärft, die vom Zustand der

[69] Ebenda. S. 148.

Landwirtschaft in den Entwicklungsländern ausgehen. Deshalb sind die Forderungen nach kapitalistischer Bodenreform und stärkerer Agrarhilfe neuerdings wichtiger Bestandteil der neokolonialistischen Entwicklungspolitik. Die Agrarverhältnisse in den schwachentwickelten Ländern sind das Haupthemmnis für die Entwicklung des Binnenmarktes dort. Die Ausdehnung der Binnenmärkte ist jedoch wichtig für den Export und damit auch für die Aufrechterhaltung eines hohen Wachstumstempos in den imperialistischen Ländern.

Auch die Imperialisten fordern die verstärkte regionale wirtschaftliche Integration der Entwicklungsländer unter dem Gesichtspunkt, die Ausdehnung der Märkte in die „Tiefe" (Industrialisierung) durch die Ausdehnung der Märkte in die „Breite" zeitweilig zu ersetzen, um zusätzliche Realsierungsmöglichkeiten, selbst beim vorhandenen Stand der Entwicklung der Produktivkräfte zu schaffen. Auch das ist eine Forderung, die sich mit den nationalen Bestrebungen nach Wegen zur Erleichterung der Industrialisierung zeitweilig deckt.

Die alten Kolonialmethoden des Imperialismus, darunter der Kapitalexport, führten bekanntlich zu scharfen Disproportionen zwischen der Produktion der kolonialen und abhängigen Länder, die für den Export auf dem Weltmarkt bestimmt war und der Produktion für den Binnenmarkt. Diese Disproportionen sind heute ein wesentliches Hemmnis für die Kapitalverwertung der Monopole, weil sie sich hemmend auf Export und Import der Entwicklungsländer auswirken. Die Überwindung dieser Disproportionen ist nur durch die Entwicklung der Binnenmärkte der schwachentwickelten Länder und die Diversifikation der Exporte zu erreichen, was sowohl die Industrialisierung als auch die Entwicklung der Landwirtschaft voraussetzt und neue Formen der internationalen Arbeitsteilung erforderlich macht.

Die Bonner Entwicklungspolitik strebt unter dem Druck der vor allem auf der Welthandelskonferenz der UN von 1964 erhobenen Forderungen der Entwicklungsländer handelspolitische Maßnahmen an, um den sich entwickelnden Industrien in diesen Ländern Absatzmärkte zu eröffnen und die eigenen Exporte dorthin aufrechterhalten zu können.

Die Öffnung der Märkte der imperialistischen Länder für die Erzeugnisse der ökonomisch schwachentwickelten Länder bedeutet aber, daß bestimmte Produktionen um- oder eingestellt werden, um die betreffenden Waren zu importieren, statt sie selbst herzustellen.

Im Kapitalismus ist damit *immer* Verlust und Entwertung von Kapital verbunden. Welche Möglichkeiten hier die staatsmonopolistische Regulierung hat, ist zur Zeit noch nicht abzusehen (sowieso erforderliche Umstrukturierungen durch die wissenschaftlich-technische Revolution, Möglichkeiten, aus politischen Erwägungen große faux frais zu finanzieren, u. a. m.). Fest steht lediglich, daß eine starke Opposition seitens einzelner Konzerne gegen die beabsichtigten Einzelpräferenzen besteht.[70]

[70] In einem Vortrag anläßlich der Konstituierung des Beirats für Entwicklungspolitik der Bundesregierung stellte Entwicklungsminister Scheel vier Aufgabenbereiche für die westdeutsche Entwicklungspolitik heraus:

1. Förderung der Einfuhr aus Entwicklungsländern durch staatliche Hilfen bei etwa notwendig werdenden Umstrukturierungen in einzelnen westdeutschen Wirtschaftszweigen.

Die wissenschaftlich-technische Revolution stellt erhöhte Anforderungen an die Verfügbarkeit bestimmter mineralischer Rohstoffe — Erdöl, Eisenerz, Buntmetalle, Aluminium, strategische Rohstoffe usw. Die Erschließung dieser Rohstoffe ist verbunden mit der Entwicklung der ökonomischen und industriellen Infrastruktur und dient damit der Industrialisierung. Gleichzeitig dient sie der Verstärkung der gesamtvolkswirtschaftlichen Abhängigkeit von den imperialistischen Ländern, die diese Anlagen finanzieren und ausbeuten.

Die Forcierung des privaten Kapitalexports zur Entwicklung nicht nur der extraktiven, sondern auch der verarbeitenden Industrie, nicht nur der Konsumgüterindustrie, sondern, gerade *auch der Produktionsmittelindustrie*, nicht nur der Leichtindustrie, sondern *gerade auch der Schwerindustrie* dient nicht nur objektiv der Industrialisierung, sondern ist gleichzeitig Mittel, die ökonomische Abhängigkeit von den imperialistischen Ländern, deren Monopole die Eigentümer dieser Schlüsselindustrien sind, zu verstärken.

Das gleiche trifft zu auf die Errichtung der verwaltungsmäßigen, hygienischen und bildungsmäßigen Infrastruktur durch die Technische Hilfe und die Ausbildungshilfe.

Die Förderung der Klein- und Mittelindustrie dient ebenfalls, sofern sie eine Nutzbarmachung vorhandener Reserven zur Einsparung oder Erhöhung des Devisenaufkommens darstellt oder der Erziehung zur industriellen Arbeitsorganisation zugute kommt u. a. m., der Industrialisierung. Aber die entwicklungspolitischen Vorstellungen Bonns laufen darauf hinaus, daß sich die nationale Industrie auf diese Klein- und Mittelindustrien beschränken soll, während die Großindustrien von den ausländischen Monopolen errichtet werden sollen. Das bedeutet aber nichts anderes als die Ausdehnung der Herrschaft der westdeutschen Monopole über die westdeutschen Klein- und Mittelproduzenten hinaus auf die in den ökonomisch schwachentwickelten Ländern, ganz zu schweigen von der Arbeiterklasse dieser Länder.

So betrachtet, ist es nicht richtig zu sagen, daß die Imperialisten die Industrialisierung der Entwicklungsländer abbremsen oder verhindern wollen.

„Vom Neokolonialismus geht gesetzmäßig die Tendenz aus, die Entwicklung der Produktivkräfte in den unabhängig gewordenen Ländern zu hemmen oder sie völlig einseitig zu entwickeln.“[71]

Unter den Bedingungen der zweiten und dritten Etappe der allgemeinen Krise des Kapitalismus, der wissenschaftlich-technischen Revolution und des vollentfalteten staatsmonopolistischen Kapitalismus erzeugen die Erfordernisse der Kapitalverwertung eine Tendenz zur Entwicklung der Produktivkräfte der schwachentwickel-

2. Förderung der Ausfuhr von Entwicklungsländern durch Maßnahmen zu einer Verbreiterung des Exportangebots und Verbesserung der Absatzwirtschaft der Entwicklungsländer.
3. Förderung des internationalen Handels unter den Entwicklungsländern selbst.
4. Förderung der Integration von Entwicklungsländern zu größeren Wirtschaftsräumen.

[71] *Paul Friedländer*, Der deutsche Imperialismus im System des modernen Kolonialismus. In: „Einheit“, 16. Jg., H. 3, 1961, S. 463.

ten Länder und führen nicht mehr nur objektiv zur Hemmung der Industrialisierung und zur einseitigen Entwicklung der Produktivkräfte.

Der Vollzug der wissenschaftlich-technischen Revolution in den imperialistischen Ländern hebt den Widerspruch zwischen den Produktivkräften und den kapitalistischen Produktionsverhältnissen — in deren System in der Epoche des Imperialismus den kolonialen Ausbeutungsverhältnissen eine entscheidende Bedeutung zukommt — auf eine qualitativ höhere Stufe.

Daraus ergeben sich Veränderungen in den Produktionsverhältnissen, die auf eine Verbreiterung der Ausbeutungsbasis durch die verstärkte Monopolisierung mit Hilfe der direkten Einbeziehung des imperialistischen Staates in den Reproduktionsprozeß hinauslaufen. Das beinhaltet notwendigerweise aber auch Veränderungen in den kolonialen Produktions- und Ausbeutungsverhältnissen, da diese ja wesentlicher Bestandteil des Reproduktionsprozesses im Imperialismus sind. Sie müssen angepaßt werden. Das soll durch die staatsmonopolistische Entwicklungshilfe erfolgen und läuft auf die Entwicklung kapitalistischer Produktionsverhältnisse in den Entwicklungsländern hinaus. So wird als eines der sozialökonomischen Ziele der Bonner Entwicklungshilfe in der jüngst vom Afro-Asiatischen Solidaritätskomitee der DDR herausgegebenen Dokumentation über den westdeutschen Neokolonialismus „die kapitalistische Ausbeuterordnung in diesen Ländern heimisch zu machen“ angeführt.[72] Kapitalistische Produktionsverhältnisse können sich aber immer nur auf der Grundlage eines bestimmten Standes der Produktivkräfte entwickeln. Nach Marx besteht die materiell-technische Basis des Kapitalismus in der maschinellen Großindustrie und im Fabriksystem. Erst auf einer solchen Produktionsbasis können die kapitalistischen Ausbeutungsverhältnisse voll zum Zuge kommen. Um die „kapitalistische Ausbeuterordnung in den Entwicklungsländern heimisch zu machen“, müssen die Imperialisten also bestrebt sein, die Industrialisierung der Entwicklungsländer im dargelegten Sinne zu beschleunigen, und sie tun es m. E. auch.

Der Übergang zum staatsmonopolistischen Kapitalismus ist Ausdruck der Überlebtheit der kapitalistischen Produktionsweise. Das gilt auch für die Entwicklungshilfe als eine Erscheinungsform des staatsmonopolistischen Kapitalismus. Das zeigt sich insbesondere darin, daß in einer Epoche, wo der nichtkapitalistische Entwicklungsweg und die sozialistische Industrialisierung der Entwicklungsländer historisch auf der Tagesordnung stehen, vermittels der Entwicklungshilfe kapitalistisch industrialisiert werden soll bzw. wird.

Die Widersprüchlichkeit und die Labilität der kapitalistischen Industrialisierung der Entwicklungsländer zeigt sich in der chronischen und tiefen Zerrüttung der Währungen und der anhaltenden Verschlechterung der terms of trade sowie in anderen chronischen Krisenerscheinungen gerade auch in den Ländern, wo die Industrialisierung mit Hilfe der Imperialisten am schnellsten fortschreitet. Diese chronischen Krisenerscheinungen, die eine Reihe von Entwicklungsländern durchmachen, sind m. E. nicht Ausdruck der Hemmung der Industrialisierung, wie es vielfach behauptet wird, sondern Ausfluß und Begleiterscheinung des kapitalistischen Charakters der Industrialisierung.

[72] Der Neokolonialismus . . ., a. a. O., S. 188.

Ist die Entwicklungshilfe u. a. der imperialistische Versuch, die Widersprüche zwischen Produktivkräften und Produktionsverhältnissen zu lösen und die Verwertungsschranken durch die Verbreiterung der Ausbeutungsbasis — und das verlangt ebenfalls die Entwicklung der Produktivkräfte in den schwachentwickelten Ländern — zu verbreitern, so geht es bei der Entwicklungspolitik um den Versuch einer langfristig konzipierten, komplexen, alle Seiten des gesellschaftlichen Lebens umfassende Einflußnahme auf die Entwicklung dieser Länder, um einen Versuch, den sich objektiv vollziehenden Prozessen mit imperialistischen Methoden Rechnung zu tragen.

Unter den Bedingungen der wissenschaftlich-technischen Revolution macht die kapitalistische Industrialisierung der Entwicklungsländer neue Potenzen für die wirtschaftliche Expansion des Monopolkapitals frei. Die Kosten trägt der Staat, der die Massen verstärkt ausbeutet und selbst zum unmittelbaren Ausbeuter wird. Die Profite erhalten die Monopole.

Das Akkumulationsbedürfnis der Monopole findet an den alten Methoden der kolonialen Ausbeutung seine Schranken. Deshalb werden diese mit Hilfe des Staates, d. h. der Entwicklungshilfe und des Neokolonialismus, durchbrochen. Die alten Methoden der extensiven kolonialen Ausbeutung werden durch neue intensive Methoden der kolonialen Ausbeutung, die durch die kapitalistische Industrialisierung der Entwicklungsländer ermöglicht werden sollen, verbunden.

Die alten kolonialen Extraprofite entsprangen Wirtschaftsmethoden, die mit der wissenschaftlich-technischen Revolution unvereinbar, weil zu eng sind. Billige Arbeitskräfte, billiger Boden, billige Rohstoffe, niedrige organische Zusammensetzung des Kapitals und niedrige Produktivität der lebendigen Arbeit erzeugten eine absolut hohe Mehrwert- und Profitrate bei relativ kleiner Mehrwertmasse für das einzelne, in den rückständigen kolonialen Ländern angelegte Kapital. Die Dimensionen, die der relative Kapitalüberschuß durch die Verschärfung des Widerspruchs zwischen Produktion und Verwertung infolge der wissenschaftlich-technischen Revolution erreicht, sind so, daß die in den schwachentwickelten Ländern erzeugte Masse des Mehrwerts bezogen auf diesen Kapitalüberschuß eine zu geringe Profitrate ergäbe.

Die ökonomische Wirkung des Monopols besteht doch u. a. darin, sich durch die Umverteilung des gesamtgesellschaftlichen Mehrwerts (auf Grund der Monopolstellung) den Wirkungen des Gesetzes des Durchschnittsprofits zu entziehen, der angesichts des Entwicklungsstandes der Produktivkräfte den Anforderungen an die Kapitalakkumulation und Zentralisation nicht mehr genügt. Wenn aber die volkswirtschaftliche Mehrwertmasse infolge niedriger Produktivität zu gering ist, so gibt es auch nichts, was zugunsten der Monopole umzuverteilen wäre.

Das Problem besteht doch darin, die volkswirtschaftliche Mehrwertmasse so zu steigern, daß diese engen Schranken der Kapitalverwertung durchbrochen werden können. Die Methoden zur kapitalistischen Industrialisierung mittels der imperialistischen Entwicklungshilfe bieten dazu folgende Möglichkeiten:

1. Mit der steigenden organischen Zusammensetzung im Prozeß der Industrialisierung steigt bei gleichzeitiger Erweiterung der Akkumulation die Anzahl der ausgebeuteten Arbeitskräfte absolut, es steigt die Qualifikation dieser vergrößerten Arbeiteranzahl. Dadurch steigt die Masse des Mehrwerts und Profits absolut.

2. Der sich aus der höheren organischen Zusammensetzung des Kapitals ergebende Fall der Profitrate ist in den Entwicklungsländern langsamer als in den kapitalistischen Industrieländern, weil die Mehrwertrate in den Entwicklungsländern zunächst noch höher ist. Die Ausnutzung der Differenz im Wert der Arbeitskraft in den kapitalistischen Industrieländern einerseits und in den Entwicklungsländern andererseits hemmt somit den Fall der Profitrate.
3. In die gleiche Richtung einer gesteigerten Profitrate trotz Steigerung der Arbeitsproduktivität wirkt die Intensivierung der Arbeit durch die Verwendung moderner Maschinen.
4. Die Ausnutzung billiger Energiequellen und Rohstoffe steigert die Profitrate, weil sie die wertmäßige Zusammensetzung des Kapitals im Verhältnis zur technischen Zusammensetzung senkt.
5. Von ganz besonderer Bedeutung ist die Steigerung der Profitrate infolge der Verstärkung der Differenz zwischen wertmäßiger und technischer Zusammensetzung durch die staatliche Finanzierung von Infrastrukturen und modernen, aber unrentablen Anlagen. Der Aufbau dieser Anlagen steigert die volkswirtschaftlich durchschnittliche technische Zusammensetzung bedeutend, während die wertmäßige Zusammensetzung, die sich ja nur auf das angelegte „private" Kapital bezieht, dadurch im Verhältnis zur technischen Zusammensetzung weiterhin enorm gesenkt wird.

   Vor allem hieraus resultiert eine gewaltige Steigerung der Rate und Masse des Profits.
6. Die kapitalistische neokolonialistische Industrialisierung der Entwicklungsländer, wie sie in der Bonner Entwicklungspolitik konzipiert wird — Entwicklung der Klein- und Mittelindustrie als Anlagesphäre für einheimisches Kapital, Entwicklung der Großindustrie als Anlagesphäre für Auslandskapital — steigert die Profitrate für das Auslandskapital, weil es die monopolistische Umverteilung der durch die Entwicklung der Produktivkräfte gesteigerten Mehrwertmasse zu seinen Gunsten ermöglicht.

Auf diese Weise würde eine Intensivierung der kolonialen Ausbeutung erfolgen, weil durch eine kapitalistische Industrialisierung der Entwicklungsländer und die Entwicklung ihrer Produktivkräfte auf moderner Basis die Mehrwertrate und -masse ihrer Volkswirtschaften steigen würde, wobei sich die ausländischen Monopole auf Grund ihrer dominierenden Stellung in der Volkswirtschaft der Entwicklungsländer den Hauptteil der gesteigerten Mehrwertmasse aneignen würden.

Zum Beispiel durch den Nichtäquivalentenaustausch auf den Binnenmärkten der Entwicklungsländer, im Austausch zwischen Arbeit und Kapital, indem die Löhne der absolut wachsenden Arbeiterklasse nicht mit der Steigerung des Werts der Arbeitskraft durch die höhere Qualifizierung und Intensivierung der Arbeit Schritt halten, während die Preise der Waren, die in den Konsumtionsfonds der Arbeiterklasse eingehen, nicht entsprechend der Steigerung der Arbeitsproduktivität gesenkt werden. Ferner vollzieht sich ein Nichtäquivalentenaustausch auf den Binnenmärkten der Entwicklungsländer zwischen den ausländischen Monopolen einerseits und der einheimischen Bourgeoisie, dem einfachen Warenproduzenten usw. andererseits, indem die durch die Entwicklung der Produktivkräfte hervorgerufene Vertiefung der Ausbeutung und Steigerung des gesamtgesellschaftlichen Mehrwerts und Profits durch die beherrschende Stellung der ausländischen Monopole in erster Linie diesen auf Kosten jener Klassen und Schichten zugute kommt.

Auf dem kapitalistischen Weltmarkt setzt sich der Nichtäquivalentenaustausch fort, indem die Monopole ihren Entwicklungsvorsprung gegenüber den Entwicklungsländern ausnutzen.

Was den Neokolonialismus ökonomisch charakterisiert, ist, aus den oben angeführten Gründen, der Übergang zur intensiven kolonialen Ausbeutung im Unterschied zu den klassischen Kolonialmethoden, die durch extensive Ausbeutung der abhängigen und kolonialen Länder gekennzeichnet waren. Durch die intensive Kolonialausbeutung werden die Kolonialprofite gewaltig gesteigert. Der Neokolonialismus will so auf diesem Gebiet die dem staatsmonopolistischen Kapitalismus wesenseigene Verbreiterung und Vertiefung der Ausbeutungsbasis durch eine höhere Form der Monopolisierung erreichen.

Aber deshalb könnte auch eine kapitalistische Industrialisierung den antagonistischen Widerspruch zwischen den Aufgaben und Zielen der nationalen Befreiungsbewegung und den Interessen der Monopole nicht aus der Welt schaffen, sondern würde nur eine neue Bewegungsform erhalten. Eine Industrialisierung an sich führt noch nicht zur Dekolonisierung, und meiner Meinung nach steht Industrialisierung (eine komplexe und nicht „einseitige“ oder „abgebremste“) nicht grundsätzlich im Widerspruch zum Neokolonialismus.

Den Anforderungen, die die wissenschaftlich-technische Revolution an die Akkumulation des Monopolkapitals stellt und die die Rolle der kolonialen Ausbeutung als eine der Hauptquellen des Monopolprofits gewaltig steigern, soll durch den Übergang zu intensiven Ausbeutungsmethoden im Zuge der Entwicklung der Produktivkräfte der ökonomisch schwachentwickelten Länder entsprochen werden.

Das „private“ Monopolkapital war und ist wie die historische Erfahrung zeigt, nicht in der Lage, diese Entwicklungsaufgaben zu lösen, weil sie zunächst auf lange Sicht keine Verwertungsmöglichkeiten bieten. Deshalb wird der Staat für alle notwendigen, aber unrentablen Investitionen eingesetzt, während die Monopole ihr Kapital in den auf diese Weise erschlossenen profitablen Sphären anlegen. Gleichzeitig werden durch die Erschließung neuer Verwertungsmöglichkeiten durch die Industrialisierung mit Hilfe des Neokolonialismus in Form der Entwicklungshilfe neue zusätzliche Potenzen für die wirtschaftliche Expansion der Monopole auch auf den Binnenmärkten der hochentwickelten kapitalistischen Länder geschaffen.

Bei diesem Prozeß des Übergangs zur intensiven kolonialen Ausbeutung nutzen die Monopole ihren technischen Vorsprung und ihre ökonomische Überlegenheit aus. Große Bedeutung kommt dabei den ideologischen Maßnahmen und den Maßnahmen zur Entwicklung einer auf kapitalistischem Privateigentum basierenden sozialökonomischen Struktur in den Entwicklungsländern im Rahmen der sogenannten Entwicklungspolitik zu.

Die modernen Produktivkräfte, die dort geschaffen werden, die ihrem Charakter nach bereits Produktivkräfte sind, die eine gesellschaftliche Kontrolle verlangen, können nur dann der intensiven Ausbeutung dienen, wenn sie mit kapitalistischen Produktionsverhältnissen kombiniert werden. Deshalb ist die Förderung des privaten Kapitalexports ein Hauptelement der Entwicklungspolitik. Unter dem Einfluß des sozialistischen Weltsystems hat dieser Prozeß keine reale Perspektive, deshalb die politischen, ideologischen, sozialökonomischen und militärischen Anstrengungen im Rahmen der staatsmonopolistischen Entwicklungspolitik und des kollektiven Neokolonialismus. Deshalb sind die im zweiten Abschnitt im einzelnen dargelegten ideologischen, politischen, militärischen und ökonomischen Maßnahmen der Entwicklungspolitik nicht voneinander isoliert zu betrachten, sondern bedingen einander und stellen, ausgehend von den Erfordernissen der Durchsetzung der modernen Produktivkräfte, unter kapitalistischen Verhältnissen Erfordernisse der Kapitalverwertung dar.

Alfred Bönisch

THEORETISCHE PROBLEME GESAMTWIRTSCHAFTLICHER PROGNOSEN IM MODERNEN KAPITALISMUS

I. Einleitung

Der hohe Vergesellschaftungs- und Verflechtungsgrad der Produktivkräfte, die Erscheinungen und Erfordernisse der wissenschaftlich-technischen Revolution zwingen sozialistische wie kapitalistische Länder zur Aufstellung von begründeten Voraussagen über die künftige ökonomische Entwicklung. In der DDR wird vor allem seit der Ausarbeitung und Einführung des Neuen ökonomischen Systems der Planung und Leitung der Volkswirtschaft wissenschaftlich fundierten Prognosen große Aufmerksamkeit geschenkt, da die vom VI. Parteitag der SED beschlossene zentrale ökonomische Aufgabe nur erfüllt werden kann, wenn die staatliche Planung auf ein höheres Niveau gehoben wird. Die Entwicklung der nationalen Wirtschaft der DDR auf der Grundlage des höchsten Standes von Wissenschaft und Technik läßt es nicht mehr zu, daß die Perspektivplanung einfach die gegenwärtigen Erfahrungswerte und Durchschnittsgrößen in die Zukunft projiziert.

„Ein solches Verfahren ist weiter nichts als eine Form der Einschätzung, aber nicht eine wissenschaftlich begründete, die gegebenen Bedingungen berücksichtigende und den ökonomischen Gesetzen entsprechende planmäßige Gestaltung der künftigen Entwicklung der Volkswirtschaft.“[1]

Es ist aber notwendig, die sich in der Wissenschaft abzeichnenden neuen Aufgaben und Möglichkeiten in der Planung soweit wie möglich zu berücksichtigen. Aus diesem Grunde wurde festgelegt, die Ausarbeitung der technisch-ökonomischen Perspektive in zwei Phasen durchzuführen. Die erste ist die „*Phase der prognostischen Einschätzung der Entwicklung der Produktivkräfte*, ausgehend von den Hauptrichtungen der Entwicklung von Wissenschaft und Technik, die einen Zeitraum von 15 bis 20 Jahren umfaßt.

Sie soll uns in erster Linie dazu veranlassen, unsere Kräfte und Mittel so zu ordnen, daß wir die künftigen Produktivkräfte durch Grundlagenforschung, gezielte Forschung, Konstruktion, Technologie, Projektierung bis zu den Investitionen in Übereinstimmung mit den Hauptrichtungen von Wissenschaft und Technik gestalten und ihre Erkenntnisse für die materielle Produktion ohne Zeitverlust nutzbar machen können“.[2]

[1] *Erich Apel*, Aktuelle Fragen der ökonomischen Forschung, Dietz Verlag, Berlin 1964, S. 36.

[2] *Walter Ulbricht*, Die Durchführung der ökonomischen Politik im Planjahr 1964 unter besonderer Berücksichtigung der chemischen Industrie, Dietz Verlag, Berlin 1964, S. 64.

In der zweiten Phase der Perspektivplanung sollen die Aufgaben zur Realisierung der gewonnenen Erkenntnisse, die in den folgenden Jahren zu lösen sind, allseitig herausgearbeitet und bestimmt werden.

Diese Perspektivplanung in zwei Phasen muß auf allen Ebenen organisiert werden. Auch Betriebe und VVB müssen ihre Entwicklungsaussichten erforschen und auf der Basis einer exakten Analyse eine Prognose der wissenschaftlich-technischen Entwicklung ihres Bereiches vornehmen. Nur auf diese Weise ist es möglich, Prognosen mit einem hohen Zuverlässigkeitsgrad aufzustellen, um begründete Anhaltspunkte für bestimmte betriebliche oder volkswirtschaftliche Entscheidungen, z. B. über die Konzentration materieller Mittel auf einzelne Schwerpunkte, zu gewinnen.

Im Prozeß der Durchsetzung des Neuen ökonomischen Systems konnten im Bereich der Voraussagetätigkeit bereits eine Reihe von Erfahrungen gesammelt werden. Dabei wurde auch sichtbar, wie kompliziert die Aufstellung von Prognosen ist. Es sind vielseitige ökonomische, mathematisch-statistische, technische und methodische Kenntnisse sowie die zweckmäßige Anwendung der einzelnen Voraussagemethoden notwendig, wenn sinnvolle Prognosen über einen Zeitraum von zehn bis zwanzig Jahren aufgestellt werden sollen. Es ist auch angebracht, bestimmte methodische Erkenntnisse und Erfahrungen auszuwerten, die in verschiedenen imperialistischen Ländern bei Prognosen gemacht worden sind. Heute werden von den meisten industriell entwickelten kapitalistischen Ländern Voraussagen der verschiedensten Art und mit unterschiedlichen Methoden erarbeitet, um die staatliche Planungs- und Regulierungstätigkeit für eine optimale Ausnutzung und Entwicklung der Produktivkräfte wirksamer zu gestalten. In Schweden, Norwegen, den USA, den Niederlanden und neuerdings auch in Westdeutschland werden Jahres- und Mehrjahresprognosen aufgestellt, die den volkswirtschaftlichen Reproduktionsprozeß erfassen und seine Entwicklungstendenzen vorauszusagen versuchen.[3] Die in Frankreich seit 1946 bestehenden Mehrjahrespläne enthalten als ein wesentliches Merkmal eine mittelfristige Prognose. In zahlreichen Ländern existieren auch langfristige Vorausschätzungen über die Entwicklung der gesamten Wirtschaft oder einzelner Zweige. Diese Prognosen sind von unterschiedlicher Bedeutung für die Wirtschaftspraxis; in vielen kapitalistischen Ländern werden aber große Anstrengungen unternommen, um die Prognosemethoden im Interesse einer höheren Genauigkeit der Voraussagen zu verbessern.

Bei einer Auseinandersetzung mit der kapitalistischen Prognosetätigkeit muß man beachten, daß es prinzipielle Unterschiede zwischen kapitalistischen und sozialistischen Prognosen gibt. Das beweisen sowohl Voraussagen über die allgemeine Entwicklung des Kapitalismus als auch kurz-, mittel- oder langfristige Wirtschaftsprognosen.

Die bürgerlichen Voraussagen über die Zukunft der kapitalistischen Gesellschaft lassen zwar unterschiedliche Merkmale erkennen, ihnen allen ist aber eine einseitige

[3] Man unterscheidet dabei zwischen kurz-, mittel- und langfristigen Prognosen. Kurzfristige Prognosen gelten im allgemeinen für Zeiträume bis zu einem Jahr; mittelfristige für zwei bis fünf Jahre und langfristige Prognosen für mehr als fünf Jahre. Die kurzfristigen Prognosen entsprechen somit den Jahresprognosen und die mittelfristigen den Mehrjahresprognosen der sozialistischen Länder.

Betrachtungsweise eigen. Während Marx das Bewegungsgesetz der kapitalistischen Wirtschaft entdeckte und den historischen Charakter dieser Produktionsweise nachwies, sehen die bürgerlichen Ökonomen ihre Hauptaufgabe darin, den Fortbestand des Kapitalismus zu sichern. Trotz eines pessimistischen Grundzugs mancher Prognosen[4] besteht die allgemeine Absicht der bürgerlichen Theoretiker darin, den tiefgreifenden Niedergangs- und Zersetzungsprozeß, in dem sich der Kapitalismus befindet, zu negieren und die von Marx vor über hundert Jahren aufgestellte Prognose, wonach der Kapitalismus durch die gewaltige Entwicklung der Produktivkräfte die materielle Basis für eine höhere Gesellschaftsordnung schafft und in Gestalt der Arbeiterklasse jene Kraft hervorbringt, die durch die sozialistische Revolution und die Errichtung der proletarischen Staatsmacht die kapitalistische Ordnung beseitigt, als falsch hinzustellen. Diese durch die Praxis der gesellschaftlichen Entwicklung bereits als richtig bewiesene Prognose wird von bürgerlicher Seite als wirklichkeitsfremd und überholt bezeichnet, da sich — nach Ansicht vieler bürgerlicher Ökonomen — das kapitalistische System zu seinem Vorteil verändert und an Stabilität wesentlich gewonnen habe.

Die modernen bürgerlichen Wirtschaftstheoretiker sehen sich aus vielfältigen politisch-ökonomischen Gründen zur Erarbeitung allgemein-sozialer Voraussagen veranlaßt. Dabei betrachten sie es als ihre Hauptaufgabe, die Vorzüge und Entwicklungschancen des Kapitalismus ins rechte Licht zu rücken. So schreibt z. B. Seidenfus:

„Daß die Frage nach dem Wohin unserer Wirtschaftsordnung die Geister nicht ruhen läßt, kann nicht weiter verwundern. Die weltpolitischen Auseinandersetzungen seit der russischen Revolution tragen deutlich den Stempel des Wettbewerbs zwischen Wirtschafts- und Gesellschaftsordnungen. *Die Besinnung auf die Wurzeln der eigenen Stärke, auf die Zukunftsaussichten eines herrschenden Wirtschaftssystems wird zumeist gerade dann als besonders dringlich empfunden, wenn es darum geht, alte Ordnungsformen gegen neue zu verteidigen.*“[5]

Die bürgerlichen Theoretiker abstrahieren bei ihren allgemeinen gesellschaftlichen Voraussagen häufig von den für den Kapitalismus typischen Labilitätserscheinungen und rücken bestimmte positive Merkmale in den Vordergrund. Zuweilen werden, so von Rostow in seinem „antikommunistischen Manifest“, einige Erscheinungen der Wirtschaft verabsolutiert und als charakteristisch für eine bestimmte Phase der ökonomischen Entwicklung angesehen. Jöhr wiederum vermischt in seiner Betrachtung über die Zukunft des Kapitalismus politische Ziele, wie die Erhaltung des Friedens, mit der Hoffnung, daß in den imperialistischen Ländern keine schwere Krise auftritt und die „Marktwirtschaft“ weiterbesteht. Er ist der Ansicht, daß im Kapitalismus der Selbsterhaltungstrieb dominieren werde und außerdem durch die Möglichkeiten zur konjunkturellen Steuerung wesentliche Voraussetzungen für die Existenzerhaltung dieses Systems bestehen.[6]

[4] *J. M. Keynes* und vor allem *A. H. Hansen* entwickelten die These vom Übergang des Kapitalismus in eine Periode der Stagnation (Theorie der säkularen Stagnation).

[5] *H. St. Seidenfus*, Spätkapitalismus, Jahrbuch für Sozialwissenschaft, Bd. 14, 1963, S. 142 (Hervorhebung — A. B.).

[6] *W. A. Jöhr*, Gedanken über die Wirtschaft in hundert Jahren. In: „Schweizerische Zeitschrift für Volkswirtschaft und Statistik“, 100. Jg., Bd. 3, S. 382/383.

Die folgenden Darlegungen befassen sich nicht mit allgemeingesellschaftlichen Voraussagen, sondern mit Problemen gesamtwirtschaftlicher Prognosen im modernen Kapitalismus. Es ist aus vielerlei Gründen notwendig, Ursachen, Aufgaben, Rahmen, Möglichkeiten und Grenzen bürgerlicher Wirtschaftsprognosen zu analysieren, unter anderem, um ihre Bedeutung für das Funktionieren des modernen Kapitalismus beurteilen zu können. Die vorliegende Arbeit soll dazu bestimmte Ansatzpunkte liefern. In ihr werden *einige wesentliche theoretische Probleme* der kapitalistischen Prognosetätigkeit behandelt. Dabei wird unter Prognose eine auf der Basis empirischer Angaben oder bestimmter ökonomischer Theorien vorgenommene, auf die Zukunft bezogene Aussage über wirtschaftliche Abläufe verstanden. Diese Definition erfaßt also vornehmlich oder ausschließlich empirisch begründete Prognosen ebenso wie theoretisch fundierte Voraussagen. Charakter und Aussagefähigkeit ökonomischer Voraussagen hängen zwar weitgehend von der ihnen zugrunde liegenden Theorie ab, es gibt aber auch zahlreiche sinnvolle Prognosen, die lediglich mit Hilfe empirischer Materialien aufgestellt werden.

II. Ursachen und Rahmen der modernen bürgerlichen Voraussagetätigkeit

1. Zu den Ursachen

Die Hauptursachen der umfangreichen Prognosetätigkeit in den entwickelten kapitalistischen Ländern sind der hohe Vergesellschaftungsgrad der Produktivkräfte und die dadurch bedingte Verschärfung der sozialen Widersprüche. Diese Faktoren haben zur Herausbildung und Entwicklung des staatsmonopolistischen Kapitalismus, einer systematischen Regulierungstätigkeit und in ihrem Rahmen zu einer intensiven Prognosebildung geführt. Notwendigkeit und Charakter der Staatsprognosen werden also durch den staatsmonopolistischen Kapitalismus bestimmt.

Im Kapitalismus der freien Konkurrenz fehlten sowohl die Bedingungen als auch das Interesse an systematischen und zielgerichteten Prognosen, obwohl sich natürlich auch damals jeder Unternehmer Gedanken über die künftige Entwicklung seines Betriebes machte. Dabei handelte es sich aber zumeist um allgemeine Überlegungen über die Veränderung der Marktverhältnisse und die Gestaltung des Produktionsprogramms. Ein gewisser Wandel trat ein, als mit der zunehmenden Konzentration und Zentralisation von Produktion und Kapital die Produktivkräfte einen gewaltigen Aufschwung nahmen, die Widersprüche in der Wirtschaft sich verschärften und Monopolunternehmen entstanden, mit denen auf kapitalistische Art dem Vergesellschaftungsgrad der Produktivkräfte Rechnung getragen wurde. Da der Akkumulationsprozeß immer größere Kapitalaufwendungen erforderte, die im Rahmen eines Einzelunternehmens kaum noch aufgebracht werden konnten, wurde die Ausdehnung der Ausbeutungsbedingungen über den unmittelbaren Herrschaftsbereich eines Unternehmens hinaus zu einer objektiven Notwendigkeit. Vor allem die Bildung von Aktiengesellschaften eröffnete neue Wege der Kapitalmobilisierung und sicherte zusätzliche Möglichkeiten für die Kapitalverwertung. Durch ihre beherrschende Stellung erschließen sich die Monopole Profitquellen, die über die in den Betrieben bestehenden hinausgehen. Das ermöglicht es ihnen, dem tendenziellen Fall der Profitrate entgegenzuwirken.

Die monopolistische Entwicklung schaffte nicht nur neue Anwendungsmöglichkeiten für die hochvergesellschafteten Produktivkräfte, sondern führte auch zu einer größeren „Planmäßigkeit" in der Organisation der Produktion innerhalb der Großunternehmen und einzelner Wirtschaftszweige. Das beweist bereits, daß die Produktivkräfte ihrer kapitalistischen Hülle entwachsen waren und „mit steigender Macht nach Aufhebung des Widerspruches, nach ihrer Erlösung von ihrer Eigenschaft als Kapital, *nach tatsächlicher Anerkennung ihres Charakters als gesellschaftliche Produktivkräfte*" drängten.[7] Engels schreibt ferner über diesen Prozeß zunehmender Planmäßigkeit:

„In den Trusts schlägt die freie Konkurrenz um ins Monopol, kapituliert die planlose Produktion der kapitalistischen Gesellschaft vor der planmäßigen Produktion der hereinbrechenden sozialistischen Gesellschaft. Allerdings zunächst noch zu Nutz und Frommen der Kapitalisten."[8]

Diese Planmäßigkeit schließt eine gewisse Verstärkung der Prognosetätigkeit bei den Monopolbetrieben ein und äußert sich hauptsächlich in einer Vorausberechnung der Produktion und des Investitionsbedarfes.

Die relative Ausdehnung der Verwertungsbedingungen im Rahmen des Monopols geht mit einer fortschreitenden Vergesellschaftung der Produktion und einer weiteren Zuspitzung der kapitalistischen Widersprüche einher.[9] Das Finanzkapital ist daher

[7] *Karl Marx/Friedrich Engels*, Werke, Bd. 20, Dietz Verlag, Berlin 1962, S. 258.

[8] Ebenda, S. 617.

[9] Ausdruck dieser Vergesellschaftung ist die gewaltige Kapitalkonzentration bei den Monopolunternehmen nach dem zweiten Weltkrieg. Die Entwicklung der Kapitalgesellschaften von 1938 bis 1962 in Deutschland bzw. Westdeutschland läßt sowohl ein ständig wachsendes Kapitalvolumen insgesamt als auch ein Wachstum innerhalb der höheren Größenklassen erkennen. (Vgl. „DWI-Berichte", 14. Jg., Nr. 15/16, 1963, S. 4 bis 5.) Besonders beachtlich ist die Zunahme in der Größenklasse mit über 100 Mio. D-Mark. 1938 gab es in ganz Deutschland in dieser Gruppe nur 25 Aktiengesellschaften mit zusammen 4,8 Mrd. Reichsmark. 1954 waren es in Westdeutschland 36 Gesellschaften mit 7,1 Mrd. und Ende 1962 68 Gesellschaften mit 19,9 Mrd. D-Mark. Bei den Beschäftigten zeigt sich nach 1954 nur bei den Großunternehmen eine nennenswerte Wachstumstendenz. Während bei den kleinen Industrieunternehmen von September 1952 bis September 1961 die Beschäftigtenquote von 36,9 auf 30,1 Prozent fiel, bei den mittleren Größen nur geringfügig von 29,0 auf 30,3 Prozent zunahm, erhöhte sie sich bei den Großunternehmen von 34,1 auf 39,6 Prozent. (Vgl. „DWI-Berichte", ebenda.) Im Jahre 1963 waren in 1,2 Prozent der Unternehmen 40 Prozent aller Arbeitskräfte konzentriert.

Besonders deutlich ist, wie einige wichtige Kennziffern zeigen, die Konzentration bei den großen Monopolen. Bei den IG-Farben-Gesellschaften betrug 1940 die Bilanzsumme 1923,7 Mio., 1960 dagegen 7834,2 Mio. D-Mark. Der Siemens-Konzern erreichte 1962 einen Umsatz von 4,8 Mrd. D-Mark; allein in den zwei vorangegangenen Geschäftsjahren betrug die Umsatzsteigerung 1,2 Mrd. D-Mark. Die Zahl der Beschäftigten betrug 1936 bei Siemens

gezwungen, die Verwertungsbedingungen durch eine erneute Ausweitung des Ausbeutungsmechanismus sowie der Realisierungsmöglichkeiten zu verbessern. Das geschieht in einem allmählichen Prozeß der Einbeziehung des Staates in den Reproduktionsprozeß. Das Monopol ist eine Anpassung der Produktionsverhältnisse an die gesellschaftlichen Produktivkräfte, verschärft aber den Widerspruch zwischen Produktivkräften und Produktionsverhältnissen, da es dem Vergesellschaftungsgrad der Produktivkräfte keine gesellschaftliche, sondern eine monopolkapitalistische Aneignung der Produktion gegenüberstellt. Der bestehende Widerspruch, der auf vielfältige Weise, heute vor allem durch die wissenschaftlich-technische Revolution, verstärkt wird, macht aber eine — zumindest kapitalistische — Lösung notwendig. Diese Lösung ist der staatsmonopolistische Kapitalismus, das gesetzmäßige Ergebnis der Entwicklung des Kapitalismus nach dem ersten Weltkrieg, hauptsächlich in der zweiten und dritten Etappe der allgemeinen Krise.[10]

Der staatsmonopolistische Kapitalismus bildet einen Funktionsmechanismus, der auf einer qualitativ höheren Stufe als der Monopolkapitalismus Entfaltungsmöglichkeiten für die Produktivkräfte schafft.[11] Er gestattet es, den Erfordernissen der wissenschaftlich-technischen Revolution, den weitreichenden Strukturveränderungen in der Wirtschaft und den Wachstumsbedürfnissen der modernen bürgerlichen Gesellschaft auf kapitalistische Weise zu entsprechen. Die wissenschaftlich-technische Revolution stellt z. B. durch die Automation, die Großserienproduktion, den Zwang zum Ausbau der Forschungskapazitäten finanzielle Anforderungen, denen das Monopolkapital nicht in ausreichendem Ausmaß entsprechen kann. Auf der anderen Seite vergrößert sich die zu realisierende Warenmasse, wodurch sich der Kampf um die Absatzmärkte verschärft und die Kapitalverwertung erschwert wird. Durch die wissenschaftlich-technische Revolution büßen traditionelle Industriezweige, wie der

93000, 1962 mehr als 240000; und das nach Verlust zahlreicher Betriebe infolge des zweiten Weltkrieges. Der Anteil von Siemens am Gesamtumsatz der westdeutschen Elektroindustrie betrug 1961 etwa 20 Prozent. Zusammen mit dem der AEG waren es 30 Prozent. Die zum Haniel-Konzern gehörende MAN hatte 1960/61 einen Umsatz von 1,1 Mrd. D-Mark. Klöckner-Humboldt-Deutz wies für 1962/63 einen Umsatz von über 1,5 Mrd. D-Mark aus. Die großen Banken entwickelten ihre Kapitalmacht in ähnlichem Tempo. Die Deutsche Bank hatte 1938 ein Eigenkapital von 205,1 Mio. Reichsmark. 1960 dagegen 831,2 Mio. D-Mark. Bei der Dresdner Bank und Commerz-Bank stieg das Eigenkapital im gleichen Zeitraum von 226,2 auf 791,4 bzw. von 97,6 auf 516,4 Mio. D-Mark. Diese Beispiele ließen sich fortführen. Sie zeigen, daß der Konzentrationsprozeß die Basis der verstärkten Monopolisierung ist und dazu geführt hat, daß in Westdeutschland und in den anderen imperialistischen Staaten wenige Monopole über den größten Teil des Produktionsapparates verfügen und auch weitgehend die Produktions- und Absatzverhältnisse in ihrer Branche bestimmen.

Angaben über die 200 größten Konzerne der imperialistischen Welt enthält „DWI-Berichte", 14. Jg., Nr. 20, 1963, S. 10ff.

[10] Vgl. Imperialismus heute, Dietz Verlag, Berlin 1965, S. 7ff.

[11] Vgl. *Rudi Gündel, Horst Heininger, Kurt Zieschang*, Probleme des Zusammenhanges zwischen dem staatsmonopolistischen Funktionsmechanismus und dem Reproduktionsprozeß. In: „Konjunktur und Krise", 8. Jg., H. 3, 1964, S. 163ff.

Kohlenbergbau und die Textilindustrie an Bedeutung ein. Die mit der Stillegung von Kapazitäten und der Umschulung von Arbeitskräften verbundenen Kapitalverluste bzw. Ausgaben machen den ständigen Einsatz des Staates zu einer objektiven Notwendigkeit für das Funktionieren des gesamtwirtschaftlichen Reproduktionsprozesses. Die Aufrechterhaltung der Profitproduktion auf der Basis des erreichten Vergesellschaftungsgrades und die Sicherung eines dynamischen Wachstums der Wirtschaft erfordern Lenkungsmaßnahmen, die alle Bereiche der Wirtschaft erfassen. Derartige Maßnahmen wurden bereits in beiden Weltkriegen und in gewissem Umfang auch in der Zwischenkriegszeit von den imperialistischen Ländern verwirklicht. Damals wie heute dienen sie dem Ziel, die Eigentums- und Verteilungsverhältnisse durch eine staatliche Erweiterung des Monopolisierungsgrades dem Entwicklungsstand der Produktivkräfte anzupassen. In der Gegenwart ist die staatsmonopolistische Regulierung keine zeitweilige Angelegenheit, sondern ein ständiges Erfordernis der erweiterten Reproduktion. Sie erfolgt im Rahmen des Wirkungsmechanismus der ökonomischen Gesetze, deren spontanes Wirken sie in gewissem Umfang einschränkt. Die moderne bürgerliche Wirtschaftstheorie identifiziert diese Regulierung zum großen Teil mit dem Begriff „Planung“ und leitet die Existenzberechtigung dieser Planung u. a. aus der Notwendigkeit einer langfristigen Bildungs- und Investitionspolitik sowie einer übersichtlichen Staatsausgabenpolitik ab. Ein wesentliches Element der Planung sind die staatlichen Prognosen, deren Entwicklung und Ausarbeitung unmittelbar mit der Machtausdehnung der Großunternehmen, den wachsenden Hemmnissen bei der Kapitalverwertung und der Verschärfung des Klassenkampfes verbunden sind. Während vor dem zweiten Weltkrieg gesamtwirtschaftliche Prognosen noch ziemlich selten waren und hauptsächlich von privaten Institutionen erarbeitet wurden, trat nach dem zweiten Weltkrieg in wachsendem Maße der Staat als Prognoseorgan in Erscheinung, da die Aufstellung von Globalprognosen die fachlichen und finanziellen Kräfte eines Konzerns überforderte,[12] das Finanzkapital mittels Staatsprognosen seine ökonomischen Ziele gegenüber den nichtmonopolistischen Schichten wirksamer durchzusetzen hofft, indem es die Voraussagen konsequent und kontinuierlich in den Dienst der staatlichen Wirtschaftspolitik stellt. Gesamtwirtschaftliche Voraussagen sollen außerdem die verschiedenen Teilprognosen zusammenfassen, den in die Zukunft gerichteten Entscheidungen der Kapitalisten eine zuverlässige Orientierung geben und bestimmte Fehler vermeiden, die bei den von privaten Organen gemachten Voraussagen auftreten. Zuweilen wird von bürgerlichen Prognosebefürwortern noch das Argument vorgebracht, die Wirtschaftspolitik sei ein Bereich menschlichen Handelns und bedürfe schon aus diesem Grunde bestimmter Voraussagen. Diese an sich richtige Be-

[12] Die Großunternehmen drängten, wie *Friedrich-Wilhelm Dörge* einmal feststellte, immer häufiger „auf eine weitsichtige und fundierte Struktur- und Wachstumspolitik des Staates, weil ihnen ... der Markt keine ausreichenden Daten für kostspielige unternehmerische Investitionsentscheidungen liefert und sie deshalb Gewißheit über die staatlicherseits angestrebte Wirtschaftsentwicklung haben möchten.“ (*F.-W. Dörge*, Konzentration und Kooperation in der wachsenden Wirtschaft. In: „Hamburger Jahrbuch für Wirtschafts- und Gesellschaftspolitik“, 6. Jahr, J. C. B. Mohr (Paul Siebeck), Tübingen 1961, S. 109.)

merkung wird allerdings auch dazu benutzt, um von den Klassenzielen bürgerlicher Prognosen abzulenken.

Staatliche Prognosen weisen im Unterschied zu Unternehmens- oder Branchenprognosen eine Reihe von Merkmalen und Widersprüchen auf, die sich aus dem kapitalistischen System ergeben. Zu den Widersprüchen gehört z. B., daß staatliche Voraussagen auf den Handlungen der Menschen beruhen, denen sie als Orientierung dienen, gleichzeitig aber selbst die ökonomische Entwicklung beeinflussen sollen. Staatsprognosen haben im Kapitalismus keineswegs nur die Aufgabe, das ökonomische Geschehen vorauszusagen. Vielfach werden sie mit dem Ziel aufgestellt und veröffentlicht, die jeweiligen Absichten des Finanzkapitals in einer bestimmten Weise zu unterstützen. Die im ersten westdeutschen Wirtschaftsbericht enthaltene Prognose für das Jahr 1963 diente z. B. insofern der Rechtfertigung von Erhards Maßhaltepolitik, als sie glaubhaft machen sollte, daß die relativ günstige konjunkturelle Entwicklung im Jahre 1962 trotz der „negativen Haltung der Gewerkschaften" zwar noch gehalten werden konnte, der in einzelnen Bereichen bereits deutlich spürbare Umschwung aber unweigerlich eintreten würde, wenn sich die Gewerkschaften mit ihren „unvernünftigen" Forderungen nicht zurückhalten. Das Ziel dieser Prognose bestand also in erster Linie darin, auf die Arbeiter und ihre Organisationen einen Druck auszuüben, damit diese ihre Forderungen nach höheren Löhnen aufgeben oder zurückstellen. In der Wirtschaftsberichtsprognose für 1963 wurde ferner die Erhaltung des „Geldwertes" als wirtschaftspolitisches Ziel angeführt, während gleichzeitig eine Preissteigerung von etwa drei Prozent vorausgesagt wurde. Eine derartig widersprüchliche Prognose kann natürlich nicht als glaubwürdig gelten.

2. Prognose, Planung und Programmierung

Gesamtwirtschaftliche Voraussagen sind in der bürgerlichen Ökonomie mit den Begriffen „Planung", „Programmierung" und „planmäßige Wirtschaftspolitik" verbunden. Eine einheitliche Definition dieser Begriffe, an die sich alle Theoretiker halten, gibt es nicht. Sie finden teils als Synonyme Verwendung, wobei die Prognose eines von mehreren Elementen darstellt, oder es wird ihnen ein unterschiedlicher, ganz spezifischer Inhalt beigemessen.

Die meisten bürgerlichen Wirtschaftstheoretiker verstehen heute unter gesamtwirtschaftlicher Planung ein rationales System aller wirtschaftspolitischen Maßnahmen und Instrumente, mit denen der Staat den Funktionsmechanismus der kapitalistischen Wirtschaft aufrechtzuerhalten und zu verbessern versucht.[13] Während

[13] Über die Notwendigkeit einer bestimmten Planung gibt es heute bei der Mehrzahl der bürgerlichen Ökonomen keinen Zweifel mehr. *Erich Schneider* schreibt: „Es dürfte eigentlich heute angesichts der allen westlichen Ländern gemeinsamen wirtschaftspolitischen Grundbeziehungen nicht mehr kontrovers sein, daß unsere heutigen vorwiegend marktwirtschaftlichen Ordnungen ohne eine gewisse staatliche Wirtschaftsplanung nicht funktionieren. Hohe Beschäftigung, Preisstabilität, Zahlungsbilanzgleichgewicht, gleichgewichtiges Wachstum sind in unseren gemischten Wirtschaftsordnungen nur erreichbar,

die Planungsgegner die Ansicht vertreten, durch eine staatliche Planung würden die Marktkräfte in ihrer Entwicklung gehemmt, sehen die Befürworter nicht nur die „Vorzüge", sondern auch die Schwächen des kapitalistischen Wirtschaftssystems und leiten gerade aus ihnen die Notwendigkeit der Planung ab. Klaus-Dieter Arndt betont z. B. die Flexibilität der kapitalistischen Wirtschaft und die Vorteile einer Lenkung des Reproduktionsprozesses durch den Preismechanismus, erklärt aber gleichzeitig, die „Marktwirtschaft" sei nicht stark genug, um Arbeitslosigkeit und andere Formen einer gesamtwirtschaftlichen Vergeudung von Produktivkräften zu verhindern.[14] Die westdeutsche Wirtschaft habe zwar nach dem zweiten Weltkrieg an keiner allgemeinen Überproduktionskrise gelitten, man müsse aber ein Abgleiten vom allgemeinen Wachstumspfad zu vermeiden suchen, da die Entwicklung der USA-Wirtschaft nach dem zweiten Weltkrieg beweise, wie schwer es ist, nach einer Periode anhaltender ökonomischer Schwankungen wieder Anschluß an eine stabile Entwicklung zu gewinnen. Man könne den Taumel von Depressions- und Aufschwungsphasen aber nur verhindern, wenn ein *langfristiges Wirtschaftsprogramm* aufgestellt wird, das gesamtwirtschaftliche Aktivität mit einzelwirtschaftlicher Flexibilität im Interesse der ökonomischen Stabilität verbindet.[15]

Die Notwendigkeit einer gesamtwirtschaftlichen Planung leitet sich in allen entwickelten kapitalistischen Ländern aus den gleichen objektiven Faktoren ab wie die der staatlichen Prognosen. Vor allem die sich aus der wissenschaftlich-technischen Revolution ergebenden Anforderungen stellen die Wirtschaft vor Aufgaben, die nur durch eine einheitliche gesellschaftliche Leitung und Planung mit dem höchsten Nutzen für alle Menschen gelöst werden können. Die in den imperialistischen Ländern bestehenden Formen einer gesamtwirtschaftlichen Planung entsprechen in vieler Hinsicht diesen Erfordernissen. Typisch für die moderne staatsmonopolistische Planung ist nicht nur, daß die meisten Staaten Jahres- und Mehrjahrespläne aufstellen, sondern vor allem, daß man nicht mehr, wie es vor und unmittelbar nach dem zweiten Weltkrieg geschah, je nach Bedarf für einen bestimmten Zeitraum Pläne aufstellt und wirtschaftspolitische Maßnahmen durchführt, sondern eine neue *Qualität* der Wirtschaftspolitik zu realisieren versucht, indem man sich nicht auf zeitweilige staatliche Eingriffe beschränkt, sondern eine *ständige Präsenz des Staates* propagiert, die vor allem durch den Begriff „planmäßige Wirtschaftspolitik" charakterisiert wird. Man hält im Gegensatz zu früher, als staatliche Eingriffe punktuell und ohne Beachtung der bestehenden Interdependenzen durchgeführt wurden, eine rationelle Ausnutzung und optimale Entwicklung der Produktivkräfte im „Interesse der Allgemeinheit" nur dann für möglich, wenn der Staat eine „Wirtschaftspolitik aus einem Guß" betreibt, durch ein koordiniertes Vorgehen der verantwortlichen wirtschafts-

wenn man sich ständig Rechenschaft gibt, ob und wie die mannigfachen Ziele im Rahmen der vorhandenen Möglichkeiten erreicht werden können!" *E. Schneider*, Planung, Programmierung und Koordinierung in der Europäischen Wirtschaftsgemeinschaft. In: „Weltwirtschaftliches Archiv", Bd. 93, H. 1, 1964, S. 20.

[14] Langfristige Programmierung innerhalb der Marktwirtschaft, „Beihefte zur Konjunkturpolitik", H. 10, 1963, S. 33.

[15] Ebenda, S. 36.

politischen Instanzen bei Verwendung eines Systems von kurz- und langfristigen Prognosen ein Neben- oder Gegeneinander in der Wirtschaftspolitik vermeidet und Neben- und Fernwirkungen berücksichtigt. Im wesentlichen geht es also darum, ein dem staatsmonopolistischen Kapitalismus adäquates, wohldurchdachtes und geschlossenes System der Wirtschaftspolitik zu entwickeln, das ein rationales und widerspruchsfreies Handeln sowie eine zunehmende Bewußtheit im Wirtschaftsleben ermöglicht, unvereinbare Ziele verdeutlicht, die systemeigenen Widersprüche des Kapitalismus abschwächt und die Funktionsfähigkeit dieses Systems erhöht.

Die gesamtwirtschaftliche Planung kann durchaus als ein Instrument für rationales Handeln angesehen werden; es ist aber zu beachten, daß dieses rationale Handeln der Realisierung kapitalistischer Ziele dient.

Die bürgerlichen Planungstheoretiker leiten ihre Planungskonzeption unmittelbar aus der „gemischten Wirtschaftsordnung", d. h. dem staatsmonopolistischen Eigentumssystem ab, in dem private und staatliche Organe unabhängig voneinander ökonomische Entscheidungen treffen. Da der Staat als Unternehmer und Administrator ständig die gesamte Wirtschaft beeinflußt, den Reproduktionsprozeß reguliert, muß er überlegen, mit welchen Mitteln die verschiedenen Ziele angestrebt werden sollen.

„Das heißt aber nichts anderes, als daß der Staat seine Aktivität planen muß. Wirtschaftspolitik ist ohne Planung ebensowenig denkbar, wie Wirtschaften überhaupt. Wer im Bereich der Wirtschaft eine Entscheidung zu fällen hat, muß planen."[16]

Unter diesem Gesichtspunkt ist die Planung nichts anderes als ein „tool for decision making", ein wirtschaftspolitisches Werkzeug, mit dem sich Krisenerscheinungen zwar nicht ausschließen lassen, ihr Ausmaß aber eingeschränkt werden kann, so daß sich die Wirtschaft insgesamt stabiler entwickelt.

Die bürgerliche Ökonomie unterscheidet zwischen folgenden, eng miteinander verbundenen Elementen oder Kategorien der gesamtwirtschaftlichen Planung:

1. der Prognose,
2. dem Plan,
3. dem Programm,
4. der Koordinierung.

Die *Prognose* wird als Vorstufe des Plans und als Bestandteil der Planung angesehen. Um bestimmte Maßnahmen zur Lösung einer ökonomischen Aufgabe ergreifen zu können, sind begründete Vorstellungen über die künftige ökonomische Entwicklung, den wissenschaftlich-technischen Fortschritt und Veränderungen in der Nachfragestruktur notwendig. Die dazu erarbeiteten Prognosen unterscheiden sich insofern untereinander, als es einerseits ökonomische und außerökonomische Erscheinungen gibt, auf deren Entwicklung der Staat keinen oder kaum Einfluß nehmen kann und die demgemäß exogenen Charakter tragen und andererseits solche Erscheinungen, die beeinflußbar sind. Nicht beeinflußbare Größen werden „Erwartungsparameter" genannt, im Unterschied zu „Fixierparametern" bzw. Instrumenten, die von staatlichen Organen eingesetzt und angewendet werden können. Man unterscheidet zwischen Erwartungsparametern, die von Fixierparametern unabhängig und mithin für

[16] *E. Schneider*, Planung, Programmierung . . ., a. a. O., S. 4.

die planende Instanz „Daten“ sind, und Erwartungsparametern, die durch Fixierparameter, also Preise, Werbung usw. beeinflußt werden können. Diese Unterscheidung ist ein typisches Merkmal der imperialistischen Planungstheorie, da auf diese Weise versucht wird, Rahmen und Wirksamkeit der staatlichen Wirtschaftspolitik besser abzustecken und den Beschränkungen, die sich aus dem kapitalistischen Eigentum für eine gesamtwirtschaftliche Planung ergeben, gerecht zu werden.

Die Prognosen bilden u. a. Grundlage und Richtschnur für den zweckmäßigsten Einsatz der Instrumente zur Erreichung der verschiedenen wirtschaftspolitischen Ziele. Dabei zeigt sich, daß ein oder mehrere Ziele im allgemeinen in verschiedener Weise erreicht werden können. Wägt man die jeweils vorhandenen Möglichkeiten gegeneinander ab, stellt verschiedene *Planentwürfe* oder *Pläne* auf und vergleicht sie, dann ergeben sich natürlich ganz bestimmte Unterschiede. Der für die Realisierung auserwählte Plan wird vielfach auch als *Programm* bezeichnet. *Planung* bedeutet demnach *Entscheidungsfindung*. Programme werden in den imperialistischen Ländern für die gesamte Wirtschaft wie für bestimmte Bereiche des staatlichen Sektors aufgestellt, so für den Wohnungs- und Straßenbau sowie das Gesundheits- und Bildungswesen. Diese Programme enthalten quantitative Angaben über die staatliche Aktivität und die wirtschaftspolitischen Zielsetzungen, aus denen die einzelnen Unternehmen Rückschlüsse für ihre eigene Tätigkeit ableiten können.

Von der Planung und Programmierung, die nach Ansicht mancher bürgerlicher Theoretiker an einem bestimmten Punkt zusammenfallen bzw. ineinanderübergehen, ist die *Koordinierung* zu unterscheiden. Unter Koordinierung versteht man die gegenseitige Abstimmung von unabhängig aufgestellten Programmen — oder auch Plänen verschiedener Entscheidungsträger durch eine übergeordnete Instanz. Diese Koordinierung, die von manchen bürgerlichen Ökonomen für sich als Planung bezeichnet wird, reicht von der Koordinierungstätigkeit einzelner Ministerien bis zur Koordinierung der Wirtschaftspolitik verschiedener Länder, wie es z. B. in der EWG angestrebt wird.

Von zahlreichen bürgerlichen Planungsanhängern wird versucht, die Planung als eine klassenneutrale und zeitlose Erscheinung hinzustellen, um den kapitalistischen Inhalt, den sie dem Planungsbegriff gegeben haben, zu verschleiern. Edgar Salin erklärt, Pläne habe es seit jeher gegeben und jeder Plan sei der Entwurf für eine Ordnung eines einzelnen, einer Gemeinschaft oder eines Staates. Deshalb sei es nichts Besonders, sondern im Gegenteil „sehr auffällig und der Erklärung bedürftig“, wenn es keinen Wirtschaftsplan gäbe.[17] Salin trifft damit eine richtige Feststellung, negiert aber gleichzeitig die spezifischen Merkmale einer volkswirtschaftlichen Planung im Sozialismus, vor allem das gesellschaftliche Eigentum als deren entscheidende und objektiv notwendige Voraussetzung. Er behauptet nämlich, man sei heute genötigt, „*mit stärkstem Nachdruck zu betonen*, daß es wirtschaftliches Planen ohne Planwirtschaft, ohne Zentralverwaltungswirtschaft gegeben hat, gibt und geben wird.“[18] Damit will er erstens den bürgerlichen Planungsgegnern nahebringen, daß gesamtwirt-

[17] Vgl. Planung ohne Planwirtschaft, J. C. B. Mohr (Paul Siebeck), Tübingen, 1964, S. 2.
[18] Ebenda, S. 8.

schaftliche Planung auch mit dem kapitalistischen Eigentum an den Produktionsmitteln vereinbar sei und nicht notwendigerweise zum Sozialismus führen muß. Zweitens möchte er die Vorteile der Volkswirtschaftsplanung, die in den wirtschaftlichen Erfolgen der sozialistischen Länder einen sichtbaren Ausdruck gefunden haben und auch in Zukunft finden werden, für die kapitalistische Wirtschaft nutzbar machen. Zu diesem Zweck leugnet er den prinzipiellen Unterschied zwischen der einzel- und gesamtwirtschaftlichen Planung und versucht zu zeigen, daß die Volkswirtschaftsplanung kein Wesensmerkmal der sozialistischen Wirtschaft ist. Durch diese Identifizierung von mikro- und makroökonomischer Planung ist es den bürgerlichen Ökonomen möglich, die kapitalistische Wirtschaft als eine harmonische Einheit zu betrachten und die für das kapitalistische System typischen Widersprüche, die auf Unternehmerebene nicht existieren, zu eliminieren.

Zu den entscheidenden Merkmalen einer Volkswirtschaftsplanung gehört, daß die planende Instanz auch über die wirtschaftlichen Ressourcen verfügt, also über den Einsatz der Produktionsmittel entscheidet und den Produktionsprozeß organisiert. Da im Kapitalismus die Produktionsmittel zum großen Teil privatkapitalistisches Eigentum sind und nicht der Verfügungsgewalt der Gesellschaft unterstehen, gibt es natürlich auch keine gesamtwirtschaftliche Planung, wie sie für die sozialistischen Länder typisch ist. Davon gehen im allgemeinen auch die bürgerlichen Planungstheoretiker aus. Für sie trägt die staatliche Planung unverbindlichen, die Unternehmer orientierenden Charakter und besteht aus Vorausschauen über die Entwicklung der Wirtschaft und aus einer Koordinierung der wirtschaftspolitischen Maßnahmen der staatlichen Organe. Tatsächlich aber besitzt die Planungspraxis in den imperialistischen Ländern eine größere Bedeutung, als es sich aus vielen bürgerlichen Darstellungen annehmen läßt, und die Unverbindlichkeit der Planung ist keineswegs absolut aufzufassen. Die Praxis in den imperialistischen Ländern zeigt, daß Monopole und Staat einen wesentlichen Einfluß auf das Wirtschaftsgeschehen ausüben. Die „Modernisierungskommissionen", die in der französischen Planification eine wichtige Rolle spielen und in denen führende Unternehmer und Staatsbeamte vertreten sind, stellen Branchenpläne auf, die wichtige wirtschaftspolitische Instrumente des Monopolkapitals sind, denn sie enthalten oft weitreichende Empfehlungen für eine Veränderung der Wirtschaftsstruktur. So erfolgte die „Modernisierung" der französischen Wirtschaft, die in den fünfziger Jahren im Mittelpunkt der Planification stand, durch eine beschleunigt durchgeführte Unternehmenszentralisation, der zahlreiche kleine und mittlere Unternehmen zum Opfer fielen.[19] Die Modernisierungskommissionen „prüften" die Existenzberechtigung jedes einzelnen Betriebes und gaben eine — formell unverbindliche — Empfehlung über die notwendigen Zentralisierungsmaßnahmen; diese Empfehlungen aber wurden durch kredit- und andere wirtschaftspolitische Maßnahmen verwirklicht. Das beweist, daß die französische Planung weder lediglich formal orientierenden Charakter trägt, noch schlechthin gesamtwirtschaftlichen Interessen dient. Die französische Planung besitzt zahlreiche

[19] Vgl. u. a. *E. Rhein*, Möglichkeiten und Probleme staatlicher Investitionslenkung in der Marktwirtschaft, Westdeutscher Verlag, Köln und Opladen 1960.

Mittel für eine Realisierung der Planziele, wobei zwischen ihrem Einsatz im staatlichen und privaten Sektor zu unterscheiden ist. Der Staat versucht, den Plan in beiden Sektoren durch Finanzierung von Investitionen aus dem Staatshaushalt, eine selektive Kreditpolitik u. a. Maßnahmen zu verwirklichen. Er hat mehrere Investitionsfonds gegründet oder neu organisiert, durch deren Einsatz er nicht nur eine globale Wachstumsrate anstrebt, sondern auch bestimmte Produktions- und Investitionsziele in den einzelnen Branchen. Die französische Planung ist also nicht in dem Sinne verbindlich, daß die Unternehmen staatliche Produktionsanweisungen erhalten, die sie auszuführen haben. Der Staat beeinflußt mittels zahlreicher wirtschafts- und finanzpolitischer Hebel die Unternehmenspolitik. Gerhard Tholl schreibt deshalb mit Recht:

„Ob man direkte Produktions- und Investitionsbefehle erteilt oder ob man durch eine Fülle von Interventionen die Daten so setzt, daß die Unternehmer im wesentlichen das tun, was der Plan verlangt, in beiden Fällen wird die Entscheidungsfreiheit, wenn auch in unterschiedlichem Sinne, tangiert."[20]

Ähnliche Beispiele lassen sich aus Westdeutschland und der Montanunion anführen. Bei der westdeutschen Wirtschaftsvereinigung für die Eisen- und Stahlindustrie existiert eine Meldestelle für sämtliche Investitionsvorhaben, die alle fest projektierten Investitionsplanungen mit Angaben über Aufwand, die zu erwartende Kapazität, den Zeitpunkt der Inbetriebnahme usw. sammelt. Dadurch wird die Branche und jedes Unternehmen über die Entwicklung der Kapazitäten informiert und die Investitionsangaben üben einen entsprechenden Einfluß auf die Investitionspolitik der Unternehmen aus. Die Montanunion bemüht sich nicht nur um eine größere Transparenz des Kapazitätswachstums, „sondern prüft bei jedem Investitionsvorhaben, ob es sich in die Zielsetzungen der Stahlwirtschaftspolitik einpaßt."[21] Zu den wichtigen Investitionen gibt die Hohe Behörde Stellungnahmen ab, die die Investoren, die Kapitalgeber und teilweise auch den jeweiligen Staat zu bestimmten Reaktionen veranlassen. Dies sowie die Tatsache, daß die Hohe Behörde in bestimmten Fällen sogar einem Unternehmen die Fremdfinanzierung eines Projektes verbieten kann, zeigt, daß die staatliche bzw. supranationale Planung tief in die Unternehmensentwicklung und den Ablauf der Wirtschaft eingreift.

Mit dem eben geschilderten Inhalt einer staatlichen Planung versucht die Mehrzahl der bürgerlichen Ökonomen, den objektiven ökonomischen Prozessen Rechnung zu tragen und zweifellos sind viele in dieser Hinsicht verwirklichte Maßnahmen des Staates für eine Stabilisierung der Wirtschaft von Bedeutung. Staatliche Prognosen erhöhen z. B. die Transparenz der Märkte und verringern die Gefahr von Fehlentwicklungen. Insgesamt aber wird damit dem zunehmenden gesellschaftlichen Charakter der Produktivkräfte und den Bedürfnissen der Mehrheit des Volkes nicht in ausreichendem Maße Rechnung getragen. Notwendig ist eine elastische Planung der gesamten Wirtschaft auf der Basis des gesellschaftlichen Eigentums an den Produktionsmitteln und die Beseitigung der ruinösen monopolistischen Konkurrenz. Nur

[20] *G. Tholl*, Die französische Planification als Vorbild? In: ORDO, Band XV/XVI, 1965, S. 263/264.

[21] Planung ohne Planwirtschaft, a. a. O., S. 99.

dadurch wäre eine rationelle und bewußte Entwicklung der Produktivkräfte im Interesse der gesamten Gesellschaft möglich. Die gegenwärtig in den entwickelten kapitalistischen Ländern praktizierten Formen der Planung überschreiten die Grenze einer unverbindlichen Orientierung und beeinflussen den gesamtwirtschaftlichen Reproduktionsprozeß in weitem Maße, stellen aber keine allgemein-gesellschaftliche Planung dar. Ihre Initiatoren und größten Nutznießer sind die Monopole.

Die imperialistische Wirtschaftspolitik stellt auch kein in sich geschlossenes System dar, mit dessen Hilfe gesamtwirtschaftliche Interessen durchgesetzt werden können. Die Wirtschaftspraxis der kapitalistischen Länder beweist, daß die wirtschaftspolitischen Maßnahmen auch heute noch vielfach ad hoc und ohne gegenseitige Abstimmung durchgeführt werden, wenngleich zu beachten ist, daß ihre Effektivität in jüngster Zeit insgesamt größer ist als in früheren Jahren. Die mangelhafte Koordinierung ist u. a. eine Folge davon, daß die staatlichen Planungsmaßnahmen keine allgemein gesellschaftlichen Interessen und Ziele verkörpern, sondern einen Kompromiß zwischen den mächtigsten Monopolgruppen darstellen, der, in den einzelnen Ländern in unterschiedlichstem Ausmaß, von den demokratischen Kräften beeinflußt wird. Im Gegensatz zur sozialistischen Planung schließt die staatsmonopolistische Programmierung kein gemeinsames und bewußtes gesellschaftliches Handeln zur Erreichung allgemein interessierender, gesamtwirtschaftlicher Ziele ein. Die einzelnen Konzerne arbeiten mehr oder weniger isoliert und gegeneinander; sie verfolgen andere Ziele als die Masse der Bevölkerung. Aus diesem Grunde ist eine Wirtschaftspolitik „aus einem Guß“ kaum oder nur temporär und mit vielen Schwierigkeiten realisierbar. Es ist aber das Ziel der demokratischen Kräfte, durch Ausbau der Mitbestimmung des Volkes die staatsmonopolistische Planung in eine demokratische umzuformen.

Viele bürgerliche Ökonomen betonen den „demokratischen“ Charakter der imperialistischen Planung. Sie bezeichnen die *Planaufstellung* als einen Prozeß, an dem verschiedene Kräfte beteiligt sind, und die wirtschaftspolitischen Zielsetzungen als das Ergebnis einer demokratischen Willensäußerung des Volkes. Die „Planung“ in Frankreich, Schweden und anderen Ländern beweist, daß zwar die Gewerkschaften an der Ausarbeitung der Pläne teilnehmen, zu einer demokratischen, den Willen des Volkes zum Ausdruck bringenden Planung wird sie aber dadurch nicht. Die „Modernisierungskommissionen“, die in Frankreich die Pläne für die einzelnen Industriezweige erarbeiten, werden vor allem von den Vertretern der führenden Monopole der verschiedenen Zweige beherrscht, während die Gewerkschaften eine sekundäre Rolle spielen.[22]

[22] Das beweist bereits die Zusammensetzung der Modernisierungskommissionen. In den Kommissionen und Arbeitskreisen, die den IV. französischen Plan ausarbeiten halfen, waren vertreten:

Gewerkschaftler	281
Landwirte	107
Leiter von privaten und staatlichen Unternehmen	715
Vertreter der Arbeitgeberverbände	562
Beamte	781
Experten, Wissenschaftler usw.	692
	3138

Die Planungsmaßnahmen des staatsmonopolistischen Kapitalismus sind also ein Ausdruck dafür, daß eine zentrale Lenkung der Wirtschaft notwendig ist. Die Kapitalisten sind gezwungen, den gesellschaftlichen Charakter der Produktion in gewissem Grade anzuerkennen, und die Planungsbestrebungen sind eine — kapitalistische — Form dieser Anerkennung, der Anpassung der kapitalistischen Produktionsverhältnisse an die Entwicklungsbedingungen der Produktivkräfte, an die Bedürfnisse einer industriell entwickelten, sich strukturell ständig verändernden Wirtschaft. Diese Anpassung ist eine Voraussetzung für das weitere Funktionieren des Systems. Die Planung, die häufig als höhere Form der Regulierung betrachtet wird, dient u. a. der Stabilisierung der Nachfrage, einer Beeinflussung des Verhältnisses von Verbrauch und Investitionen, der zweckmäßigeren Standortverteilung der Produktivkräfte sowie der Förderung des wissenschaftlich-technischen Fortschritts.

III. Theoretische Grundfragen kapitalistischer Wirtschaftsprognosen

1. Die Prognosediskussion in der modernen bürgerlichen Ökonomie

Die heute in der bürgerlichen Ökonomie vorherrschende positive Haltung gegenüber Wirtschaftsprognosen ist erst neueren Datums, zumindest soweit es die Staatsprognosen betrifft. Oskar Morgenstern brachte 1927 noch die Ansicht der meisten bürgerlichen Theoretiker zum Ausdruck, als er schrieb:

„Die Totalprognose (damit meinte er staatliche Prognosen — A. B.) wird sich nie und nimmer als ein Wesensbestandteil des Wirtschaftssystems nachweisen lassen. Wäre sie ein solcher, so würde unser gegenwärtiges System nicht funktionieren und hätte kein früheres bestehen können. Denn Totalprognosen hat es bis vor kurzem im strengen Sinn überhaupt noch nicht gegeben und doch arbeiten die verschiedenen Wirtschaftssysteme.“[23]

Diese Einstellung gaben angesichts der kritischen ökonomischen Entwicklung in den dreißiger Jahren immer mehr bürgerliche Theoretiker auf. Während vor der großen Weltwirtschaftskrise die Ansicht vorherrschte, Wirtschaftskrisen seien notwendige, wenn auch sehr schmerzhafte Reinigungsprozesse und bildeten die Voraussetzung für einen weiteren Aufschwung der Wirtschaft, sah man sich durch die tiefe und lange Dauer der Weltwirtschaftskrise auch in dieser Frage zu einem Umdenken veranlaßt. In der Folgezeit bezeichneten es immer mehr bürgerliche Ökonomen als eine Aufgabe des Staates, Krisen vorherzusehen, um sie abzuschwächen oder vermeiden zu können. Prognosen wurden damit, entgegen der Voraussage von Morgenstern, zu einer Voraussetzung für das Funktionieren und Weiterbestehen des kapitalistischen Systems.

[23] *Oskar Morgenstern*, Wirtschaftsprognose, Eine Untersuchung ihrer Voraussetzungen und Möglichkeiten, Verlag Julius Springer, Wien 1928, S. 36.

Die staatliche Prognosetätigkeit ist aber nicht nur ein Ergebnis der Verschärfung der kapitalistischen Widersprüche. Von großer Bedeutung sind auch die ökonomischen Erfolge, die in den sozialistischen Ländern mit Hilfe der Planwirtschaft erreicht wurden sowie die Erfordernisse und Konsequenzen, die sich heute für den Kapitalismus aus dem ökonomischen Wettbewerb mit dem sozialistischen Weltsystem ergeben. Viele bürgerliche Ökonomen empfehlen gerade unter Hinweis auf das ökonomische Wachstum in den sozialistischen Ländern eine verstärkte „Planung" und in ihrem Rahmen eine intensive Prognosetätigkeit.

Die staatliche Prognosebildung der imperialistischen Länder wird historisch ganz allgemein durch zwei Entwicklungsetappen charakterisiert. Vor und unmittelbar nach dem zweiten Weltkrieg wurden gesamtwirtschaftliche Prognosen mehr oder weniger zufällig und ad hoc sowie vornehmlich mit dem Ziel aufgestellt, konjunkturelle Umbrüche zu erkennen. Diese zumeist von Privatinstituten erarbeiteten Voraussagen basierten auf empirisch-statistischen Untersuchungen. Am bekanntesten von ihnen sind das Harvard-Barometer und die Prognosen des deutschen Instituts für Konjunkturforschung. Das Harvard-Barometer erlitt 1929 ein Fiasko, da es die große Krise nicht vorausgesagt hatte. Seine Veröffentlichung wurde daher eingestellt. Nach dem zweiten Weltkrieg wurden allerdings ähnliche Verfahren für Prognosen wieder genutzt. Die Prognosen des Wagemannschen Instituts für Konjunkturforschung waren zwar nicht derartigen Kritiken ausgesetzt wie die Harvard-Barometer, allerdings war auch ihre Aussagekraft auf Grund zu starker Verallgemeinerungen sehr gering.

Einen viel diskutierten Rückschlag erlitt die bürgerliche Prognosepraxis, als die von vielen Ökonomen für die Zeit unmittelbar nach Beendigung des zweiten Weltkrieges, nach dem Übergang von der Kriegs- zur Friedenswirtschaft vorausgesagte schwere Krise nicht eintrat. Die ökonomischen Schwierigkeiten und die stete Furcht vor einer Krise waren aber in der Folgezeit eine wesentliche Ursache dafür, daß in den meisten imperialistischen Ländern trotzdem die Prognosebildung stark intensiviert, in den Aufgabenbereich des Staates eingereiht und somit das staatsmonopolistische Instrumentarium verstärkt wurde. Nach dem zweiten Weltkrieg wurden in zahlreichen kapitalistischen Ländern systematisch kurz-, mittel- und langfristige Prognosen erarbeitet und zu einem festen Bestandteil eines wirtschaftspolitischen Konzepts zur Erreichung eines dynamischen Wachstums der Wirtschaft gemacht. Dieser Entwicklung liegen verschiedene Faktoren zugrunde, u. a. die Erkenntnis, daß viele wirtschaftspolitische Maßnahmen des Staates nicht den gewünschten Erfolg hatten.

Zweifellos spielen die von bürgerlicher Seite genannten Hemmnisse in der staatlichen Wirtschaftspolitik eine wichtige Rolle. Viele dieser Hemmnisse resultieren aber aus den Widersprüchen des kapitalistischen Systems und können nur in begrenztem Ausmaß beseitigt werden. Die positive Haltung der meisten bürgerlichen Ökonomen gegenüber Staatsprognosen bedeutet also nicht, daß sich die objektiven Voraussetzungen der staatlichen Prognosebildung gegenüber der Zeit vor der Weltwirtschaftskrise so verändert haben, daß man widerspruchsfreie Prognosen aufstellen kann, wie viele kapitalistische Ökonomen glaubhaft machen wollen. Einige Widersprüche, die seit jeher im Kapitalismus einer staatlichen Prognosetätigkeit entgegenstanden. bestehen nach wie vor und werden auch von manchen bürgerlichen Theoretikern — im allgemeinen allerdings nur teilweise und in entstellter Form — zugegeben. Staatliche Prognosen bringen sie teilweise besonders klar zum Ausdruck. Trotzdem sind die kapitalistischen Prognosen von beachtlicher praktischer Bedeutung, obwohl es natürlich oft schwer zu beurteilen ist, in welchem Ausmaß bestimmte wirtschaftspolitische Erfolge des Staates auf das Konto der Prognosetätigkeit gebucht werden dürfen.

Unter den bürgerlichen Wirtschaftstheoretikern gibt es entschiedene Gegner und nachdrückliche Befürworter von Prognosen. Zu den Gegnern gehören liberalorientierte Ökonomen, wie Albert Hahn und vor allem die westdeutschen Neoliberalen So schreibt Hahn:

„Die Kenntnis der Zukunft ist den Menschen auf den wirtschaftlichen wie auf anderen Gebieten verschlossen.“[24]

Nach Hahn, der die „Voraussagemanie“ der Gegenwart als eine Begleiterscheinung des Keynesianismus bezeichnet, kann die Zukunft nur vermutet werden. Er sieht in der Unerkennbarkeit des künftigen Wirtschaftsgeschehens sogar die Voraussetzung für eine dynamische Entwicklung *jeder* Wirtschaft. Diese ablehnende Haltung gegenüber Wirtschaftsprognosen hat verschiedene Ursachen. Sie ist zum Teil ein Ergebnis der häufigen Fehlprognosen und somit ein Ausdruck dessen, daß viele bürgerliche Ökonomen zu der Ansicht gelangt sind, im Kapitalismus seien zuverlässige Prognosen prinzipiell nicht möglich. So erklärte Müller-Armack, auf Grund der zahlreichen mittel- und langfristigen Fehlprognosen seien bestenfalls kurzfristige Voraussagen möglich.

„Nach dem augenblicklichen Stand unserer Wissenschaft ist es eben so, daß wir vielleicht auf das nächste Jahr einigermaßen sicher eine Vorausschau wagen können, aber weiter geht es nicht, und die bisherigen Spuren sollten schrecken.“[25]

F. A. Lutz meint, daß *richtige* Voraussagen noch nichts über die Möglichkeit einer Voraussage beweisen, sondern einfach auf das Konto der Wahrscheinlichkeitsrechnung zu buchen sind. Wenn viel vorausgesagt wird, müsse schließlich auch einmal eine Voraussage richtig sein. Trotzdem nimmt Lutz gegenüber Prognosen keine so entschieden ablehnende Haltung ein wie z. B. Hahn. Er ist der Ansicht, daß man

[24] *A. Hahn*, Geld und Kredit, Knapp-Verlag, Frankfurt (Main) 1960, S. 14.
Hahn wendet sich besonders scharf gegen die Auffassung, die Konjunkturinstitute könnten mit Hilfe von Prognosen den Unternehmen das Risiko der Ungewißheit der Zukunft abnehmen. Derartige Voraussagen hätten nur den Konjunkturinstituten Gewinn gebracht, sich aber später allzu oft als falsch herausgestellt. Stellen die Unternehmer falsche Voraussagen auf, so wirkt sich das sofort negativ aus, indem sie Verluste erleiden; die Institute dagegen bleiben unbeeinflußt. Dieser Hinweis trifft ohne Zweifel zu; trotzdem wird er den Gegebenheiten des modernen Kapitalismus nicht ganz gerecht, da die Notwendigkeit von Prognosen immer dringender wird. Je mehr der Staat die Wirtschaft beeinflußt, desto mehr und genauere Voraussagen sind erforderlich.

[25] Langfristige Programmierung innerhalb der Marktwirtschaft, a. a. O., S. 27.

in der Wirtschaft ohne Voraussagen nicht auskommen könne und jeder wirtschaftstheoretische Satz eine Prognose enthalte. Steigt z. B. die Produktion eines Gutes und alles andere bleibt gleich, wird der Preis des Gutes sinken. Derartigen bedingten Voraussagen spricht Lutz absoluten Sicherheitsgehalt zu.[26] Nach seiner Ansicht enthalten auch alle wirtschaftspolitischen Ratschläge eine Voraussage, denn sie geben an, welche Folgen eine bestimmte staatliche Maßnahme haben kann. Da aber alle Wirtschaftsvorgänge von zahlreichen politischen, meteorologischen und anderen außerökonomischen Bedingungen abhängen, können „Voraussagen der Nationalökonomen (und das trifft zweifellos zu, A. B.) nur einen größeren oder geringeren Wahrscheinlichkeitswert haben."[27] Trotz dieser Einschränkungen ist Lutz' Grundhaltung gegenüber staatlichen Prognosen negativ, denn er faßt das Ergebnis seiner Überlegungen wie folgt zusammen:

„Wir können nichts Sicheres über die Zukunft wissen, *und Gott sei Dank können wir es nicht.*"[28]

Sicher sind die kapitalistischen Prognosen oft völlig falsch, aber das kann natürlich nicht bedeuten, daß deshalb die mittel- und langfristige Prognosebildung aufgegeben wird. Die sozial-ökonomische Entwicklung zwingt die kapitalistischen Länder in zunehmendem Maße zur Aufstellung von Prognosen und zweifellos sind in den letzten Jahren auch die Bedingungen für die Erarbeitung von Voraussagen mit einem höheren Zuverlässigkeitsgrad besser geworden. Trotz zahlreicher Fehler sind viele langfristige Prognosen von gewissem Nutzen gewesen und werden es in Zukunft noch mehr sein. Man kann auch keineswegs sagen — und hier zeigt sich die Demagogie der Neoliberalen —, daß deren Ablehnung mittelfristiger Prognosen so absolut ist, wie das den Anschein hat. In Westdeutschland werden seit Jahren mit Duldung oder direkter Unterstützung der Regierung mittel- und langfristige Prognosen aufgestellt. Man denke nur an die von der Arbeitsgemeinschaft der wirtschaftswissenschaftlichen Forschungsinstitute ausgearbeitete Energieenquête, in der die Entwicklungstendenzen der Energiewirtschaft bis zum Jahre 1975 analysiert worden sind.

Die ablehnende Haltung einiger bürgerlicher Ökonomen gegenüber Wirtschaftsprognosen ist ein Beispiel für die heute von kapitalistischer Seite häufig vertretene These von der Unerkennbarkeit der gesellschaftlichen Entwicklung. Mit ihr wird das Ziel verfolgt, den werktätigen Massen die Erkenntnis der gesellschaftlichen Realität als objektiv unmöglich darzustellen oder diese Erkenntnis zumindest zu erschweren. Die bürgerlichen Ideologen wissen, daß aus der Kenntnis der ökonomischen Gesetzmäßigkeiten Konsequenzen gezogen werden können, die das imperialistische System gefährden. Aus diesem Grunde ist der Monopolbourgeoisie an keiner Aufdeckung der sozial-ökonomischen Entwicklungstendenzen gelegen. Da aber die allgemeinen Gesetzmäßigkeiten der sozialen Entwicklung bekannt sind, versuchen einige Ideologen des Monopolkapitals, deren Bekanntwerden in ihrem Herrschaftsbereich zu verhin-

[26] *F. A. Lutz*, Das Problem der Wirtschaftsprognosen, Recht und Staat in Geschichte und Gegenwart, H. 185, Verlag J. C. B. Mohr (Paul Siebeck), Tübingen 1955, S. 8.

[27] Ebenda, S. 10.

[28] Ebenda, S. 20. (Hervorhebungen – A. B.)

dern und ihre eigenen unwissenschaftlichen Ansichten den Menschen in den kapitalistischen Ländern nahezubringen. Bei der Prognoseproblematik zeigt sich das sowohl in der eindeutigen Ablehnung von Prognosen als auch in der Befürwortung von Prognosen, ein Widerspruch, der aus der kapitalistischen Produktionsweise selbst resultiert, denn im Kapitalismus tragen alle ökonomischen Erscheinungen einen Doppelcharakter: einerseits spiegeln sie die Erfordernisse der gesellschaftlichen Produktion wider, andererseits werden sie durch den Charakter der überlebten Produktionsverhältnisse bestimmt und beeinflußt.

Eine weitere Ursache für die negative Einstellung bürgerlicher Theoretiker gegenüber Prognosen allgemein oder vorwiegend mittel- und langfristigen Voraussagen ergibt sich aus prinzipiellen theoretischen Überlegungen. Hahn, Lutz u. a. wollen die qualitativen Veränderungen, die sich in den letzten Jahrzehnten im Kapitalismus vollzogen und zur vollständigen Herausbildung des staatsmonopolistischen Kapitalismus geführt haben, nicht oder nur bedingt zur Kenntnis nehmen und gehen nach wie vor von der Existenz des atomistischen Konkurrenzmechanismus aus. Heute herrscht aber in den imperialistischen Ländern die monopolistische Konkurrenz und die meisten Industriezweige werden von wenigen Großunternehmen beherrscht. Eine Ursache für die Überlebtheit zahlreicher Argumente gegen die Prognosebildung ergibt sich also aus einer wirklichkeitsfremden Betrachtung der Wirtschaft.

Die meisten bürgerlichen Ökonomen halten heute eine Prognosebildung nicht nur für möglich, sondern für unbedingt notwendig, auch wenn sie bestimmte Einschränkungen machen und das Prognoseproblem in apologetischer Art behandeln. Ihrer Forderung nach Aufstellung von Prognosen liegen vor allem die Bedürfnisse und Notwendigkeiten zugrunde, die sich aus dem Niveau und den Entwicklungstendenzen der Produktivkräfte ergeben. Die bürgerlichen Befürworter von Wirtschaftsprognosen begründen ihre Haltung einmal damit, daß jede menschliche Tätigkeit ein gewisses Maß an Vorausdenken impliziert. Jöhr und Kneschaurek erklären z. B.:

„Jedes menschliche Handeln, das weder eine ausschließlich effektbestimmte Reaktion ist, noch eine rein gewohnheitsmäßige Tätigkeit darstellt, noch sich hinsichtlich seines Zweckes im Augenblicke seines Handelns erfüllt, beruht auf einer Prognose.“[29]

Diese Ansicht ist ohne Zweifel richtig. Die Menschen sind seit jeher daran interessiert, die Auswirkungen ihrer Arbeit vorauszusehen. Die Prognose ist ein integrierender Bestandteil des Arbeitsprozesses und des rationalen Handelns, denn die Menschen haben zumeist mehr oder weniger konkrete Vorstellungen über den Gang und das Ergebnis ihrer Arbeit. Sie wissen auch, daß ihre Tätigkeit um so produktiver und erfolgreicher ist, je zuverlässiger und umfassender die Voraussicht ist. Es bestehen allerdings historisch, erkenntnis- und klassenmäßig bedingte Grenzen im Vorausdenken. Günter Söder schreibt darüber:

„Die Tätigkeit der Menschen ist bewußte Tätigkeit, obgleich sich diese Bewußtheit in den vorsozialistischen Gesellschaftsordnungen im wesentlichen nur auf die unmittelbaren Re-

29 *W. A. Jöhr, F. Kneschaurek,* Die Prognose als Basis der Wirtschaftspolitik. In: Diagnose und Prognose als wirtschaftswissenschaftliche Methodenprobleme, Verlag Duncker & Humblot, (West-) Berlin 1962, S. 415.

sultate der Tätigkeit der Menschen bezieht und die ‚Fernwirkungen' meist ungewollt, nicht vorausgesehen werden, also spontan sich verwirklichen."[30]

Im Kapitalismus der freien Konkurrenz und in der ersten Zeit des Monopolkapitalismus hatte die Bourgeoisie kein Interesse an den entfernteren Wirkungen der Produktion. Das änderte sich jedoch mit der fortschreitenden Vergesellschaftung der Produktivkräfte, der Verschärfung der sozialen Gegensätze und dem wachsenden Einfluß des sozialistischen Weltsystems. Auch heute produzieren die Kapitalisten natürlich in erster Linie eines unmittelbaren Zieles willen: des Profits, und alle Überlegungen über die Zukunft sind diesem Ziel untergeordnet. Die zeitliche und räumliche Ausdehnung des Produktionsprozesses, die weitreichenden Kooperationsbeziehungen, der schnelle wissenschaftlich-technische Fortschritt und andere Merkmale der modernen Großproduktion machen aber das ökonomische Geschehen außerordentlich kompliziert und unübersichtlich und erfordern auch Prognosen, die nicht nur die naheliegende Wirkung der Produktion erfassen. Für die Sicherung des Profits und die Erhaltung des kapitalistischen Systems sind langfristige Voraussagen erforderlich, mit deren Hilfe die fernerliegenden Entwicklungslinien soweit wie möglich erkannt und in der Unternehmens- und Staatspolitik berücksichtigt werden können. Die meisten bürgerlichen Ökonomen tragen dem Rechnung, indem sie für die verschiedenen Formen der Prognose eintreten. Nach Baade kommt heute die kapitalistische Wirtschaft ohne vorausschauende Überlegungen nicht mehr aus[31] und Willi Kraus erklärt:

„Die Skeptiker, . . . die eine wirtschaftliche Bedeutung der Prognose schlechthin in Abrede stellen, übersehen dabei, daß die praktische Wirtschaftspolitik sich in weiten Bereichen längst auf Prognosen stützt."[32]

Am deutlichsten erkennt Hans Ohm die Aufgaben gesamtwirtschaftlicher Prognosen in Gegenwart und Zukunft:

‚Rationalität und Effizienz der Wirtschaftspolitik . . . hängen maßgeblich von der Qualität der Prognostizierung ab. Es erscheint deshalb dringend angezeigt, daß auch von Seiten der wissenschaftlichen Wirtschaftspolitik alle Anstrengungen unternommen werden, die Methoden der Wirtschaftsprognose und damit ihren Exaktheitsgrad zu verbessern, ihre Fehlermöglichkeiten und Fehlergrenzen einzuschränken und damit auf einem Wege fortzuschreiten, der trotz aller Rückschläge und Schwierigkeiten in den letzten Jahrzehnten doch zu beachtlichen Erfolgen geführt hat."[33]

[30] *Günter Söder*, Soziologie und wissenschaftliche Voraussicht. In: „Deutsche Zeitschrift für Philosophie", 10. Jg., H. 7. 1962. S. 322.

[31] *F. Baade*, Wettlauf zum Jahre 2000, Stalling Verlag, Oldenburg-Hamburg 1960, S. 14/15.

[32] *W. Kraus*, Volkswirtschaftliche Gesamtrechnung, Gabler Verlag, Wiesbaden 1961, S. 131.

[33] *H. Ohm*, Allgemeine Volkswirtschaftspolitik, Walter de Gruyter und Co, (West-)Berlin 1962, S. 51.

2. Die Darstellung des Verhältnisses von Prognose und Freiheit durch die bürgerliche Ökonomie

Die wichtigste Funktion aller kapitalistischen Prognosen besteht darin, die Ungewißheit über die künftige ökonomische Entwicklung und damit das Risiko der Entscheidungen auf betrieblicher und gesamtwirtschaftlicher Ebene zu vermindern. Die meisten bürgerlichen Ökonomen betonen, daß auf die Zukunft bezogene Entscheidungen immer ein gewisses Maß an Unsicherheit aufweisen werden, es gehe aber darum, den Grad dieser Unsicherheit durch einen genaueren Einblick in die Reproduktionsbeziehungen einzuschränken, indem die statistischen Unterlagen verbessert, die modernen Methoden zur Auswertung des statistischen Materials eingesetzt und die Voraussageverfahren vervollkommnet werden. Die Erfassung der zahllosen individuellen Handlungsweisen sei aber sehr schwierig. Obwohl alle bürgerlichen Ideologen die individuelle Entscheidungsfreiheit als ein typisches und notwendiges Merkmal der kapitalistischen Gesellschaftsordnung ansehen, gibt es über das Verhältnis von Prognose und Handlungsfreiheit wesentliche Meinungsverschiedenheiten unter ihnen. Zahlreiche bürgerliche Theoretiker konstruieren zwischen Prognosen — und ebenso der Planung — einerseits und der Freiheit andererseits einen unversöhnlichen Gegensatz und vertreten die Auffassung, daß Prognose und Planung die Freiheit beschränken und nur in einer Wirtschaft, in der diese Instrumente keine Rolle spielen, die individuelle Freiheit gesichert sei. Ernst Heuß erklärt, die bürgerliche Wirtschaftstheorie stehe seit einer Generation vor der Frage: Wie soll sich der Mensch in einer ungewissen Welt verhalten?[34] Nach seiner Ansicht führen alle Bestrebungen, die Ungewißheit durch Voraussagen zu überwinden, zu einer Einschränkung oder gar Beseitigung der persönlichen Freiheit. Die Spieltheoretiker hätten z. B. die Ungewißheit zum Objekt der theoretischen Analyse gemacht, seien sich aber nicht der Tatsache bewußt geworden, daß Freiheit und Ungewißheit in einem gegenseitigen Bezug zueinander stehen, wobei Ungewißheit als Bedingung der Freiheit anzusehen sei. Nach Morgensterns Darlegungen über Wirtschaftsprognosen glauben, so führt Heuß weiter aus, bürgerliche Ökonomen, daß eine Prognose nur dann richtig sein kann, wenn es vor der prognostischen Handlung ebensowenig ein Entrinnen gibt wie vor dem Delphischen Orakel.

> „Diese Konsequenz liegt in der Natur der Prognose, da sie ja nichts anderes als die Transparentmachung der Zukunft bedeutet, was nichts anderes heißt, als daß sie aus der ungewissen Zukunft eine gewisse macht. Es ist also in diesem Fall die Zukunft determiniert und festgelegt. Folglich bedeutet das Gegenteil davon eine offene Zukunft, bei der verschiedene Handlungen eintreten können und keine von vornherein als gewiß festgelegt ist.“[35]

Von dieser Konstellation sei auch die Spieltheorie ausgegangen, habe aber durch einen Kunstgriff aus der Ungewißheit des Spiels eine Gewißheit gemacht und somit-

[34] *E. Heuß*, Freiheit und Ungewißheit, In: ORDO, Doppelband XV/XVI, 1965, Helmut Küpper vormals Georg Bondi, Düsseldorf-München 1965, S. 43.

[35] Ebenda, S. 47.

das gestellte Problem in sein Gegenteil verkehrt. Aus der Frage: „Wie verhalte ich mich in einer ungewissen Welt?“ sei die Frage entstanden: „Wie verhalte ich mich in einer Welt, die durchsichtig gemacht worden ist?“ Auf diese Weise werde ein Spieler zum ausführenden Organ eines Spielmechanismus und vom denkenden und frei handelnden Menschen bleibe nichts mehr übrig.

„Mit der Gewißheit ist ... zwangsläufig eingeschlossen, daß dadurch alle Züge des Spielers determiniert werden. Dieser Zusammenhang zwischen Gewißheit und determiniertem Ablauf, wie er zum erstenmal beim Spiel aufgedeckt worden ist, läßt sich aber ohne weiteres generalisieren und auf das menschliche Leben ganz allgemein übertragen. In diesem Falle führte nämlich eine Welt mit einer völlig gewissen Zukunft dazu, daß sich an der Wiege eines jeden Menschen sein Lebenslauf bis zum Tode bestimmen und damit programmieren ließe.“[36]

Heuß benutzt diese Übertreibungen, um „beweisen“ zu können, daß Spieltheorie und Prognosetätigkeit die Entscheidungsfreiheit jedes Menschen aufheben und das Individuum zum Automaten erniedrigen. Für ihn stehen Freiheit und Ungewißheit in einem Komplementärverhältnis zueinander.

„Faßt man Gewißheit und Freiheit als Alternativen auf, so läßt sich auch leicht erkennen, wohin die Wirtschaftsprognose in der Endkonsequenz führt. Eine Prognose bedeutet, aus der ungewissen Zukunft eine gewisse Zukunft zu machen. In diesem Falle müssen aber die Handlungen, welche die Zukunft ausmachen, gewiß sein bzw. sie müssen in der Zukunft festgelegt sein. Eine solche Festlegung schließt aber wiederum Freiheit der Handlung aus, so daß gesagt werden kann: Falls eine Prognose richtig und zutreffend sein soll, so müssen die Handlungen, die der Prognose widersprechen, ausgeschlossen werden. Auf der gleichen Ebene bewegt sich auch der historische Determinismus, der glaubt, aus der Entwicklung der Vergangenheit die Gesetze ableiten zu können, nach denen sich die Entwicklung in der Zukunft vollziehen wird. Wenn dann von einer zwangsläufigen Entwicklung gesprochen wird, so heißt dies nichts anderes, als daß es bei einer solchen Zwangsläufigkeit keinen Spielraum für die Freiheit und damit de facto auch keine Freiheit gibt.“[37]

Während Heuß und andere bürgerliche Ökonomen in althergebrachter Weise die Freiheit betonen, ohne einzugestehen, daß es unter kapitalistischen Bedingungen weder eine in ihrer Weise verstandene Freiheit geben kann, noch die von ihnen angeführte Beziehung zwischen Ungewißheit und Freiheit, heben die meisten bürgerlichen Ökonomen hervor, daß die kapitalistische Prognose- und Planungstätigkeit die Freiheit entweder nur im wohlverstandenen Interesse der Erhaltung des Systems einschränkt und beide deshalb einander nicht ausschließen, oder gar die Voraussetzung für mehr Freiheit bildet. Fritz Baade erklärt, Freiheit und Planung seien keine gegensätzlichen Begriffe und wendet sich gegen die Ansicht, „daß man mehr Freiheit haben werde, wenn man keine Planung habe und daß umgekehrt ein Plus an Planung mit einem Minus an Freiheit erkauft werden müsse.“ Dies sei vulgärökonomischer Aberglaube, „der im Gegensatz zu anderen westlichen Ländern in der Bundesrepublik in der Skala des Geisteslebens und des politischen Lebens ziemlich weit hinauf reicht.“[38]

[36] Ebenda, S. 50/51. [37] Ebenda, S. 52/53.

[38] *F. Baade,* Freiheit durch Planung. In: „Die neue Gesellschaft“, 11. Jg., H. 3, 1964, S. 201.

Andere westdeutsche Ökonomen sehen in Prognosen und Plänen eine Voraussetzung für die Beschränkung der Staatseingriffe. Dazu sei Bombach zitiert:

„Wenn behauptet wird, auch ein Rahmenplan sei mit einer Marktwirtschaft nicht vereinbar, weil er individuelle Freiheiten beeinträchtige, weil Planung die Tendenz in sich trage, sich auf immer weitere Bereiche auszudehnen, weil er den Marktmechanismus störe oder aus welchen Gründen auch immer, so möchte ich die Gegenthese setzen: *Je konsequenter an einem aufgestellten, auf die Zukunft ausgerichteten Rahmenplan festgehalten wird, desto reibungsloser kann der Preismechanismus in den nicht vom Plan gedeckten Bereichen seine Lenkungsaufgabe erfüllen, desto weniger Eingriffe in individuelle Entscheidungen werden nötig sein*, und desto kleiner werden auch die Reibungsverluste sein.“[39]

Manche Ökonomen, so auch Baade, gehen noch einen Schritt weiter und behaupten, daß erst Prognosen und Pläne ökonomische Freiheit gewähren, da sie systemeigene Mißstände der kapitalistischen Wirtschaft sowie soziale Unsicherheit und Not beseitigen. Damit wird an bestimmte Entwicklungen in den kapitalistischen Ländern angeknüpft, denn die staatliche Wirtschaftspolitik hat bei der Erreichung und Sicherung eines stabilen Beschäftigungsniveaus eine Reihe von Erfolgen aufzuweisen, die auf die Lebenshaltung vieler Menschen einen positiven Einfluß haben. Baades Ansicht kann aber insofern nicht als zutreffend angesehen werden, da sie die Planung als dem kapitalistischen Eigentum an den Produktionsmitteln zugehörig betrachtet und das kapitalistische Klassen- und Ausbeutungsverhältnis, aus dem sich die Unfreiheit für die meisten Menschen ergibt, unbeachtet läßt.

Zu beachten ist auch die bürgerliche Auffassung, in der modernen kapitalistischen Wirtschaft seien ökonomische Größen, wie Preise, Einkommen und Beschäftigung, nur formal das Ergebnis freier Entscheidungen einer großen Zahl von Wirtschaftssubjekten,[40] da der Staat heute bewußt viele Daten und allgemeine Rahmenbedingungen setzt und damit entscheidend das Verhalten von Unternehmern und Verbrauchern beeinflußt. In der Tat wirkt sich jede Änderung der Steuer-, Kredit- und Ausgabenpolitik auf die ökonomischen Entscheidungen der Unternehmer aus. Viele bürgerliche Theoretiker erkennen das an, behaupten aber, dies sei eine Begrenzung der Freiheit im Interesse der Freiheit und es gäbe im Kapitalismus immer noch weit mehr Freiheit als im Sozialismus.

Baade weist mit Recht darauf hin, daß westeuropäische Ökonomen die Frage nach dem Verhältnis von Prognose, Planung und Freiheit offener behandeln als viele westdeutsche Theoretiker und tatsächlich fordern französische, niederländische u. a. unter Hinweis auf die Erfordernisse des „Allgemeinwohls“ staatliche Maßnahmen zur Beschleunigung der Kapitalzentralisation, wo dies nach ihrer Ansicht erforderlich ist, da in vielen Fällen die „freie Konkurrenz“ und die „freie Unternehmertätigkeit“ nicht zu den erwünschten Resultaten führen. Wenn z. B. in einer Branche zu viele „unteroptimale“ Betriebe existieren, dann ist nach Tinbergen ein gewisser Druck der Regierung notwendig, um Fusionen zu veranlassen.[41] In den Niederlanden wurden

[39] Planung ohne Planwirtschaft, a. a. O., S. 54 (Hervorhebung – A. B.)
[40] Vgl. u. a. die Ausführungen von W. Krelle, ebenda, S. 64.
[41] Ebenda, S. 237.

im Maschinenbau und in der Textilindustrie vom Staat Zusammenlegungen gefordert, um diese Industriezweige gegenüber der ausländischen Konkurrenz wettbewerbsfähig zu machen. Der Effekt ist natürlich eine Machtzunahme der großen Monopolunternehmen. Obwohl in Westdeutschland ähnliche Maßnahmen durchgeführt werden, versuchen z. B. die Neoliberalen glaubhaft zu machen, sie seien gegen eine derartige Politik.

In der bürgerlichen Ökonomie gibt es also unterschiedliche Auffassungen über das Verhältnis von Prognose, Planung und Freiheit; eine wissenschaftliche Erklärung dieses Verhältnisses wird aber von keiner Seite gegeben. Alle bürgerlichen Theoretiker gehen von der Ansicht aus, das kapitalistische Eigentum an den Produktionsmitteln sei die Grundlage der Freiheit jedes einzelnen und eine Beseitigung dieses Eigentums hätte den Verlust der Freiheit zur Folge. Man verweist in diesem Zusammenhang stets auf das gesellschaftliche Eigentum an den Produktionsmitteln in den sozialistischen Ländern und die damit verbundene Planung und identifiziert beides mit Zwang und Unterdrückung.

Die Lebensverhältnisse der Menschen in den kapitalistischen und sozialistischen Ländern beweisen die Haltlosigkeit dieser Argumentation. Der Imperialismus garantiert keineswegs allen Menschen ökonomische und politische Freiheit, obwohl auch unter kapitalistischen Verhältnissen Möglichkeiten bestehen, um für die Mehrheit der Menschen ein größeres Maß an Freiheit zu erreichen, vor allem über den Kampf um demokratische Reformen. Trotzdem bildet das kapitalistische Eigentum auch weiterhin eine grundsätzliche Barriere für eine Ausdehnung der Freiheitssphäre. Im Gegensatz dazu ist das gesellschaftliche Eigentum an den Produktionsmitteln in den sozialistischen Ländern Voraussetzung und Grundlage für ein freies und bewußtes Handeln der Menschen. Freiheit und Planung setzen einander voraus. Der dialektische Materialismus versteht unter Freiheit die reale Herrschaft der Menschen über Natur und Gesellschaft, die sich auf richtige Einsichten in die Gesetzmäßigkeiten von Natur und Gesellschaft stützt.

„Freiheit des Willens heißt . . . nichts anderes als die Fähigkeit, mit Sachkenntnis entscheiden zu können. Je *freier* also das Urteil eines Menschen in Beziehung auf einen bestimmten Fragepunkt ist, mit desto größerer *Notwendigkeit* wird der Inhalt dieses Urteils bestimmt sein; während die auf Unkenntnis beruhende Unsicherheit, die zwischen vielen verschiedenen und widersprechenden Entscheidungsmöglichkeiten scheinbar willkürlich wählt, eben dadurch ihre Unfreiheit beweist, ihr Beherrschtsein von dem Gegenstande, den sie grade beherrschen sollte."[42]

Das wiederum zeigt, daß es ohne bestimmte geistige Voraussetzungen keine reale Freiheit der Menschen geben kann. Geistige Freiheit und Willensfreiheit sind nichts anderes als die Fähigkeit, mit Sachkenntnis entscheiden zu können. Das freie Handeln entwickelt sich aber auch im Sozialismus nicht automatisch, sondern im Verlaufe eines langen Erziehungsprozesses. Im Gegensatz zu den imperialistischen werden in den sozialistischen Ländern durch eine planmäßige, vorausschauende Bildungspolitik systematisch die Bedingungen und Grundlagen für ein freies Handeln ge-

[42] *Karl Marx/Friedrich Engels*, Werke, Band 20, a. a. O., S. 106.

schaffen. Hinzu kommt, daß unter sozialistischen Verhältnissen weit bessere Voraussetzungen für die Realisierung richtiger Erkenntnisse bestehen als im Kapitalismus.

3. Die erkenntnistheoretische Basis bürgerlicher Prognosen

Die Prognosebildung ist ein kompliziertes erkenntnistheoretisches Problem. Einsichten in die Zukunft des ökonomischen Geschehens zu gewinnen ist weit schwieriger als über die Vergangenheit. Es gibt jedoch Anhaltspunkte, die begründete Voraussagen über die künftige Entwicklung der Wirtschaft ermöglichen.

Die bürgerliche Ökonomie betrachtet den Ablauf der Wirtschaft als ein Resultat menschlicher Handlungen. Sie untersucht die verschiedenen Handlungsweisen, dringt aber nicht oder nur ungenügend zum Wesen der ökonomischen Erscheinungen vor, da sie nicht den Zusammenhang zwischen ökonomischen Gesetzen und individuellen Handlungen erkennt. Die bürgerlichen Wirtschaftstheoretiker leugnen keineswegs prinzipiell die Existenz ökonomischer Gesetze, bestreiten aber — entweder alle oder einige — die Existenz so wichtiger Gesetze wie des Wertgesetzes und des Gesetzes der Konzentration und Zentralisation von Produktion und Kapital und negieren ferner den objektiven Charakter der ökonomischen Gesetze. Nun können Wirtschaftsprognosen sowohl auf der Basis eingehender empirischer Analysen als auch auf der Grundlage erkannter ökonomischer Gesetzmäßigkeiten aufgestellt werden. Diese Prognosen sind aber um so zuverlässiger, je genauer die Kenntnis der in dem zu prognostizierenden Bereich waltenden Gesetzmäßigkeiten ist. Angesichts der Tatsache, daß die bürgerlichen Ökonomen eine idealistische Position einnehmen und nur in den durch den Klassenstandpunkt gezogenen Grenzen an einer Erforschung der ökonomischen Realität interessiert sind, muß man bei einer Beurteilung der imperialistischen Prognosetätigkeit zwischen folgenden, eng miteinander verbundenen Problemen unterscheiden:

1. der staatsmonopolistische Kapitalismus braucht aus verschiedenen Gründen, z. B. zur Schaffung breiterer Anwendungsmöglichkeiten für die modernen Produktivkräfte, Voraussagen über die künftige ökonomische Entwicklung.
2. Mit vielen Prognosen werden ideologisch-apologetische Ziele verfolgt. Sie sollen die Existenz des kapitalistischen Systems rechtfertigen und seine Entwicklungsperspektiven dokumentieren, gleichzeitig aber die Absichten der Monopole verschleiern bzw. gegenüber den nichtmonopolistischen Schichten bestimmte staatsmonopolistische Ziele durchsetzen helfen.
3. Auch bei bürgerlichen Voraussagen spielen erkenntnismäßige Grenzen eine wichtige Rolle. Die wachsende Verflechtung der Wirtschaft erschwert die Erarbeitung von Voraussagen. In der bürgerlichen Ökonomie zeigt sich jedoch ein Hinausrücken der Erkenntnisgrenzen.

Die bürgerlichen Theoretiker reduzieren das Wirken der ökonomischen Gesetze auf bestimmte „Regelmäßigkeiten", die für sie Ausgangspunkt und Basis für Wirtschaftsprognosen bilden. Heinz Gollnick führt z. B. an, daß im Verhalten der Menschen gewisse Regelmäßigkeiten festzustellen seien, die es herauszuarbeiten gelte. Einmalig oder zufällig auftretende und das menschliche Verhalten beeinflussende Faktoren könnten dagegen eliminiert werden. Von vielen bürgerlichen Ökonomen werden die Regelmäßigkeiten in Anlehnung an Max Weber als „Quasi-Gesetze“ bezeichnet.[43]

„Bei Wirtschaftsprognosen können nun diese für die Vergangenheit ermittelten Regelmäßigkeiten als Ausgangspunkt genommen werden. Zuerst ist zu fragen, ob diese für die Vergangenheit beobachteten Regelmäßigkeiten in den Verhaltensweisen für die nähere oder weitere Zukunft, für die eine Prognose gemacht werden soll, auch weiter bestehen bleiben oder ob in irgendeiner Richtung mit Veränderungen zu rechnen ist.“[44]

In der bürgerlichen Prognosepraxis werden diese Regelmäßigkeiten beachtet. So basiert man gesamt- und branchenwirtschaftliche Nachfrageprognosen auf Haushaltsrechnungen, indem für eine bestimmte Periode (ein Jahr, vier Wochen usw.) das Einkommen, die Haushaltsausgaben und der Verbrauch für einzelne Produkte oder Erzeugnisgruppen festgestellt und die Unterschiede *zwischen* den Haushalten herausgearbeitet und gemessen werden, um typische Regelmäßigkeiten bei der Aufteilung des verfügbaren Haushaltseinkommens erkennen zu können. E. Engel und H. Schwabe haben vor Jahrzehnten derartige Regelmäßigkeiten für Nahrungsmittelausgaben und Mieten festgestellt und als „Gesetze“ formuliert. Diese sogenannten „Engelschen Gesetze“ werden von vielen modernen bürgerlichen Ökonomen anerkannt, da sie sich angeblich bis heute als typisches Phänomen für den Regelfall bestätigt haben.[45]

In der Tat erweisen sich viele auf derartigen Analysen beruhende Prognosen als sinnvoll und ausreichend. Durch Befragungen vergegenwärtigen sich die bürgerlichen Ökonomen das Wirken der ökonomischen Gesetze, ohne sie näher zu analysieren. Durch die Untersuchung von Regelmäßigkeiten im Verhalten der Menschen werden bestimmte Erscheinungen verallgemeinert und damit eine mehr oder minder zuverlässige Grundlage für die Prognose von Einzelgrößen und Zusammenhängen gewonnen, an denen sich Unternehmer und Staat bei ihren Dispositionen orientieren können. Dennoch bleibt natürlich in vielen Fällen die Kenntnis der ökonomischen Gesetze die unabdingbare Basis sinnvoller Wirtschaftsprognosen und je genauer diese Gesetze erforscht sind, desto zuverlässiger sind die Voraussagen.

Im Kapitalismus verwirklichen sich die ökonomischen Gesetze durch die spontane Tätigkeit einer Vielzahl individueller Handlungen. Da die bürgerlichen Ökonomen bemüht sind, die Regelmäßigkeiten dieser Handlungen im Sinne von Wiederholungen

43 *H. Gollnick*, Probleme der Wirtschaftsprognose aus der Sicht des Ökonometrikers. In: „Jahrbuch für Sozialwissenschaft“, Band 16, H. 1, 1965, S. 56.
Max Weber sagte, in den „Kulturwissenschaften“ gebe es keine Gesetze in exakt naturwissenschaftlichem Sinne, sondern nur in Regeln ausgedrückte adäquate ursächliche Zusammenhänge.

44 Ebenda, S. 56.

45 Vgl. u. a. *H. Gollnick*, Neuere Entwicklungstendenzen auf dem Gebiet der ökonomischen Forschung. In: „Jahrbuch für Sozialwissenschaft“, Band 14, H. 2, 1963, S. 283.

festzustellen, erfassen sie lediglich eine Seite der Wirkungsweise dieser Gesetze. Ökonomische Gesetze sind wesentliche, notwendige, relativ beständige und sich wiederholende Beziehungen zwischen Erscheinungen. Durch das Außerachtlassen des Wesentlichen und Notwendigen werden die gesetzmäßigen Beziehungen entstellt und wird die Basis der Prognosetätigkeit in ungerechtfertigter Weise geschmälert. Auch die vielfach vorgetragene These, wonach die Realität individuell sei und nicht durch Gesetze erklärt werden könne, überzeugt nicht. Das Gesetz als notwendiges Verhältnis zwischen Dingen steht nicht außerhalb der individuellen Zusammenhänge, sondern schließt die subjektive Tätigkeit des einzelnen Menschen ein. Die ökonomischen Gesetze verwirklichen sich durch das subjektive Handeln der Menschen. Dabei ist allerdings zu beachten, daß dieses subjektive Handeln von zahlreichen Faktoren beeinflußt wird und das Verhältnis von menschlicher Tätigkeit und objektiven Gesetzen sehr widerspruchsvoll sein kann. Hinzu kommt, daß die begriffliche Fassung der Gesetzmäßigkeit im gesellschaftlichen Bereich noch tiefer erforscht werden muß. Das betrifft u. a. auch das Problem des statistischen (stochastischen) Charakters der Gesetze und speziell die Frage, ob schlechthin alle gesellschaftlichen Gesetze stochastischen Charakter tragen.

Für die bürgerlichen Ökonomen ist das Verhältnis von Gesetz und individuellem Handeln insofern von großer Bedeutung, als sie die Alternative aufstellen, entweder sind die menschlichen Handlungen determiniert und die Menschen können nicht frei handeln oder sie sind es nicht und freies Handeln ist möglich. Da von bürgerlicher Seite im allgemeinen die These vertreten wird, die menschlichen Handlungen seien nicht determiniert, ergeben sich daraus für die Prognosetätigkeit wichtige Konsequenzen. Wilhelm Krelle schreibt über diesen Zusammenhang:

„Einmal ergibt sich der Wirtschaftsverlauf in der Marktwirtschaft aus einer Vielzahl von individuellen Entscheidungen, die keineswegs strikt determiniert sind, auch als Kollektiv nicht. Wäre z. B. die Entscheidung des Kollektivs, bestehend aus n Personen, funktionell festgelegt, so können höchstens n-1 Personen in ihrem Entschluß frei sein, der Entschluß zumindest der n-ten Person müßte strikt determiniert werden, was der Voraussetzung widerspricht. Bestenfalls kann das Verhalten des Kollektivs also als stochastische Größe aufgefaßt werden. Damit sind nur Wahrscheinlichkeitsaussagen über die uns interessierenden Gesamtgrößen möglich."[46]

Viele bürgerliche Ökonomen vertreten im Prinzip den gleichen Standpunkt und sehen ebenso wie Krelle für die Aufstellung von Prognosen gute Möglichkeiten, da wirtschaftliche Prognosen über das Verhalten von *Massen* und *Gruppen* abgegeben werden. Für dieses Verhalten gelten mehr oder weniger strenge massenstatistische, d. h. wahrscheinlichkeitsgesetzliche Regelmäßigkeiten, so daß Prognosen nicht nur möglich seien, sondern auch einen bemerkenswerten Zuverlässigkeitsgrad aufweisen können.[47] Man betont allerdings, daß wegen der im Kapitalismus angeblich bestehenden, wenn auch in gewissem Umfang beschränkten, Entscheidungsfreiheit keine *sicheren* Prognosen möglich seien.

[46] *Wilhelm Krelle*, Möglichkeiten und Grenzen der Konjunkturdiagnose. In: Diagnose und Prognose, a. a. O., S. 34.

[47] Vgl. H. *Ohm*, Allgemeine Volkswirtschaftspolitik, a. a. O., S. 50.

Hier gilt es festzustellen, daß Voraussagen über die künftige ökonomische Entwicklung nie völlig sicher sind. Im Kapitalismus sind sie aber keineswegs deshalb unzuverlässig, weil die Menschen frei handeln, sondern weil die Prognosen von den Widersprüchen der kapitalistischen Wirtschaft beeinflußt werden und vielfach noch ohne ausreichende Kenntnis der ökonomischen Zusammenhänge aufgestellt werden. Die Tätigkeit der Menschen ist nicht auf ein einheitliches gesellschaftliches Ziel ausgerichtet, sondern je nach Klassenlage und Gruppenzugehörigkeit werden unterschiedliche und gegensätzliche Ziele verfolgt.

4. Die Behandlung der Bedingtheit ökonomischer Voraussagen durch die bürgerliche Ökonomie

Ein wichtiges Problem der bürgerlichen Prognosediskussion und -praxis ist die Frage nach der Bedingtheit oder Unbedingtheit von Voraussagen. Dabei handelt es sich um ein erkenntnistheoretisches Problem, das mit dem relativen Charakter der Wahrheit zusammenhängt und über das von bürgerlicher Seite vor allem aus praktischen Erwägungen unterschiedliche Ansichten geäußert werden. Gottfried Bombach und Erich Schneider lehnen unbedingte Prognosen generell ab. Schneider schreibt:

„Wirtschaftliche Prognosen sind immer nur bedingt möglich und die Güte der Prognose hängt entscheidend von der Wirklichkeitsnähe der Voraussetzungen ab.“[48]

Bedingte Prognosen basieren nach bürgerlicher Darstellung auf bestimmten, allgemeinen oder spezifischen, im voraus definierten Prämissen. Zu den allgemeinen Prämissen gehören eine bestimmte Konjunkturlage sowie das Vermeiden von Kriegen und Streiks. Eine spezifische Bedingtheit liegt vor, wenn z. B. infolge eines Staatshaushaltsdefizits von zwei Mrd. Dollar die Staatsschuld um einen bestimmten Betrag zunimmt und entsprechend prognostiziert wird.

Die Prognosebedingtheit ist eine objektive Erscheinung, die auch im Sozialismus existiert, denn alle Prognosen werden auf der Basis eines bestimmten Erkenntnisstandes und gewisser Annahmen formuliert. Im Kapitalismus trägt diese Bedingtheit aber insofern einen spezifischen Charakter, als sie für apologetische Ziele genutzt wird. Die von Schneider betonte Wirklichkeitsnähe der Prämissen ist keineswegs immer gegeben, da zahlreiche kapitalistische Prognosen einerseits auf recht fragwürdigen Voraussetzungen beruhen, z. B. auf der Annahme anhaltender Vollbe-

[48] *E. Schneider*, Propheten des Unprophezeibaren? In: „Zeitschrift für das gesamte Kreditwesen“, H. 17, 1952, S. 13.
O. Anderson und *K. Winkler* vertreten die gleiche Ansicht: „Wegen der Unmöglichkeit, die Zukunft zu beobachten oder gar zu messen, ist jede zukunftsbezogene Aussage notwendigerweise an bestimmte Annahmen gebunden. Prognosen sind daher stets bedingte Voraussagen, deren Wirklichkeitsgehalt vom Grad der Richtigkeit der – ausgesprochen oder unausgesprochen – unterstellten Hypothesen abhängt.“ (*O. Anderson, K. Winkler*, Die kurzfristige Konjunkturprognose. In: Diagnose und Prognose . . ., a. a. O., S. 84)

schäftigung, andererseits Prognosen häufig so formuliert werden, daß wesentliche — ebenfalls zu prognostizierende — Faktoren einfach als Bedingungen betrachtet werden (Exogenität von Variablen usw.), für deren Zuverlässigkeit sich die Prognostiker nicht verantwortlich fühlen oder die im Kapitalismus aus objektiven Gründen nicht exakt genug erfaßt werden können. Auf diese Weise will man vor allem Fehlprognosen vermeiden.

Während Bombach, Schneider und Tinbergen betonen, Voraussagen würden immer bei Beachtung bestimmter Annahmen gemacht, sehen andere Theoretiker die Hervorhebung der Prämissen als ein Hindernis für die praktische Politik an. Jöhr und Kneschaurek glauben, daß für einen Wirtschaftspolitiker bedingte Prognosen von geringem Nutzen sind:

„Es liegt auf der Hand, daß dem Wirtschaftspolitiker mit einer solchen ‚bedingten' Prognose wenig geholfen ist, denn was er sucht und fordert, ist eine klare Antwort auf eine ebenso klar formulierte Frage: wie wird sich die Wirtschaft in einer nahen oder fernen Zukunft entwickeln?"[49]

Vom Standpunkt des Wirtschaftspolitikers ist diese Feststellung berechtigt, denn dieser braucht unbedingte oder zumindest sehr eng bedingte Prognosen, denn er erwartet eine klare Beurteilung bestimmter Entwicklungsaussichten, z. B., daß die Produktion im nächsten Jahr um vier Prozent zunimmt und die Arbeitslosigkeit um ein Prozent abnimmt. Für die Konzerne und den Staat sind zu stark bedingte Prognosen wertlos bzw. nur dann interessant, wenn sie die Konditionen selbst kontrollieren.

In einer Hinsicht allerdings ist die Bedingtheit eine Voraussetzung der unbedingten Prognostik und damit akzeptabel. Die Prognosen sollen die wirtschaftspolitischen Instanzen gerade darüber informieren, wie sich die Entwicklung unter bestimmten Bedingungen, aber bei *unveränderter* Politik wahrscheinlich vollziehen wird. Diese bedingten Prognosen sind Entscheidungshilfen, die es den Politikern erleichtern, die Politik rechtzeitig in der Weise zu ändern, daß bestimmte Ziele in geeigneter Weise erreicht werden.

Auch die Diskussion um die Bedingtheit von Prognosen zeigt also die Schwierigkeiten und den Charakter der kapitalistischen Prognosetätigkeit. Die bürgerlichen Ökonomen erkennen den Zwiespalt zwischen einer ausreichenden theoretischen Begründung und der Notwendigkeit einer praktischen Nutzbarmachung von Prognosen und versuchen ihn z. B. dadurch zu überwinden, daß sie unbedingte Voraussagen in den Bereich der Wirtschaftspolitik, bedingte in das Gebiet der Theorie verweisen und zur Beseitigung der Hemmnisse bei der Voraussage auf kenntnisreiche und prophetisch begabte Ökonomen verweisen. Einige von ihnen betonen sogar, solange eine zuverlässige Theorie fehle und die statistischen Informationen beschränkt seien, könne man nur bedingte Prognosen aufstellen und erst zu einem späteren Zeitpunkt seien unbedingte Prognosen realisierbar. Über diese, zweifellos sehr bedeutsame Frage soll später noch einiges ausgeführt werden.

[49] *W. A. Jöhr*, *F. Kneschaurek*, Die Prognose. . ., a. a. O., S. 422.

5. Selbstaufhebung und Selbsterfüllung einer Prognose

Im Kapitalismus bestehen zwischen Unternehmensprognosen einerseits und staatlichen Voraussagen andererseits qualitative Unterschiede. Staatsprognosen haben teilweise andere Funktionen zu erfüllen als Unternehmensprognosen und unterscheiden sich, wie z. B. die Selbstaufhebung und Selbsterfüllung kurzfristiger Staatsprognosen beweisen, auch prinzipiell von gesamtwirtschaftlichen Prognosen im Sozialismus. Während bürgerliche Prognosegegner behaupten, staatliche Voraussagen seien sinnlos, da man mit ihrer Selbstaufhebung rechnen müsse, halten die Befürworter von Prognosen dieses Argument für abwegig oder nur für bedingt zutreffend, da kein Zwang zur Veröffentlichung einer Prognose besteht und in der bisherigen Praxis viele für ökonomische Entscheidungen wichtige Prognosen nie oder erst nachträglich veröffentlicht worden seien.

Die Probleme Selbstaufhebung und Selbsterfüllung von Prognosen sind insofern typisch für die kapitalistische Prognosetätigkeit, als sie einerseits überlebte Fragestellungen enthalten, andererseits aber die spezifische Form der Realisierung von Prognosen unter den Bedingungen des staatsmonopolistischen Kapitalismus zum Ausdruck bringen sowie die Begrenztheit bürgerlicher Prognosen beweisen.

Auf das Problem der Selbstaufhebung von Prognosen war bereits Oskar Morgenstern gestoßen.[50] Seither haben sich viele bürgerliche Theoretiker damit befaßt. Für die neuere Diskussion gelten die Ausführungen von Grunberg und Modigliani als richtungweisend.[51] Heinz Gollnick demonstriert die Schlüsse dieser Autoren auf der Basis folgender grundsätzlicher Annahmen:[52]

1. Es existiert eine Wirtschaft mit staatlicher Aktivität und freiem Wettbewerb;
2. alle relevanten Marktzusammenhänge, insbesondere die Verhaltensweisen der am Markt beteiligten Wirtschaftssubjekte, sind dem Vorhersagenden bekannt;
3. die Prognose wird veröffentlicht.

Die erste und zweite Prämisse entsprechen nur teilweise oder überhaupt nicht der Realität. Indem aber im weiteren bei der Prognoseausarbeitung zwischen Aktions- und Erwartungsgrößen unterschieden wird, trägt man den Erscheinungen der modernen kapitalistischen Wirtschaft bis zu einem gewissen Grade Rechnung, da man nicht einfach von den Gegebenheiten eines Anpassungswettbewerbs ausgeht. Gollnick führt aus, daß in einer Cobweb-Situation die produzierten und in der Periode $(t + 1)$ angebotenen Produktmengen als Aktionsparameter, und die Preise als Erwartungsgrößen bezeichnet werden. Soll die Prognose eintreffen, müsse dem Vorhersagenden bekannt sein, in welchem Ausmaß seine Prognose die Verhaltensweise der Produzenten beeinflußt. Nach Fertigstellung der Prognose seien zwei Grenzfälle denkbar, zwischen denen sich Zwischenlösungen ergeben:

[50] *Oskar Morgenstern*, Wirtschaftsprognose, a. a. O., S. 5.

[51] *E. Grunberg, F. Modigliani*, The Predictability of Social Events. In: „Journal of Political Economy", Vol. 62, 1954, S. 465 bis 478.

[52] *H. Gollnick*, Probleme der Wirtschaftsprognose, a. a. O., S. 52ff.

a) Die veröffentlichte Prognose beeinflußt nicht das Verhalten der Produzenten;
b) die Unternehmer halten die Voraussage für richtig und treffen entsprechende Dispositionen. Der Prognostiker könne in diesem Fall die Preise und Gütermengen in seiner Voraussage angeben. Die tatsächlichen Preise in der Periode (t + 1) und die vorhergesagten Preise werden übereinstimmen.

Nach Grunberg und Modigliani kann der Voraussagende, wenn ihm die Reaktionen der Produzenten auf die Prognose bekannt sind, die Voraussage so treffen, daß sie später mit der tatsächlichen Entwicklung übereinstimmt. Sie versuchen nachzuweisen, daß im Regelfall eindeutige Lösungen bestehen, und zwar nicht nur für den Fall eines, sondern mehrerer Erwartungsparameter. Komplikationen können auftreten, wenn bei langfristigen Prognosen nach deren Veröffentlichung ein „Lernprozeß" einsetzt, also die Unternehmer erkennen, daß die Voraussage glaubwürdiger ist als ihre eigenen Erwartungen und daraufhin umdisponieren.

Mit dieser Konzeption, vor allem der Einteilung in Aktions- und Erwartungsparameter, wird darauf Rücksicht genommen, daß Anarchie und Spontaneität auch heute Wesensmerkmale der kapitalistischen Wirtschaft sind. Die Planungs- und Prognosetätigkeit erfolgt jedoch weitgehend unter direkter Mitarbeit der großen Monopole, so daß die Prognoseziele nicht einfach deren Absichten zum Ausdruck bringen, sondern auch ihre ökonomische Aktivität.

Bombach stellt die These auf, daß die Selbstaufhebung eine Prognose nicht ad absurdum führen muß, „sondern ihr eigentlicher Sinn und Zweck sein kann und in der Praxis auch ist." Dabei geht es um folgende Frage: Kurzfristige Staatsprognosen sollen in den kapitalistischen Ländern nicht nur die ökonomische Entwicklung voraussagen und eine Basis für wirtschaftspolitische Maßnahmen abgeben, sondern in gewissem Umfang selbst die konjunkturelle Entwicklung beeinflussen, indem sie durch Verbreitung eines bestimmten Optimismus oder Pessimismus die vorausgesagten ökonomischen Entwicklungstendenzen beschleunigen, verstärken oder abschwächen helfen. In welchem Ausmaß die Prognose in dieser Hinsicht Erfolg hat, hängt vor allem von ihrer Glaubwürdigkeit ab. Im einzelnen handelt es sich hierbei um folgendes Problem: Jeder kapitalistische Staat ist daran interessiert, größere ökonomische Disproportionen und Krisenerscheinungen zu vermeiden. Droht nun eine konjunkturelle Überhitzung oder eine Krise, so wird er die Formulierung der Prognose darauf abstellen, um zu erreichen, daß ernste ökonomische Schwierigkeiten vermieden werden, d. h. er wird, wenn er z. B. eine Überhitzung befürchtet, zur Mäßigung raten und die Zuwachsrate etwas niedriger ansetzen, als er sie eigentlich erwartet. Auf diese Weise soll ein unmittelbarer Einfluß auf die Unternehmer ausgeübt werden. Würde der Staat auf derartige Maßnahmen verzichten, könnte das schädliche Konsequenzen haben. Sagt z. B. die Prognose das Anhalten eines konjunkturellen Aufschwungs voraus, so werden Kapitalisten und Verbraucher diese Voraussage nicht passiv hinnehmen, sondern ihre Aktivität und Konsumbereitschaft erhöhen. Der Kapitalist wird mehr investieren, und der Konsument braucht seinen Verbrauch nicht einzuschränken, da er keine Verschlechterung seiner Einkommenslage befürchtet. Wenn dagegen eine Abschwächung der konjunkturellen Entwicklung oder ein Rückgang vorausgesagt wird, werden sicherlich viele Kapitalisten ihre

Investitionen kürzen, eine vorsichtige Vorratspolitik betreiben und Aufträge zurücknehmen; die Konsumenten werden vor allem den Kauf dauerhafter Konsumgüter einschränken. Die Folge dieses Verhaltens ist eine Nachfrageschrumpfung. Eine pessimistische Prognose kann also die Abschwächung verstärken und den Eintritt eines Rückschlages beschleunigen. Es ist jedoch weder das Ziel einer staatlichen Prognose, die Stabilität der Wirtschaft gefährdende Effekte hervorzurufen, noch wird eine Prognose aufgestellt, um nach Ablauf der Prognosefrist feststellen zu können, daß die vorausgesagte Krise eingetreten ist. Beides soll vermieden werden. Zu diesem Zweck werden viele Prognosen manipuliert. Kurzfristige Staatsprognosen sind im Kapitalismus nie ganz frei von taktischen Absichten. Man verbreitet je nach Bedarf Zweckpessimismus oder Zweckoptimismus. In der Aufschwungsphase wird zu großer Optimismus auf seiten der Kapitalisten gedämpft und bei einer Abschwächung des Wachstumstempos versucht man, eine optimistische Stimmung zu verbreiten.[53]

Das eben angeführte Problem spielt in der Prognosepraxis aller kapitalistischen Staaten eine Rolle. Während es z. B. in Westdeutschland häufig darum ging, den Optimismus der Investoren zu zügeln, war man zu Beginn der sechziger Jahre in den USA und Großbritannien darauf bedacht, einen Konjunkturoptimismus zu verbreiten, um die Wirtschaft aus der Stagnation herauszuführen.

Anders als bei der Selbstaufhebung verhält es sich beim Problem der *Selbsterfüllung* einer Prognose. Im wesentlichen handelt es sich hierbei um eine typische Frage der gesamtwirtschaftlichen Planung im modernen Kapitalismus, denn über die Selbsterfüllung der Prognose soll eine Planrealisierung erreicht werden. Im allgemeinen kann man aber, wie z. B. die französische Planification beweist, nur mit großem Vorbehalt von der Selbsterfüllung einer Prognose und einer dadurch verursachten Planrealisierung sprechen, da der Staat hauptsächlich mit bestimmten wirtschaftspolitischen Maßnahmen die Realisierung der Prognosen bzw. Programme anstrebt.

Die französische Planung stellt u. a. einen Versuch dar, durch ein planorientiertes Gruppenverhalten und eine auf den Plan abgestimmte staatliche Wirtschaftspolitik bestimmte wirtschafts- und sozialpolitische Ziele zu erreichen. Der Plan soll für das Privatkapital zwar nur richtungweisend und nicht verbindlich sein, dessen Entscheidungen aber auf die im Plan niedergelegten Ziele ausrichten. Soweit die Planung indikativ ist, vertraut sie also auf die Selbsterfüllung von Prognosen, d. h. man hofft, daß die Voraussage bestimmter Ziele die Unternehmerentscheidungen in einer Weise beeinflußt, daß die Ziele realisiert werden. Hans K. Schneider und andere Ökonomen

[53] Manche bürgerlichen Ökonomen sind sich der Fragwürdigkeit einer derartigen Handlungsweise durchaus bewußt. So schreibt *Bombach*, daß Zweckprognosen der Regierungen „oft ein Mittelding sind zwischen einem bloßen Wunschbild der künftigen Entwicklung und einer analytisch fundierten Vorausschau“ und als Waffe im wirtschaftspolitischen Instrumentarium sehr schnell stumpf werden, da die Absicht leicht durchschaut wird. Hinzu komme, daß man den psychologischen Effekt manipulierter bzw. „intentioneller“ Prognosen eine Zeit lang überschätzt habe. Ein Zahlungsbilanzdefizit läßt sich eben nicht dadurch beseitigen, daß vom Staat sein Verschwinden ständig vorausgesagt wird. (*G. Bombach*, ebenda, S. 32/33).

verweisen aber mit Recht darauf, daß der Selbsterfüllungseffekt einer Prognose nur unter bestimmten, inhaltlich oft voneinander abweichenden Bedingungen eintritt, je nachdem, von welchen Grundvoraussetzungen ausgegangen wird.[54] Voraussetzung für die Realisierung des Prognoseziels ist eine hohe Qualität der Prognose. Die mit der Prognoseaufstellung beauftragten Organe müssen die Verhaltensentwicklung der Individuen und Gruppen gut kennen, die technologischen und marktmäßigen Entwicklungstendenzen richtig einschätzen sowie die Werte für die Instrumentalvariablen — das ist die zweite Bedingung — richtig bestimmen und während des Prognosezeitraums in der vorgesehenen Weise einsetzen. Beide Voraussetzungen sind im Kapitalismus sehr labil. Auch hier muß man allerdings bemerken, daß es weder ein autonomes Verhalten der Unternehmer gibt, wie z. B. Schneider annimmt, noch müssen sich entstehende Gegensätze zwischen Prognose und den Absichten der Unternehmer auf die Entwicklung der Wirtschaft in gefährlicher Weise auswirken, weil heute die Aufstellung der Prognose eine Abstimmung zwischen den entscheidenden Bereichen der Wirtschaft, hauptsächlich dem Monopolkapital und dem Staat, einschließt. Dabei darf man allerdings nicht außer acht lassen, daß es unterschiedliche und gegensätzliche Verhaltensweisen bei den verschiedenen sozialen Gruppen und Klassen gibt. Die französischen Gewerkschaften waren z. B. mit den Planzielen hinsichtlich der Einkommens- und Arbeitszeitentwicklung keineswegs einverstanden. Sie sahen den Plan nicht als „ihren Plan" an und fühlten sich nicht an ihn gebunden. Sie versuchten sogar, durch Streiks und andere Kampfaktionen bestimmte Planziele zu ihren Gunsten zu modifizieren, womit natürlich der Gesamtplan stark beeinträchtigt wurde.

Selbstverständlich ist es oft nicht möglich, die Instrumentalvariablen in der vorgesehenen Weise einzusetzen, da sich die ökonomischen Bedingungen innerhalb kurzer Zeit ändern können oder ihr Einsatz andere Konsequenzen zeigt als man erwartet hat, wodurch aber das Prognoseziel wesentlich beeinflußt werden kann. In derartigen Fällen wird der Plan revidiert oder einfach aufgehoben. Das eigentliche Problem, mit dem wir es bei der Selbsterfüllung zu tun haben, besteht also darin, daß die kapitalistischen Länder die Hemmnisse, die sich aus der Existenz des kapitalistischen Privateigentums für eine gesamtwirtschaftliche Planung ergeben, zu überwinden suchen.

6. Zu einigen Fragen des Verhältnisses von bürgerlicher Wirtschaftstheorie und mittel- bzw. langfristigen Prognosen

In eine Auseinandersetzung mit kapitalistischen Voraussagen müssen auch die Beziehungen einbezogen werden, die zwischen ökonomischer Theorie und Prognosen bestehen. Die folgenden Darlegungen befassen sich mit einigen Aspekten dieses

54 *H. K. Schneider*, Planification als normatives Informationssystemund als Koordinierungsprinzip. In: „Zeitschrift für die gesamte Staatswissenschaft", 120. Band, H., 1964, S. 334ff.

Problemkreises, hauptsächlich mit dem Verhältnis von Wachstumstheorie und mittel- bzw. langfristigen Voraussagen.

Bei der Aufstellung mittel- und langfristiger Prognosen müssen vor allem die Entwicklungsgesetzmäßigkeiten der modernen Produktivkräfte und die allgemeinen Tendenzen innerhalb der Wirtschaft, wie Veränderungen in den beiden großen Abteilungen und den einzelnen Zweigen, genau analysiert werden, um die ökonomischen und sozialen Konsequenzen der wissenschaftlich-technischen Revolution eingehend zu erfassen. Bereits seit Jahren ist ersichtlich, daß in der Abteilung II die langlebigen Konsumgüter immer stärker die Zweigstruktur bestimmen, wobei für bestimmte Waren zu gewissen Zeitpunkten bereits eine relative Sättigung erreicht wurde. Von allgemeiner wie besonderer Bedeutung für die einzelnen Branchen sind die Entwicklungstendenzen in der Ökonomie der vergegenständlichten Arbeit. Die wissenschaftlich-technische Revolution führt zu einer sprunghaften Erhöhung des Anteils der vergegenständlichten Arbeit am Gesamtarbeitsaufwand und einer allgemeinen Zunahme der Produktionsfondsausstattung je Arbeitskraft, gleichzeitig wirken jedoch bestimmte technische Faktoren einer wachsenden organischen Zusammensetzung entgegen und lassen eine absolute Verringerung des Aufwandes an vergegenständlichter Arbeit je Produkt erkennen. Der wissenschaftlich-technische Fortschritt erhöht z. B. den Nutzeffekt der Brennstoffe. So lag im Jahre 1962 der Aufwand an Brennstoffen für eine kWh Elektroenergie in der SU und in den USA um mehr als 40 Prozent unter dem Vorkriegsstand. Bei der Eisenbahn verringerte sich der Brennstoffverbrauch infolge der Ablösung der Dampf- durch Dieselloks um etwa 75 Prozent je Transportgut. Neben der Verminderung des Materialeinsatzes zeigt sich — in den einzelnen Industriezweigen in unterschiedlichem Ausmaß — eine Abnahme der Fondsintensität. Der steigende Nutzeffekt der Produktionsfonds verursacht in zweifacher Hinsicht eine Verminderung des Aufwands an fixem und zirkulierendem Kapital je Produkt: einmal infolge steigender Produktivkraft der Arbeit; zum anderen durch sinkende Material- und Fondsintensität. Charakteristisch für steigende Arbeitsproduktivität ist nicht mehr allein eine Verringerung der lebendigen Arbeit und eine Vermehrung der vergegenständlichten bei gleichzeitiger Abnahme des Gesamtarbeitsaufwandes, sondern ein Sinken beider Kapitalteile. Die Veränderungen, die sich dadurch auf seiten der verschiedenen Kapitale ergeben, müssen natürlich in Prognosen soweit wie möglich festgehalten und erforscht werden.

Bei mittel- und langfristigen Voraussagen im Kapitalismus ist ferner zu beachten, ob sich die Wirtschaft in einer Phase anhaltender Stagnation, mäßigen Wachstums mit geringen strukturellen Veränderungen oder in rascher Expansion befindet. Das beeinflußt sowohl die Politik der Unternehmer wie die des Staates. In einer Periode ausgeprägter Expansion, in der das Gesamtgefüge der Wirtschaft in Bewegung gerät, zahlreiche neue Produkte und Produktionsverfahren entwickelt werden und sich die Konkurrenzverhältnisse verschieben, sind die Unternehmen zur Anpassung und Neuprofilierung der Produktions- und Investitionsprogramme gezwungen. Die Entwicklung auf dem Gebiet der Plaste, der Elektronik und Erdölchemie hat z. B. zu Wandlungen in der Beschäftigtenstruktur, und der Nachfrage im Konsum- und Investitionsgüterbereich von sehr verschiedenem Ausmaß geführt. Bei Konsumprognosen ist zu berücksichtigen, daß die individuelle Nachfrage nach vielen Produkten aus physiologischen, technischen und einkommensmäßigen Gründen in jedem Land früher oder später an einer relativen Sättigungsgrenze anlangt, die allerdings innerhalb der einzelnen Nachfragekategorien (Textilien, Nahrungsmittel, dauerhafte Konsumgüter und Dienstleistungen) nicht für alle Güter gleichzeitig erreicht wird. Mit fortschreitendem Wachstum, zunehmendem Einkommen und unter dem Einfluß des technischen Fortschritts findet auch eine Verschiebung zugunsten der hochwertigen Konsumgüter statt. Ein Produktions- oder Handelsunternehmen muß also bei seinen Planungen prüfen, ob der Bedarf generell oder vielleicht nur in einem bestimmten Land an den von ihm erzeugten oder vertriebenen Gütern bereits an der Sättigungsgrenze liegt bzw. inwieweit mit einer Expansion des Bedarfes zu rechnen ist; wie sich das Hineinwachsen eines Unternehmens in die Sphäre der marktmäßigen Saturation, z. B. durch Spezialisierung der Produktion, umgehen oder verzögern läßt bzw. neue, expansionsfähige Produktionsrichtungen eingeschlagen werden müssen. Zur Beantwortung dieser Fragen bedarf es umfassender Analysen und Prognosen. Diese sind in vielfacher Weise mit der Wirtschaftstheorie, heute vor allem mit der Wachstumstheorie, verbunden.

Nach dem zweiten Weltkrieg verlor unter dem Einfluß der ökonomischen Entwicklung in den kapitalistischen Ländern und in der Welt insgesamt die Konjunkturtheorie zunehmend an Bedeutung und in den Mittelpunkt der Betrachtung trat die Wachstumstheorie. Mit dem sich gleichzeitig vollziehenden Übergang von der Konjunktur- zur Wachstumspolitik erfolgte auch der Übergang von der Konjunktur- zur Wachstumsprognose. Nicht die mehr oder minder präzise Voraussage der Wendepunkte in der ökonomischen Entwicklung war das Hauptziel von Prognosen, sondern die Bewegung des Trends. Bombach schreibt, daß es um den Konjunkturzyklus still geworden sei und die Wachstumsprognose das Feld beherrscht.

„Das Hauptanliegen ist jetzt nicht mehr der Versuch des Nachweises, daß das kapitalistische Wirtschaftssystem untrennbar mit Konjunkturzyklen im Sinne periodischer Schwankungen des Volkseinkommens verbunden ist; man will auch nicht mehr in erster Linie die Wendepunkte der Konjunktur möglichst weit und präzis voraussagen, sondern einfach die mutmaßliche Entwicklung in naher und nächster Zukunft beschreiben.“[55]

Die bürgerlichen Ökonomen begründen diesen Prozeß vor allem mit zwei Argumenten:

1. Es sei gelungen, die wirtschaftliche Entwicklung weitgehend in den Griff zu bekommen. Der Konjunkturzyklus habe sich in der Nachkriegszeit nur noch in unterschiedlichen Zuwachsraten, aber nicht in einem absoluten Rückgang der ökonomischen Aggregate manifestiert.[56]

[55] *G. Bombach*, Von der Neoklassik zur modernen Wachstums- und Verteilungstheorie. In: „Schweizerische Zeitschrift für Volkswirtschaft und Statistik“, 100. Jg., September 1964, S. 404.

[56] Das bedeutet aber keineswegs, daß das Konjunkturproblem für die bürgerliche Ökonomie bedeutungslos geworden ist. Die Konjunkturtheorie wurde zwar weitgehend in die Wachstumstheorie integriert, die ungleichmäßige ökonomische Entwicklung wird aber

2. Die nach dem zweiten Weltkrieg praktizierte staatliche Stabilisierungspolitik genüge nicht modernen Ansprüchen und Erfordernissen. Die Konjunktur- und Beschäftigungspolitik sei eine aus der Keynes'schen Theorie abgeleitete Politik auf kurze Sicht, die einseitig den Einkommens- und kaum den Kapazitätseffekt der Investitionen berücksichtigt. In den letzten zehn Jahren habe man feststellen müssen, daß auch „vollbeschäftigte" Wirtschaften ungenügend wachsen, was von bürgerlicher Seite angesichts der hohen Wachstumsraten in den sozialistischen Ländern als untragbar angesehen wird.

Diese Argumente bringen einerseits die Veränderungen zum Ausdruck, die sich nach dem zweiten Weltkrieg in den imperialistischen Ländern und im Verhältnis zwischen den beiden Weltsystemen vollzogen haben; andererseits lassen sie erkennen, mit welcher Intensität sich die bürgerlichen Wirtschaftstheoretiker mit den Grundfragen der ökonomischen Entwicklung befassen. Der vollständige Übergang zum staatsmonopolistischen Kapitalismus und die damit verbundene Ausweitung der Regulierungs- und Planungstätigkeit haben den Ablauf des volkswirtschaftlichen Reproduktionsprozesses stabilisiert und größere zyklische Schwankungen verhindert. Heute ist aber der Staat gezwungen, durch den Ausbau der Infrastruktur, die Förderung des Bildungs- und Gesundheitswesens Vorbedingungen für ein schnelles Wachstum zu schaffen und eine bewußte Wachstumspolitik zu betreiben. Nicht Vollbeschäftigung, sondern optimales Wachstum ist also das entscheidende Ziel. Voraussetzung

weiterhin als ein Wesensmerkmal des Kapitalismus angesehen. Die entscheidende Ursache dafür sind die Krisenerscheinungen in den imperialistischen Ländern. *Wilhelm Krelle* sagte darüber auf der Tagung des Vereins für Sozialpolitik im Jahre 1961: „Nach einer mehr als 10-jährigen Periode stabilen und gleichgewichtigen Wachstums fast aller europäischen Wirtschaften steht die wissenschaftliche Untersuchung konjunktureller Vorgänge nicht gerade im Vordergrund des Interesses. Trotzdem wäre es leichtsinnig, ja unverantwortlich, den konjunkturellen Aspekt in der Wirtschaftsentwicklung zu vernachlässigen. Die US-amerikanischen Erfahrungen zeigen, daß Konjunkturschwankungen immer noch ein schweres Problem für eine Marktwirtschaft sein können . . ." (*W. Krelle*, Möglichkeiten und Grenzen . . ., a. a. O., S. 30).

Die Hinwendung zur Wachstumstheorie bedeutet auch nicht, daß von den modernen bürgerlichen Ökonomen das Konjunktur- und Krisenproblem theoretisch gelöst ist. Es gibt eine wirklichkeitsnahe Erklärung einzelner Seiten der zyklischen Entwicklung, aber keine wissenschaftliche bürgerliche Konjunktur- oder Krisentheorie. Viele bürgerliche Theoretiker versuchen, den aus den ökonomischen Widersprüchen resultierenden Charakter der zyklischen Entwicklung des Kapitalismus auf subjektive und „psychologische" Ursachen zu reduzieren. *W. A. Jöhr* hat seine „Theorie der Konjunkturschwankungen" auf einen „sozialpsychologischen Kernprozeß" gegründet, der sich — im positiven oder negativen Sinne — durch Ansteckung ausbreitet und entweder zur Hochkonjunktur oder Krise führt (*W. A. Jöhr*, Theoretische Grundlagen der Wirtschaftspolitik, Band II, Die Konjunkturschwankungen, Polygraphischer Verlag, Tübingen — Zürich 1954). Nach *Albert Hahn* bewirken optimistische und pessimistische Masseninfektionen der „Wirtschaftssubjekte" eine zeitliche Falschverteilung der Nachfrage und damit zyklische Schwankungen. Derartige Deutungen der konjunkturellen Entwicklung spielen bei Prognosen, z. B. in der Einbeziehung der Erwartungen, eine wesentliche Rolle.

einer erfolgreichen Wachstumspolitik ist, daß die Bedingungen und Determinanten des Wachstums bekannt sind. Die Wirtschaftspolitik stellt also an die Wachstumstheorie hohe Anforderungen. Sie muß z. B. wissen, weshalb in den entwickelten kapitalistischen Ländern stark divergierende Wachstumsraten auftreten und welche Strukturwandlungen, mit denen das Wachstum korreliert, hervorgerufen werden. Das aber erfordert mittel- und langfristige Prognosen, um z. B. auftretende Härten und Schwierigkeiten bei Strukturveränderungen rechtzeitig zu erkennen. Diese Prognosen basieren auf der Entwicklung der einzelnen „Produktions-" bzw. Wachstumsfaktoren sowie der Veränderung der bestehenden Zusammenhänge.[57]

Die bürgerliche Wachstumstheorie genügt, wie auch von bürgerlichen Ökonomen zugegeben wird, den wirtschaftspolitischen und prognostischen Anforderungen noch nicht, obwohl seit Veröffentlichung der ersten Wachstumsmodelle von Harrod und Domar zahlreiche theoretische Vereinfachungen und Mängel überwunden wurden. Harrod und Domar haben sich vornehmlich für die *Bedingungen* eines gleichgewichtigen Wachstums interessiert, wobei vor allem Harrod nicht an ein dauerndes, gleichgewichtiges Wachstum bei Vollbeschäftigung glaubte. Er ließ aber im Unterschied zur von Solow begründeten neoklassischen Wachstumstheorie der Wirtschaftspolitik einen weit größeren Aktionsradius. Die neoklassische Theorie ist teilweise auch wirklichkeitsfremder als die nach-keynes'sche, da sie von der Existenz freier Konkurrenz und einer Preisbildung durch Angebot und Nachfrage bei Vollauslastung der „Produktionsfaktoren" ausgeht. Für die Prognosebildung hat die neoklassische Wachstumstheorie allerdings — vor allem methodisch — beachtliche Bedeutung erlangt. Die im Mittelpunkt dieser Theorie stehende Produktionsfunktion, die das Verhältnis zwischen dem Einsatz der einzelnen Produktionsfaktoren und dem erzielten Produkt angibt, wird heute in breitem Maße für Prognosezwecke genutzt. Mit ihrer Hilfe will man vor allem den Anteil der einzelnen Elemente des Arbeitsprozesses am Wachstum der Wirtschaft bestimmen. Um dieses Problem zu bewältigen, wurden bestimmte Vereinfachungen vorgenommen, die teilweise gerechtfertigt, teilweise aber recht fragwürdig sind. Letzteres gilt vor allem für die einseitig angebotsorientierte Betrachtungsweise und die ungenügende Beachtung der zwischen den Wachstumsfaktoren bestehenden Beziehungen.

Die teilweise aus der neoklassischen Wachstumstheorie abgeleiteten Prognosen beruhen zum Teil auf wesentlich anderen Prämissen als die Konjunkturprognosen. Dafür ein Beispiel: Während bei kurz- und mittelfristigen Prognosen seit Keynes die Nachfragekomponenten die Grundlage bilden, sind neuere Wachstumsprognosen überwiegend Prognosen des potentiellen Angebots. Diese Wachstumsprognosen enthalten jedoch eine prinzipiell wirklichkeitsfremde Annahme. Weizsäcker schreibt darüber:

„Den Einfluß der Konjunkturschwankungen schalten wir aus durch die Voraussetzung, daß zu jeder Zeit alle drei (Produktions-)Faktoren voll beschäftigt sind. Unter wirtschaftlichem Wachstum soll... eine für längere Zeit andauernde Steigerung der volkswirtschaft-

57 Über die Entstehungsursachen und das Wesen der bürgerlichen Wachstumstheorie siehe *Herbert Meißner*, Kritik der bürgerlichen Theorie des Wirtschaftswachstums. In: Protokoll der internationalen Konferenz „Neue Erscheinungen in der modernen bürgerlichen politischen Ökonomie", Zweiter Halbband, Akademie-Verlag, Berlin 1961, S. 405ff.

lichen Gesamtproduktion unter der Voraussetzung der Vollbeschäftigung aller knappen Produktionsfaktoren verstanden werden. Das Problem der Entwicklung einer genügenden Gesamtnachfrage soll uns nicht interessieren: wir betrachten es als gelöst."[58]

Den Wachstumsprognosen liegt damit die Annahme zugrunde, daß weder Arbeitslosigkeit noch freie Produktionskapazitäten existieren. Durch eine derartige Prämisse kann eine Prognose völlig abwegig werden. Einige bürgerliche Ökonomen modifizieren diese Voraussetzung in der Weise, daß sie ihre Realität von der Effektivität der staatlichen Wirtschaftspolitik, Krisenerscheinungen zu verhindern, abhängig machen. Auch das ist natürlich eine unsichere Annahme, die erneut die Widersprüchlichkeit der kapitalistischen Prognosen beweist, da Voraussagen, die zur Erhöhung der wirtschaftspolitischen Wirksamkeit vorgenommen werden, nach dieser Ansicht den Erfolg eben dieser Wirtschaftspolitik bereits voraussetzen.

Ferner ist zu beachten, daß der Einsatz der „Produktionsfaktoren" keineswegs lediglich von der Angebotsentwicklung abhängt, sondern ebenso durch die zahlungsfähige Nachfrage bestimmt wird. In neueren bürgerlichen Publikationen wird deshalb die Beachtung der Angebots- *und* Nachfrageseite gefordert.[59]

Ebensowenig wie man annehmen kann, daß die systemeigenen Mängel der kapitalistischen Wirtschaft durch den angeblich vorhandenen Mechanismus der freien Konkurrenz überwunden werden, kann man von einem autonomen, von Investitionen unabhängigen technischen Fortschritt sprechen. Diese Annahme wurde gleichfalls von bürgerlicher Seite kritisiert. Indem man neuerdings den „induzierten" technischen Fortschritt in die Modelle einbezieht, werden diese wirklichkeitsnäher gestaltet, da die Bedeutung der Investitionen für das Wachstum der Wirtschaft präziser erfaßt wird. In vielen Prognosen zeigt sich aber, daß man das Schwergewicht auf die Erforschung der Zusammenhänge zwischen Faktoreinsatz und Produktionsresultat legt, ohne die Veränderungen auf der Faktorseite und ihren Einfluß auf die Produktion ausreichend darzulegen. Diese und andere Merkmale der modernen bürgerlichen Wachstumstheorie finden bei der Aufstellung von Prognosen ihren Niederschlag. In welcher Weise, soll an einigen Beispielen gezeigt werden, so an den Prognosen von Kneschaurek und der Projektionen der Uri-Kommission für die EWG.

Die Voraussagen von Kneschaurek tragen vorwiegend — wenn auch keineswegs nur — empirischen Charakter und wurden lediglich in begrenztem Umfang in unmittelbarer Verbindung mit wachstums-theoretischen Erkenntnissen erarbeitet. Kneschaurek nimmt an, daß sich infolge des zu erwartenden Wachstums der wichtigsten Triebkräfte der ökonomischen Expansion die Wachstumswelle der Nachkriegszeit auch in den nächsten 10 bis 20 Jahren fortsetzen werde und geht bei seiner Prognose ebenso wie andere bürgerliche Ökonomen von einer Analyse der Bevölkerungsbewegung der Technik und des Kapitals, also den Wachstumsfaktoren, aus. Da die demographi-

[58] *C. Ch. von Weizsäcker*, Wachstum, Zins und optimale Investitionsquote, Veröffentlichungen der List-Gesellschaft e. V., Band 26, Kyklos-Verlag Basel, J. C. B. Mohr (Paul Siebeck), Tübingen 1962, S. 2.

[59] Vgl. *H. Riese*. Mittelfristiges wirtschaftliches Wachstum und neoklassische Wachstumstheorie. In: „Kyklos." Vol. XVIII, Fasc. 1, 1965, S. 35.

sche Entwicklung vorwiegend ein langfristiges Phänomen sei, müsse damit gerechnet werden, „daß die gegenwärtigen demographischen Antriebsimpulse noch während einiger Generationen wirksam bleiben und von der Konsumseite her eine entsprechend starke und die Investitionstätigkeit gleichermaßen anregende Expansionswirkung auf die Wirtschaft ausüben werden."[60] Damit wird also angedeutet, daß *ein* Wachstumsfaktor die ökonomische Entwicklung vorantreiben werde. Eine derartige Erklärung der Beziehungen zwischen Wirtschaftswachstum und Bevölkerungsentwicklung reicht jedoch nicht aus.

Schnelleres Bevölkerungswachstum kann zwar die ökonomische Entwicklung günstig beeinflussen; eine zwingende Notwendigkeit dazu besteht aber nicht. Ökonomisches Wachstum ist eine Folge des Zusammenwirkens zahlreicher Faktoren und Bedingungen, die nicht losgelöst voneinander betrachtet werden dürfen, da man sonst zu einseitigen und falschen Konsequenzen gelangen kann. Für die bürgerliche Ökonomie ist aber typisch, daß sie die „Wachstumsfaktoren" isoliert untersucht und teilweise nicht erkennt, daß z. B. zwischen Wirtschaftswachstum und Bevölkerungsbewegung ein wechselseitiger Zusammenhang besteht.

Nachfolgend soll an einigen Beispielen dargelegt werden, in welcher Weise in den kapitalistischen Ländern die vielfältigen Strukturwandlungen in der Wirtschaft bei mittel- und langfristigen Voraussagen Beachtung finden.

In den letzten Jahrzehnten hat fast überall in der Welt der Energiebedarf stetig zugenommen; die einzelnen Energieträger haben jedoch äußerst unterschiedliche Entwicklung genommen. In den USA ist z. B. der Holzbedarf bis zum Jahre 1960 auf etwa ein Zehntel des Verbrauchs von 1850 zurückgegangen und der Bedarf an Kohle hat zwischen 1910 und 1920 seine Sättigungsgrenze erreicht und nimmt seither sowohl relativ als auch absolut ab.[61] In den vergangenen Jahren wurden in zahlreichen Staaten Energieprognosen aufgestellt, um sich vor unliebsamen Entwicklungen zu schützen. Viele von ihnen wurden, wie z. B. die Prognose der „drei Weisen", von der Entwicklung rasch überholt. Mancher speziellen Branchenprognose, so der von der FAO/ECE unter dem Titel „European Timber Trends and Prospects" über den westeuropäischen *Holzverbrauch* aufgestellten[62], steht ein derartiges Schicksal kaum bevor. Nach der eben angeführten langfristigen Voraussage soll der Holzverbrauch Westeuropas — umgerechnet in Rundholzeinheiten — von 245 Mio. fm (1960) bis 1975 auf 336 Mio. fm steigen. Bei einer annähernden Verdoppelung des westeuropäischen Bruttosozialproduktes und einer Fortsetzung der seit 1950 zu beobachtenden Tendenzen in der Verbrauchsstruktur würde das einen Anstieg um 37 Prozent des Standes von 1960 in 15 Jahren bedeuten.

Nach Ansicht der FAO/ECE soll der Verbrauch von Abfallholz zur Herstellung von Spanplatten, Faserplatten, Zellstoff und Holzschliff in Europa gleichzeitig von 12 Mio. fm auf 23 bis 25 Mio. fm steigen, sich also verdoppeln. Der Rest des Ver-

[60] *F. Kneschaurek*, Strukturwandlungen in der wachsenden Wirtschaft und langfristiges Planen, Paul Haupt Verlag, Bern 1963, S. 10.

[61] Ebenda, S. 18/19.

[62] Vgl. „Ifo-Schnelldienst", 17. Jg., Nr. 7, 1964, S. 2.

brauches wird auf der Basis von Gruben-, Faser- und Stammholz bereitgestellt werden müssen. Der Importbedarf wird in diesem Zusammenhang kräftig zunehmen. Während 1950 der Einschlag in Europa den Verbrauch von Holz leicht überstieg, standen 1960 dem rechnerischen Holzverbrauch von 233 Mio. fm Industrieholz 212 Mio. fm Einschlag gegenüber. Der Zuschußbedarf betrug also nach diesen Berechnungen 9 Prozent des Verbrauchs. 1975 werden es dagegen bei der Minimalschätzung rund 14, bei der Maximalschätzung aber reichlich 20 Prozent des Verbrauchs sein. Dieser Zuschußbedarf wird, so nimmt man an, hauptsächlich von Laubholz oder Laubholzerzeugnissen aus außereuropäischen Gebieten eingeführt werden.

Gegenüber Energieprognosen sind Voraussagen in vielen anderen Bereichen der Wirtschaft weit schwieriger, da man es teilweise mit einem größeren Sortiment, einer zersplitterten Produktion und anderen die Aufstellung von Voraussagen erschwerenden Faktoren zu tun hat. In jedem Industriezweig gibt es aber Anhaltspunkte für die Aufstellung langfristiger Prognosen.
Empirische Untersuchungen haben ergeben, daß es im Verlaufe des ökonomischen Wachstums und der Einkommenszunahme zu Sättigungserscheinungen kommt, von denen zuerst die nichtdauerhaften, später die langlebigen Konsumgüter und zum Schluß die Dienstleistungen erfaßt werden. In den USA hat auch z. B. die individuelle Nachfrage nach Textilien bereits vor dem zweiten Weltkrieg eine relative Sättigung erreicht und ist seither etwa im gleichen Umfang gewachsen wie die Bevölkerung. Das besagt aber keineswegs, daß sich die Nachfrage nicht temporär noch wesentlich erhöhen kann. Da in den USA auch heute noch 35 Millionen Menschen am Rande des Existenzminimums leben, zeigt das u. a. die klassenmäßig bedingte Konsumbeschränkung. Gerade sie aber wird in vielen Prognosen — die Ausführungen von Kneschaurek lassen das ebenfalls erkennen — nicht berücksichtigt.

Kneschaurek demonstriert an der Entwicklung der Textilindustrie, wie eine langfristige Industriezweigprognose aufgestellt werden kann.[63] Nach dem zweiten Weltkrieg gab es in einigen kapitalistischen Ländern, so in Belgien, Schweden, Kanada und den USA, Einkommenszunahmen, aber keine Erhöhung des Pro-Kopf-Konsums an Textilien. Kneschaurek glaubt deshalb annehmen zu können, daß bei einem Sozialprodukt je Einwohner von etwa 1500 Dollar die Phase der individuellen Sättigung im Textilverbrauch eintritt, wogegen Länder mit einem Pro-Kopf-Einkommen von weniger als 500 Dollar noch eine überproportionale Steigerung des Textilkonsums aufweisen und Länder mit einem Pro-Kopf-Einkommen von 500 bis 1000 Dollar eine Steigerung des Textilverbrauchs parallel zur Einkommenszunahme zeigen. Demnach würde sich in neun westeuropäischen Ländern: Belgien, Dänemark, Westdeutschland, Frankreich, Großbritannien, Luxemburg, Norwegen, Schweden und der Schweiz, die bis 1970 ein Sozialprodukt pro Kopf von mehr als 1500 Dollar (zu Preisen von 1960) erreichen, der Pro-Kopf-Verbrauch an Textilien in nächster Zeit kaum noch erhöhen. Die Aufnahmefähigkeit des Textilmarktes wird nur in dem Maße zunehmen, wie die Bevölkerung wächst. In Österreich, Finnland, Italien und Holland, wo eine Erhöhung des Sozialprodukts je Einwohner auf 1000 bis 1500 Dollar zu er-

[63] Vgl. *F. Kneschaurek*, Strukturwandlungen . . ., a. a. O., S. 25ff.

warten sei, würde eine stärkere Ausweitung des Textilverbrauchs als in den zuerst genannten Ländern zu verzeichnen sein. In Griechenland und Irland soll sich auf Grund niedrigerer Einkommen bis 1970 der Textilverbrauch ungefähr proportional mit dem Durchschnittseinkommen erhöhen, während in Spanien und Portugal, wo das Sozialprodukt je Einwohner weniger als 500 Dollar betragen wird, der Textilkonsum überproportional zunehmen wird. Kneschaurek glaubt, daß sich die Aufnahmefähigkeit des westeuropäischen Textilmarktes bis 1970 um knapp zwei Prozent im Jahr erhöht.

Eine derartige Erzeugnisprognose, die auf der Basis einer Makrogröße wie dem Gesamtprodukt aufgestellt wird, ist natürlich mit allen Nachteilen dieses Verfahrens belastet. Diese Nachteile bestehen vor allem darin, daß die gesamtwirtschaftliche Entwicklung selbst von zahlreichen Unsicherheitsfaktoren beeinflußt wird. Ein anderes Unsicherheitsmoment ist in der Tatsache zu sehen, daß auch im Textilverbrauch nicht nur individuelle Nutzenerwägungen, wie sie Kneschaurek unterstellt, eine Rolle spielen, sondern ebenso Mode, Prestige u. a. Faktoren.

Die Entwicklung einer Branche spiegelt sich natürlich in den einzelnen Unternehmen wider. In stagnierenden oder nur geringfügig wachsenden Industriezweigen verschärft sich der Konkurrenzkampf, denn jeder Unternehmer ist gezwungen, sich den Nachfrageveränderungen anzupassen, um seine Existenz zu erhalten. Rationalisierungsmaßnahmen und Verminderung der Belegschaften reichen aber dazu nicht aus. Nur die größten und leistungsfähigsten Betriebe überstehen die notwendigen Anpassungsprozesse mit Erfolg, während viele Klein- und Mittelunternehmen aus dem Markt ausscheiden. Aber auch die Großunternehmen sind gezwungen, die Marktverschiebungen ständig vorauszusehen, um rechtzeitig die notwendigen Umstellungsmaßnahmen durchführen zu können. Selbst innerhalb eines einzelnen Industriezweiges kann es sehr unterschiedliche Entwicklungstendenzen geben. In Westdeutschland zählt der Fahrzeugbau seit 1950 zu den ausgesprochenen Wachstumsindustrien. Außer den Jahren 1953, 1957 und 1962 expandierte die Fahrzeugproduktion wesentlich stärker als die Industrie überhaupt. Der Produktionszuwachs war zwischen 1950 und 1963 mehr als dreimal so groß als in der Gesamtindustrie. Er basierte auf einer überproportionalen Steigerung der Arbeitsproduktivität und war begleitet von einer zunehmenden Unternehmenskonzentration sowie einer Erhöhung des Anteils der im Fahrzeugbau Beschäftigten. Im Jahre 1950 war jeder 25. industriell Beschäftigte in dieser Branche tätig, 1963 jeder 17.; charakteristisch für die Fahrzeugindustrie ist auch die Verdreifachung der Exportquote zwischen 1950 und 1963 von 11,5 auf 33,3 Prozent. Die einzelnen Erzeugnisgruppen profitierten allerdings nicht in gleichem Maße von der Expansion. Wachsenden Anteilen der Pkw-Produktion stand ein sinkender Umsatz in der Kraftradindustrie von 1956 bis 1963 auf rund ein Drittel gegenüber. Auch die Produktion von Last- und Lieferwagen blieb im Wachstum zurück, da sie zwar am allgemeinen Wirtschaftsaufschwung, aber nicht an der allgemeinen Motorisierungswelle teilhatte. Diese Unterschiede müssen bei Branchenprognosen berücksichtigt werden.

Von besonderem Interesse sind heute Prognosen, in denen Vergleiche zwischen der Entwicklung der einzelnen Industriezweige vom Gesichtspunkt des wissenschaftlich-technischen Fortschritts angestellt werden. Allgemein gilt, daß der technische Fortschritt immer höhere Investitionen erfordert, da ständig neue und größere Forschungs- und Versuchsanstalten gebaut werden müssen und die Ausrüstung der Betriebe ständig moderne Maschinen und Anlagen erfordert. Nur die Großunternehmen sind aber finanziell in der Lage, dem neuesten Entwicklungsstand der Technik zu entsprechen, um auf die Dauer im Konkurrenzkampf bestehen zu können.[64]

Besondere Beachtung finden in den imperialistischen Ländern die langfristigen Potentialprojektionen. Sie sollen zeigen, welche reale Ausdehnung der Produktion und der Einkommen im Laufe der kommenden zehn oder fünfzehn Jahre erreicht werden kann, wenn keine erheblichen außenwirtschaftlichen Störungen eintreten und der Staat eine „richtige“ Wirtschaftspolitik betreibt. Langfristige Potentialprojektionen sind nach bürgerlicher Darstellung Vorausschätzungen der *möglichen* Wirtschaftsentwicklung bei hinreichend vernünftigem Verhalten der Menschen ohne empfindliche Außenstörungen, auf deren einseitigen Charakter bereits hingewiesen wurde. Bei ihrem Versuch, die Wachstumsmöglichkeiten der Wirtschaft durch eine Prognose der in der Zukunft verfügbaren „Produktionsfaktoren“ anzugeben, wird aber ebenso wie in der Wachstumstheorie in unzureichendem Maße eine optimale Kombination dieser Faktoren angenommen. Man betrachtet, wie z. B. die im Auftrage der EWG-Kommission aufgestellte Prognose für die Jahre 1960 bis 1970 zeigt, die einzelnen Wachstumsfaktoren zu sehr isoliert voneinander.

Die von Pierre Uri geleitete Gruppe hat nicht nur eine, sondern zwei Prognosen (Projektionen) über das voraussichtliche Wachstum des Sozialprodukts in der EWG aufgestellt. Die „Hypothese B“, in der die Wachstumsaussichten etwas günstiger beurteilt werden als in der „Hypothese A“, gilt als die zu realisierende Wachstumslinie. Dieser Voraussage zufolge sei in den sechs EWG-Ländern bis 1970 eine Zunahme des realen Sozialprodukts um mehr als 50 Prozent erreichbar. Da den Schätzungen zufolge in Italien und auch in Frankreich das Wachstum über dem Durchschnitt der EWG, in den Niederlanden, Westdeutschland und Belgien/Luxemburg unter dem Durchschnitt liegen wird, werden sich die Anteile der einzelnen Länder am Bruttosozialprodukt der EWG bis 1970 leicht verschieben. Frankreichs und Italiens Anteile wären dann etwas größer, die der anderen Länder etwas geringer.

Diese Prognose beruht u. a. auf der Annahme, daß in Westdeutschland die Zahl der Arbeitskräfte nicht mehr zunehmen wird, die geleisteten Arbeitsstunden auf Grund von Arbeitszeitverkürzungen, Urlaubsverlängerungen u. a. Erscheinungen leicht abnehmen werden. Da es außerdem als fraglich bezeichnet wird, ob weiterhin jährlich 800000 ausländische Arbeitskräfte zur Verfügung stehen, hält man eine Zunahme der Produktion nur durch Steigerung der Arbeitsproduktivität für möglich. Daß z. B. die „Wachstumsindustrien“ weiterhin Arbeitskräfte anziehen werden, und zwar aus schrumpfenden Zweigen, wird nicht ausgeschlossen.

[64] *Th. Prager*, Zur Forschung und Entwicklung in Westeuropa. In: „Weg und Ziel“, H. 9, 1965, S. 543ff.

Die bisherige Entwicklung hat in zahlreichen Positionen eine bemerkenswerte Abweichung von der Prognose gebracht. Darauf soll aber nicht weiter eingegangen werden. Hier interessiert vor allem, daß bei Aufstellung der Sozialproduktsprognose für die Zukunft stabiles Preisniveau und ausgeglichene Zahlungsbilanzen angenommen wurden, obwohl nach dem zweiten Weltkrieg in keinem EWG-Land über eine längere Periode hinweg das Preisniveau stabil und die Zahlungsbilanz ausgeglichen war. Ferner wurde das Wachstum der Wirtschaft aus der Entwicklung der einzelnen Produktionsfaktoren hergeleitet, ohne in ausreichendem Maße die wechselseitigen Veränderungen in Rechnung zu stellen. Bei der Prognose wurden Arbeitshypothesen über die künftige Entwicklung der Beschäftigtenzahl und der „Gesamtproduktivität" aufgestellt und durch eine Kombination beider Faktoren das voraussichtliche Wachstum des Bruttosozialprodukts ermittelt.

Weitere Beispiele für eine mittelfristige Prognosebildung liefern nach dem zweiten Weltkrieg vor allem Schweden und Frankreich. In Schweden wurde erstmals Ende 1945 ein mittelfristiger Plan aufgestellt, der vor allem die staatsfinanzielle Entwicklung von 1946/47 – 1951/52 umfaßte und die allgemeinen volkswirtschaftlichen Probleme nur indirekt berührte. 1948 wurde ein zweiter Plan erarbeitet, der jedoch ebenso wie der erste bald von der Entwicklung überholt wurde, so daß 1950 eine mittelfristige Prognose erarbeitet werden mußte, die auf folgenden Prämissen beruhte: Vollbeschäftigung, volkswirtschaftliches Gleichgewicht, Preisstabilität und wirksame Stabilisierungspolitik. Diese Prognose sollte ähnlich den folgenden (für 1955 bis 1960 und 1960 bis 1965) Anhaltspunkte für die Ausarbeitung der kurzfristigen Prognosen in Form der jährlichen Nationalbudgets geben und eine allgemeine Richtschnur für die Wirtschaftspolitik sein. In der dritten und vierten Prognose hielt man eine durchschnittliche jährliche Produktionssteigerung von 3 Prozent für wahrscheinlich. In welchem Ausmaß diese mittelfristigen Prognosen mit der ökonomischen Entwicklung übereinstimmen, mögen die ersten drei Jahre der Prognose für 1960 bis 1965 dokumentieren. Für diese Periode, in der es relativ starke Konjunkturschwankungen gab – mit einem Aufschwung im Jahre 1961, einer Phase ruhiger Entwicklung 1962 bis 1963 und einem erneuten Aufschwung 1964 – wurde eine Zunahme des Bruttosozialprodukts um 4 Prozent pro Jahr, d. h. 22 Prozent während der Fünfjahresperiode, angenommen. Das bedeutete eine Erhöhung der Zuwachsrate im Vergleich zur Entwicklung in den fünfziger Jahren um ein halbes Prozent. Die Vorausberechnung erfolgte mittels Extrapolationen und bei Ausnutzung von Befragungen der Unternehmen über deren Erwartungen und Pläne, die im Jahre 1959 vom Forschungsinstitut der Industrie durchgeführt wurden. Die folgende *Tabelle 1* zeigt eine Gegenüberstellung der Ist- mit den Prognosewerten für 1961 bis 1963 bei den wichtigsten Gesamtgrößen.

Dabei ist zu erkennen, daß sich das Bruttosozialprodukt etwa so entwickelt hat wie in der Prognose angegeben. Konsum und Investitionen haben schneller zugenommen als vorausgesagt. Diese stark aggregierten Posten vermitteln zwar einen allgemeinen Überblick über die Entwicklung der Wirtschaft und zeigen auch eine recht weitgehende Übereinstimmung zwischen Prognose und Realität; einen genaueren Einblick in das wirtschaftliche Geschehen, für den sich die Unternehmen interessieren, ermöglicht allerdings erst eine Aufspaltung der Aggregate und die eingehende Betrachtung der verschiedenen Wirtschafts- bzw. Industriezweige.

TABELLE 1

Schwedische Versorgungsbilanz 1960 bis 1963
(in festen Preisen; Index 1960 = 100)

	Tatsächliche Entwicklung			Gemäß Prognose		
	1961	1962	1963	1961	1962	1963
Privater Konsum	105,0	108,2	113,8	104,2	108,4	112,6
Öffentlicher Konsum	105,6	111,5	118,9	104,6	109,2	113,6
Konsum insgesamt	105,1	109,4	114,8	104,3	108,6	112,9
Bruttoinvestitionen	106,3	111,7	116,0	104,5	109,0	113,5
Export fob (einschl. Dienstleistungsnetto)	104,5	111,2	118,0	107,4	114,8	122,2
abzgl. Import	100,6	106,9	113,9	106,1	112,2	118,2
Bruttosozialprodukt	105,8	109,3	113,4	104,4	108,8	113,2

Quelle: Ö. Johannson: Die wirtschaftliche Entwicklung in Schweden in den sechziger Jahren: die langfristige Planung und ihr Resultat. In: „Skandinaviska Banken", H. 4, 1964, S. 118

IV. Theoretisch-methodische Probleme kapitalistischer Wirtschaftsprognosen

1. Die volkswirtschaftliche Gesamtrechnung als Ausgangspunkt und Basis von Prognosen

Die volkswirtschaftliche Gesamtrechnung (VWG) ist ein in den letzten drei Jahrzehnten in den kapitalistischen Ländern entwickeltes und vielfach angewandtes Instrument, mit dessen Hilfe der gesamtwirtschaftliche Reproduktionsprozeß in seinen wechselseitigen Verflechtungen erfaßt und analysiert werden soll, um eine geeignete Basis für die staatliche Wirtschaftspolitik zu erhalten. Obwohl dieses Instrument die Zusammenhänge der kapitalistischen Wirtschaft teilweise entstellt, ermöglicht es einen tieferen Einblick in das Wirtschaftsgeschehen als die früher üblichen Einzelstatistiken. Da die volkswirtschaftliche Gesamtrechnung bei einer kontinuierlichen Aufstellung über einen längeren Zeitraum die zeitlichen Veränderungen der Wirtschaft erfaßt, stellt sie eine wichtige theoretisch-methodische Grundlage für Voraussagen dar. Sie erleichtert zudem die Abstimmung wirtschaftspolitischer Maßnahmen und die exaktere Berechnung ihrer Folgen.

Den entscheidenden Anstoß für die Entwicklung der VWG gab die große Weltwirtschaftskrise. Sie führte dazu, daß sich bürgerliche Ökonomen weit intensiver als bis dahin mit Fragen des gesamtwirtschaftlichen Reproduktionsprozesses und im Zusammenhang damit auch mit der statistischen Erfassung der Reproduktionsbeziehungen befaßten. Bis dahin existierten in den kapitalistischen Ländern Nationaleinkommens-, Produktions-, Verbrauchs- und andere Statistiken. Das Ziel der damaligen statistischen Arbeit bestand aber im allgemeinen nicht in der geschlossenen Darstellung des gesamten Wirtschaftskreislaufs. In der Weltwirtschaftskrise zeigte sich, daß diese Statistiken nicht den wirtschaftspolitischen Anforderungen entsprachen. Der Zwang zu staatlichen Eingriffen während und nach der Weltwirtschaftskrise erforderte die Darstellung der wirtschaftlich relevanten Vorgänge und Interdependenzen zwischen den volkswirtschaftlichen Größen in einem geschlossenen System. Mit der VWG wurde dazu das geeignete Mittel entwickelt.

Die VWG dient einmal der praktischen Tätigkeit der Monopole und ihres Staates, denn die Monopole brauchen konkrete Angaben über die ökonomische Entwicklung und die wirtschaftlichen Zusammenhänge, zum anderen der ideologischen Apologetik, d. h. der Ablenkung von bestimmten Erscheinungen der kapitalistischen Wirtschaft. Sie soll das ökonomische Geschehen in einer abgelaufenen Periode quantitativ erfassen und den volkswirtschaftlichen Reproduktionsprozeß „durchsichtig" machen, um Ansatz, Art und Zeitpunkt der wirtschaftspolitischen Maßnahmen des Staates näher bestimmen und wirkungsvoller durchführen zu können. Das bedeutet, daß die VWG eine wichtige wirtschaftspolitische Funktion zu erfüllen hat. Sie ist sowohl Grundlage als auch Instrument der Wirtschaftspolitik, denn sie informiert die Träger der Wirtschaftspolitik über den Stand und die zeitliche Veränderung der wirtschaftspolitischen relevanten Größen und veranlaßt sie gegebenenfalls zum Eingreifen in den Ablauf der Wirtschaft. Von bürgerlicher Seite wird stets betont, daß die zunehmende ökonomische Tätigkeit des Staates eine derartige Grundlage in Form eines systematisch erfaßten Zahlenmaterials erfordert. Durch die Kenntnis der quantitativen Beziehungen ist es außerdem möglich, die Auswirkungen staatlicher Maßnahmen in gewissen Grenzen festzustellen, da in der VWG kein Vorgang isoliert betrachtet wird, sondern stets im Hinblick auf seine gesamtwirtschaftliche Bedeutung.

Obwohl der hohe Vergesellschaftungsgrad der Produktion zu einer allgemeinen, gesamtgesellschaftlichen Buchführung drängt, bildet die antagonistische kapitalistische Wirtschaft eine äußerst widerspruchsvolle Basis für eine volkswirtschaftliche Gesamtrechnung. Einerseits erfordern die Hemmnisse in der Kapitalverwertung bei den miteinander in Konkurrenz liegenden Einzelkapitalen eine gesamtwirtschaftliche Orientierung für ihre Dispositionen, andererseits setzen der Zwang zur Wahrung des Geschäftsgeheimnisses u. a. Faktoren der statistischen Erfassung des Reproduktionsprozesses gewisse Grenzen.

Die Darstellung der ökonomischen Zusammenhänge erfolgt in der VWG auf „makroökonomische" Art, d. h. die vielfältigen Beziehungen innerhalb der kapitalistischen Wirtschaft werden nach bestimmten Gesichtspunkten gruppiert, geordnet, und schließlich wird die gesamte Wirtschaft in wenigen überschaubaren Größen erfaßt. Wilhelm Krelle schreibt über die Notwendigkeit dieses Vorgehens:

„Es ist nun selbstverständlich unmöglich, alle Austauschakte aller Wirtschaftspersonen einer Volkswirtschaft einzeln zu erfassen. Selbst wenn man die statistischen Unterlagen beschaffen könnte, würde das Ganze ein unüberschaubares Chaos von Zahlen ohne jeden Erkenntniswert sein, weil es unsere Fassungskraft übersteigt. Durch geeignete Zusammenfassungen von Wirtschaftspersonen und Tauschakten zu Gesamtgrößen kann man aber die zu betrachtenden Einheiten und Ströme auf eine überschaubare Zahl zurückführen. Diese Eignung zu einem makroökonomischen Gesamtsystem ohne Aufgabe der wesentlichen kreislaufmäßigen Interdependenzen gibt der Kreislauftheorie ihre besondere Bedeutung."[65]

Ohne Zweifel ist eine Zusammenfassung der zahllosen Einzelgrößen nach bestimmten Gesichtspunkten notwendig. Die *bürgerliche* Globalgrößenbildung trägt jedoch in vieler Hinsicht unwissenschaftlichen Charakter. Während Marx eine eingehende Analyse der kapitalistischen Produktionsweise durchführte, bei der Untersuchung der Ware, des Doppelcharakters der warenproduzierenden Arbeit und anderer grundlegender ökonomischer Kategorien die qualitative und quantitative Seite des Problems als dialektische Einheit betrachtete und die gesellschaftlichen Beziehungen dieser Kategorien aufdeckte, verzichten die bürgerlichen Ökonomen auf eine derartige Analyse. Bei den von ihnen verwendeten Kategorien handelt es sich vielfach um höchst allgemeine Kategorien, weil sie spezifische Merkmale der kapitalistischen Wirtschaft außer Acht lassen.

Die in einer VWG und dem Nationalbudget gebräuchlichen Aggregate werden inhaltlich vor allem davon bestimmt, wie die bürgerlichen Theoretiker die kapitalistische Wirtschaft erforschen. Dabei zeigt sich, daß sie die quantitative Bestimmung der verschiedenen Kategorien, z. B. des gesellschaftlichen Gesamtprodukts oder des Volkseinkommens, einseitig in den Vordergrund stellen. Eine wissenschaftliche Darstellung dieser Kategorien erfordert jedoch ihre gleichzeitig qualitative und quantitative Analyse. Sie muß beim gesellschaftlichen Gesamtprodukt zum Ausdruck bringen, daß es kapitalistisch produziert wird, sich demzufolge klassenmäßig aus verschiedenen Bestandteilen zusammensetzt und schließlich auch kapitalistisch verteilt wird. Eine derartige Analyse würde die der kapitalistischen Produktion eigenen Widersprüche aufdecken und zeigen, wie diese Widersprüche im Prozeß der Realisierung der Produkte zum Ausbruch kommen. Da die bürgerlichen Ökonomen die antagonistische Natur der kapitalistischen Produktion unbeachtet lassen, ist die VWG kein wissenschaftliches Instrument zur Analyse des kapitalistischen Reproduktionsprozesses und das formal geschlossene System makroökonomischer Größen ist nur mit Einschränkungen ein Abbild der Realität, auch wenn sie die großen wirtschaftlichen Ströme und ihre gegenseitige Verflechtung erfaßt. Ein Beweis sind die statistischen Angaben und die bürgerlichen Methoden der Kategorienbildung.

Zahlreiche primärstatistische Angaben sind durchaus real (Arbeitszeittarife, Kündigungsfristen usw.), andere allerdings unzuverlässig. Die Kapitalisten sind häufig nicht daran interessiert, Angaben über die tatsächliche Lage des Betriebes zu machen. Bei einer schlechten Geschäftslage könnte das Finanz- und Kreditschwierigkeiten nach sich ziehen; bei einer guten hat das Steuererhöhungen zur Folge. Jedes Unternehmen ist bemüht, das Geschäftsgeheimnis hinsichtlich der Produktionshöhe, des Profits, der Investitionen und über die Einführung neuer technischer Verfahren zu

[65] *Wilhelm Krelle*, Volkswirtschaftliche Gesamtrechnung einschließlich Input-Output-Analyse mit Zahlen für die Bundesrepublik Deutschland, Duncker und Humblot, (West-) Berlin 1959, S. 14/15.

wahren, um Konkurrenzvorteile zu erhalten. Die Folge ist, daß sich die staatliche Statistik in derartigen Fällen mit ungenauen Angaben und indirekten Schätzungen begnügen muß. Das beeinträchtigt natürlich die Zuverlässigkeit der statistischen Angaben in einer VWG.

Die Anhänger der VWG glauben, die Kritik an diesem Instrument dadurch abfangen zu können, indem sie zugeben, daß die statistischen Angaben noch sehr verbesserungsbedürftig sind.[66] Die Ungenauigkeit der statistischen Angaben ist aber nur eine und keineswegs die wichtigste Ursache für den unwissenschaftlichen Charakter der VWG. Sie aber wird von den bürgerlichen Ökonomen hervorgerufen.

Die von bürgerlicher Seite benutzten ökonomsichen Kategorien werden in ihrem Wesen vor allem durch die Leugnung der Produktionsverhältnisse und ökonomischen Gesetze sowie der Erklärung des Wirtschaftsverlaufs aus individuellen Motiven wie „Neigung" zur Investition, „Hang" zum Sparen usw. geprägt. Die zentrale Größe der VWG und des Nationalbudgets ist das Volkseinkommen, das nach Keynes'schem Vorbild in die Teilgrößen Investition und Verbrauch aufgegliedert wird. So schreibt Kneschaurek:

„Die Volkswirtschaftliche Gesamtrechnung bezweckt in erster Linie die Darstellung des volkswirtschaftlichen Einkommenskreislaufes und der damit verbundenen Größen (Volkseinkommen, Konsum, Investitionen, Sparen usw.)."[67]

Die Bildung des Volkseinkommens erfolgt auf der Basis der bürgerlichen Produktionsfaktorentheorie. Nach Kneschaurek gehören zur Wertschöpfung „sämtliche Entschädigungen an die Produktionsfaktoren für ihren Beitrag an die Produktion (Löhne Saläre, Gehälter, Zinsen usw.) sowie die Produktionserträge und -gewinne der Unternehmer."

Die modernen bürgerlichen Theoretiker entstellen den Begriff der produktiven Arbeit, indem sie ihn in unzulässiger Weise ausweiten und außerdem Boden und Kapital als wertbildend bezeichnen. Nach ihrer Meinung ist jede Arbeit produktiv, die auf dem Markt begehrt und knapp ist, so daß sie ein Einkommen erzielt. Die bürgerliche Statistik setzt daher den Bereich, in dem das Nationaleinkommen geschaffen wird, mit der „einkommenschaffenden Tätigkeit" gleich.

Die bürgerlichen Ökonomen gebrauchen zwar den Begriff Wertschöpfung, aber nicht in Verbindung mit einer Analyse der Elemente des Produktionsprozesses, son-

[66] Da die kapitalistische Form der Planung eine umfassende Kenntnis der Reproduktionsbeziehungen, der Produktionsstruktur, der Investitionstätigkeit usw. erfordert, werden Instrumente wie die volkswirtschaftliche Gesamtrechnung, das Nationalbudget und die Input-Output-Analyse ständig weiterentwickelt und verfeinert, um den Informationsfluß zu verbessern und den Reproduktionsprozeß sachkundiger beeinflussen zu können. Sowohl die Analyse als auch Prognoseinstrumente werden durch die Verbreitung der elektronischen Datenverarbeitungsanalysen eine zuverlässige Basis erhalten, da durch die schnelle Verarbeitung eines umfangreichen Zahlenmaterials zahlreiche Schwierigkeiten bei der Beschaffung und Auswertung des statistischen Materials überwunden werden und der Informationsfluß beschleunigt wird.

[67] *F. Kneschaurek*, Die nationale Buchführung, Polygraphischer Verlag, Zürich 1958, S. 15.

dern zur Erklärung zirkulatorischer Vorgänge. Willi Kraus erklärt die Wertschöpfung wie folgt:

Wertschöpfung einer Unternehmung =

Verkäufe an Haushalte
+ Verkäufe an Unternehmungen
— Einkäufe von Unternehmungen
+ Nettoinvestition.

Da sich Verkäufe *an* und Einkäufe *von* Unternehmungen aufheben, ist die Wertschöpfung der Unternehmung gleich der Summe der Verkäufe an Haushalte plus der Nettoinvestition. Demnach entspricht die Wertschöpfung in gesamtwirtschaftlichem Ausmaß „der Summe *aller* im Produktions- und Austauschprozeß gebildeten Nichtunternehmer- und Unternehmereinkommen (Y) und ist gleich der Summe aller Verkäufe an Haushalte und der gesamten Nettoinvestition."[68]

Im Kapitalismus ist aber nur jene Arbeit produktiv, die Mehrwert schafft. Die modernen bürgerlichen Ökonomen sind aus klassenmäßigen Gründen nicht in der Lage, den Begriff der produktiven Arbeit eindeutig zu bestimmen. Die klare Unterscheidung zwischen produktiver und unproduktiver Arbeit, wie sie Marx vornahm, würde den ausbeuterischen Charakter der kapitalistischen Produktionsweise und ihre historische Überlebtheit bloßlegen. Da aber durch die Ausweitung des Begriffs der produktiven Arbeit das Volkseinkommen höher ausgewiesen wird als es tatsächlich ist, werden auch die quantitativen Beziehungen zwischen den einzelnen Größen der VWG nicht exakt dargestellt. Bei einer Analyse der VWG müssen daher Banken, Versicherungen, Wohnungsvermietung und Staat aus der Entstehungsrechnung ausgeklammert werden.

Die Grundfragen der Theorie vom Nationaleinkommen wurden von Marx im Rahmen der Reproduktionstheorie gelöst. Marx wies nach, daß das Nationaleinkommen eine Kategorie der materiellen Produktion ist, die durch die Form des Eigentums an den Produktionsmitteln bestimmt wird. Bei der Analyse des Kreislaufs des gesellschaftlichen Gesamtprodukts und des Nationaleinkommens ging Marx von zwei entscheidenden Erkenntnissen aus:

1. Das Gesamtprodukt setzt sich wertmäßig aus drei Bestandteilen zusammen: dem Wert der verbrauchten Produktionsmittel, dem Wert der in der Produktion aufgewandten lebendigen Arbeitskraft und dem Mehrwert ($c + v + m$).
2. Die gesamte gesellschaftliche Produktion gliedert sich in zwei große Abteilungen: die Abteilung, die Produktionsmittel herstellt, und die Abteilung, die Konsumtionsmittel produziert.

Das Nationaleinkommen ist die Summe der Wertbestandteile $v + m$, das Wertprodukt. Marx hat im Rahmen seiner Reproduktionstheorie nachgewiesen, daß das Nationaleinkommen stofflich nicht identisch ist mit den Produkten, die Träger des Neuwerts sind. Stofflich besteht das Nationaleinkommen nicht schlechthin aus den Produkten, die ursprünglich den Wertteilen $v_1 + m_1 + v_2 + m_2$ zugrunde liegen.

[68] *W. Kraus*, Volkswirtschaftliche Gesamtrechnung, Gabler Verlag, Wiesbaden 1961, S. 29.

Daher kann ohne Einschluß des Austauschs zwischen beiden Abteilungen nicht auf das verfügbare Nationaleinkommen geschlossen werden. Diesen Nachweis hat die bürgerliche Ökonomie nicht erbracht. Sie ignoriert vielmehr die Marxsche These, wonach ein Austausch zwischen beiden großen Abteilungen notwendig ist, da $v_1 + m_1$ und c_2 nicht die stoffliche Gestalt haben, in der sie innerhalb ihrer Abteilung Verwendung finden können.

Indem Marx die kapitalistische Produktionsweise analysierte, wies er auch nach, daß es im Kapitalismus kein Gleichgewicht zwischen den einzelnen Teilen der Produktion gibt. Die für die erweiterte kapitalistische Reproduktion und den Nationaleinkommenskreislauf notwendigen Proportionen setzen sich nur zeitweilig und im Zuge ständiger Störungen durch. Der Volkswirtschaftlichen Gesamtrechnung aber liegt die Annahme zugrunde, daß sich zwar ex ante zwischen Angebot und Nachfrage Diskrepanzen einstellen können, daß aber ex post das Gleichgewicht immer hergestellt ist. Das ergibt sich u. a. daraus, daß die bürgerlichen Ökonomen die sozialen Verhältnisse weitgehend unberücksichtigt lassen, wogegen es Marx gerade um die Analyse dieser Verhältnisse ging.

Im Nationaleinkommen konzentrieren sich nicht nur alle gesellschaftlichen Beziehungen der antogonistischen Klassengesellschaft. Die Kenntnis von Struktur, Höhe und Verwendung des Nationaleinkommens ist von maßgeblicher Bedeutung für die staatliche Wirtschaftspolitik, da durch sie eine weitgehende Umverteilung des Nationaleinkommens im Interesse einer ökonomischen und sozialen Stabilisierung des kapitalistischen Systems erfolgt. Dem gleichen Ziel dienen auch die Vorausschätzungen des Nationaleinkommens insgesamt oder seiner einzelnen Teile, die auf der Basis der volkswirtschaftlichen Gesamtrechnung durchgeführt werden. Die Reihen einzelner Globalgrößen finden vor allem bei Extrapolationen, den gesamtwirtschaftlichen Analysen für Nationalbudgets und anderen kurz- und mittelfristigen Staatsprognosen sowie ökonomischen Modellen Verwendung.

In den imperialistischen Ländern finden hauptsächlich folgende Methoden für Voraussagen Verwendung:

1. Extrapolationen, die vor allem mit Hilfe von Zeitreihen aufgestellt werden;
2. Korrelations- und Regressionsanalysen;
3. Unternehmer- und Konsumentenbefragungen;
4. Ökonometrische Modelle.

Diese Methoden weisen zahlreiche gemeinsame Merkmale und Übergänge auf. So bilden z. B. die Erwartungen der Unternehmer über die künftige Entwicklung der Preise, der Auftragseingänge und anderer ökonomischer Größen und das aus ihnen resultierende Verhalten das wichtigste Element der Befragungen und einen wesentlichen Bestandteil der Prognosemodelle. In der Voraussagepraxis der kapitalistischen Länder finden die erste und zweite Methode die größte Beachtung, wenngleich die meisten bürgerlichen Ökonomen bestrebt sind, Prognosen mittels Modellen aufzustellen. Obwohl Prognosemodelle im Gegensatz zu den übrigen Verfahren vielfach als die einzig „wissenschaftliche" Prognosetechnik gelten, sind die auf der Basis von Befragungen oder durch Extrapolation erarbeiteten Prognosen in der Praxis noch vorherrschend, weil diese Verfahren relativ einfach und schnell zu handhaben sind und die Prognosemodelle sich gegenwärtig noch weitgehend im Stadium der Entwicklung und Erprobung befinden. Teilweise aus diesem Grunde waren bisher auch die mit Hilfe von Modellen vorgenommenen Voraussagen im allgemeinen nicht nennenswert besser als andere Prognosen. Trotzdem muß man hervorheben, daß Modelle die größten Möglichkeiten für Voraussagen der ökonomischen Entwicklung mit einer hohen Wahrscheinlichkeit bieten. Die Modelle von Klein-Goldberger, Tinbergen und des niederländischen Planungsamtes lassen das deutlich erkennen.

2. Extrapolationen

Extrapolationen basieren auf der Annahme, daß Regelmäßigkeiten, die in der Vergangenheit in der Entwicklung einzelner ökonomischer Größen aufgetreten sind, auch in Zukunft gelten. Der erste Schritt zur Extrapolation einer Größe erstreckt sich daher auf die Untersuchung ihres bisherigen Entwicklungstrends. Man betrachtet die Zeitreihe der interessierenden Variablen, um Regelmäßigkeiten in ihrer Entwicklung festzustellen. Diese Regelmäßigkeiten werden von bürgerlichen Ökonomen vielfach von einem einseitig subjektivistischen Standpunkt betrachtet.

An die Darlegungen über die Vergangenheit schließt sich die eigentliche Prognose an, d. h. je nach der Form des bisherigen Trends folgt eine lineare oder nichtlineare Extrapolation. Dabei wird diejenige Formel angewendet, die am besten dem Trendverlauf entspricht.

Bei Extrapolationen geht man also von der Annahme aus, daß die der Entwicklung einer Variablen in der Vergangenheit zugrunde liegenden Ursachenkomplexe — die selbst zum großen Teil außerhalb der Betrachtung bleiben — in Zukunft in gleicher Weise wie in der Vergangenheit wirken. Das ist natürlich bei der Kompliziertheit der ökonomischen Prozesse eine sehr vereinfachende Annahme.[69] Da dies auch für modifizierte Extrapolationen gilt, schwächen diese nur in begrenztem Umfang die Nachteile einfacher Extrapolationen ab. Trotzdem haben Extrapolationen eine große Bedeutung und reichen in vielen Fällen zur Aufstellung von Prognosen aus.

3. Prognosen auf Basis von Befragungen

Befragungen über das künftige Verhalten der Unternehmer und Konsumenten bilden in erster Linie die Grundlage für kurzfristige Prognosen. Man unterscheidet bei den Befragungen vor allem zwischen der Tendenz- und der Repräsentativbe-

[69] Die bürgerlichen Ökonomen sind sich natürlich der Mängel der Extrapolationstechnik bewußt. So schreiben *Hanau* und *Wöhlken*: „Trendextrapolationen und konstante Zuwachsraten als Methode zur Vorausschätzung wirtschaftlicher Ereignisse sind ausschließlich und global angewandt höchst unbefriedigend, da sie den Ablauf der vorgeschätzten Größe lediglich als Funktion der Zeit betrachten und nicht die kausalen Zusammenhänge und vielfältigen Interdependenzen erfassen." (Diagnose und Prognose. . ., a. a. O., S. 402).

fragung. Da heute in Westdeutschland und anderen kapitalistischen Ländern systematisch Tendenzbefragungen zur Aufstellung sogenannter Konjunkturtests stattfinden und typisch kapitalistische Merkmale der Prognose aufweisen, soll deren Bedeutung für Wirtschaftsprognosen kurz charakterisiert werden.

Der Konjunkturtest wurde nach 1949 vom Ifo-Institut für Wirtschaftsforschung in München entwickelt.[70] Er wird auf der Basis von monatlichen Befragungen einiger tausend Unternehmer der Industrie, des Bauwesens, des Groß- und Einzelhandels aufgestellt. Neben der Entwicklung im Berichtsmonat werden auch die Erwartungen und Pläne für die folgenden drei bzw. sechs Monate erfragt. Dabei verzichtet man auf Zahlenangaben und begnügt sich mit der Angabe von *Entwicklungstendenzen* bei Produktion, Umsatz, Preisen, Auftragseingang, Lagerbestand usw. Auf jede Frage sind drei Antworten möglich: steigend, unverändert, fallend, je nachdem, wie der Unternehmer die Entwicklung erwartet. Die Ergebnisse werden entsprechend der Marktbedeutung des einzelnen Unternehmens gewichtet und aus der Summe der Meldungen für ein bestimmtes Erzeugnis werden die Entwicklungstendenzen errechnet und in farbigen graphischen Übersichten, den „Konjunkturspiegeln“, dargestellt, die bereits 10 bis 12 Tage nach Ende des Berichtsmonats den befragten Unternehmen zugeschickt werden. Die Prognosen beruhen auf einem Test der Erwartungen sowie der Annahme, daß es im Verhalten der Kapitalisten bestimmte Gesetzmäßigkeiten gibt, die festgestellt und erfaßt werden können.

Der Konjunkturtest enthält demnach monatlich die tatsächlichen bzw. erwarteten Werte bestimmter Variablen, zwischen denen mannigfache Beziehungen bestehen. Zur genaueren Ermittlung der Treffsicherheit von Voraussagen seitens der Unternehmen wird zwischen drei Arten von Variablen unterschieden:

a) unternehmenseigenen Variablen oder Instrumentalvariablen, deren Werte von den Entscheidungen der Kapitalisten bestimmt werden (z. B. Produktionsmenge);
b) unternehmensfremden oder Erwartungsvariablen, deren Werte nur in geringem Umfang von Unternehmensentscheidungen beeinflußt werden (Auftragseingang);
c) Variablen, die vom Unternehmen und anderen Faktoren beeinflußt werden (Lagerbestand).

Durch diese Gliederung können die Ursachen, die zu Fehlprognosen führen, wesentlich leichter gefunden werden. Bestimmte Mängel, die sich aus der kapitalistischen Wirtschaft für die Prognose auf der Basis der Erwartungen ergeben, lassen sich dadurch allerdings nicht überwinden.

Die Erwartungen werden durch eine Vielzahl von Faktoren bestimmt, in erster Linie natürlich durch die ökonomische Entwicklung. Im einzelnen u. a. durch die Entwicklung in den Vormonaten, die Branchenkonjunktur, die Erfolge, mit denen in der Vergangenheit die Entwicklung vorausgesagt wurde, usw. Die Prognoseergebnisse, die vom Ifo-Institut und einer Reihe westdeutscher Ökonomen näher

[70] Eine ausführliche Darstellung der Konjunkturtests findet sich bei *W. Marquardt* und *W. Striegel*, Der Konjunkturtest, Verlag Duncker und Humblot, (West-)Berlin 1959. *O. Hatzold* und *H. Helmschrott*, Analyse unternehmerischer Verhaltensweisen, Verlag Duncker und Humblot, (West-)Berlin 1961.

untersucht wurden, zeigen jedoch, daß die ex ante gemeldeten Tendenzen seltener mit den einen Monat später abgegebenen Meldungen über die tatsächliche Entwicklung übereinstimmten als man von vornherein annahm. Das gilt vor allem für die Voraussage von Wendepunkten und die Entwicklung der Erwartungsvariablen. Außerdem zeigte sich, daß bei bestimmten Reihen die eine oder andere Tendenz regelmäßig über — oder unterbewertet wurde, also systematische Fehler vorliegen, die es zu ergründen galt, um sie bei der Aufstellung künftiger Prognosen in entsprechendem Umfang zu berücksichtigen. In der Industrie lag die Trefferquote bei den Voraussagen der Instrumentalvariablen zwischen 65 und 87 Prozent, bei den Erwartungsvariablen um 50 Prozent. Im Handel waren die entsprechenden Angaben noch niedriger. Berechnungen des Ifo-Instituts ergaben, daß 40 bis 50 Prozent der Unternehmen ihre eigene Investitionstätigkeit für den nächsten Monat nicht richtig vorausgesagt hatten. Auch wenn man berücksichtigt, daß ein bestimmter Prozentsatz von ihnen bewußt Falschmeldungen abgab, zeigen diese Ergebnisse, daß selbst kurzfristige Voraussagen, die lediglich für einen Monat im voraus vorgenommen werden, sehr ungenau sein können. Obwohl die bürgerlichen Ökonomen nicht umhin können, auf diese wenig erfreulichen Prognoseergebnisse einzugehen, tun sie es im allgemeinen mit einer optimistischen Grundeinstellung. So schreibt Wilhelm Krelle:

„Verwendet man den Konjunkturtest, so wird man die *Entwicklung des nächsten Monats* mit einer Irrtumswahrscheinlichkeit vorausschätzen können, die bei den einzelnen Testvariablen (Produktion, Preise, Umsätze, Vorräte etc.) der einzelnen Wirtschaftsgruppen etwa zwischen 10 v. H. und 20 v. H. liegt, wobei allerdings Umkehrpunkte mit viel geringerer Wahrscheinlichkeit auszumachen sind."[71]

Die negativen Prognoseergebnisse sind in erster Linie eine Folge dessen, daß sich die Unternehmer auf Grund objektiver Gegebenheiten zu einer Änderung ihrer Absichten, wie sie im Test niedergelegt sind, entschlossen haben. Außerdem sind natürlich die Angaben vielfach manipuliert und unzutreffend. Einen Einfluß auf die Gesamttendenz hat vor allem die Tatsache, daß die Angaben nichts über das Ausmaß der Veränderungen aussagen. Dadurch kann das Prognoseergebnis wesentlich beschränkt werden.

Welche Vorteile bietet der Konjunkturtest? Sicher ist, daß mit ihm die Konjunkturlage einzelner Branchen rascher und genauer bestimmt werden kann als mit anderen Methoden. Die Tests geben ferner den einzelnen Wirtschaftszweigen Hinweise über die Entwicklungstendenzen in anderen Branchen und sind für die einzelnen Unternehmen von Nutzen, da sie ihre eigene Marktbeobachtung ergänzen und Kenntnisse über die Absichten der Konkurrenz vermitteln. Im Ifo-Institut werden außerdem die Ergebnisse für die laufende, umfassendere Prognosetätigkeit verwandt. Das in langen Zeitreihen vorliegende Material eignet sich zudem gut für ökonometrische Studien, d. h. für Prognosemodelle und wird auch in dieser Hinsicht verwertet.

Neben Unternehmerbefragungen werden heute in vielen kapitalistischen Ländern Konsumentenbefragungen durchgeführt, um Absatzprognosen aufstellen zu

[71] *Wilhelm Krelle*, Möglichkeiten und Grenzen . . ., a. a. O., S. 44.

können.[72] Brauchbare Ergebnisse können aber nur dann erreicht werden, wenn es gelingt, die in den Kosumentenaussagen enthaltenen Verfälschungen zu korrigieren. Es gibt eine ganze Reihe von Gründen, die es erschweren, von den Konsumenten Angaben über ihre Kaufabsichten zu erhalten, die sich später als richtig erweisen. Die Konsumentenaussagen werden von verschiedenen Faktoren beeinflußt, die nur schwer gegeneinander abgewogen werden können. Amerikanische Konsumforschungsexperten unterteilen die Faktoren, die das Konsumverhalten während einer bestimmten Periode beeinflussen bzw. beeinflussen können, in drei Kategorien ein:

1. Faktoren, die den Konsumenten am Beginn der Periode bekannt sind und über die sie relativ gute Kenntnisse besitzen.
2. Zufällige und unvorhergesehene Ereignisse, die während der Periode eintreten (Krankheit von Familienmitgliedern usw.).
3. Ereignisse, die von den Konsumenten nicht vorhergesehen werden können, z. B. Streiks.

Bei der Erfassung der Konsumentenkaufpläne wird versucht, Antworten zu erhalten, die der ersten Kategorie von Faktoren Rechnung tragen. Die Konsumenten sollen die verschiedenen Einflüsse auf ihr Kaufverhalten richtig gegeneinander abgewogen darstellen, obwohl das natürlich sehr schwierig ist, da es um vielfältige subjektive und objektive Einflußfaktoren (persönliche Wünsche, Einkommen, Preise usw.) geht. Die Faktoren der Kategorien zwei und drei beeinflussen jede von Konsumentenbefragungen abgeleitete Absatzprognose. Die zweite Gruppe von Faktoren ruft eine systematische Abweichung der Käufe von den Kaufplänen hervor, da sie die Konsumenten in ihrer Gesamtheit von Periode zu Periode in etwa gleicher Weise beeinflußt, so daß sich das Gesamtverhalten der Konsumenten nicht wesentlich verändert. Im Gegensatz dazu können die Faktoren der dritten Gruppe die Konsumenten zu einem von den Kaufplänen stark abweichenden Verhalten veranlassen.

Die Treffsicherheit der Konsumentenprognosen wird somit vor allem von der ersten und dritten Faktorenkategorie bestimmt. Nach den bisherigen Erfahrungen in den USA scheinen die Konsumenten in der Lage zu sein, unter Abschätzung aller mehr oder weniger bekannten Einflußfaktoren begründete Aussagen über die Wahrscheinlichkeit des Kaufs bestimmter Waren zu machen. Es gibt auch Überlegungen, die Treffsicherheit der Konsumentenkaufabsichten dadurch zu verbessern, daß die Auswirkungen von Faktorenveränderungen auf das Konsumentenverhalten untersucht werden. Gelänge es, diese Veränderungen rechtzeitig zu erfassen, so könnten die auf Konsumentenangaben basierenden Absatzprognosen nach derartigen Veränderungen in geeigneter Weise revidiert werden. Insgesamt weisen jedoch diese Prognosen keine höhere Wahrscheinlichkeit auf als Branchenprognosen auf der Grundlage von Unternehmensbefragungen, da auch bei ihnen der Einfluß der spontanen Entwicklung ziemlich stark ist.

[72] Derartige Untersuchungen werden in den USA u. a. von George Katone und vom Bureau of the Census in Washington, und in Schweden vom Konjunkturinstitut in Stockholm durchgeführt.

4. Kurz- und mittelfristige Staatsprognosen

Sie werden hauptsächlich in Form sogenannter Nationalbudgets für ein, vier oder fünf Jahre erarbeitet und gelten für die gesamte Wirtschaft. Den methodischen Rahmen bildet die volkswirtschaftliche Gesamtrechnung, ein Instrument, mit dem heute zahlreiche westliche Länder den gesamtwirtschaftlichen Reproduktionsprozeß in seinen wechselseitigen Verflechtungen zu erfassen versuchen. Es werden einige Gesamtgrößen gebildet, z. B. Produktion, Einkommen, Staat, Ausland usw., und für jedes Aggregat wird ein Konto oder eine Tabelle angelegt, um den Ablauf der Wirtschaft und die zwischen den Gesamtgrößen bestehenden Beziehungen zu erkennen. Während sich aber die volkswirtschaftliche Gesamtrechnung auf einen abgelaufenen Zeitraum, im allgemeinen ein Jahr, bezieht und die Gesamtgrößen ausreichend untergliedert sind, enthält das Nationalbudget als Prognose nur die voraussichtliche Veränderung der Aggregate. Die Art der Gesamtgrößenbildung und die Ergebnisse der mit ihnen durchgeführten Prognosen sollen an Beispielen aus der schwedischen Prognosepraxis erläutert werden.

TABELLE 2

Nationalbudgetresultate 1954 bis 1956

	1953–1954		1954–1955		1955–1956		
Ressourcen	B	R	RB	R	B	RB	R
Bruttosozialprodukt	+3,5	+4,6	+4,4	+ 4,2	+3,0	+3,1	+2,6
Import	+1,2	+4,6	+6,0	+11,0	+1,0	+1,9	+5,7
Verwendung							
Bruttoinvestitionen	+3,1	+7,4	+3,6	+ 1,0	+2,0	+4,1	+ 2,1
Export	−2,7	+9,1	+4,0	+ 6,2	+2,0	+2,0	+10,1
Privater Konsum	+2,8	+4,4	+5,7	+ 3,5	+2,9	+3,2	+ 2,4
Öffentl. Konsum	+6,1	+4,3	+4,1	+ 3,4	+4,2	+5,1	+ 4,4

B = Budget
RB = Revidiertes Budget
R = Tatsächliches Resultat

Quelle: *J. Ohlsson:* Das Schwedische Nationalbudget. In: „Skandinaviska Banken", H. 3 1957, S. 121.

Die schwedischen Nationalbudgets enthalten die Globalgrößen Bruttosozialprodukt, Import, Bruttoinvestitionen, Export, Privat- und öffentlicher Konsum. Da man diese Aggregate auf der Basis der in der bürgerlichen Ökonomie gebräuchlichen Kategorien bildet, werden die Reproduktionsbeziehungen entstellt und das Prognoseergebnis negativ beeinflußt. Trotzdem ermöglicht die volkswirtschaftliche Gesamtrechnung einen beachtlichen Einblick in das ökonomische Geschehen des vergangenen Jahres und das Nationalbudget eine Orientierung über die Entwicklung der Wirtschaft im kommenden Jahr. Die Tabelle 2, in der Prognose- und Istzahlen aus drei Jahren zusammengefaßt sind, zeigt z. B., wie groß die Diskrepanz zwischen Vorhersage und tatsächlicher Entwicklung unter relativ normalen Bedingungen im allgemeinen in den letzten 15 Jahren war. Bei einzelnen Positionen, z. B. dem Export und den Investitionen, gibt es teilweise relativ beachtliche Unterschiede während bei anderen Gesamtgrößen die Abweichungen weniger bedeutsam sind.

5. Die Bedeutung ökonometrischer Modelle für Voraussagen

Zu den ökonomischen Instrumenten, die in den letzten drei Jahrzehnten in den kapitalistischen Ländern entwickelt wurden und in zunehmendem Maße für wirtschaftliche Analysen und Prognosen Verwendung finden, zählen die ökonometrischen Modelle. Vor allem konjunktur- und wachstumspolitische Erfordernisse zwangen die bürgerliche Ökonomie in jüngster Zeit dazu, den gesamtwirtschaftlichen Reproduktionsprozeß — natürlich im Rahmen der durch das Klasseninteresse gezogenen Grenzen — genauer zu erfassen und die Ergebnisse der Wirtschaftstheorie mit Hilfe des statistischen Materials zu testen und für Prognosen zu nutzen. Die Beurteilung eines ökonometrischen Modells setzt daher eine gute Kenntnis seiner theoretischen Grundlagen und der Aussagekraft des verwendeten statistischen Materials voraus.

Die theoretische Basis der bürgerlichen ökonometrischen Modelle bildet vor allem die von Keynes beeinflußte bzw. von ihm hergeleitete Theorie. Sie bestimmt Charakter und Aufgabenstellung der Modelle.

Die modernen bürgerlichen Wirtschaftstheoretiker gehen bei der Modellierung ökonomischer Prozesse von der Überlegung aus, daß die wirtschaftliche Entwicklung von den Entscheidungen der Unternehmer, Verbraucher und der staatlichen Organe bestimmt wird und diese Entscheidungen sich auf im Zeitablauf verlierende Quantitäten von Produktion, Konsumtion usw. beziehen. Aufgabe der Theorie sei es, die Veränderungen der verschiedenen ökonomischen Größen und der zwischen ihnen bestehenden Beziehungen zu erklären. Da nun die Wirtschaft auf Grund der zahllosen individuellen Handlungen ein äußerst komplexes und unübersichtliches Bild zeigt, sei es erforderlich, die ökonomische Realität unter Beachtung bestimmter Zielsetzungen auf ihre wesentlichen Linien zu reduzieren, um ein vereinfachtes und übersichtliches Abbild von der Wirklichkeit, d. h. ein Modell, zu erhalten. Ökonomische Modelle sind also das Produkt eines Selektionsprozesses, Vereinfachungen der Wirklichkeit, die auf Isolierung des jeweils Wesentlichen beruhen und bestimmte Erkenntnisse vermitteln, zugleich aber Instrumente weiterer Erkenntnisse sein sollen, denn durch die Arbeit am Modell hofft man, neue und umfassendere Einsichten zu gewinnen.[73] Was der Modellkonstrukteur nicht beobachten kann, will er am Modell er-

[73] *Oskar Morgenstern* betont, der Wirtschaftswissenschaftler müsse „alle Abstraktionen und Verallgemeinerungen vermeiden, die das Wesentliche an der Wirklichkeit entstellen, er muß diese vielmehr durch Modelle beschreiben, die nicht zu einfach und damit unrea-

forschen. Ein ökonometrisches Modell soll schließlich dazu dienen vorauszusehen, welche ökonomischen Folgen sich aus der Veränderung gewisser Größen ergeben. Auch um zu Voraussagen zu gelangen, müssen jene Variablen, deren Auswirkungen zu untersuchen sind, isoliert werden, indem sekundäre und weniger wichtige Größen außer acht gelassen werden.

Die Modellbildung ist eine besondere Form zur Erforschung, Darstellung und Voraussage ökonomischer Erscheinungen. Sie unterscheidet sich von der verbalen und symbolhaften Darstellungsweise, weil sie gegenüber der umständlichen verbalen Form mit dem Nacheinander der Wortfolge das Nebeneinander der definierten und einander zugeordneten Begriffe setzt. Da kein ökonomischer Faktor isoliert existiert, sondern mit anderen wechselseitig verbunden ist, vermag das Modell ökonomische Zusammenhänge und Prozesse übersichtlich zu erfassen und ist damit auch für Prognosen geeignet. Das Modell ist jedoch als Darstellungsweise an bestimmte Voraussetzungen gebunden. Die ökonomischen Tatbestände müssen formalisiert und logisiert sein, damit sie mathematisch dargestellt werden können. Obwohl die bürgerlichen ökonometrischen Modelle auf unwissenschaftlichen Kategorien beruhen und die Realität in vielfacher Weise entstellen, gestatten sie wesentliche Einsichten in das wirtschaftliche Geschehen und bieten Möglichkeiten für Voraussagen.

Ökonometrische Modelle enthalten verschiedene Arten von Variablen, Parametern und Gleichungen. Zunächst ist zwischen endogenen Variablen, also Größen, die modellmäßig erklärt werden sollen, und exogenen oder erklärenden Variablen, die von außen in das Modell eingeführt werden, zu unterscheiden. Zu den exogenen Variablen werden auch jene Größen gezählt, die vom Staat gestaltet und in Anlehnung an Tinbergen „Instrumente" genannt werden. Eine Prognose kann erst dann aufgestellt werden, wenn bekannt ist, welche Absicht der Staat in bezug auf diese Variablen verfolgt. Hier ergibt sich eine typisch kapitalistische Schwierigkeit, wenn halbstaatliche oder private Organe gesamtwirtschaftliche Prognosen aufstellen, da diesen die wirtschaftspolitischen Ziele nicht immer genügend bekannt sind. Verlangt die jeweilige Institution eine Prognose, so verlangt sie vom Prognostiker, daß er seine Voraussage mit möglichst wenig Einschränkungen versieht und gleichzeitig vorausahnt, welche Wirtschaftspolitik vom Staat betrieben wird. Es kann der Fall auftreten, wo sich die Regierung die eigene Wirtschaftspolitik voraussagen läßt, um auf der Basis der Prognose Wachstums- oder Konjunkturpolitik betreiben zu können.

Obwohl es in der bürgerlichen Theorie bestimmte Unterscheidungskriterien gibt, ist die Grenze zwischen beiden Arten von Variablen fließend, und es besteht für den Theoretiker ein gewisser Ermessensspielraum bei der Bestimmung der Variablen. Bisher wurden, z. B. aus Gründen der rechentechnischen Vereinfachung oder weil vom Ökonomischen her keine annehmbaren Aussagen gemacht werden können, In-

listisch, und nicht zu komplex und damit analytisch unbewältigbar sein dürfen." (*Oskar Morgenstern*, Spieltheorie und Wirtschaftswissenschaft, R. Oldenbourg, Wien 1963, S. 31). Ein Modell müsse 1. der Realität ähnlich sein; 2. dürfe es, um bewältigt werden zu können, nicht zu kompliziert sein und 3. muß es zu einer mathematischen Darstellung und Durchdringung führen (ebenda, S. 77).

vestitionen, Staatsausgaben u. a. Größen als exogene Faktoren behandelt, obwohl beide Größen eigentlich modellmäßig erklärt werden müßten. Die Investitionen werden auch heute noch vielfach isoliert vorausgeschätzt, da die funktionsmäßige Erfassung der Investitionstätigkeit sehr schwierig ist und die bisherigen Ergebnisse zumeist nicht befriedigen.

Durch die gesonderte Erklärung und Voraussage der Investitionen oder anderer Größen wird natürlich die Modellprognose erleichtert und das Prognoseergebnis teilweise günstiger gestaltet.[74] In der bürgerlichen Ökonometrie besteht aber die Tendenz, die Exogenität bestimmter Größen nach und nach aufzugeben und sie in die Gruppe der endogenen Variablen einzureihen, um eine modellgerechtere Prognose zu erhalten. Bei Abweichungen der tatsächlichen Entwicklung von der durch das Modell vorausgesagten pflegt man teilweise auch anzugeben, inwieweit die Unterschiede durch Fehler in den exogenen Variablen oder durch das Nichtfunktionieren des Modells verursacht wurden.

Neben der Unterscheidung der Modellvariablen in endogene und exogene Größen ist noch die Einteilung in „gemeinsam abhängige“ und „vorherbestimmte“ Variablen, der bei der Parameterschätzung Bedeutung zukommt, wichtig. Die endogenen Variablen ohne „lag“ werden als „gemeinsam abhängige“ und die verzögerten endogenen sowie die exogenen Variablen als „vorherbestimmte“ Variablen bezeichnet.

Weitere wesentliche Elemente ökonometrischer Modelle sind die Parameter. Bei ihnen handelt es sich um Größen, die über eine bestimmte Zeit als konstant angenommen werden, z. B. Grenzneigung zum Konsum usw. Die Parameter „quantifizieren die Intensität des Einflusses der einzelnen Bestimmungsgrößen auf die jeweils zu erklärende ökonomische Größe und sind in der Ökonometrie im Rahmen der Schätzung und Hypothesenprüfung Hauptgegenstand der Betrachtung.“[75] Ihre zeitliche Invarianz kann zwar für kurze Zeit unterstellt werden, auf lange Sicht bleibt sie jedoch eine Hypothese, die häufig von der Realität widerlegt wird. Beschreibt ein Gleichungssystem den Ablauf des Reproduktionsprozesses, so besitzen die Parameter bestimmte numerische Werte. Einen derartigen Wertesatz bezeichnet man in Verbindung mit dem Gleichungssystem als Struktur des Modells. Die Parameter werden Strukturparameter und die Gleichungen Strukturgleichungen genannt.

Die bürgerlichen Ökonomen versuchen, die Bildung ökonomischer Größen sowie die ökonomischen Prozesse mit Hilfe von Gleichungssystemen zu beschreiben, die auf Grund bestimmter Überlegungen formuliert werden. Man unterscheidet zwischen folgenden Arten von Gleichungen:

1. Definitionsgleichungen, z. B. Volkseinkommen = Konsum + Investitionen. Durch sie sollen „logisch notwendige“ Zusammenhänge ausgedrückt werden;

[74] *G. Bombach* zeigt gegenüber diesem Problem eine kritische Haltung, wenn er schreibt: „Die Aussagekraft einer Prognose hängt wesentlich davon ab, in welchem Ausmaß zentrale Variable des Systems als exogene Größen betrachtet werden. Geschieht das sehr großzügig, so mag die prognostische Aussage zwar sehr sicher, aber zugleich inhaltsleer sein.“ (G. *Bombach*, Über die Möglichkeit . . ., a. a. O., S. 35).

[75] *D. Lüdeke*, Schätzprobleme in der Ökonometrie, Physika-Verlag, Würzburg-Wien 1964, S. 11.

2. Technischen Gleichungen, die sich auf die quantitativen Aspekte des Produktionsprozesses beziehen. Zu ihnen gehören u. a. die Produktionsfunktionen, die von der modernen bürgerlichen Wachstumstheorie verwendet werden;
3. Verhaltensgleichungen, zu denen die Angebots- und Nachfragefunktionen zählen und in welchen, ausgehend von empirischen Analysen, Befragungen usw., das wirtschaftliche Verhalten der Kapitalisten und Verbraucher erfaßt werden soll;
4. Institutionellen Gleichungen, wie Steuerfunktionen, die die Beziehungen zwischen Einkommen, Umsatz oder Lohn auf der einen und den entsprechenden Steuern auf der anderen Seite zum Ausdruck bringen. Sie erfassen also die gesetzlichen Bestimmungen, wie Steuer- und Abschreibungssätze, die das individuelle Verhalten stark beeinflussen oder bestimmen.

Bei ökonomischen Analysen und Prognosen bilden die Verhaltens- und technischen Gleichungen den Hauptgegenstand der Betrachtung.[76] Die Verhaltensgleichungen sollen das mutmaßliche individuelle Verhalten in den verschiedenen ökonomischen Bereichen und Situationen erfassen. So will man mit den in den Modellen gebräuchlichen Konsumfunktionen ganz im Sinne der Keynes'schen Theorie zeigen, daß eine Zu- oder Abnahme der Verbrauchsausgaben von einer Erhöhung bzw. Verminderung des Einkommens abhängt, wobei im allgemeinen nur ein Teil des Einkommenszuwachses verbraucht wird, wogegen der andere Teil gespart werde.

Abgesehen davon, daß das Konsumverhalten primär psychologisch erklärt wird, verwischen zahlreiche von der bürgerlichen Ökonomie verwendete Begriffe das reale Geschehen in der kapitalistischen Wirtschaft. So versteht man unter „Sparen" klassenmäßig so gegensätzliche Erscheinungen wie das Sparen der Unternehmer, d. h. die Akkumulation eines Teils des von den Arbeitern erzeugten Mehrwerts und das Sparen der Arbeiter. Im Gegensatz zu früheren ökonometrischen Analysen und Prognosen wird aber das Konsumverhalten heute zum großen Teil nicht mehr in einer einzigen Funktion zu erfassen versucht, sondern man unterscheidet zwischen verschiedenen Einkommensgruppen und kommt damit der Realität näher, da auf diese Weise sichtbar wird, daß z. B. das Ausmaß des Sparens in Arbeiterhaushalten weit geringer ist als in Unternehmerhaushalten.[77]

Verhaltensgleichungen, wie Konsum- und Investitionsfunktionen, stellen nach bürgerlicher Ansicht stochastische, auf der Wahrscheinlichkeitstheorie basierende Glei-

[76] Nach Erich Schneider sagen Modelle grundsätzlich nur immer etwas darüber aus, welche Ergebnisse sich bei bestimmten menschlichen Verhaltensweisen einstellen."Modelltheoretische Untersuchungen sind stets Untersuchungen über die Ergebnisse möglichen menschlichen Handelns." (*E. Schneider*, Einführung in die Wirtschaftstheorie, Teil IV, 1. Bd. J. C. B. Mohr (Paul Siebeck), Tübingen 1962, S. 9).

[77] Lüdeke unterscheidet z. B. in einem Modell, das die Konsumgüternachfrage erklären soll, zwischen Arbeiter-, Angestellten-, Rentner- und Selbständigenhaushalten, wobei die Selbständigenhaushalte in zwei Einkommensgruppen unterteilt sind. (*D. Lüdeke*, Ein einfaches ökonometrisches Modell für die Einkommensumverteilung in der Bundesrepublik. Deutschland im Jahre 1960. In: „Jahrbücher für Nationalökonomie und Statistik", Bd 177, H. 5, 1965, S. 411.)

chungen dar. Es handelt sich hierbei um folgendes Problem: Bei einer deterministischen Formulierung der Konsumfunktion eines i-ten Haushalts würde man den Konsum dieses Haushalts ausschließlich in Abhängigkeit von seinem verfügbaren Einkommen erklären, wobei man unterstellt, daß entweder keine anderen Faktoren, die den Verbrauch beeinflussen, existieren oder daß diese Faktoren konstant bleiben.[78] Eine derartige Erklärungsweise kann aber das tatsächliche Konsumverhalten nur annähernd erfassen, da alle übrigen Größen, die den Konsum beeinflussen, schwer quantifizierbar bzw. fortgesetzten Schwankungen unterworfen sind, wie Mode, Stimmungen usw., in der Konsumfunktion nicht berücksichtigt werden. Diesen zusätzlichen Einflüssen trägt man dadurch Rechnung, daß in die Konsumfunktion eine sogenannte Störvariable als zusätzliche Größe aufgenommen wird. Auf diese Weise werden die Einflüsse aller übrigen Komponenten, die nicht explizit als Bestimmungsfaktoren in der Konsumfunktion auftreten, quantifiziert. In der weiteren Darlegung nimmt man an, daß die Störvariable eine Zufallsgröße darstellt, d. h. einer Wahrscheinlichkeitsverteilung folgt, bei der den verschiedenen Werten, die die Störvariable annehmen kann, bestimmte Wahrscheinlichkeiten zugeordnet sind, womit man die einfache Determiniertheit der Konsumfunktion aufgibt und ihr Zufallscharakter zuerkennt.[79]

Die bürgerlichen Ökonomen betonen bei der Erklärung dieser Zusammenhänge, daß die Konsumentscheidungen nicht eindeutig bestimmt sind, sondern die Realisation eines Zufallsprozesses darstellen, d. h. bei einem gegebenen Einkommen kann ein Haushalt alternativ verschiedene Konsumentscheidungen treffen und jede Entscheidung treffe mit einer bestimmten Wahrscheinlichkeit ein. Hier zeigt sich das für die bürgerliche Ökonomie typische Bemühen, zwischen Notwendigkeit und Zufall zu trennen und beide einander gegenüberzustellen, anstatt zu erkennen, daß sich die Notwendigkeit im Zufall durchsetzt.

In der bürgerlichen Ökonomie unterscheidet man zwischen Partial- und Total-, statischen und dynamischen, mikroökonomischen und makroökonomischen Modellen. Das Keynes'sche Modell zur Analyse der kurzfristigen zyklischen Bewegung der kapitalistischen Wirtschaft wird als ein statisches makroökonomisches Totalmodell bezeichnet. Es enthält drei Gleichungen der Verhaltensweise (Konsum-, Investitions- und Liquiditätsfunktion) und zwei Gleichgewichtsbedingungen.

Zu den wichtigsten Etappen der ökonometrischen Arbeit gehört die Schätzung der Parameter ökonomischer Gleichungen und die Prognoseschätzung der modellmäßig zu erklärenden Variablen, wobei die punktuelle Parameter- und Prognoseschätzung interdependenter Gleichungssysteme in der bürgerlichen Ökonometrie besondere Beachtung findet. Bei der Schätzung geht es darum, von einer Stichprobe auf die unbekannten Werte der Parameter zu schließen. Die sich dadurch ergebenden Schätzwerte sind zufallsbedingt, d. h., sie können mehr oder minder stark von den unbekannten Parametern abweichen. Für die Parameterschätzung werden verschiedene

[78] Vgl. ebenda, S. 416.
[79] Ebenda, S. 417.

Methoden verwendet. Die bekannteste ist die Methode der kleinsten Quadrate. Sie ist rechentechnisch relativ einfach zu handhaben, wird aber bei direkter Anwendung auf die einzelnen Gleichungen den Interdependenzen zwischen den zu erklärenden Variablen nicht gerecht. Deshalb wurde die Maximum-likelihood-Methode mit beschränkter bzw. vollständiger Information und die zweistufige Methode der kleinsten Quadrate oder kurz zweistufige Methode entwickelt. Diese Methoden liefern aber zuweilen Schätzwerte für die Parameter, die recht beachtliche Unterschiede aufweisen, so daß natürlich auch die Prognosewerte für die endogenen Variablen sehr verschieden ausfallen.

In den letzten Jahren wurden in verschiedenen kapitalistischen Ländern von staatlichen Organen oder einzelnen Ökonomen Prognosen mittels Modellen aufgestellt, so in Belgien, Frankreich, Schweden und Westdeutschland. Besonders interessant sind in diesem Zusammenhang die Modelle des niederländischen zentralen Planbureaus. Sie demonstrieren sehr anschaulich Aufbau und Entwicklung der kapitalistischen Modelle und werden seit Jahren kontinuierlich für Prognosezwecke genutzt.

Das niederländische zentrale Planungsamt stellt seit seiner Gründung gesamtwirtschaftliche Pläne auf, mit deren Hilfe der Reproduktionsprozeß erfaßt werden soll. Diese Pläne enthalten eine Analyse der ökonomischen Entwicklung in einem bestimmten Zeitraum, zumeist eines Jahres, eine Prognose für das kommende Jahr und bilden eine wichtige Grundlage für die staatliche Wirtschaftspolitik, da sie über die voraussichtliche Höhe, Zusammensetzung und Verwendung der Produktion, die Einkommensentwicklung und andere Globalgrößen Auskunft geben. Die Methoden für ihre Ausarbeitung wurden ständig vervollkommnet. Die ersten Prognosen bestanden aus einer Zusammenstellung einzelner Schätzungen der verschiedenen ökonomischen Größen, d. h. man versuchte z. B., die optimale Verteilung des Gesamtprodukts auf Konsum, private und staatliche Investitionen, Staatsausgaben und Export festzustellen, wobei die Grundsätze und Ziele der staatlichen Wirtschaftspolitik beachtet werden. Diese „Fußgängermethoden“ bei der Sammlung und Zusammenstellung von Angaben über den künftigen Wirtschaftsprozeß wurden nach und nach durch ökonometrische Methoden ersetzt. Ab 1952 ist — vor allem von Tinbergen — eine Modell entwickelt worden, das in den Hauptzügen erstmals 1955 veröffentlicht worden ist. Dieses sowie das Modell von 1961, das ebenfalls für die Entwicklung der niederländischen Modelle charakteristisch ist, hat man in der Folgezeit stetig verfeinert und den ökonomischen und wirtschaftspolitischen Erfordernissen besser angepaßt. Das Modell von 1955 war noch statischer Natur, d. h., alle Variablen bezogen sich auf die gleiche Periode. Es enthielt 27 lineare Gleichungen — 15 Verhaltens- und 12 Definitionsgleichungen — mit 27 endogenen und 37 exogenen Variablen. Mehrere für die wirtschaftliche Entwicklung wichtige Variablen wurden als exogen angesehen, womit die gesamtwirtschaftliche Prognose wesentlich von der richtigen Vorausschätzung der exogenen Variablen abhängig gemacht wurde. Die exogenen Variablen werden — zumeist bei Benutzung von Zeitreihen — selbständig vorausgeschätzt, in das jeweilige Modell eingesetzt, das schließlich nach den endogenen Variablen gelöst wird.

TABELLE 3

Prognosen für die gemeinsam abhängigen Variablen für die Jahre 1959, 1960 und 1961 nach der MvI-, MbI- und zweistufigen Methode (in Mrd. DM, in Preisen von 1950)

	Privater Verbrauch				Pr. Nettoinv. f. Land u. Anl.				Import				Volkseinkommen			
Methode	tats. Wert[1]	progn. Wert	Abw. v. tats. Wert	i. % d. tats. Wertes	tats. Wert	progn. Wert	Abw. v. tats. Wert	i. % d. tats. Wertes	tats. Wert	progn. Wert	Abw. v. tats. Wert	i. % d. tats. Wertes	tats. Wert	progn. Wert	Abw. v. tats. Wert	i. % d. tats. Wertes
								1959[2]								
MvI	119,0	121,8	+ 2,8	+ 2,4	23,7	25,7	+2,0	+ 8,4	55,0	54,5	−0,5	−0,9	147,8	153,1	+ 5,3	+ 3,6
MbI	119,0	119,6	+ 0,6	+ 0,5	23,7	23,7	+0,0	0,0	55,0	54,4	−0,6	−1,1	147,8	149,0	+ 1,2	+ 0,8
zweist.	119,0	133,4	+14,4	+12,1	23,7	29,3	+5,6	+23,6	55,0	54,9	−0,1	−0,2	147,8	167,9	+20,1	+13,6
								1960[2]								
MvI	128,4	132,1	+ 3,7	+2,9	28,2	29,6	+1,4	+ 5,0	64,0	62,2	−1,8	−2,8	161,4	168,3	+ 6,9	+ 4,3
MbI	128,4	132,5	+ 4,1	+3,2	28,2	27,9	−0,3	− 1,1	64,0	63,3	−0,7	−1,1	161,4	165,9	+ 4,5	+ 2,8
zweist.	128,4	141,3	+12,9	+10,0	28,2	31,6	+3,4	+12,1	64,0	63,5	−0,5	−0,8	161,4	178,3	+16,9	+10,5
								1961[1]								
MvI	142,5	142,2	−0,3	−0,2	...[3]	31,1	....	....	71,4	65,2	−6,2	−8,7	177,1	180,3	+ 3,2	+ 1,8
MbI	142,5	154,9	+12,4	+8,7	...	35,2	....	....	71,4	67,2	−4,2	−5,9	177,1	195,1	+18,0	+10,2
zweist.	142,5	104,0	−38,5	−27,0	...	14,8	....	....	71,4	64,6	−6,8	−9,5	177,1	126,3	−50,8	−28,7

[1] Gebietsstand: Bundesgebiet einschließlich Saarland ohne Westberlin.
[2] Gebietsstand: Bundesgebiet ohne Saarland und Westberlin.
[3] noch nicht bekannt.

Quelle: *D. Lüdeke*, Schätzprobleme in der Ökonometrie, Physika-Verlag, Würzburg-Wien 1964, S. 146

Fehler des Modells und Schätzungsfehler der exogenen Variablen treten also zusammen auf.

Die Hauptursachen für die Differenzen zwischen Prognose und Wirklichkeit sieht das niederländische Planungsamt[80]

1. in den Einflüssen, die von einer Prognose auf die ökonomische Entwicklung, vor allem auf das Handeln der Unternehmer, ausgehen. Danach kann sich die zuverlässigste Prognose als falsch herausstellen, wenn auf ihrer Basis die Menschen ihr Verhalten ändern. Diese feed-back-Effekte sind allerdings heute im allgemeinen nicht mehr so stark, wie man in der bürgerlichen Ökonomie annimmt;
2. in unvollständigen und unzureichenden Informationen über ökonomische Entwicklungstendenzen im In- und Ausland, mangelnden statistischen Angaben und Änderung von exogenen Variablen, z. B. des Wetters;
3. in Mängeln im ökonometrischen Modell. Sie sind schließlich der Anlaß für die kontinuierlichen Modifikationen und bestimmte, daraus resultierende Verbesserungen auf dem Gebiet der kurzfristigen Voraussagen.

Die niederländischen Prognosemodelle gelten im allgemeinen als die genauesten in Westeuropa. Ihre Aussagen sind zwar in vieler Hinsicht beschränkt, es dürfte aber sicher sein, daß sie eine bessere Orientierung für die staatliche Wirtschaftspolitik ermöglichen, als es ohne die Existenz derartiger Instrumente der Fall wäre.

Von besonderem Interesse sind natürlich die Erfahrungen, die mit den verschiedenen Schätzverfahren bei der Prognostizierung der gemeinsam abhängigen Variablen gemacht worden sind. Bürgerliche Publikationen beweisen, daß es oft zu bemerkenswerten Übereinstimmungen zwischen den mit den einzelnen Schätzverfahren erzielten Ergebnissen kommt, vielfach aber auch große Differenzen auftreten. D. Lüdeke hat z. B. ein Modell für Westdeutschland entwickelt und für die Jahre 1959 bis 1961 ex post-Prognosen und für 1962 eine ex ante-Prognose aufgestellt. Im Gegensatz zur ex post-Prognose, bei der bereits die tatsächlichen Werte vorliegen und somit ein Vergleich zwischen der Modellprognose und der Realität möglich ist, handelt es sich bei der ex ante-Prognose um eine echte Voraussage. Unter Verwendung der vorhandenen Werte für die vorherbestimmten Variablen der Jahre 1959, 1960 und 1961 werden die Prognosewerte der gemeinsam abhängigen Variablen mit Hilfe der drei Schätzmethoden errechnet und den tatsächlichen Werten gegenübergestellt.

Die Angaben zeigen recht unterschiedliche Prognosen. Im allgemeinen bestehen vor allem größere Differenzen zwischen der MbI- und der MvI-Methode einerseits und der zweistufigen Methode andererseits, alle aber weisen zum Teil beachtliche Abweichungen von der Realität auf. In der „echten" Prognose wurden, wie die Tabelle 3 zeigt, ebenfalls die gemeinsam abhängigen Variabeln prognostiziert. Bei Verwendung der MvI- MbI- und zweistufigen Kleinst-Quadrat-Schätzwerte für die Para-

[80] Vgl. dazu u. a. *Nils Diederich*, Der „Central Economisch Plan" der Niederlande. In: Nationalbudget und Wirtschaftspolitik, Schriftenreihe der Forschungsstelle der Friedrich-Ebert-Stiftung, Verlag für Literatur und Zeitgeschehen, Hannover 1962, S. 250ff.

meter des Modells und entsprechender Werte für die vorherbestimmten Variablen wurden folgende Prognosen ermittelt:

TABELLE 4

Prognosen für die gemeinsam abhängigen Variablen nach der MvI-, MbI- und zweistufigen Methode (in Mrd. D-Mark, in Preisen von 1950)

Methode	prog^C	$\text{prog}^{I^{L,A}}$	prog^{Im}	prog^Y
MvI-Methode	151,1	33,8	69,7	191,5
MbI-Methode	170,4	40,5	72,0	215,1
zweistufige Methode	88,2	7,5	67,9	104,0

Quelle: D. Lüdeke: Schätzprobleme . . ., a. a. O., S. 148

Aus der Tabelle ist zu ersehen, daß die drei Schätzmethoden bei drei von vier Variablen zu stark voneinander abweichenden Prognosen führen. Dabei sind die Unterschiede zwischen den Voraussagen nach der MvI- und der MbI-Methode einerseits und der zweistufigen Methode andererseits besonders groß. Da nun in der Regel die Parameter eines Modells nur nach einer Methode geschätzt werden und daraufhin mittels der nach dieser Methode ermittelten Schätzwerte in Verbindung mit der Prognoseform die Werte für die gemeinsam abhängigen Variablen errechnet werden, kann das auf wirtschaftspolitische Schlußfolgerungen beachtliche Auswirkungen haben. Die wirtschaftspolitischen Konsequenzen, die man aus einer Prognose zieht, können nämlich unter Umständen ganz anders ausfallen, wenn man eine andere Schätzmethode verwendet hätte.

Diese und andere Beispiele zeigen, daß mittels Modellen aufgestellte Prognosen noch beachtliche Unvollkommenheiten und Fehler aufweisen. Die bürgerlichen Ökonometriker sind allerdings sehr darum bemüht, die Schätzmethoden zu verbessern und die empirischen Analysen zu vertiefen. Auf diese Weise werden die Prognosen in Zukunft in mancher Hinsicht zuverlässiger; bestimmte, sich aus der kapitalistischen Wirtschaft und der Ungewißheit der Zukunft ergebende Unsicherheitsmomente werden aber auch weiterhin bestehen bleiben. Da man festgestellt hat, daß Jahresprognosen für eine zeitlich erfolgversprechende Wirtschaftspolitik nicht mehr ausreichen, gehen einige Länder dazu über, Vierteljahresmodelle zu entwickeln, um kurzfristige ökonomische Schwankungen, die innerhalb eines Jahres auftreten, besser erfassen zu können. Hinzu kommt, daß die ökonometrischen Modelle zu stark aggregiert sind und somit – wenn sie funktionieren – keine ausreichende Basis für bestimmte wirtschaftspolitische Entscheidungen abgeben.

Zusammenfassend sei festgestellt, daß staatliche Wirtschaftsprognosen im modernen Kapitalismus spezifische Merkmale aufweisen und sich von gleichgearteten Voraussagen im Sozialismus unterscheiden. Im Sozialismus bestehen für die Aufstellung gesamtwirtschaftlicher Prognosen teilweise günstigere Voraussetzungen als unter den Bedingungen des modernen Kapitalismus, obwohl man beachten muß, daß die bürgerlichen Prognosen für die staatliche Planungs- und Regulierungstätigkeit zur Stabilisierung und Entwicklung der kapitalistischen Wirtschaft von großer Bedeutung sind und diese Bedeutung in Zukunft zunehmen wird. Mit dem weiteren Abbau ideologischer Vorbehalte gegenüber Wirtschaftsprognosen und dem Fortschreiten des Vergesellschaftungsprozesses werden gesamtwirtschaftliche Voraussagen immer größere Verbreitung finden. Durch Verbesserung der Prognosemethoden und die zunehmenden Prognoseerfahrungen wird sich in der Tendenz der Zuverlässigkeitsgrad gesamtwirtschaftlicher Voraussagen im Kapitalismus erhöhen.

AUTORENVERZEICHNIS

Johannes Behr, geb. 1927, Dr. rer. oec., Wissenschaftlicher Arbeitsleiter am Institut für Wirtschaftswissenschaften der DAdW.

Kurt Brünecke, geb. 1935, Dipl. math., Wissenschaftlicher Assistent am Institut für Wirtschaftswissenschaften der DAdW.

Karl Morgenstern, geb. 1926, Dr. rer. oec., Mitarbeiter der Arbeitsgruppe „Sozialistische Weltwirtschaft" am Institut für Wirtschaftswissenschaften der DAdW.

Alfred Tomm, geb. 1927, Dr. rer. oec., Wissenschaftlicher Arbeitsleiter am Institut für Wirtschaftswissenschaften der DAdW.

Katja Nehls, geb. 1925, Dr. rer. oec., Wissenschaftlicher Arbeitsleiter am Institut für Wirtschaftswissenschaften der DAdW.

Alfred Bönisch, geb. 1932, Dr. rer. oec., Wissenschaftlicher Arbeitsleiter am Institut für Wirtschaftswissenschaften der DAdW.

www.ingramcontent.com/pod-product-compliance
Lightning Source LLC
LaVergne TN
LVHW081332011026
849161LV00013BB/2905
* 9 7 8 3 1 1 2 6 5 1 2 5 4 *